자료: 《(이찬 기증)우리 옛지도》(2006), 131쪽

섬문화 답사기
울릉·부산·거제·사천·남해 편

치열한 생존과 일상을 기록한 섬들의 연대기

어떤 사람은 나라의 재력이 빈약한데 (……)
내 생각에 섬은 우리나라의 그윽한 수풀이니
진실로 경영만 잘하면
장차 이름도 없는 물건이 물이 솟아나듯,
산이 일어나듯 하리니(……).

或曰 國力貧弱, (何以增官.) 臣以爲海島者,
我國之幽藪也, 苟一經理, 將有無名之物,
水湧而山起, (絲枲之司, 將與戶曹相.)
《경세유표》 제2권 〈추관형조(秋官刑曹)〉에서

울릉·부산
거제·사천
남해 편

치열한 생존과
일상을 기록한
섬들의 연대기

김준 지음

섬문화
답사기

보누스

섬살이는 나아졌을까

섬에 대한 관심이 높아지고 있다. 그 덕에 섬 주민들의 섬살이는 나아 졌을까. 답하기가 쉽지 않다. 상대적이기 때문이다. 여전히 배가 다니지 않아 뭍에 오가려면 큰 비용을 치러야 하는 섬이 있는가 하면 다리가 놓여 육지처럼 무시로 오가는 곳도 있다. 도시 못지않게 유명 카페와 레스토랑이 자리를 잡은 섬도 있지만 식당은 고사하고 화장실도 찾기 어려운 섬도 있다. 섬에 상주인구는 크게 줄었지만 오가는 사람들, 흔히 관계인구는 크게 늘었다. 또 직장에 출근하듯 섬으로 출근해 양식이나 어업 활동을 하다가 나오는 사람들도 생겨나고 있다. 그래서 섬을 생각할 때 상주인구가 아니라 관계인구 측면에서 살펴야 한다는 이야기도 한다. 코로나 이후 여행 패턴도 바뀌어 섬 여행을 하려는 사람들이 꾸준히 늘고 있다.

상주인구는 줄었지만 섬을 오가는 사람이 늘어나는 현상은 섬에 어떤 영향을 주고 있을까. 섬을 이루는 바다와 마을과 숲, 세 요소에는 어떤 영향을 주는 것일까. 어느 면에서는 긍정적이지 않다. 섬의 주인은 줄고 나그네만 늘어나는 탓에 섬이 대상화되는 경향이 크다. 또 섬이 놀이나 정책의 대상이 되기 쉽다. 그 결과 투자의 대상으로 전락하는 섬도 나타나고 있다. 섬 정책을 결정할 때도 이러한 경향에 맞춰 지속성보다는 여행객이 편리하게 머물 수 있는 시설이 많이 만들어지고 있다. 그 결과 섬의 집이나 땅값이 오르면서 부동산 투자의 대상이 되기도 한다. 무엇보다 섬 활성화를 위해서 주목한 섬은 우선적으로 외부 자본이 투자 대상으로 삼는 경향이 나타나고 있다. 그 결과 섬 주민들은 원주민이 그랬듯이 섬에서 배제되거나 축소된 삶을 찾아 생활할 수밖에 없다. 결국 마을어업을 중심으로 섬살이를 영위했던 섬마을 어촌이나 농촌의 생활은 지속이 어려워진다. 적극적으로 귀촌정책을 추진하지만 섬의 특성이었던 공동체나 공유자원은 개인화, 개별화되면서 법과 제도를 앞세운 의사결정으로 대체되고 있다.

〈섬문화답사기〉 집필을 시작한 지 10년의 세월이 흘렀다. 10년이면 계획했던 우리나라 유인도를 8권의 답사기에 모두 기록할 것이라 생각했다. 하지만 아직도 인천과 옹진군, 충남과 전북 지역 등 두 권을 더 집필해야 한다. 그사이 세월호 아픔으로 1년간 섬을 다닐 수 없었고, 2년 정도 집필활동을 멈추어야 했다. 그리고 2023년 6월에는 다니던 직장에서 정년퇴직을 했다. 덕분에 훨씬 자유롭게 섬에 머물거나 떠날 수 있게 되었다. 오래된 갈증이 해소된 기분이다.

이번 섬문화답사기에 기록된 섬들은 통영을 제외하고 울릉도, 부산, 거제, 고성, 사천, 하동 지역을 포함한 경상권의 섬들이다. 울릉도권은 본섬인 울릉도 외에 죽도와 독도까지 포함했다. 비록 유인도는 2개에 불과하지만 역사로나 영토의 가치로 보면 결코 작지 않은 섬이다. 포항도 다섯 개의 섬이 매립되어 만들어진 도시라는 사실에 놀라기도 했다. 부산은 해양도시를 지향한다. 부산을 상징하는 섬으로 영도가 있다. 그리고 거제와 바다를 사이에 두고 가덕도와 눌차도가 있다. 낙동강 하구에 위치한 부산의 섬이다. 조선시대에는 침략과 통신사의 뱃길로, 일제 강점기에는 수탈의 길로, 한국전쟁기에는 피난지로 쓰인 곳이다. 이곳들은 이제 산업과 해양과 문화의 도시를 지향하고 있다.

거제는 통영과 함께 일제의 수산자원 수탈을 위한 전진기지였다. 또 장승포, 지세포 등 곳곳에 일본인 이주어촌이 속속 자리를 잡았던 곳이다. 임진왜란 때는 왜성을 쌓아 침략전쟁을 지속하려고도 했다. 일제 강점기에는 진해만을 중심으로 군사기지를 구축하기도 했다. 그래서 진해만의 많은 유·무인도가 광복 후 국방부의 소유가 되어 섬 주민의 일상이 불편하기도 했다. 이들 섬과 바다는 한결같이 경관이 아름다워 지방자치제 이후 해양관광의 거점으로 개발되기도 했다. 이 과정에서 다시 주민들과 갈등을 빚기도 했다.

고성에서 통영을 거쳐 여수에 이르는 섬은 오랜 옛날에는 공룡이 머물던 곳이기도 했다. 사천은 과거 삼천포로 불렸던 곳이다. 창선도와 남해도와 바다로 연결되어 있다. 이들 섬과 섬 사이는 조류가 빠르고 수심도 깊지 않아 오래된 전통어법인 죽방렴으로 물고기를 잡았다. 남해도와 창선도 사이에 20여 개, 사천과 창선도 사이에 20여 개 등 모두 40여 개의 죽방렴이 있다. 이 죽방렴은 조선시대 기록에 등장할 정도로 오래된 전통어법이다. 일제 강점기 이전에는 멸치보다는 대구, 청어 등 큰 물고기를 잡았다. 이름도 죽방렴이 아니라 경상방렴이었다. 멸치를 잡기 위해 대나무 발을 그물로 사용하면서 죽방렴이라는 이름을 얻었다.

하동과 남해 사이에 있는 노량바다는 전라도로 가는 길목이다. 일본에 맞서 전투를 펼친 곳이다. 이곳에서 이순신은 최후의 전투를 했다. 남해 바다는 곳곳에서 이순신의 흔적을 찾을 수 있다. 전투는 물론 지명과 일상에서도 등장한다.

이번 경상도편도 출판되기까지 쉽지 않았다. 지역이 넓게 펼쳐진 탓도 있지만 뱃길이 편하지 않았다. 많은 섬이 연륙·연도되기도 했지만 뱃길이 없는 섬이 제법 많았다. 무엇보다 필자에게 익숙하지 않은 정서 탓이 컸다. 먼저 지역에서 섬 조사와 연구를 한 선학들의 도움이 컸다. 다음은 출판 사정이었다. 경제성이 떨어지는 책을 출간하는 것은 매번 부담이다. 출간이 중단되면 어쩌지 하는 걱정이 앞선 적이 한두 번이 아니다. 이제 절반을 넘어 완간을 눈앞에 두고 있으니 그 걱정은 조금 덜하게 되어 다행이다. 개인적인 문제였지만 직장생활을 하면서 자투리 시간을 쪼개서 섬을 답사하고 정리하는 것도 갈수록 버거워졌다. 그래서 이번에도 멈추지 않고 출간을 결정한 보누스에 감사한다. 또 늘 곁에서 응원하는 가족에게도 고마움을 전한다. 마지막으로 섬 주민들에게 감사 인사를 드린다.

이제 마지막 남은 인천과 옹진 그리고 충남과 전북의 섬으로 떠난다. 마지막 여정을 향해서.

김준

일러두기

- 본 섬문화 답사기 시리즈는 2011년부터 사람이 살고 있는 전국의 유인도를 직접 탐방하여 취재한 내용을 지역별로 엮어나가고 있습니다. 다만 지금은 무인도일지라도 유인도 시절에 독특한 사연을 가지고 있거나 섬 생태계에서 국내외에 보전해야 할 가치가 높은 생태계를 갖고 있는 경우에는 포함시켰습니다.(예: 홍도 등)
- 각종 통계와 자료는 《대한민국 도서백서 大韓民國 島嶼白書》(2011년 행정안전부 발행), 《도서지 島嶼誌》(1973년, 1985년 내무부 발행), 《한국 도서백서 韓國島嶼白書》(1996년 내무부 발행)를 참고했습니다. 본문과 참조 자료 사이의 일부 통계 불일치는 필자의 현지 취재 시점과 자료 사이에 시간 경과에 따른 변화가 있기 때문입니다. 구 통계 중 일부 데이터는 오자로 보이긴 하지만 확인할 수 없어 그대로 인용합니다.
- 각 섬 제목에 붙은 숫자는 지도에 표시한 숫자와 같습니다. 각 영역을 면 단위로 나눈 다음, 영역 안에서 순서를 정해 실었습니다.
- 본문에 사용한 일러스트는 저자가 직접 그린 것이므로, 무단복제 무단전재를 금합니다. 일러스트 중 자료를 제공받은 것은 따로 표시해두었습니다.
- 본문에 사용한 사진은 대부분 필자가 촬영한 것이며, 외부 도움을 받은 일부 사진은 저작권 표시를 따로 하였습니다.
- 본문에서 언급한 참고문헌 중 도서는 《　》부호로, 논문·신문·예술작품·지도 등은 〈　〉부호로 표시했습니다.
- 섬의 개황 자료 또는 변화 자료를 통계 데이터베이스에서 확인할 수 없는 경우 부득이하게 비워두었음을 알려드립니다.

차 례

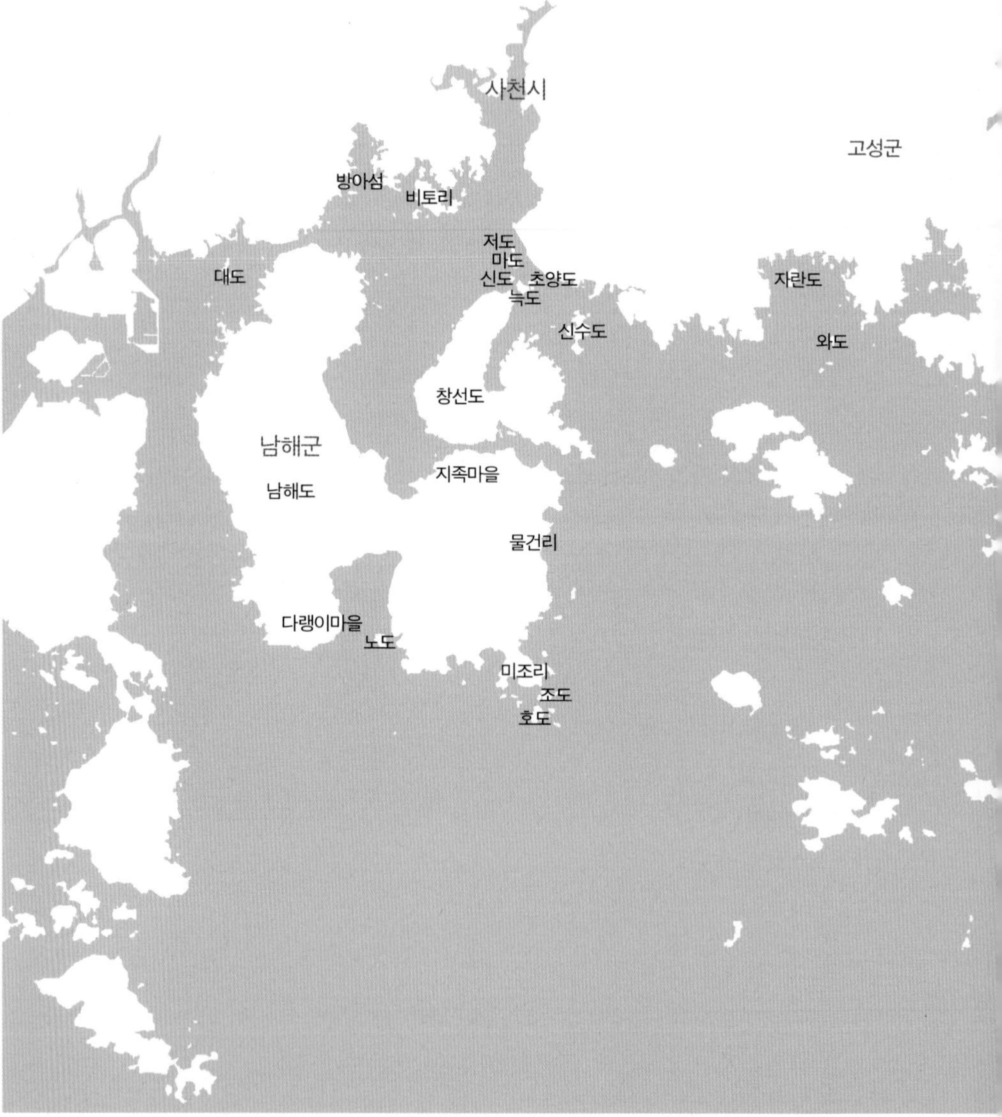

하동군

사천시

고성군

방아섬　비토리

저도
마도
대도　　　　　신도　초양도
늑도
신수도

지란도
와도

창선도

남해군
　　　　　지족마을
남해도

물건리

다랭이마을
　　노도

미조리
　조도
호도

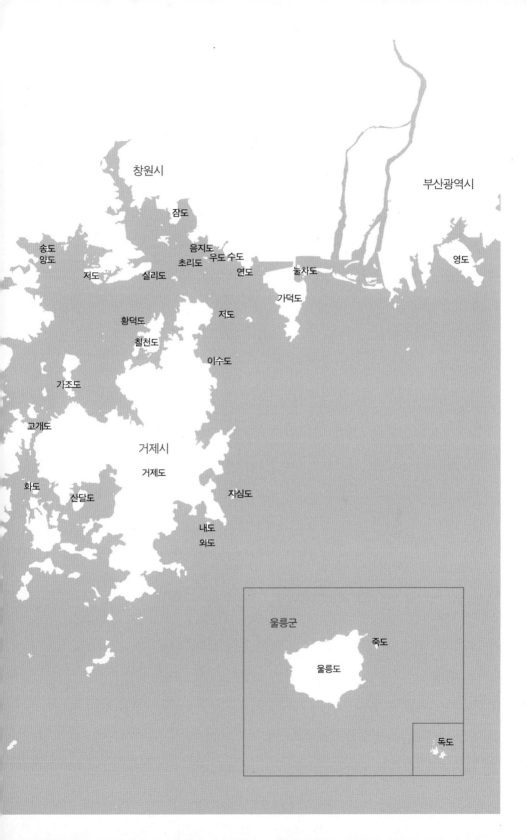

울릉

2

1

울릉군

3

울릉군

1 울릉도
2 죽도
3 독도

1
동해를 지킨다
울릉 울릉도

울릉도는 우리나라에서만 유명한 것이 아니라 세계에서도 손에 꼽는 섬 여행지다. 하지만 교통편이 녹록하지는 않다. 특히 겨울철이면 울릉도 여행을 꿈꾸기 어렵다. 기상 악화로 뱃길이 곧잘 끊기는 탓이다. 1년에 100여 일은 태풍과 파도와 바람과 안개 같은 기상 때문에 뱃길이 막혀 육지와 완전히 단절된다. 이번에도 울릉도 여행 계획을 세워두고 태풍이 북상 중이라는 소식에 가슴을 졸였다. 2시, 드디어 배가 출발했다. 선실 정면에 놓인 TV에서 자막뉴스가 흐르고 있었다. 태풍 영향으로 많은 비가 올 것이라는 소식이다. 왜 하필 이때 태풍인가 원망했다. 날은 흐린데 고요했다. 폭풍전야의 고요함은 아닐까.

　울릉군은 오롯이 섬으로 이루어져 있다. 전라남도 신안군, 진도군, 완도군 등도 섬을 중심으로 이루어졌지만 연륙·연도교도 없이 온전히 섬만으로 이루어진 지자체는 제주도와 울릉군뿐이다. 울릉군은 울릉읍이 있는 울릉도와 다리로 연결된 관음도, 떨어져 있는 죽도와 독도로 이루어져 있다. 그중 울릉도는 해안의 비경을 안고 있는 북면 그리고 고유한 산채나물의 산지로 유명한 서면이 있다.

신라 장군 이사부는 누구인가
삼척에서 출발한 배는 삼척이 시야에서 사라지자 망망대해가 끝없이

저동항과 함께 울릉도를 대표하는 현포항은 울릉도 북쪽에 위치한 지방어항이다. 울릉도 인근 해역에서 오징어, 도미, 꽁치 등 어장이 형성될 때 주어장이었다. 특히 여름철 태풍이 불 때 저동항에 있는 어선도 피항을 하는 어항이다. 《동국여지승람》에 촌락, 석물, 석탑 등이 기록되어 있고, 유물·유적이 많아 고대 우산국 도읍지로 추정하기도 한다.

이어졌다. 울릉도는 묵호, 강릉, 후포에서 출발한다. 묵호에서 출발하는 것을 택한 것은 이사부를 만나기 위해서였다. 이사부 장군을 만나기 위해 이사부사자 공원을 찾았다. 장군에게 허락을 받아야 뱃길이 안전할 것 같았다.

6세기 무렵 동해에는 군장국가 규모의 예국, 실직국, 파조국이 있었다. 지금의 강릉, 삼척, 울진에 해당한다. 한반도의 중심부에 고구려, 신라, 백제, 가야가 있었지만, 동해에는 나름 강력한 해상세력이 자리를 잡고 있었다. 고구려가 남쪽으로 내려오자 신라와 백제가 힘을 합해 이를 막아섰다. 바로 이때 신라는 동해 군장국가를 복속시켜 동해 제해권(制海權)을 장악할 필요가 있었다. 이를 실현시킨 사람이 이사부였다. 당시 울릉도는 우산국이었다.

《삼국사기》에는 "지증왕 13년(512년) 신라 장군 이사부가 우산국을 병합시키다."라는 기록이 있다. 이것이 울릉도에 관한 최초의 기록이다. 이사부는 내물왕 4손 진골 출신이다. 동해 군장국가를 통합한 신라는 삼척에 실직주를 설치한 후 이사부를 군주로 삼아 우산국을 노렸다.

《삼국사기》에는 우산국 복속에 대해 자세하게 기록되어 있다. 지증왕 13년(512년) 한여름 6월, 우산국이 귀속해 해마다 토산물을 헌상했다. 우산국은 명주(현재의 강릉 지역)의 정동쪽 해상에 있는 섬이고 울릉도라 한다. 그 섬은 사방이 100리인데, 원래 섬에 살던 사람들이 지세가 험한 것을 믿고 신라에 복속되지 않으려 하였다. 하슬라주(명주의 전 이름)의 군주가 된 이사부는 우산국 사람들이 우둔하고 성격이 몹시 거칠어 무력만으로는 항복시키기가 어렵지만 계략을 쓰면 복속시킬 수 있다고 생각했다. 그래서 그는 한 가지 꾀를 내었다.

나무로 만든 사자상을 군선 가득 싣고서 울릉도에 도착한 이사부는 "너희가 만약 복속하지 않는다면 이 맹수를 풀어 밟아 죽이도록 하겠다."라고 엄포를 놓았다. 이사부의 말에 속은 우산국 사람들은 무시무시한 맹수가 덮칠지도 모른다는 공포에 사로잡혀 곧 항복하고 말았다. 그 후 우산국은 신라에 공물을 바치고, 신라는 고구려의 남하를 막는 우산국의 존재를 인정했다.

하지만 고려는 신라와 달리 울릉도를 복속시키지 않고 오히려 동해를 지키도록 했다. 해양력이 약한 고려가 선택할 수 있는 방법이었다. 《고려사》에는 "우산국은 고려에 공물을 보내고, 고려는 우산국에 품계를 내렸다."라는 기록이 있다. 이사부 이후 다시 문헌에 우산국이 등장한 것이다.

이후 북쪽에서 해양력이 강한 여진족이 우산국을 침략하자 1022년 우산국 피난민들이 영덕에 머물기도 했다. 이후 고려는 울릉도에 백성들을 머물게 하는 개척사업을 시도했지만 성공하지는 못했다. 그렇다고 울릉도가 비어 있었던 것은 아니다. 고려 태종은 왜구의 침몰이 잦아지자 울릉도 주민들을 본토로 이주케 하는 쇄환정책을 추진했다. 그이면에는 울릉도로 들어간 어민들로부터 조세 수취나 부역 동원을 할 수 없었던 이유도 있었다. 그럼에도 울릉도에는 여전히 어민들이나 주민들이 머물렀다. 조정에서는 이들을 피역인이자 범법자로 인식했다. 그리고 조선시대에는 안무사나 경차관을 파견하였다. 이는 울릉도와 독도가 조선의 관리가 직접 관할하는 조선의 영토라는 방증이기도 하다. 이런 측면에서 통치 대상이나 행정 편제에서 배제하는 의미가 큰 공도정책보다는 '외부의 침략에 대비해 주민을 안전하게 이주시키는 정책'이란 쇄환정책이 올바른 용어라는 주장도 있다. 조선《세종실록지리지》에는 '맑은 날씨에는 가히 바라볼 수 있다'고 했다. 울릉도에서는 독도를, 독도에서는 울릉도를 바라볼 수 있다. 두 섬은 육안으로 볼 수 있을 만큼 가까운 거리에 있다.

안용복과 일본 막부

부산 동래부 출신으로 수군으로 근무했던 안용복은 17세기 울릉도에서 고기잡이를 하던 중 침입한 일본 어민을 나무라다 일본으로 잡혀갔지만 오히려 막부로부터 울릉도가 조선의 영토임을 확인받기도 했다. 이 무렵 작성된 일본의 각종 고문헌과 고지도에 울릉도와 독도가 조선의 영토임을 표기하고 있다. 그리고 1877년 3월에는 당시 일본의 최고 국가기관인 태정관에서 울릉도와 독도는 일본과 관계없는 땅이라는 결론을 내리고 문서를 보내기도 했다. 그리고 1883년(고종 20년) 3월 1일 태정대신의 이름으로 '울릉도 도항금지령'을 시달하였다. 그 문서는 독도박물관에 보관되어 있다.

당시 일본 막부의 입장을 확인할 수 있는 사건이 있다. 한 일본 무역상이 영주의 허락을 받지 않고 몰래 죽도(현 울릉도)를 다녀오자 막부는 그를 처형했다. 일본인 무역상이 요청한 울릉도 방문을 허락하지 않은 것은 그곳이 일본의 영토가 아니었기 때문이다. 당시 죽도는 여러 문헌에서 울릉도에 딸린 섬이라 표기했다. 막부는 울릉도나 독도가 조선의 영토임을 알고 있었고, 조선과 불편한 관계를 원치 않았다. 무역상을 처형하고, 누구도 도해를 허락하지 않는다는 경고판을 시네마현에 게시했다. 또 일본 고지도(〈신찬조선국전도〉, 국립중앙박물관 소장)에서 울릉도와 독도는 조선 본토와 같은 붉은색으로, 이키섬은 일본본토와 같은 흰색으로 표시했다. 조선은 울릉도와 독도를 강원도 울진현에 소속된 섬으로 관리하였다.

쇄환정책과 수토정책

2023년 6월 울릉도 서면 학포마을에서 '학포 개척 문화제'가 열렸다. 1882년 울릉도를 개척한 이규원 감찰사의 업적을 기리고, 섬의 개척사를 조명하는 행사다. 여진과 왜구의 침탈로 섬에 머물 수 없었던 주민들을 육지로 이주시킨 후 조선 고종 때 수토정책으로 감찰사를 보내 울릉도를 개척한 것이다. 이규원이 울릉도에 도착하여 살핀 결과를 보면, '본국인 140명과 일본인 78명이 있고, 고을을 설치하기에는 나리동이 적합하다'고 했다. 그리고 일본인들이 나무를 도벌하고, 표목을 세워 송도라고 일컫는 것 따위의 행동을 적발해 일본공사 외무성에 항의하고 울릉도 거주인 전석규를 도장으로 임명했다. 공식적으로 섬에 조선 정부가 상주하는 관리를 배치한 셈이다. 또 1883년 동남제도개척사 겸 포경사 김옥균은 이주민을 모집하여 16호 54명을 울릉도에 정착시키기도 했다. 당시 이주민은 남해안과 호남의 어민들이었으며,

특히 여수와 고흥지역 어민들이 많이 이주했다. 이들이 우산도(현 독도)에 고기잡이를 나가면서 돌로 이루어진 섬이라는 의미로 '독섬'이라고 불렀는데, 이 이름이 오늘날 독도가 되었다고 한다.

갑오개혁 이후 울릉도 수토정책은 개화파들에 의해 폐지되었지만 육지 사람들의 이주는 계속되어 1897년 3월 12개 동리에 397호, 1,134명이 거주하기도 했다. 하지만 일본은 청일전쟁 승리 이후 불법 어업과 산림벌채를 계속 자행하였다. 이에 고종 황제는 1900년 10월 24일 '칙령 제41호'를 반포했다. 울릉도를 강원도 27곳 중 하나인 울도군으로 승격시켰다. 그리고 울릉도와 죽도와 석도(현 독도)로 구역을 규정하였다. 이는 관보가 아닌 지방정부의 회람용 문서에 불과한 '시네마현 고시'보다 4년이 앞선다.

일제 패망과 울릉도와 독도

일제 패망 후 울릉도와 독도 영유권은 연합국 최고사령부가 내린 지령인 SCAPIN(Supreme Commander of the Allied Powers Instruction)에 의해 규정되었다. 다음은 1946년 1월 29일 발표된 SCAPIN 제677호 3항의 일부 내용이다.

본 지령의 목적은, 일본이 4개의 주요 도서(홋카이도, 혼슈, 큐슈, 시코쿠)와 쓰시마섬과 북위 30도 이북의 류큐(난세이) 섬(쿠치노 섬 제외)을 비롯한 대략 1,000여 개의 작은 인접 섬들을 포함하는 것을 정의하는 데 있다. 그리고 (a) 우쯔료섬(울릉도), 리앙크루암(독도), 쿠엘파트섬(제주도)은 제외한다.

1951년 영국이 작성한 일본의 영토를 그린 지도에서 울릉도는 물론 독도도 일본 영토에서 배제했다. 한일회담 문서에 일본은 총리부령의 문서(1951.6.6.)에 '울릉도, 독도, 제주도는 일본 행정권이 미치지 않는 곳'이라고 밝혔다는 사실이 밝혀지기도 했다. 1951년 미국 샌프란시스코에 미국을 비롯한 연합국들이 모였다. 일본의 전후처리대일강화조약을 맺기 위해서다. 이 조약 제2장 제2항의 '영토 포기 또는 신탁통치 이관'에서 "일본은 한국의 독립을 인정하고, 제주도, 거문도, 울릉도를 포함한 한반도와 그 부속 도서에 대한 모든 권리, 자격, 영유권을 포기한다."라고 했다. 제2차 세계대전 종식을 위해 일본과 연합국 48개국이 맺은 평화조약이다. 한국전쟁 후에도 일본은 독도에 순시선과 시험선을 보냈고, 독도가 시네마현에 속하며 일본 정부의 허가 없이 접근을 금하는 표주와 팻말을 설치하기도 했다. 이에 울릉도민이 자발적으로 독도의용소방대를 결성하고 상주경비를 시작했다. 그리고 1954년 7월 독도경비대가 창설되어 상주경비를 시작하여 오늘에 이르고 있다.

울릉도 섬길 : 해안길과 옛길

시간이 없는 여행객이나 방문객이 택하는 울릉도 섬길이 '행남 산책로'이다. 이곳만 돌아도 울릉도 여행의 맛을 진하게 느낄 수 있다. 도동항 좌측 해안을 따라 만들어진 산책로이며, 행남 등대까지는 왕복해도 한 시간 반밖에 안 걸리는 산책로라 뱃시간에 맞춰 많이들 걷는다. 행남 산책로는 인간에게 허락되지 않는 곳을 길로 만들었다. 물새와 바다생물들에게만 허락된 공간에 다리를 놓고 굴을 뚫어 산책로를 열었다. 수많은 시간과 자연이 빚은 경관에 '세계지질공원'이라는 이름표를 달았다. 행남 등대에서 저동항 촛대암까지 이어지는 해안길 바다를 보는 맛이 으뜸이다. 그 길에서는 죽도를 오가는 유람선이나 작은 어선

도동항이나 저동항에서 성인봉을 거쳐 나리분지로 이어지는 등산길도 좋지만 여유로운 산책을 원한다면 나리분지 주변에 있는 탐방로가 좋다. 나리에서 추산항, 천부항, 성인봉, 알봉분화구 등으로 가는 탐방로가 있다. 일부 구간만 걷는 것으로도 원시림에 온 듯한 기분을 만끽할 수 있다.

들도 볼 수 있다.

행남 산책로보다 더 아끼는 울릉도 옛길이 있다. 내수전에서 북면 섬목까지 이어지는 길이다. 울릉도 개척시대에 만들어졌는데 울릉도 동쪽 저동항을 지나 내수전에서 섬목까지 이어진다. 예전에는 내수전에서 석포마을까지 걸었다. 내수전 전망대에서 보는 동해 바다를 오롯이 느낄 수 있다. 서해의 갯벌 바다와 다른 모습이며, 섬들이 솟아 있는 서남해의 바다와도 다르다. 목이 마르거든 호박막걸리나 감주로 목을 축이며 쉬었다 가도 좋다. 울릉읍과 북면의 경계를 짓는 섬길을 넘으면서 숲길에서 섬초롱꽃, 섬단풍, 섬나리 그리고 고대 화석식물이라 부르는 다양한 양치류와 울릉도 고유의 식물을 만날 수도 있다. 여기에 곰솔나무, 우산고로쇠나무, 너도밤나무, 동백나무, 섬단풍나무 군락도 살펴볼 수 있다.

내수전마을과 저동을 잇는 10리 못 되는 섬길 중간에 '정매화골'이라는 쉼터가 있다. 이 쉼터에 토착민인 '정매화'라는 사람이 살아서 붙여진 이름이다. 1962년 이효영씨 부부가 삼남매를 기르며 정착해 1981년까지 이곳에서 살았다. 지금처럼 일주도로가 없던 시절 걸어서 여행하던 사람들이 조난을 당하면 구조하는 일을 하기도 했다. 그렇게 구한 인명이 300여 명에 이른다. 1982년 울릉도 개척 100주년을 맞아 부부는 선행군민으로 표창을 받기도 했다.

지금은 내수전마을까지 차가 다니지만 내수전에서 북면 섬목마을까지는 산길을 오르내려야 한다. 서면으로 이어지는 해안도로가 만들어지기 전에는 북면 주민들이 육지로 나가려면 반드시 이곳을 통과해야 했다. 이 길은 워낙 험해 저동까지 40리 길이 4시간 정도 걸리기도 했다. 이 길을 지나는 북면 주민들이나 외지인들이 폭설이나 폭우로 조난을 당하거나 발이 묶이면 어김없이 이 부부가 나서서 구했다. 심하게 다친 사람을 집에서 치료를 해 목숨을 구한 경우도 다반사였다. 그래서 부부의 집을 조난대피소라 부르기도 했다. 부부는 육지로 이사 갈 계획을 세웠다가 행정 당국과 주민들의 당부로 포기하기도 했다.

42년 vs 27년

통구미 터널 앞, 빨간불이 들어왔다. 터널로 들어가려던 차들이 멈췄다. 잠시 후 터널 안에서 차들이 줄지어 나오기 시작했다. 외길이다. 울릉도에는 이런 터널이 몇 곳 있었다. 지금은 모두 오고 갈 수 있도록 터널이 확장되거나 두 개의 터널로 바뀌었다. 울릉도에서 버스가 운행을 시작한 것은 1979년 8월 15일이다. 1976년 8월 착공해 섬 중심인 도동리와 어장의 중심인 저동리를 잇는 2.3킬로미터를 개통하면서이다. 그리고 1989년 10월 일주도로 중 13.8킬로미터를 완공하고, 1995년 지방도 926호선으로 지정하면서 44.2킬로미터로 노선을 변경했다. 2001년 11월 내수전에서 섬목 구간 4.4킬로미터를 제외한 29.8킬로미터를 개통했다.

　울릉도를 순환하는 도로는 지방도 90호선이다. 우리나라 도로의 위계는 크게 국도와 지방도로 나눈다. 국도는 국가(국토교통부)가 한국도로공사를 통해 관리하는 도로로, 고속국도와 일반국도가 있다. 지방도는 광역지자체에서 관리하는 도로이며, 더 낮은 등급의 도로로는 시에서 관리하는 시도, 군에서 관리하는 군도도 있다.

　섬은 뱃길 사정도 어렵지만 섬 내 도로 사정은 더욱 열악하다. 제주도만 해도 해안일주도로가 12번 국도였지만 제주특별자치도 출범으로 지방도가 되었다. 반면에 목포가 기점이었던 2번 국도는 신안군 압해도를 지나 암태도와 추포도까지 이어졌다. 목포가 기점이었던 1번 국도는 유달산 아래 있는 섬 고하도까지 확대되었고, 삼천포가 기점이

울릉도 해안산책로를 대표하는 행남 해안산책로, 행남마을에서 도동리에 이르는 해안길로 화산암벽, 천연동굴, 에메랄드 빛 바다가 어우러진 길이다. 행남 등대에서 본 모습으로 저동항 촛대바위, 죽도까지 한눈에 볼 수 있다. 해안길을 따라 노란꽃의 털머위를 볼 수 있으며, 천연기념물인 섬개야광나무, 섬댕강나무 군락지가 있다.

었던 3번 국도도 창선도를 건너 남해도의 남쪽 끝인 미조항 입구까지 연결되었다. 이렇게 지방도를 국도로 승격시키는 가장 큰 이유는 관리에 필요한 예산의 출처가 달라지기 때문이다. 국도로 승격되면 모든 예산을 국비로 부담한다. 섬과 육지를 연결하는 다리를 건설하는 비용도 마찬가지다. 연륙·연도교는 큰 비용이 들어서 지방정부가 감당하기 어렵다. 그래서 국도로 승격시켜 국가가 부담하도록 만드는 것이다.

울릉도에 도로가 처음 만들어진 것은 1918년이다. 이때 폭 2미터 이내에 약 59킬로미터 길이의 도로가 신설되었다. 차가 다니는 도로보다는 사람이 걸어 다니는 길이라고 해야 할 것 같다. 이후 1940년 보수작업을 통해 넓혔지만 사라호 태풍(1959년 9월)으로 형체도 알 수 없게되었다. 지금의 도로는 1960년대 박정희 국가재건최고회의 의장이 울릉도 순시 뒤 만든 울릉도 종합개발계획으로 탄생한 것이다. 당시 동

깃대봉에서 본 울릉도 가을 풍경과 현포리 일대 ⓒ 한국해양과학기술원

해안 어업 전진기지 저동항과 관문 도동항 그리고 일주도로 개설이 계획(1962년 10월)되었다가, 1963년 3월 제19회 국가재건최고회의에서 확정되었다. 그리고 1976년 착공되어 마지막 구간인 내수전에서 천부리까지 구간이 2018년 준공되었다. 그러니까 착공 후 42년 만이고, 계획 수립 후 55년 만이다. 일주도로의 난공사 마지막 구간인 저동리 내수전에서 천부리 섬목까지 4.75킬로미터 구간이 뚫리면서 우회하는 90분 거리가 15분으로 줄어들었다. 이 구간은 차가 갈 수 없는 곳이었다. 산길을 걸어서 가거나 반대쪽으로 서면과 북면의 먼 길을 돌아야만 했다. 이 길은 지방도이다. 모든 비용을 경상북도가 부담해야 한다.

울릉도만큼 일주도로를 개통하는 데 많은 시간이 걸렸던 곳이 신안군 흑산도 일주도로다. 서남해 지킴이 흑산도 일주도로는 1984년 착공을 해 2010년 완공했으니 27년이 걸린 셈이다. 이 도로는 지방도보다 낮은 등급이다. 따라서 울릉도는 경상북도가 비용을 마련했지만 흑산도는 신안군이 부담해야 했다. 섬은 공사 비용도 많이 들고 해안을 따라 도로를 만들다 보니 난공사 구간도 많다. 울릉도와 흑산도만이 아니라 섬을 가진 지자체와 주민들은 해안일주도로를 만들고 싶어 한다. 주민들은 해안에서 해조류 채취나 양식장으로 오가는 데 편리하고, 여행객은 자동차로 섬을 돌아볼 수 있기 때문이다. 그만큼 잃는 것도 적지 않다. 해안경관을 포기하고 때로는 갯바위 등 조간대 어장을 잃을 수 있다. 여행객들의 접근이 쉬워지면 마을어장의 훼손도 빈번해진다. 지역에 따라 얻는 것보다 잃는 것이 더 많다며 후회하는 곳도 있다.

이제 울릉도 해안도로를 따라 차를 타고 돌아볼 수 있게 되었다. 그전에는 도동에서 서면을 거쳐 섬목까지 갔다 다시 되돌아와야 했다. 이제는 섬목에서 바로 저동을 거쳐 도동으로 올 수 있게 되었다. 하지만 해상풍랑주의보가 내리면 월파와 낙석 위험으로 도로가 통제된다. 결국 풍랑, 태풍, 폭설, 폭우 따위로 일주도로는 기능을 하지 못할 때가 발생한다. 이를 위해 해당 지자체는 국도나 국도에 준하는 계획을 요구한다. 어쨌든 일주가 가능해지자 울릉도 드라이브를 목적으로 렌트카를 이용하는 것은 물론 차를 가지고 입도하는 여행객도 생겨났다. 덩달아 전기스쿠터가 많아져 문제가 되기도 한다. 반갑기도 하고 아쉽기도 한 이 기분은 뭘까.

오징어는 옛말, 문어가 있어 그나마 다행

울릉도 하면 오징어를 꼽는다. 동해 어업 전진기지 역할을 했었다. 특히 오징어잡이 철에는 더욱 그랬다. 이제는 아니다. 울릉도에서 직접 소비할 것이 아니라면 주문진이나 삼척 같은 어장과 가까운 뭍으로 가서 경매를 한다. 울릉도와 독도 근해의 오징어 서식지도 바뀌었다. 오히려 서남해 끝인 진도 서망항에 오징어 파시가 형성되곤 한다. 또 새로운 어업협정으로 대화퇴(야마토타이) 어장을 잃고, 중국 어선들이 싹

쓿이에 가까운 오징어잡이를 하는 통에 예전처럼 오징어잡이 재미를 볼 수도 없다. 여기에 유가 인상까지 한몫하고, 선원들 인건비 부담으로 오징어잡이를 지속하기 어려운 상황이다. 당일바리(당일 어획) 오징어잡이 배만 소규모로 조업을 하고 있다. 2, 3일 조업이 가능한 큰 배는 조업을 하기 어렵다.

어선어업 중 유가에 가장 민감한 어업이 오징어잡이다. 밤새 집어등의 불을 밝혀 오징어를 불러야 하기 때문이다. 집어등이 밝히는 불빛을 '어화'라 해서 울릉도를 대표하는 경관으로 꼽았지만 앞으로 보기 어려울 것 같다. 오징어가 있어야 불러올 수 있을 텐데, 동해 바다가 텅 비어가는 상황이다. 이젠 울릉도 오징어도 옛말이 되고 있다. 오징어는 귀해 금징어가 되었지만 다행히 통발에 문어가 곧잘 들고 있다. 대문어와 참문어가 울릉도 어민들은 물론 여행객들에게도 인기다.

그래서일까. 돼지고기 주물럭에 오징어를 넣은 '오삼불고기'가 인기다. 삼겹살과 오징어를 넣고 채소를 더해 고추장 양념으로 볶는다. 안주로 먹어도 좋고 밥과 함께 먹어도 좋다. 맑은 국물을 내어 먹는 오징어내장탕도 있다. 내장 요리는 산지에서 먹는 특별한 요리다. 오징어를 손질하고 남은 내장을 넣고 푹 끓여 고추를 넣어 매콤하고 시원하게 먹는다.

또 다른 울릉도 음식으로 홍합비빔밥이 있다. 양식으로 흔해진 홍합이 아니라 해녀들이 물질을 해서 깊은 바다에서 따 온 홍합을 손질해 밥을 짓고 양념장에 비벼 먹는다. 우리가 흔히 보는 홍합은 지중해담치라는 다른 종이다.

여행객들이 많이 찾는 따개비칼국수도 있다. 처음에는 따개비를 어떻게 칼국수 요리에 넣을까 의아했다. 살펴보니 따개비는 '삿갓조개'였다. 울릉도에서는 삿갓조개를 따개비라 부른다.

19세기 말 울릉도 개척 당시에 볼 수 있었던 집 형태를 간직한 너와집으로 세 개의 방과 하나의 부엌으로 이루어진 4칸 규모의 一자형 평면집이다. 울릉군 북면 나리분지에 있다.

유일한 평지 나리분지

울릉군 북면에 있는 나리분지는 면적 약 2제곱킬로미터, 동서 길이가 1.5킬로미터, 남북 길이 2킬로미터에 이른다. 울릉도가 거대한 화산이라면, 유일한 평지는 나리분지뿐이다. 나리분지는 수차례 화산 폭발 후 형성된 분출화구가 잘 보전된 지형이다. 이곳에는 10여 가구가 마을을 이루고 있다. 또 나리분지 북서부 알봉분지에도 사람이 살았다. 알봉 (538미터)은 나리분지 2차 분화활동으로 생겨난 분석구이다. 울릉도를 이중화산이라 부르는 이유다. 지금은 사람이 살고 있지 않다. 나리 분지를 둘러싼 산을 외륜산이라 하며, 그 최고봉이 울릉도 최고봉인 성인봉이다.

　제주도처럼 화산암으로 이루어진 분지 주변은 밭농사만 할 수 있다. 논농사는 불가능하다. 울릉도 개척 당시 이곳에 자리를 잡고 너와지붕의 '우데기집'을 짓고 옥수수 농사를 지으며 정착을 했다. 나리분지를 찾는 사람이 많아지면서 전시용 우데기집이 한 채 남아 있다.

옥수수를 파는 주민들도 겨우 생계를 잇고 있으며, 일부 주민들은 이사를 했다. 나리분지 한 음식점에는 '부부가 사는 이야기'가 소개되어 있다.

1990년 울릉도가 고향인 친구가 오빠를 소개해 만나 살고 있다는 어머니 이야기다. 포항에서 8시간 배멀미로 고생하며 도동에 도착했다. 그 순간 속았다 싶었는데, 차를 타고 저동으로 가서 다시 배를 타고 또 차로 갈아타고 끝이 없이 고개를 넘어가서 도착한 곳이 나리분지였다. 수없이 울고 또 울며 20여 년의 세월이 흘렀단다. 그 주인 아주머니의 고향은 경남 합천이란다.

나리분지에서 꼭 맛보아야 할 음식이 나물비빔밥이다. 혹자들은 울릉도에 가면 해산물을 먹어야 할 것이 아니냐고 말한다. 그런데 울릉도 음식은 사실 나물이다. 어느 곳이 울릉도만큼 다양한 나물이 있을까 싶다. '울릉도 아리랑'의 후렴을 보면 "산천에 기물은 멀구나 다래, 인간 기물은 처녀총각/ 앞집에 총각아 뒷집에 처녀, 성인봉 밑으로 삼 캐러 가세/ 울릉도 처녀는 산삼을 캐고, 제주도 처녀는 해삼을 따네"라고 했다. 성인봉 아래 나리분지 어디쯤에서 머루나 다래 그리고 산삼을 캐는 모습을 그렸다. 나물비빔밥에 나온 나물만 해도 김치와 미역 무침을 제외하고 명이나물, 부지깽이, 더덕, 삼나물 등등 일곱 가지나 된다.

나리분지는 울릉도에서도 눈이 많이 오는 곳이다. 옛날에는 우데기집(토막집)이 묻힐 만큼 온 적도 많다. 그래서 집 앞에는 대나무와 깃발을 꽂아 두었다. 눈이 많이 와 덮이면 그곳에 집이 있다는 것을 알리기 위해서다. 옆집과 새끼줄로 연결해 밤새 안녕을 줄로 확인했다. 바닷가에서는 눈이 많이 오면 바닷물로 씻어내기도 했다. 그래도 나리에 사람들이 모여 살았던 것은 울릉도에서 가장 넓은 밭이 있었기 때문이다. 옥수수와 고구마 등 식량 작물을 재배할 수 있는 곳이다. 지금처럼 어업 기술이 발달하지도 않았고 배도 좋지 않았다. 물질을 하는 해녀들이나 바닷가에서 살 수 있었다.

김두경 할아버지, 울릉도 아리랑

울릉도 동쪽 끝, 태하리를 찾아가는 길이다. 그곳에 등대가 있다. 울릉 등대 또는 '태하 등대'라고 한다. 김(해태)이 많아서 붙인 이름이라는 이야기도 있고, 안개가 자욱해서 붙인 이름이라고도 한다. 1958년 점등되었다. 그런데 태하리로 발길을 옮긴 진짜 이유는 울릉도 등대를 보기 위함이 아니다. 태하리 신당과 할아버지 한 분을 만나기 위해서다. 〈인간시대〉 촬영지라는 작은 표지목을 따라 들어갔다. 집 뒤 채마밭에는 온통 부지깽이다.

성하신당은 울릉도를 대표하는 성황당이다. 울릉군 서면 태하리에 위치해 있으며, 배를 지은 후 가장 먼저 이곳으로 배를 타고 와서 제사를 지낸 후 조업을 시작한다. 신당에는 '성하지남신위'와 '성하지여신위'가 모셔져 있다.

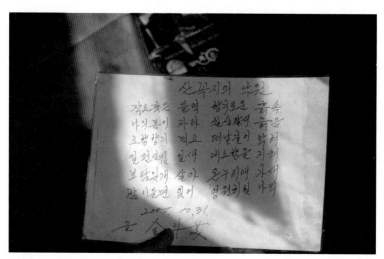

문지방에 받쳐놓은 지팡이 두 개가 서로 의지하듯 다정해 보였다. 김두경 할아버지가 직접 지은 시에 곡을 붙인 〈산꼭지의 낙원〉은 유명하다. 건강이 좋지 않다 들었는데 두 분의 밝은 표정을 보니 마음이 따뜻해졌다.

태하리는 옛 우산국의 중심이었다. 울릉도 개척령이 내려진 이듬해 1883년 7월, 54명의 개척민이 이곳에 첫발을 내디뎠다. 골이 깊고 농사 지을 만한 곳도 좋았다. 물도 좋다. 그곳에 성황이 자리를 한 것은 너무나 당연하다. 이곳에는 천제단, 산신각, 서낭당, 해신앙이 있었다. 군청이 있었던 마을로 울릉도에서 유일하게 농사를 지었던 마을이다. 동해와 가장 가까운 마을로 도동항이 개발되기 전에는 울릉도 중심이었다.

황토구미 길목에 당집이 있다. '성하신당'이라 한다. 당집에 '성하지남신위'와 '성하지여신위', 동남동녀가 자리를 했다. 매년 3월 초에 성하신당제를 올린다. 1969년 3월 전설 속에 등장하던 동남동녀를 혼인시키는 행사를 올려, 이제 어른이 되었다 해서 참배객들이 어른 옷을 바친다.

조선 태종 때 안무사 김인우가 울릉도에 거주하는 모든 사람을 육지로 이주시키는 일을 맡았다. 주민들을 모아 육지로 출항하기 전날 꿈속에서 해신이 나타났다. 주민들 중 남녀 두 명을 두고 가라고 했지만 며칠 후 그냥 출항을 했다. 배가 섬에서 떠나자마자 파도가 높게 일어나 돌아와야 했다. 꿈이 생각나 어린 남자아이와 여자아이를 섬에 남겨두고 떠나자 거짓말처럼 바람이 잦아들었다. 몇 년 후 김인우는 죄책감이 들어 다시 울릉도를 찾았다. 이곳저곳을 찾다 자신이 머물렀던 집에서 동남동녀가 꼭 껴안고 백골이 되어 있는 것을 발견했다. 이에 사당을 짓고 모셨다. 성하신당이 모셔진 이야기다. 지금도 3월에 제를 지내고 있으며 군수가 참석한다. 울릉도 마을마다 성황당이 있지만 섬 주민들은 배를 지으면 여기서 제를 지낸다.

태하 등대는 신당에서도 가파른 숲길을 따라 올라가야 한다. 2008년 울릉군이 관광용 모노레일카를 설치했다. 모노레일이 만들어지기 전에 김씨는 할머니가 짜장면을 먹고 싶어하자 자신이 직접 만든 케이블카로 짜장면을 배달해 드렸다고 한다. 〈인간극장〉에 소개된 이야기다. 혹시나 싶어 내려오는 길에 할아버지 집에 들렀다. 문지방에 지팡이 두 개가 다정하게 서로 기대고 있다. 운 좋게 두 분이 집에 있었다. 건강이 좋지 않다는데 두 분의 표정은 너무 밝았다. 불쑥 찾아온 여행객들이 귀찮지 않은지 따뜻하게 맞아주셨다.

땅에 새겨진 이야기, 국가지질공원 울릉도

울릉도 개척 당시 월성 김씨라는 분이 섬에 들어와 살았다. 어느 날 동쪽 어장에서 물고기를 잡다가 태풍을 만나 관음도로 피했다. 해안은 온통 절벽이며 파도가 높아 바닷가에서 먹을 것을 구할 수 없었다. 겨우 바람을 피해 불을 피웠지만 굶주림에 허덕이고 있을 때 수많은 깍새가 날아와 잡아 구워 먹고 살았다. 그 후 관음도는 '깍새섬'이라 했다.

울릉도 주민들은 바다보다 산에 의지해 살았다. 바다는 뭍에서 들고 나는 배가 정박하는 곳일 뿐 산을 일구어 농사를 짓고 산나물을 채취해 생활했다. 지금은 도동항이나 저동항에 불빛이 화려하지만 외지에 뱃사람들이 들어와 오징어나 청어나 꽁치를 잡아 가기 전에는 달랐다.

깍새는 슴새를 뜻하는 울릉도 말이다. 우리나라 무인도에 서식하는 여름 철새이며 신안 칠발도나 구굴도 밀사초 아래 둥지를 만들어 산란한다. 관음도 맞은편 천부리 섬목 일대 마을에서는 밭에 심어놓은 콩이나 곡식들을 까마귀나 깍새가 파먹었다고 한다. 깍새는 불을 보고 달려드는 습성이 있어 작대기로 휘둘러 잡아 구워 먹고 삶아 먹고 국을 끓여 먹었다. 인도교를 건너 관음도에 들어서니 후박나무 숲 아래에서 새소리가 요란하다. 사람은 살지 않고 여행객들만 오간다. 인근 매바위, 쌍굴 등 해식동과 해식애가 발달했다. 이곳에서 보면 죽도가 한눈에 들어오며 울릉도 동쪽 해변을 살펴볼 수 있다. 섬에 두 개의 동굴이 있는데 배를 타고 들어갈 때 천장에서 떨어지는 물방울을 배 위에서 받아먹으면 무병장수한다는 이야기가 전한다. 배를 타고 섬을 돌아보아야 관음도의 진면목을 살필 수 있다. 인도교가 놓이기 전에는 들어갈 수 없는 곳이었다. 관음도를 둘러보는 길은 많은 사람들이 오가는 탓인지 먼지가 날릴 정도이며 길도 패어 섬이 신음하는 소리가 들린다.

관음도에서 천부리 선착장으로 내리면 우뚝 솟은 바위가 보인다. 삼선암이다. 옛날 하늘나라 세 선녀가 너무 아름답고 맑은 동해 섬나라에 내려와 목욕을 하며 즐기곤 했다. 어느 날 평소처럼 목욕을 즐기다 막내 선녀가 멋진 풍경에 한눈을 팔다 올라갈 시간을 놓쳤다. 언니들도 막내를 기다리다 결국 하늘로 오르지 못했다. 옥황상제가 노여워하며 세 선녀를 각각 바위로 변하게 했다. 문제를 일으킨 막내 선녀는 풀도 자라지 않는 바위로 만들었다. 관음도에서는 하나의 바위처럼 보인다. 이 바위들은 모두 울릉도 국가지질공원으로 지정되었다.

국가지질공원은 '경관이 뛰어나고 학술적 가치를 지닌 지질명소를 보호하고 관광·교육 등에 활용하기 위해 정부가 인증하는 자연공원'이다. '지질공원'은 '지구과학적으로 중요하고 뛰어난 경치를 지닌 지역으로 지질 관광과 교육이 활발히 이루어져 지역 경제 발전에 도움을 주는 지역'이다. '지질명소'는 지질공원 안에 지질유산이 하나 또는 여러 개 모여 있는 장소다. 울릉도와 독도 지질공원 내에는 모두 23개의 지질명소가 있다. 울릉도에는 죽도, 관음도, 삼선암, 코끼리바위, 저동 해안산책로, 도동 해안산책로 등 19곳, 독도는 독립문바위, 숫돌바위, 삼형제굴바위, 천장굴 등 4곳으로 모두 23곳이다. 섬은 신생대 3기와 4기 초에 걸쳐 화산작용으로 형성된 종상화산이며, 지질은 조면암과 현무암으로 이루어져 있다. 약 460만 년부터 250만 년에 이르는 시기에 형성된 것이다.

울릉도에서 여행자들이 가장 쉽게 접할 수 있는 지질명소는 도동과 저동 해안산책로이다. 이곳을 '행남 해안산책로'라고 부른다. 울릉도 초기 화산활동으로 만들어진 집괴암(현무암질) 지역이다. 산책로를 따라 베개용암, 해식동굴, 기공, 행인, 암맥, 클링커(점성이 높은 용암이 흐르다 겉이 식고 속은 흐르면서 생기는 균열), 다른 지층이 부딪힌 부정합, 화산재가 쌓인 응회암 등 다양한 지질을 확인할 수 있다. 다양한 지층과 색 그리고 암맥도 볼 수 있으며, 경사면에서는 퇴적암에 박힌 암석들로 이루어진 '재퇴적쇄설암'도 있다. 이렇게 산책을 하면서 땅의 역사를 엿볼 수 있는 곳이 제주도와 울릉도이다.

우리나라 국가지질공원은 강원평화지역, 한탄강, 강원고생대, 울릉도, 독도, 경북 동해안, 전북 서해안권, 경북 청송, 광주 무등산권, 부산, 제주도 등 10곳이다. 유네스코 인증 세계지질공원은 전 세계 130여 곳이며, 우리나라는 제주도, 청송군, 무등산, 세 곳이 인증을 받았다.

성인봉에 오르다

제법 굵은 빗줄기의 환대를 받으며 운 좋게 독도까지 다녀왔다. 이런 행운이라면 내일 성인봉으로 가는 길에 비도 멈추고 햇살도 비출 것 같았다. 다음 날 새벽, 비는 그쳤지만 성인봉으로 오르는 길은 안개비가 내렸다. 행여 길을 잃을까 가는 내내 선갈퀴, 주름제비란, 섬남성, 큰두루미꽃, 독도제비꽃, 윤판나물아재비 등 울릉도를 지키는 꽃의 정령들이 길을 안내했다. 그리고 정상을 2킬로미터 정도 남겨놓았을 때 선물처럼 햇살이 섬단풍나무 사이로 내렸다. 성인봉 가는 길은 초록이 가득하다. 울릉도에 처음 들어온 사람들을 품었던 곳은 성인봉이었다. 파도와 바람을 피할 수 있는 나리분지에 자리했던 것처럼 성인봉 자락에 머물렀다. 울릉도는 화산섬치고 물이 많고 좋았다. 바닷가에서 얻을 수 있는 것은 미역 정도였고, 대부분 성인봉에서 먹을 것을 구했다.

지금도 도동이나 사동 등 여행객이 많이 머무는 곳을 제외하면 울릉 사람들은 성인봉에서 명이나물, 고비 등을 얻고 고로쇠를 채취해 살고 있다. 이곳에서는 첨단기술이 의미가 없다. 처음 섬에 들어온 사람과 다를 바 없이 여전히 두 발로 걷고 두 손으로 뜯을 뿐이다. 자연산 명이나물은 높은 가격으로 유통되는 탓에 성인봉 깊은 산골에서 뜯다가 목숨을 잃는 일이 자주 발생하고 있다. 이렇게 산나물 채취가 점점 어려워지고 있다.

성인봉과 함께 울릉 바다는 미래에도 그 가치가 지속되어야 할 소중한 자원이다. 해안절벽을 타고 바다로 떨어지는 '염소폭포', 강치가 살았던 해식동, 삼선암과 관음암과 죽도 등 모두 그 가치를 인정받아 국가지질공원으로 지정되었고, 주변 바다는 동해안 최초의 해양보호구역이다. 보전을 위한 제도적인 장치가 마련되고 있다. 남은 것은 섬주민들과 여행객의 몫이다.

울릉도로 귀촌을 희망하는 사람들이 많다. 울릉도로 귀촌하는 사람들이 관심을 갖는 것은 산나물 재배다. 고령화와 일손 부족으로 경사지에 재배한 산나물을 제때에 채취하기가 힘들다. 귀촌을 희망하는 사람은 많지만 실제로 귀촌이 이루어지는 사례는 드물다. 2021년 귀농귀촌교육을 시작으로 울릉도 섬인구 증가정책을 추진하고 있다. 또 최근에는 '울릉도 한 달 살아보기 체험 프로그램'도 인기리에 운영하고 있다.

개황 | 울릉 울릉도

일반현황

위치 | 경북 울릉군
면적 | 72.56km²
가구수 | 5,605
인구(명) | 9,050
교통 | 포항-포항항국제여객터미널 또는 울진-후포여객선터미널에서 배편 이용
특산물 | 오징어, 새우, 명이나물

변화 자료

구분	1985	1995	2011
주소 면적(km²)	경북 울릉군 72.861	경북 울릉군 73.150	경북 울릉군 72.390
인구(명)	18,866(9,805+9,061)	11,421(5,877+5,544)	10,788(5,689+5,099)
가구수	4,832	3,784	5,245
공공기관	면사무소 3, 경찰관서 1, 우체국 3, 보건소 1, 농협 1, 수협 1, 신림조합 1	군청 1, 면사무소 3, 지·파출소 4, 우체국 3, 농촌지도소 1	군청 1, 면사무소 3, 출장소 1, 경찰서 1, 지·파출소 3, 농수협 3, 한전지점 1, 119안전센터 1, 우체국 3, 우체국 분국 3
학교	유치원 4, 초등학교 8, 중학교 4, 고등학교 1	고등학교 1, 중학교 4, 초등학교 6	고등학교 1, 중학교 4, 중학분교 1, 초등학교 4, 초등분교 2
급수시설	상수도시설 3개소, 간이상수도 40개소, 우물 52개소	상수도시설 3개소, 간이상수도 43개소	지방상수도시설 31개소, 간이상수도시설 41
전력시설	한전계통 4,811가구	한전계통 3,784가구	한전계통 5,245가구
의료시설	병원 1, 한의원 2, 약국 14	보건소 1, 보건지소 2, 보건진료소 3, 약국 6	병원 5, 보건지소 2, 보건진료소 3
어선(척, 동력 선+무동력선)	519(445+74)	474(473+1)	250(245+5)

※ 섬의 개황 자료 또는 변화 자료를 통계 데이터베이스에서 확인할 수 없는 경우 부득이하게 비워두었음
  을 알려드립니다.

2

부자의 섬, 부부의 섬
더하기 아들의 섬

울릉 죽도

이 섬 주위로 무수한 물형의 바위섬이 둘러서 있다. 송곳 바위섬 혹
은 삼형제섬 등 이루 형언할 수 없이 많이 둘러서 있다. 그중에도 특
필할 바는 죽도라는 섬 이야기이니 이 섬은 주위 10여 리 남짓한 높
이 400~500척의 섬이다. 그런데 섬의 된 품이 사방으로 모두 깎아
질러 절벽이 300~400척이요, 조금도 배가 다닐 데가 없다. 그리고
그 위는 평지가 되어 있어 죽림으로 가득하여져 있다. 이 섬을 올라
가자면 구멍 뚫린 바위 밑에 배를 대어 두고 줄사다리로 바위구멍을
올라갈 수 있게 되었는데, 이 섬에는 오직 이곳이 유일한 통로이다.
피서지로 이 울릉도 중에도 가장 적당한 곳일 뿐 아니라 정신 수양
에도 유일한 곳이니, 이곳에는 오직 한 가구가 살 뿐이요, 하등의 세
속을 느낄 수 없는 인간 천당이 이곳이다.

동아일보 이길용 기자가 1929년 개벽사의 월간 잡지 《별건곤》에 쓴
죽도 이야기다.

저동항에서 유람선에 올랐다. 죽도로 가는 길이다. 한 가구만 사는
섬, 죽도 총각이 결혼해 가정을 이루어 대를 잇고 있는 섬이다. 그 주인공
이 김유곤이다. 죽도 총각으로 통한다. 아버지와 둘이서 죽도를 지키며
살고 있어 '부자의 섬'이라 했다. 이제 '부부의 섬'이라 해야 할 것 같다.

아버지 뒤를 이어 죽도를 지키는 유곤씨는 어린 아들을 포항으로 보냈다. 학교에 다녀야 할 나이가 되어 더 이상 섬에 둘 수가 없었다. 덩달아 아내도 아들을 데리고 섬 밖으로 나가야 했다. 아내와 아들까지 세 가족이 죽도에 머물렀던 시간이 꿈만 같았다. 다시 그 시간이 올지 모르겠단다.

    죽도는 울릉도 동북 방향으로 4킬로미터 정도 떨어져 있는 섬이다. 면적은 207제곱킬로미터이며 울릉도에 딸린 섬이다. 대나무가 많아 대섬이라 했다지만 수많은 송도처럼 수많은 대섬도 지명 유래가 똑같다. 실제로 대나무가 많이 자란 섬도 있지만 그렇지 않은 섬이 더 많다. 관음도처럼 해안이 절벽으로 이루어져 있어 배를 대고 오르기 쉽지 않다. 유일한 진입로는 365개의 나선형 계단으로 이루어져 있다. 다행인지 섬 정상은 평평해 농사를 지을 수 있다. 부자는 이곳에 더덕을 심어 생계를 꾸려가고 있다. 어느 곳에서나 바다를 볼 수 있으며, 이곳에서 보는 관음도를 비롯한 울릉도 동쪽 해안이 아름답다. 섬은 대나무, 후박나무, 유채, 섬바디, 억새 등이 멋진 곳이다.

    김씨는 가족들과 울릉도에서 생활하다 2000년 초 아버지를 따라 죽도에 들어가 1만 평 더덕농사를 지었다. 죽도를 찾는 사람들과 뭍에서 주문하는 사람들에게 더덕을 팔았다. 〈인간극장〉에 소개되면서 여행객이 많이 찾고 있어 이젠 여행객에게 판매하는 것도 부족하다고 한다.

물과 바람

죽도에서 가장 귀한 것은 무엇일까. 김유곤씨에게 물었다면 가장 먼저 '물'이라 했을 것이고 다음은 '더덕'이라 했을 것 같다. 결혼을 하고 난 뒤에 똑같은 질문을 했다면, 아마도 아들 '민준'이를 꼽지 않았을까. 다만 예나 지금이나 생존을 위해 가장 소중한 것은 두말할 필요도 없이 물이다.

죽도에는 우물이 없다. 그래서 빗물을 받아서 보관했다가 사용한다. 죽도만 아니라 지금도 외딴 섬에는 빗물을 받아서 생활하는 곳이 적잖다. 뭍에서야 수도꼭지만 틀면 물이 콸콸 쏟아지지만 죽도에서는 빗물을 받아 수로를 통해 물탱크에 가두었다가 양수기로 높은 곳에 있는 탱크로 올려 이용한다. 빗물이 집 안으로 오게 하는 방법은 조금 개선되었지만 빗물을 사용하는 것은 예나 지금이나 변함이 없다. 다만 아내가 들어오고 아이와 생활하면서 수질 개선을 위해 소독과 청소를 더 열심히 할 뿐이다.

고인이 되신 아버지와 어머니도 다른 것은 몰라도 물은 정말 돈보다 더 아꼈다. 쌀 씻은 물은 설거지에 쓰고 설거지한 물도 허투루 버리지 않았다. 그렇게 물은 세 번 사용해야 버려졌다. 비가 오지 않는 겨울에는 눈을 모아 녹여서 식수로 사용했다.

지금은 풍력과 태양광으로 전기를 만들어 사용하지만 옛날에는 전기도 없었다. 그래서 모두 섬을 떠났다. 돈이 조금 모이면 나갔다. 그런데 유곤씨의 아버지는 그곳에 집을 지었다. 그리고 관광지로 지정되었다. 더덕 농사로 7남매를 키웠다. 피눈물을 흘리며 섬을 지키는 것을 보았기 때문에 남들처럼 훌훌 털고 떠날 수 없었다.

그렇다면 죽도에서 가장 무서운 것은 무엇일까. 답변을 기다릴 것도 없다. 바람이다. 울릉도처럼 큰 섬은 바람을 피해 마을이 생기고 집도 지어졌다. 하지만 죽도는 동서남북 어디에도 바람을 피할 곳이 없다. 그래서 대나무가 많은지도 모른다. 대나무는 바람에 누울지언정 쉬 부러지지 않는다. 그래서 바람을 막을 수 있다. 유곤씨 집은 1994년 지어서 1996년 완공했다. 부모님이 지은 집이다. 아내와 아들과 함께 살고 있는 죽도 주민이다. 60년 전에 부모님이 일군 땅에서 유곤씨는 30년째 더덕 농사를 짓고 있다. 2만 4천 제곱미터의 땅에서 가장 채산성이 있는 것은 더덕이다. 무처럼 연하고 사포린이 풍부한 더덕 판매로 여름은 바쁘다. 일년 농사인 셈이다.

부자의 섬

대섬으로 가는 길은 외길이다. 그것도 기암절벽을 기어올라야 한다. 지금은 계단이 있지만 예전에는 한 걸음만 잘못 디디면 굴러떨어지는 길이었다. 울릉도나 뭍에 다녀오는 길이면 이것저것 생필품을 짊어지고 올라야 했다. 대섬의 옛날 사진을 보면 깜짝 놀란다. 집집마다 한두 마리씩 소를 키웠다고 한다. 저 소는 어떻게 이 길을 올라왔을까. 어린 송아지를 사서 지게에 지고 올라왔다고 한다. 혼자 힘으로는 걸어 올라올 수 없는 길이다. 고기잡이보다 농사가 주업이었던 대섬은 일을 할 소가 꼭 필요했다. 그렇게 소를 키워서 농사를 짓고, 때로는 단백질 공급원으로 삼기도 했다. 섬에 올라온 소가 살아서 육지로 가는 일은 없었다. 지금은 케이블카가 있어 짐을 운반한다.

섬에 김유곤씨와 아버지 김길천씨만 살던 때도 있었다. 정말 부자의 섬이었다. 개 두 마리가 딸린 식구였다. 부자는 더덕 농사로 생계를 이었다. 고인이 된 김길천씨가 일군 땅이다. 그리고 틈틈이 집 주변에 정원도 가꾸었다. 쉴 틈이 없었다. 농사를 지을 퇴비도 직접 만들어야 했다.

발전기를 돌려 전기를 쓰던 것이 이제 태양광과 풍력으로 바뀌었다. 역시 큰 변화다. 석유 값보다 운반비가 더 많이 들어가다 보니 늘 부담이었다. 그래서 밤에 잠깐 필요할 때만 발전기를 돌렸다. 태양광으로 바꾸고 나서도 날씨가 좋지 않거나 여러 날 흐려서 전기가 필요할 때는 발전기를 가동한다.

문제는 식수다. 섬에서는 물이 나오지 않는다. 오로지 하늘을 보고 살아야 한다. 그래서 비가 오는 날은 물을 받는다. 섬에 떨어지는 빗물을 한 방울이라도 더 받기 위해 머리를 짜냈다. 그렇게 만든 물통에 의지해 생활하고 있다. 식수는 빗물을 정화하고 소독해서 먹고, 허드렛물로는 빨래와 청소를 한다.

죽도로 가는 길은 울릉도 저동항에서 출발한다. 그 여행길은 섬에서 살아야 했던 주민들의 시난고난한 삶을 상징하는 가파른 계단을 오르면서 시작된다. 어린 송아지마저 지고 올라야 했다. 대신에 다 큰 소는 살아서 내려오지 못했을 것이다.

그렇게 수십 년을 아버지와 어머니가 살다 가셨고, 지금은 유곤씨와 아내와 아들이 살고 있다. 유곤씨의 아버지는 이곳에서 7남매를 키우셨다. 형제들은 모두 울릉도나 포항 등 뭍으로 나가고 유곤씨만 아버지 곁을 지켰다. 그러다 어머니가 버섯을 따러 갔다가 발을 헛디디는 사고로 돌아가셨다. 어머니가 돌아가시고 나서는 유곤씨가 아버지 밥을 짓고 반찬을 했다.

그렇게 한동안 보냈다. 노총각의 고민은 결혼이었다. 선을 볼 때마다 섬에 산다고 결과가 좋지 않았다. 결혼한다고 해도 섬 밖으로 나갈 수 없다. 생계를 위해서라도 섬을 지켜야 하고 떠나도 아버지와 같이 떠나야 한다. 그래서 어렵다. 여행객들이 오기 시작하면서 더덕 농사는 더욱 많아졌다. 자식들을 키우기 위해서 아버지가 일군 더덕이다. 여행객들은 그를 더덕 총각이라 불렀다. 절벽 위에 하얀 집도 완성을 했다. 이제 그 집의 주인은 유곤씨만이 아니다. 그가 결혼을 했다. 그리고 아이를 낳았다.

아이가 태어나다

절해고도가 아니더라도 섬에서 아이의 울음소리를 듣는 것은 로또에 당첨되는 일만큼이나 힘들다. 유곤씨는 아버지가 가꿔놓은 정원과 잔디를 손질하면서, 민준이가 엄마와 함께 뛰어노는 모습을 보면서, 이게 꿈이 아닌가 생각했단다. 상상할 수 없었던 일이 몇 년 사이에 일어났기 때문이다. 사실이다.

지금 죽도의 하얀 집 잔디밭에는 분명 아이와 아내가 놀고 있다. 아내와 만나 40여 일 만에 결혼을 하고, 50대가 되어서 민준이를 낳았다. 아내는 유학까지 다녀온 도예가다. 음식도 잘하고 섬에도 잘 적응했다. 그래서 너무 고맙단다.

유곤씨가 죽도를 지킬 수 있는 것은 더덕 덕분이다. 아버지가 30여 년에 걸쳐 일궈놓은 더덕밭이 있었기에 섬을 지킬 수 있었다. 유람선을 타고 삼삼오오 죽도를 구경하기 위해 건너오는 여행객에게 더덕을 팔고, 음료를 만들어 팔았다. 더덕을 택배로 주문하는 사람도 있다.

죽도는 화산 토양에다가 물빠짐이 좋다. 그래서 썩지 않고 잘 자란다. 보통 더덕은 뿌리 안에 질긴 줄기가 있는데 죽도 더덕은 무처럼 아삭하고 당도도 높다. 갈아서 음료로 먹어도 좋다. 겨울이 지나고 봄이 오면 농사를 짓기 시작해 겨울 전까지 계속된다. 더덕 판매도 3월부터 11월까지 이어진다. 지금은 관리기나 경운기를 이용하지만 초기에 아버지와 농사를 지을 때는 소를 이용했다. 소의 힘을 빌릴 수 없을 때는 아버지가 쟁기를 잡고 유곤씨가 끌기도 했다. 그때에 비하면 지금은 일도 아니란다. 10여 년 전에 아버지의 유해를 섬에 묻고 혼자서 섬과 더덕밭을 지켰다. 그보다 앞서 사고로 떠난 어머니 역시 섬에 묻었다.

유곤씨와 아들 민준이. 유곤씨는 부자섬이 가족섬이 되어 꿈만 같다고 좋아한다.

그래서 유곤씨는 더욱 섬을 떠날 수 없다.

이제는 아내와 아들 민준이가 있어 든든한 힘이 된다. 유곤씨가 결혼을 할 때도, 민준이가 태어나 주소지가 죽도로 되었을 때도 신문에 소개되었다. 결혼도 결혼이지만 병원에서 아이를 낳고 배를 타고 들어오던 2018년 9월을 유곤씨는 잊지 못한다. 아이를 안고 들어와 부모님을 찾아뵙고 인사를 드렸다. 한때 27~28명이 모여 살았던 죽도에 유곤씨 혼자 남았더랬다. 이제 아내와 아들이 있으니 세 명으로 늘었다.

그야말로 1인 가구였는데, 아들이 태어나고 아들이 뛰어놀 것이라고는 상상도 못했다. 울릉도도 힘든데, 죽도는 울릉도에서 떨어진 섬이다. 유곤씨는 꿈만 같다고 좋아한다. 부자 섬이 가족 섬이 된 것이다. 이제 민준이가 자라서 유치원에 갈 때가 다가온다. 머지않아 초등학교도 보내야 할 것이다. 그때 유곤씨는 다시 혼자가 될지 모른다. 아이와 아내를 뭍으로 보내야 하기 때문이다. 물론 이제 혼자라도 온전한 혼자가 아니니 조금 덜 외로울지도 모르겠다.

개황 | 울릉 죽도

일반현황

위치 | 경상북도 울릉군 울릉읍 저동리
면적 | 0.208km^2
가구수 | 1
인구(명) | 2
교통 | 울릉군–도동항에서 배편 이용(사전 문의 필수)
특산물 | 수박, 더덕, 명이

변화 자료

구분	1985	1995	2011
주소			경북 울릉군 울릉읍 저동리
면적(km^2)			0.210
인구(명)			2(1+1)
가구수			1
공공기관			
학교			
급수시설			
전력시설			자가발전 2대
의료시설			
어선(척, 동력 선+무동력선)			

※ 섬의 개황 자료 또는 변화 자료를 통계 데이터베이스에서 확인할 수 없는 경우 부득이하게 비워두었음을 알려드립니다.

3

독도야
간밤에 잘 잤느냐
울릉 독도

광주에서 출발할 때부터 독도는 고사하고 울릉도도 가기 힘들 것이라는 이야기가 들렸다. 선실 TV에 많은 비가 올 것이라는 자막뉴스가 계속 떠 있었다. 삼척에 머물며 왜 하필이면 내가 가는 날 태풍이 올라오는지 원망했다. 얼마나 기다렸던가. 울릉도에 가는 것도 쉽지 않은 일이지만 독도는 정말 하늘이 허락해야 가능하다. 독도로 배가 출항한다고 해도 접안은커녕 모습도 보지 못하는 일이 많다고 했다. 그래도 '나만은 예외'일 거라며 욕심을 부렸다. 그런데 태풍이 올라온다고 했다. 이름도 무이파다. 무슨 조직 이름 같다. 제발 태풍이 소멸되기를 간절히 기도했다. 내가 언제 이렇게 절실하게 기도를 한 적이 있던가. 눈을 뜨자마자 창문을 열었다. 흐린 날씨지만 고요했다. 혹시 폭풍전야의 고요함은 아닐까.

독도는 '경상북도 울릉군 울릉읍 독도 안용복길 3'이라는 주소를 가지고 있다. 그 전에는 남면 도동 1번지가 주소였다. 바다 밑 2,000미터에서 분출한 용암 및 화산 쇄설물로 만들어진 섬이다. 250만 년 전에, 울릉도와 제주도보다 더 일찍 만들어졌다. 울릉도와 87.4킬로미터, 강원도 죽변과 216.8킬로미터 거리에 있다. 동도와 서도로 나누어져 있으며 89개의 섬과 암초로 이루어져 있다.

주요 바위를 보면, 동도 동쪽에 강한 파랑과 해풍의 풍화작용으로

울릉도는 쉬 갈 수 있는 섬이 아니다. 뱃길이 멀고, 가는 날만 아니라 전날과 뒷날 날씨도 도와주어야 한다. 그렇게 가는 곳이라 독도까지 들렀다 오고 싶은 마음이 절실하다. 독도에 내리면 모든 사람이 한 마음이다. '독도는 우리 땅'이라는 생각으로 가득하다. 서로 따뜻한 눈빛을 나누는 이유다.

구멍이 생긴 독립문바위가 있고, 동도 북동쪽 해안에는 식물의 피복 사면이 한반도 형상을 하고 있는 바위가 있다. 또 서도 북동쪽 바위로 는 동생이 형을 따르는 모습의 44미터 시스택이 있다. 촛대바위는 독 도 방문객들이 가장 사랑하는 바위로 동도와 서도 사이에 있는 포토존 이자 상징이며 장군바위라고도 한다.

울릉도는 쉬 갈 수 있는 섬이 아니다. 뱃길이 멀고, 가는 날만이 아니 라 앞뒤 날 날씨가 모두 도와주어야 한다. 그렇게 가는 곳이라 독도까 지 들렀다 오고 싶은 마음이 절실했다. 독도에 내리면 모든 사람이 한 마음이다. '독도는 우리 땅'이라는 생각으로 가득하다. 서로 따뜻한 눈 빛을 나누는 이유다.

서도 남서쪽에는 해식 작용으로 생긴 코끼리바위와 이진해라는 어 민이 미역을 채취해 붙여진 '지네바위(진해바위)'가 있으며, 서도 북쪽에는 바위를 타고 담수가 모여 식수를 했다는 물골이 있다. 서도 북쪽 봉우리에 있는 탕건바위도 유명하다.

독도에 갈 수 있는 확률은?

전날 늦게까지 먹은 술 기운이 남아 있었다. 철은 아니지만 해장국으로 곰치국을 먹어야 한다는 이야기가 귓전에 맴돌았지만 제철 음식에 대한 예의를 지키자며 묵호항으로 향했다. 약간의 설레임과 불안이 교차했다. 입구에는 일본의 독도영유권 주장을 규탄하는 펼침막이 걸려 있었다.

출발한 배가 삼척에서 멀어지자 망망대해가 끝없이 이어졌다. 뒷자리에 앉아 있던 남자가 '울릉도에 가는 길은 네 번 계획을 세우면 두 번 정도는 갈 수 있다' 하자 아내로 보이는 여자가 '네 번 중에서 한 번은

독도 동도(앞)와 서도 모습이다. 두 섬 사이 동도에 배가 접안한다. 동도에는 조난어민위령비, 독도영토 표석, 한국령표석, 독도 등대 등이 있어 우리 영토임을 확인할 수 있고, 지켜온 흔적들이 섬 곳곳에 새겨져 있다. 서도에는 제주는 물론 여수에서 건너온 해녀와 어민들의 생활했던 자취가 남겨져 있다.

독도를 접안할 수 있다'고 했다. 그러니 내가 독도에 갈 수 있는 확률은 8분의 1이다.

"내려서 독도에 머물 수 있는 시간은 30분입니다. 뱃고동 소리가 울리면 배에 타셔야 합니다." 안내방송이 비장하게 들렸다. 카메라를 들고 먼저 나가는 사람도 보였다. "배가 접안할 때까지 앉아서 기다려 주십시오." 많은 방문객들이 같은 모습을 보였는지 승객에게 주의를 당부하는 방송이 이어졌다. 배는 무사히 정박했고 창문 밖에서는 벌써 카메라 셔터를 누르는 소리가 들렸다.

토해내듯 승객을 접안시설에 쏟아냈다. 조용한 독도는 순식간에 난장이 되었다. 갈매기도 익숙해졌는지 바위에 올라 지그시 내려본다. 사람들은 이리저리 뛰며 사진 찍기에 정신이 없다. 인기 있는 포토라인은 줄 서 있다. 동도와 서도 사이 손가락섬과 한반도 구멍바위가 배경인 곳이다. 동도로 올라가기 직전 한반도 동쪽 끝을 알리는 표지석과 접안시설도 인기다. 지난 주에 경기도 어느 지역 공무원들이 왔던 모양인데 접안도 못했다고 한다. 뒤따라오던 선생님은 두 번째 독도행인 오늘 접안할 수 있었던 것은 모두 자기 덕이란다. 그러면서 태풍 때문에 울릉도에 일주일간 갇혀 있었던 경험을 이야기했다. 당시 카드도 없고 돈도 떨어져 주민들로부터 얻어먹고 생활했다고 했다.

뱃고동이 울렸다. 벌써 30분이 흘렀나. 선사 직원과 경찰들이 승선을 재촉했다. 조금 더 머물며 사진을 한 장이라도 더 남기려는 사람들의 셔터 소리가 바빠졌다. 경찰들의 배웅을 받으며 배가 출발했다.

독도는 우리땅

울릉도는 우산국이었다. 6세기 동해에는 작은 규모의 예국, 실직국, 파조국이 있었다. 각각 오늘날의 강릉, 삼척, 울진에 해당한다. 한반도 중

1954년 8월 28일, 독도 동도에서 열린 경비초사(초소) 및 표식 제막기념 사진

심에는 고구려, 신라, 백제, 가야가 있었다. 그 무렵 고구려는 남하 정책을 추진하고 있어 신라와 백제가 연합해 이를 막았다. 이때 신라는 동해안 군장국가를 복속시켜 동해 제해권을 장악할 필요가 있었다. 이를 실현시킨 사람이 이사부 장군이었다.

독도를 우리 영토로 기록한 최초의 문헌은 1451년《고려사》'지리3' 통계 울진현 편이다. 이후 여러 문헌과 문서와 지도에 독도 기록이 등장한다. 무엇보다 1695년 일본 돗토리번 이케다 쓰나키오 번주의 답변서에 독도는 이나바 호키 부속섬이 아니라며 어민들의 조업을 금하는 내용이 있다. 1696년 일본 5개 지방 수령이 울릉도 도해를 금지하는 문서도 있다. 1779년〈일본여지노정전도〉라는 지도에는 독도와 울릉도가 일본열도 부속 도서 경계선 안에 있지 않다고 기록되어 있다. 일본 지리학자 하야시 시헤이가 1785년 발간한《삼국통람도설(三國通覽圖設)》에는 청나라는 주황색, 조선과 울릉도와 독도는 노란색, 일본열도와 부속 도서는 녹색으로 채색되어 있다. 특히 울릉도와 독도 옆에 조선의 영토임을 써넣었다. 1854년 미국과 일본이 오가사와라군도의 영유권 분쟁 시 제시한 일본 공식 지도도 있다. 이 지도는 1854년 제정러시아가 두 차례 측량한 후 1857년에 만든 〈조선동해안도〉를 일본이 1876년 개정판을 만들었다. 이 지도에도 울릉도와 독도가 한국령으로 표기되어 있다. 또한 1876년 메이지 정부 내무성이 전국 각 현의 지적을 조사할 때 시네마현에서 죽도(울릉도)와 독도를 포함시킬 것인가 문의하자 태정관에서 '죽도 외 일도는 본방과 관계없다는 것을 마음에 새기라'라는 지령을 내무성에 보내고, 내무성은 시네마현에 보냈다. 죽도는 울릉도를 말하며 일도는 다른 하나의 섬으로 독도를 말한다.

《세종실록지리지》, 《신증동국여지승람》 등 고문헌에는 독도를 '우산'이라 했다. 독도는 멀리서 보면 세 개의 봉우리처럼 보인다. 《성종실록》에 강원도 바다에 삼도봉이 있다고 했던 것도 이 때문이다. 고종 37년(1900년) 반포한 칙령 제41호에는 독도를 '석도'라 했다. 석도의 한글 표현이 '돌섬'이고 돌의 사투리는 '독'이다. 석도가 독도가 된 것이다. 일본은 1906년 독도를 시찰하러 왔다가 풍랑을 만나서 울릉도에 기착했다. 당시 울릉군수 심흥택은 이들로부터 독도가 시네마현 영토로 편입되었다는 사실을 들었다. 이때 강원도 관찰사에게 보고한 내용에 처음으로 '독도'라는 명칭이 사용되었다.

독도가 우리 땅이라는 기록을 찾아보았다. 《세종실록지리지》에는 "우산, 무릉, 두 섬은 현의 동쪽 바다 가운데 있다. 두 섬은 멀지 않아 서로 왕래할 수 있으며, 날씨가 청명한 날이면 가히 바라볼 수 있다."라고 했다. 《만기요람》에도 "울릉도와 우산도는 모두 우산국 땅이다. 우산도는 왜인들이 말하는 송도(마쓰시마)이다."라고 기록되어 있다. 조선 최대의 인문지리서 《신증동국여지승람》에는 울릉도와 우산도가 그려

져 있다. 김대건 신부가 작성한 조선전도는 프랑스 국립 도서관에 소장되어 있는데, 이 지도에는 울릉도가 oulangto로 독도는 ousan으로 표기되어 있다. 일본 사료로 독도가 우리 땅이었음을 알 수 있는 자료는 〈삼국접양지도〉(1785년), 〈조선동해안도〉(1857년), 〈일본 태정관 지시문〉(1877년), 〈일본 영역도〉(1952년) 등이다. 〈삼국접양지도〉는 《삼국통람도설》에 수록된 5장의 지도 가운데 하나로 한중일 삼국의 영역과 경계를 그린 지도다. 1785년 일본 실학파 최고 권위자인 하야시 시헤이가 저술한 군사지리서다. 이 지도에 동해 가운데 울릉도와 독도를 그려놓고 모두 황색으로 칠한 다음 '朝鮮ノ持也'(조선의 것이다)라고 적어 놓았다. 일본인들이 제일 안타깝게 생각하는 지도다. 이 지도는 1832년 프랑스어로 번역되었다. 일본 패망 후 마이니치 신문은 1952년 일본 정부를 대신해 간행한 대일강화조약 해설서에 '일본의 영토는 연합국이 규정한 영토로 독도는 대한민국의 영토'라고 적었다.

최근 7세기 일본 승려 교키가 일본열도를 돌며 포교하면서 만든 일본 최초의 지도가 발견되었다. 김문길 교수(부산외대, 한일관계사)는 일본 가나자와문고 소장의 일본도를 발견했다. 이 지도에는 울릉도와 독도를 안도(雁道)로 표기했다. 그리고 안도는 사람이 살지 않는 곳으로 기러기들이 쉬었다 가는 곳이며 신라 땅이라는 해설도 덧붙였다.

독도를 지키는 사람들

국가가 독도를 방기하고 있을 때 독도를 지킨 사람들이 있다. 안용복과 독도 의용수비대가 그들이다. 안용복은 부산 동래부 출신 수군이었다. 조선 후기 어부로 울릉도에 출어했다가 일본인 어선을 발견하여 이를 문책하고 일본에 가서 사과를 받고 돌아왔다. 광복 후 1953년 일

1950년대 중반 제주 해녀들이 미역을 채취하기 위해 독도에 머물렀다. 당시 독도를 지키는 의용수비대가 파도로 배를 접안하지 못하여 생필품을 운반하지 못할 때는 해녀들이 나서기도 했다. 제주특별자치도 애월읍 협제마을에는 당시 울릉도 출어 기념비가 있다.

본의 불법적인 독도 침략 행위가 계속되자 국민회 울릉도지부를 중심으로 독도방위대책위원회를 결성하고 독도자위대를 결성했다. 한국전쟁에 참여했던 홍순칠을 중심으로 울릉도 청년 40여 명이 의용수비대를 결성하여 독도를 지켰다. 홍순칠은 한국전쟁에 참여했다가 부상으로 전역한 울릉도 출신 청년이다. 1952년 8월 일본 어민들이 독도로 들어와 시네마현 오키군 다케시마라는 팻말을 세우고 고기잡이를 하자 홍순칠은 울릉도 청년을 모집했다. 울릉군 경찰서의 지원도 받고 사비도 들여서 무기를 구입하여 무장했다. 그리고 1956년 4월 8일 독도경비대가 만들어지기 전까지 독도를 지켰다. 그사이 일본 해상보안

청 순시선 등과는 교전을 해서 돌려보내기도 했다. 1956년 12월 해체했다.

독도에 처음으로 주민등록을 이전한 사람은 고(故) 최종덕씨이다. 덕진호(2.22톤)의 선장이었던 그는 수산물 채취를 위하여 독도에 살면서 수중창고를 만들고 전복수정법과 특수어망을 개발하는 데 힘썼다. 그리고 물골이라는 샘을 발견하여 사람이 머무를 수 있는 조건을 만들었다. 1980년 일본이 '독도는 일본 땅'이라는 망언을 일삼자 '단 한 명이라도 우리 독도에 살고 있다는 증거를 남기겠다'며 주소를 '울릉읍 도동리 산 67번지'로 옮겼다. 현재 주민등록이 된 독도 인구는 김성도와 김신열씨 부부를 포함해 4명이다. 이 외 항로표지원 3명, 울릉군공무원 3명, 등록기준지 인구 2,206명이다.(2010년 2월 기준) 김씨 부부는 최종덕씨 배 선원으로 서도에 거주하면서 어로 활동을 해오다가 1991년 현재 주소지에 주민등록을 등재해 지금까지 살고 있다.

"大韓民國 慶尙北道 鬱陵郡 獨島" 독도 동도에 해안에 세워진 '대한민국 경상북도 울릉군 독도'라는 글귀가 한자로 새겨져 있다. 1950년대 일본이 독도를 침범해 나무표지를 세우자, 이를 뽑아내고 동도 바위에 표지석을 세우고 한국령을 새겼다. 표지석은 독도박물관에 보관·전시되어 있다.

독도에서 유일한 여성인 김신열씨는 김성도씨의 부인으로 제주 출신이다. 제주도 한림읍 협재리가 고향이다. 1975년 중반부터 제주에 줄곧 살았다.

독도 의용수비대가 활동할 무렵 독도어장을 지켰던 사람들은 제주 해녀들이다. 1950년대 중반 제주 해녀들은 독도에 입도하여 미역 등 해산물을 채취했다. 이후 매년 30~40명의 해녀들이 독도에 입도하여 물질을 한 것으로 전해진다. 제주해녀박물관에서 조사한 자료에 의하면, '미역이 나는 집채만 한 미역반구(바위)에서 미역을 캔 후 간조 때 물 위로 올라온 돌 암반 위에 널어 말린다. 미역오리로 차곡차곡 개어서 습기가 차지 않도록 가마니를 깔고 굴 속에 저장한 뒤 울릉도로 싣고 와, 집 안에 일정 기간 쌓아 저장했다가 포항 등지에서 장사꾼이 오면 팔곤 했다'고 한다. 이뿐만 아니었다. 독도 경비대원들에게 공급해야 할 부식을 실은 경비정이 높은 파고로 접안하지 못할 때 바다를 헤엄쳐서 보급품을 나르기도 했다. 독도 최초의 주민 최종덕씨나 김성도씨도 해녀들을 데리고 미역을 채취했던 사람들이다. 현재 독도 바다는 울릉도 도동어촌계에서 관리하고 있으며 잠수기 어선 잠수부들이 소라를 따고 있다.

독도에는 괭이갈매기, 슴새, 바다제비 등이 사람보다 먼저 머물렀다. 바다새 외에 희귀한 보호종인 매와 솔개도 살고 있다. 해조류 번식지로 철새들의 중간 기착지이자 다양한 생명의 모체인 독도를 '독도천연보호구역'으로 지정했다. 독도에는 오징어, 송어 같은 회유성 어족뿐만 아니라 돌돔, 자리돔, 인상어 따위 다양한 어류가 서식하고 있다. 또한 그 밖에 다양한 해양 동물과 해조류들이 자리하고 있어 수입원이 될 뿐만 아니라 풍부한 생태계를 이루고 있어 생태학적으로도 중요한 가치를 지닌다. 그런가 하면 강치처럼 무분별한 남획으로 사라진 동식물도 있다. 천연기념물로 지정되어 입도가 제한되었던 독도는 영유권분쟁을 계기로 2005년 3월 24일부터 일부 제한지역(동도)에 일반인 출입을 허용하고 있다.

울릉도를 빠져나온 배는 얼마쯤 달렸다. 시간도 가늠할 수 없다. 공간을 가늠할 수 없는 바다다. 어디쯤 왔을까. 망망대해다. 바다 같은 하늘이고 하늘 같은 바다다. 밖이 어두워지고 있다. 배 우현은 지는 해로 붉게 물들었다. 좌현은 캄캄하다. 우현과 좌현의 시간이 다르다. 승객들은 숙제를 마친 학생처럼 잠에 빠졌다. 나도 잠이 들었다.

● ― 울릉도 밥상은 산나물이다

울릉도 음식

어둠이 울릉도로 밀려가고 묵호 등대의 불빛이 힘을 잃을 즈음 짐을 챙겨 언덕배기를 내려왔다. 올라갈 때는 택시를 타서 몰랐는데 짐을 들고 한 계단 두 계단 내려오는데 녹록지 않다. 명태와 오징어를 말리기 위해 질펀한 길을 수도 없이 오르내렸을 사람들을 생각하니 가슴이 먹먹하다. 오죽했으면 남편 없이도 마누라 없이도 살 수 있지만 장화 없이는 못 산다고 했을까.

묵호 어시장에 당일바리 어장 배들이 펄떡이는 고등어를 싣고 왔다. 며칠 만에 뭍에 도착한 자망 배에는 얼음에 파묻힌 꽁치가 가득하다. 노인은 바다가 옛날 같지 않다지만 비린내는 여전하다. 작은 배에서는 어제 처놓은 그물에서 따 온 우러기(우럭), 열기, 광어, 볼래기(볼락)가 내려진다. 이렇게 바닷물고기의 육지여행이 시작될 때 울릉도와 독도를 찾아 동해로 나갔다.

섬 여행을 즐기는 사람들이 받고 싶은 선물이 '섬 밥상'이다. 그것도 주민이 직접 차려주면 더할 나위가 없을 것이다. 손이 많이 가고, 식재료도 얻기 어려운 상황이다 보니 쉽지 않다. 다행스럽게 울릉도에는 울릉산 식재료가 아직 남아 있다.

홍합, 따개비(삿갓조개), 꽁치, 오징어, 미역 등 바다밭에서 나는 것과 명이, 부지깽이, 고비, 전호, 삼나물, 감자, 더덕, 방풍, 두메부추, 물엉경퀴 등 섬에서 나는 것이 주인공이다. 여기에 약소와 칡소까지 더하면 부족함이 없다. 더구나 호박막걸리, 씨막걸리, 마가목주, 더덕주, 다래주와 여러 종류의 차까지 완벽하다. 성인봉 자락에서 나는 두메부추, 물엉경퀴, 전호, 부지깽이 등은 주민들의 집밥에서는 물론이고 여행객을 위한 식당에서도 볼 수 있는 산나물이다.

울릉도 산채백반

국제슬로푸드협회 생물다양성재단은 울릉도에서 나는 섬말나리, 칡소, 옥수수엿청주, 홍감자, 손꽁치, 긴잎돌김, 물엉경퀴 등을 '맛의 방주(Ark of Taste)'로 지정했다. 맛의 방주는 글로벌음식으로 획일화되면서 사라질 위기에 처한 토종 종자와 지역음식을 지키고 나아가 전통문화를 보전하기 위한 활동이다. 맛의 방주에 지정된 울릉의 식재료는 꼭 지켜 미래 세대에게도 물려줘야 할 음식 문화유산이다. 다행스럽게 울릉군은 슬로푸드 운동을 펼치는 민간단체와 함께 맛의 방주 발

울릉도 산채백반

굴 및 보존에 힘쓰고 있다.

울릉도는 벼농사를 지을 논은 말할 것도 없고 밭농사를 지을 땅도 변변치 않았다. 게다가 육지와 섬을 잇는 교통도 불편해 흉년이 드는 해에는 어려움이 많았다. 초기 입도한 주민들은 물고기 대신 깍새를 잡아먹고, 산마늘인 명이로 목숨을 이었다. 명이(茗荑)라는 이름이 지어진 것도 이 때문이라고 한다. 쌀농사를 좀 지었던 나리에서도 '나리동 처자들은 쌀 한 말 못 먹고 시집간다'는 말이 있었다.

울릉도 오징어 우동

육지에서는 구황식물로 먹었던 옥수수, 조, 감자 등이 울릉도에서는 주식이었다. 구황 음식으로 명이밥, 대황밥, 무밥을 먹었다. 보리밥이나 옥수수밥도 귀했다. 울릉도에서는 향토음식으로 산채비빔밥, 울릉약소 고기, 홍합밥과 따개비국수, 오징어, 호박엿 등 오미(五味)를 꼽기도 한다.

울릉도는 오랫동안 육지와 단절되었기에 생태계가 독특하다. 성인봉 오르는 길에 만나는 산마늘, 부지깽이, 울릉국화, 전호, 섬말나리, 두메부추, 땅두릅, 섬바디, 눈개승마, 덩굴차, 하얀민들레, 울릉엉겅퀴, 섬기린초, 우산제비꽃, 울릉미역취, 서덜취, 고비 등이 그것이다. 울릉도는 해산물보다는 나물이다. 산마늘, 부지깽이, 전호 등은 어느 식당에 가더라도 밑반찬으로 나온다.

울릉도 오징어 우동

　울릉약소는 울릉도 자생 약초를 먹고 자란 소다. 육질이 단단하고 질기며 근육질은 붉고 선명하다. 명이나물과 함께 먹으면 좋다. 바다에서 나는 것으로는 오징어가 대표적이며, 미역과 김 그리고 꽁치가 있다. 오징어로 조리한 음식으로 오징어국, 오징어내장탕, 오징어똥창찌개, 오징어순대, 오징어삼겹살 등이 있다. 오징어를 이용해 국, 탕, 찌개, 순대, 꼬지 등을 만든다. 여행객들을 위한 음식으로 오징어국, 오징어내장탕, 오징어삼겹살이 있다. 울릉도 홍합은 수심 20미터의 깊은 바다에서 해녀들이 직접 채취한다. 크고 속살이 붉고 육질이 쫄깃하다. 그래서 국물보다 구이, 전골, 불고기 등으로 조리해 속살을 즐긴다. 여행객을 위해서 속살로 홍합밥을 지어 팔고 있다. 따개비는 삿갓조개의 울릉도 말로 밥을 짓거나 칼국수를 만들 때 넣기도 한다.

　명이는 초간장에 절여 김치 대신 먹기도 했다. 특히 돼지고기를 먹을 때 잡냄새를 없애고 맛을 배가시킨다. 울릉도 개척민의 목숨을 부지시켰다고 해서 명이라 부른다. 또 울릉도 더덕은 뿌리 가운데 심이 없고 부드러우며 우유에 소금을 약간 더해 함께 갈아마신다.

　뭍에서 식재료를 가져오기 쉽지 않던 시절에 손맛과 입맛으로 전해진 '울릉의 맛'이 많다. 여행객이 쉽게 접할 수 있는 홍합이나 따개비에 부지깽이를 넣은 밥, 다양한 산채나물, 오징어내장탕, 명이장아찌도 뭍에서 보는 것과 다르다. 울릉도가 가진 제일 큰 매력이다. 울릉도의 가치는 이렇게 눈에 보이지 않는 섬과 바다의 속살에서 만들어진다. 그래서 쉽게 망가질 수도 있다. 기억 속에서 사라진 '손꽁치잡이'는 하루빨리 전승체계라도 마련해야 할 형편이다. 작은 전통 떼배를 타고 나가 모자반 등 해조류가 많은 곳으로 산란을 위해 모여드는 꽁치를 손으로 잡았다. 지금은 울릉손꽁치를 만날 수 없지만 '꽁치물회'는 여전히 맛볼 수 있다. 이렇게 잡은 꽁치로 물회뿐만이 아니라 젓갈을 담가 김치를 담글 때 사용했다. 다행히 '떼배 돌미역채취 어업'이 국가 중요 어업유산으로 등재되었다.

홍합밥

꽁치물회

개황 | 울릉 독도

위치 | 경상북도 울릉군 울릉읍 독도리
면적 | 약 0.187km²
가구수 | 14
인구(명) | 14
교통 | 울릉군-사동항 또는 저동항에서 여객선 이용
특산물 | 독도 새우

변화 자료

구분	1985	1995	2011
주소		경북 울릉군 울릉읍 도동리	경북 울릉군 울릉읍 독도리
면적(km²)		0.180	0.162
인구(명)		2(1+1)	7(6+1)
가구수		1	6
공공기관			
학교			
급수시설			
전력시설		자가발전 1대	자가발전 7대
의료시설			
어선(척, 동력선+무동력선)		0(0+0)	1(1+0)

※ 섬의 개황 자료 또는 변화 자료를 통계 데이터베이스에서 확인할 수 없는 경우 부득이하게 비워두었음을 알려드립니다.

부
산

부산광역시

6

5

4

부
산
시

4 영도

5 가덕도

6 눌차도

4

대마도가 보인다
부산 영도

부산에 무슨 섬이 있느냐고 반문할지 모르겠다. 영도는 부산의 행정구역이자 분명 섬이다. 부산에는 영도만 있는 것이 아니라 가덕도와 눌차도도 있다. 등대 섬인 오륙도를 포함해서 무인도까지 헤아린다면 부산에는 생각보다 섬이 많다. 유인도가 모두 다리로 연결되어 배를 타고 가는 불편함이 없다.

영도는 섬 하나가 영도구라는 기초 지자체이다. 섬 중앙에 봉래산(394.2미터)이 있고 남쪽 끝에 태종산(250.9미터)이 있다. 그 사이에 중리산이 있다. 영도에도 조도와 태종대 앞 생도(일명, 주전자섬)가 딸린 섬으로 있었다. 이 중 조도는 영도와 연결하고 주변 갯벌과 바다를 매립해 국제크루즈터미널, 국립해양박물관, 해양대학교, 해양복합공원 등을 조성했다. 뿐만 아니라 일제 강점기에는 대포동 일대를 매립해 조선소를 비롯한 산업단지를 조성하기도 했다.

봉래산은 높지 않지만 섬이 크지 않아 해안이 급경사를 이루며 주거지로 적합한 구릉성 산지가 적은 편이다. 동삼동과 청학동 일부 초기 정착 마을을 제외하면 매립, 간척한 곳이나 경사면에 겨우 자리를 마련해 집을 지었다. 섬에서 농사를 지을 수 있는 밭도 동삼동 일대뿐이다. 나머지는 급경사에 바위산이나 너덜로 이루어져 호미 하나 꽂을 곳이 없다. 따라서 일찍부터 영도에 거주하던 사람들은 봉래산에서 나물과 열매를 얻고, 갯벌에서 조개를 캐고 물고기를 잡아 생활했다. 기록은 남아 있지 않지만 선사시대 이곳에 머물던 인류 흔적이 동삼동 조개무지에서 확인되고 있다. 다행스럽게 영도 주변에는 한류와 난류가 교차하면서 멸치, 청어, 대구, 갈치, 복어, 오징어 등 다양한 물고기가 잡혔고, 해녀들은 미역, 가사리, 전복, 해삼, 낙지, 고둥 등을 채취했다.

부산포 개항은 영도를 목마장에서 사람이 사는 섬으로 바꾸는 계기가 되었다. 물론 그 전에도 말을 관리하거나 해산물을 채취하기 위해 머물던 사람들이 있었다. 전라도에서 경상도까지 남해안 어민들이 영도로 들어왔고, 일본 어민들도 몰려왔다. 그리고 일제 강점기에 이르러서는 일본인 이주어촌이 자리를 잡았다. 영도 섬 주민이 폭발적으로 증가한 계기는 한국전쟁으로 실향민과 피난민이 몰려들면서다. 문재인 전 대통령도 이때 영도에 머문 적이 있다고 한다.

목장에서 해양문화 메카로

영도에 사람이 살기 시작한 것은 신석기시대부터이지만 본격적으로 사람이 들어온 것은 영도에 '절영도진'을 설치하고, 목마장으로도 이용하면서부터다. 초지와 관목림을 조성하기 좋은 동삼동 일대가 중심이었다. 바다로 둘러싸여 육지 맹수로부터 안전하고 제주보다 가까워 조선 중기까지 국마장으로 사용하였다. 절영도라는 이름도 명마가 많아 '말이 빨리 달려 그림자조차 볼 수 없다'는 뜻에서 유래했다.

부산포 개항과 함께 그려진 〈조선전도〉에는 '절영도(絶影島)'라 표기하고 민간에서는 "목도(牧島)라고 하며, 방목하는 말 수십 마리가 있다"고 적었다. 이 지도에는 지금 하리항 안쪽 해안에 다섯 채의 민가가 그려져 있다. 영도는 선사시대부터 사람이 살았지만 목마장으로 운영되면서 목자들만 거주하는 섬으로 유지되었다. 다만 연안 바다에서 해

부산 신항. 부산광역시 강서구와 창원시에 걸쳐 있는 항만. 부산항은 1876년(고종 13년) 인천항, 원산항에 앞서 개항한 최초의 근대 무역항이다. 하지만 컨테이너 화물 처리량, 시설 낙후, 부지 확충 애로 등으로 강서구 가덕동 일원에 신항을 건설해 신항 1부두는 2010년부터 운항을 시작했다.

산물을 채취했다. 《임하필기》(1871년)에는 "이 섬(절영도)에 백성들이 4, 5백 호가량 되므로 이는 곧 1천 명에 가까운 정병들이 항상 섬 안에 주둔하는 셈"이라고 했다.

절영도진이 동삼동 중리에 설치된 것은 1881년이다. 부산포 개항 (1876년)으로 영도 인근에 많은 일본인들이 모이면서 해안 방어가 필요했다. 당시 기록을 보면 절영도에서 "왜관 사람들이 임의로 꼴과 땔나무를 베었으나 진을 설치하였으니 그 폐단이 없을 것"이라고 했다. 또 《절영진지》에는 "옛날 목장으로 땅이 기름지고 거주민은 205호입니다. 동북쪽으로 10리에 청학동이 있는데, 호수는 23호이며, 동쪽에는 상·하구룡리가 산등성이를 사이에 두고 있는데, 호수는 65호입니다."라고 기록했다. 상구룡리는 동삼동 상리, 하구룡리는 동삼동 하리에 해당한다.

절영진 설치 이후 섬이 왜구로부터 안정되고 수산자원 확보가 가능해지면서 많은 유민들이 섬으로 들어왔다. 그런데 가까운 동래나 부산포보다는 제주도, 전라도, 경상도 등에서 들어온 사람이 많았다. 특히 제주에서 들어온 사람이 많았다. 단발령 이후 제주에서 말을 기르며 살기 어려웠고, 조정과 관리들이 요구하는 것을 감당하기도 어려웠기 때문에 출도 금지가 해제되자마자 생존을 위해 제주도를 탈출한 사람들이다. 물론 출륙 금지기에도 많은 부역을 감당해야 했던 많은 남자들이 제주도를 떠나 뭍으로 가거나 유랑생활을 택하기도 했다.

조선인뿐만이 아니라 개항이 되자 일본 어민들이 모여들었다. 영도에 머물던 신석기인들은 동삼동 패총에서 확인할 수 있듯이 선사시대에도 일본과 활발히 교류했다. 《한국수산지》 제2집에 영도 총 549가구 2,465명 중 일본인은 451가구 1,801명에 달했다. 1910년 영도 거주민 73퍼센트가 일본인이었다. 이들은 부산항에 가까운 봉래동, 남항동, 대평동에 거주했다. 이곳에서 조선 수산물을 수집해 일본으로 보내는 수산회사(부산수산회사, 1889년), 어촌에서 꼭 필요한 소금 판매 회사(한국대염판매합자회사, 1876년)와 배를 짓는 조선공장(다나카 조선공장, 1887년) 등을 운영했다. 그리고 일제 강점기에는 조선 어장 수탈을 위한 전초기지 격인 조선총독부 수산시험장(1921년)도 남항동에 자리했다. 그 결과 영도 인구는 개항 전 1천여 명에서 1930년대에는 2만여 명으로 증가했다. 영도 인구가 또 한 번 폭발적으로 증가한 것은 한국전쟁기였다. 전쟁으로 부산에 임시수도가 옮겨지고 피난민이 부산으로 몰려들면서 거주자가 15만 명으로 증가했다. 이들은 봉래산 산기슭에 판잣집을 짓고 생활했다.

절영 해안산책로. 영도구청이 국제통화기금 사태 직후 공공근로사업으로 시작해 조성한 산책로로 지형이 가파르고 험난하며, 군사보호구역으로 시민들의 접근이 어려웠던 길이다. 이곳에 산책로를 만들고 볼거리와 쉼터와 해녀촌 등을 조성했다. 부산을 상징하는 갈맷길로 감지 해변산책로, 오륙도, 태종대 등을 돌아보는 길이다.

영도 북쪽 남항동, 영선동, 대평동은 부산 원 도심과 가까워 밀집도가 높고 생활 형태도 비슷하지만 동삼동은 생업과 문화에서 어업 중심의 섬마을 특성을 잘 보이고 있다.

일제 강점기인 1934년 도개식 영도대교가 개통되어 부산과 전철로 이어졌다. 그리고 광복 후 남항대교와 부산항대교가 만들어졌으며, 영도대교도 도개식에서 고정식으로 바뀌었으나 다시 도개식으로 전환해 관광자원으로 활용하고 있다. 최근 지역균형발전 차원에서 공공기관 지방 이전이 추진되면서 해양수산 관련 기관들이 영도로 이전했다.

영도 명물 : 영도다리, 태종대(영도 등대)

영도의 명물로 영도다리, 영도 등대, 태종대를 꼽는다. 그중 으뜸 상징물이 '영도다리'라는 것에 이견이 없을 것이다. 영도다리 말고도 봉래동과 부산항을 잇는 부산대교, 영선동과 암남동(송도)을 잇는 남항대교, 청학동과 감만동을 잇는 부산항대교와 함께 부산 원 도심과 소통하고 있다.

영도다리의 공식 명칭은 영도대교다. 원래 명칭은 부산대교였다. 새로운 부산대교가 만들어졌지만, 부산대교라는 정식 명칭보다는 영도대교로 불렸다. 부산 사람이나 외지인들도 '영도다리'가 익숙하다. 목장이 있던 섬에 놓인 다리라 '목교(牧橋)'라고도 했다. 영도대교는 1932년 건설을 시작해 1934년 완공된 다리로 부산 중구 남포동 쪽 다리는 움직이는 도개교, 영도 쪽은 고정되어 있다. 당시 건설 비용을 감당해야 하는 조선총독부와 해운업자들 반대가 만만치 않았지만 추진할 수 있었던 것은 당시 영도 주민 7할이 일본인이었기 때문이다. 다리가 생기자 땅값이 두세 배 껑충 뛰었다. 이득을 본 사람은 말할 것도 없이 땅을 가지고 있던 일본인 지주들이었다. 그래서 '영도다리가 들릴 때마다 땅값 올라가는 소리가 들린다'는 말도 있었다. 그 땅에서 세를 살고 있거나 바닷가에 집을 짓고 살던 사람들은 지주의 횡포에 시달려야 했다.

금순아, 어디로 갔나

1930년대 영도다리는 오전에 세 차례, 오후에 네 차례 열고 닫았다. 영도다리를 건너는 사람과 차량도 많았지만 이를 구경하기 위해 찾는 사람이 많았다. 급기야 부산과 영도 시민들이 '대교 개폐 정지'를 요구하기에 이르렀다. 다리를 올렸을 때 지나는 선박은 적고, 유지 비용이 큰 반면에 다리를 건너야 하는 차량과 사람들의 불편함이 크다는 것이다. 한국전쟁기에는 전시물자 운송이 급한데 기범선을 위해 기다리는 것이 맞지 않다며 개폐 중지를 요구하기도 했다. 또한 한국전쟁기에는

영도다리. 영도와 육지를 잇는 다리로 1932년 4월 착공해 1934년 11월 준공했다. 다리 건설 이전에는 용마산(현 롯데백화점 광복점)과 영도 봉래동 바닷가를 나룻배로 오갔으며, 이후 자갈치시장과 영도 대평동(깡깡이마을)을 오갔다. 우리나라 최초의 연륙교이며, 도개교였다. 본래 명칭은 부산대교였지만 주민들이 영도다리로 불렀고, 1982년 새롭게 부산대교가 준공되면서 영도대교로 개칭되었다. 일제 강점기에는 전차가 다리 위를 지나기도 했다.

실향민이나 피난민들이 헤어지면서 '영도다리'에서 다시 만나자고 했다. 현인의 노래 〈굳세어라 금순아〉에도 '영도다리 난간 위에 초생달만 외로이 떴다'는 노랫말이 나온다. 흥남 철수로 부산에 피난 오면서 헤어진 가족들의 애환을 담은 노래다. 실제로 당시 영도다리에는 가족을 찾는 벽보가 붙기도 했다. 또 영도다리는 삶을 비관한 사람들의 자살 명소라는 오명도 붙었다. 결국 1961년에는 투신자살자를 감시하는 초소가 만들어지기도 했다. 광복 후 영도다리는 개폐 횟수를 하루 4회로, 그리고 2회로 줄였다가 1966년 고정식으로 바꾸었고 이후 영도다리를 부산광역시 지정기념물(2006년)로 지정했다. 그러다 2015년 도개 기능을 관광자원으로 활용하기 위해 복원했다. 1993년부터 매년 가을이면 영도다리축제를 열고 있다.

영도보다 유명한 '태종대'

사람들이 열차를 타기 위해 줄을 섰다. 표를 끊고서 적게는 반 시간은 기다려야 한다는 안내방송이 들렸다. 평일에도 이러니 휴일에는 오죽 할까. 몇 사람은 줄에서 빠져나와 걷는 쪽을 택했다. 일찍이 명소로 지정되었다. 조선시대 군현지도가 만들어지면서 태종대는 해운대, 몰운대와 함께 부산을 상징하는 명소였다. 그중 몇몇 지도는 태종대를 오륙도처럼 별도로 떨어진 바위섬으로 표기하기도 했다.

신선이 태종대 절경을 보고 내려와 머물러서 '신선대'라 불렀다는 곳이다. 태종대는 동래부에서 남쪽으로 30리 떨어진 절영도 동쪽에 있다. 바닷물이 둘레를 돌고 서쪽으로 돌다리가 하나 있어서 유람객이 겨우 통과할 수 있다. 속전에 신라 태종이 활을 쏴 과녁을 맞혔던 곳이기 때문에 태종대라 불린다고 했다. 가뭄을 만나면 비 내리기를 빌기도 했던 곳이다.《동사강목》(안정복)에는 신라 태종이 대마도를 정벌할 때 머물렀던 곳이라고 했다.

태종대는 조선시대 문인과 화가들이 즐겨 찾던 명소였다. 대표적으로 김윤겸의 《진재화집》에 수록된 '태종대'와 정황의 〈동래〉 '태종대도'가 꼽힌다. 또 동래에 부임하거나 일본으로 가는 통신사 일행이 태종대에 들러 경치를 보고 시를 남긴 사례도 있다. 특히 문인이나 화가들이 즐겨 찾았던 곳이 신선대다. 신선대 위에는 기둥처럼 바위가 서 있다. 이 바위를 '망부석'이라 부르는데, 왜구에게 끌려간 남편을 애타게 기다리다가 돌로 변했다는 이야기가 전한다.

부산시는 태종대를 개발하려는 욕구가 강했다. 1960년대 종합관광 개발계획을 세워 '부산의 워커힐'을 꿈꿨다. 그렇게 해서 우여곡절 끝에 만들어진 것이 '곤포의 집'이다. 국내 최초 해수풀장, 나이트클럽, 식당, 객실, 해상음악홀, 수영장 등이 만들어졌다. 또 입구에 놀이동산이

태종대. 부산광역시 영도 최남단에 위치한 기암절벽으로 소나무와 어우러져 명승 제17호(1972년)로 지정되었다. 태종대는 태종 무열왕이 활을 쏘았다는 설과 태종과 동래부사가 기우제를 지내 태종우가 내렸다는 설이 있으며, 왜에 끌려간 남편을 기다리던 여인이 망부석이 되었다는 이야기도 전해온다.

만들어지기도 했다. 이후 부산시는 송도, 태종대, 해운대, 송정을 잇는 호화유람선, 호화여객선, 해상관광호텔, 케이블카, 유스호스텔 등 해상공원을 계획했다. 태종대는 1989년 2월 군 작전지역으로 민간인 출입이 통제되었다가, 1993년에 시민들에게 돌아왔다. 2005년 11월 국가지정문화재 명승으로 지정되고, 2013년 12월 국가지질공원으로 지정되었다.

태종대에는 영도 등대가 있다. 1906년 12월 1일 점등했다. 부산에 위치한 유인 등대는 전국 36곳 중 영도 등대와 가덕도 등대 두 곳이다. 가수 조용필의 노래에 등장하는 오륙도 등대는 1937년 11월 점등했지만 2017년 4월 무인 등대로 전환했다. 부산에서 가장 오래된 등대는 제뢰 등대다. 1905년 5월 세워졌다. 영도 등대는 18초 3섬광, 즉 18초

영도 등대. 부산항 개항(1876년)과 일본의 군사적 목적에 의해 1906년 12월 목도 등대로 개설되었다. 이후 1974년 12월 영도 등대로, 1988년 영도 항로표지관리소로 변경되었다. 등대 외에 전시실, 박물관 등 여러 시설물이 있다. 등대에는 바다를 보면서 커피를 마실 수 있는 카페가 있으며, 바닷가에는 해녀들이 운영하는 해녀촌이 있어 해산물을 맛볼 수 있다.

안에 불빛이 세 번 반짝이는 등대다. 이 신호는 영도 등대 표식이다. 맞은편 오륙도 등대는 10초에 1섬광이다. 오가는 배들에 위치를 알리는 항로표지에는 광파표지(빛), 형상표지(색, 모양), 음파표지(소리), 전파표지 등이 있다. 등대를 관리하는 사람을 '항로표지관리원'이라 한다. 2004년 8월 개축하여 갤러리와 도서관과 전망대를 설치해 해양친수 문화공간으로 바뀌었다.

　등대를 따라 내려가면 벼랑 위에 카페가 있고, 더 내려가면 바닷가에 해녀들이 운영하는 횟집 포장마차가 있다. 부산항에서 컨테이너 화물을 가득 싣고 나오는 화물선이 느리게 부산만을 지나간다. 횟집에서 막 썬 싱싱한 회와 술을 쟁반에 담아 사진 찍기 좋은 장소를 찾아 두리번거리는 연인들을 어렵지 않게 만날 수 있다. 입으로 먹는 것보다 사진으로 남겨 SNS에 올리는 것을 더 중요하게 생각하는 세대들이다. 한

때 중년 계모임 놀이 장소였던 곳이 이제는 젊은이들이 찾는 장소로 바뀐 곳이 많은데 그중 하나다. 아슬아슬한 갯바위에서 한 장 사진을 남기기 위해 온갖 포즈를 취하는 젊은이도 있다.

태종대는 낚시객에게는 낚시터, 연인에게는 달콤한 데이트 장소, 회사나 모임에는 야유회 장소, 해녀들에게는 물질하는 바당이었다.

영도의 색깔 있는 마을 : 깡깡이마을, 흰여울마을

영도에서도 가장 먼저 사람이 살기 시작한 곳이 동삼동이다. 우리나라 신석기시대 패총 유적을 살필 수 있는 패총전시관이 있다. 1929년 동래고등보통학교 일본인 교사에 의해서 처음 발견되어 시굴 조사와 발굴 조사를 거쳐 1979년 사적으로 지정되었다. 한반도에서 가장 오래된 재배 곡물인 조와 기장이 발견되었고, 한·일 교류 흔적인 죠몽토기와 흑요석이 출토되었다. 동삼동은 영도 동쪽에 있는 세 마을이라는 의미로, 상리·중리·하리가 있다. 영도에 진(절영도진)이 설치되기 전부터 있었던 마을이다. 이후 일제 강점기 대평동 일대가 매립, 간척되면서 조선소와 시장과 상가들이 자리하고 마을이 형성되었다. 한국전쟁 이후 인구가 급증하면서 송도가 마주 보이는 흰여울마을 비탈진 언덕에도 마을이 생겨났다.

동삼동은 신석기시대 패총이 있어 부산에서 가장 먼저 사람이 살기 시작했을 것으로 추정된다. 물론 지금과 같은 지형은 아니었을 것이고 늦지대나 강 하구쯤이었을지 모르겠다. 영도는 동, 서, 만 쪽이 바다와 접하고 모두 해식애와 자갈 해변으로 이루어져 있다. 동쪽에는 아침해를 가장 먼저 맞는다는 '조도(아치섬)'가 있다. 중리 산책로, 감지 해변 산책로, 태종대 순환도로 등이 있고, 태동대와 신선대, 국립해양박물관, 국립해양조사원, 한국해양대학교, 한국해양수산개발원 등 해양과

영도 깡깡이마을은 수리조선소에서 배 표면을 망치로 두드릴 때 '깡깡' 소리가 난다 해서 불린 이름이다. 행정동 명칭은 남항동이다. 원양어업이 활발하던 시기에는 조선업과 수리조선업이 활발했던 곳이다.

수산 관련 연구기관과 박물관이 밀집한 지역이다.

동삼동의 옛 이름은 '서발'이다. 윗마을은 윗서발, 아랫마을은 아랫서발이라 했다. '서발'은 원시적인 어장 형태를 말한다. 지금은 100여 명의 어촌계원이 동삼어촌계 조직 아래 마을어장, 풍어제, 동해안별신굿, 바다낚시터 등을 운영하고 있다. 어업은 통발, 유자망, 복합, 해조류 양식, 나잠어업(해녀어업) 등을 한다.

깡깡이마을, 대평동

깡깡이마을은 부산시 영도구 대평동에 있는 마을이다. 옛날부터 바람을 피하거나 기다리기 위해 어선이 머물던 선창이라 '대풍포'라 불렀다. 배가 머물던 곳은 자연스레 근대 포구로 발전했으며, 우리나라 최초로 근대 조선소가 생긴 곳이다. 깡깡이라는 지명은 녹슨 배 표면을 벗겨내는 망치질 소리에서 비롯되었다. 해안을 따라 수리조선소 9곳

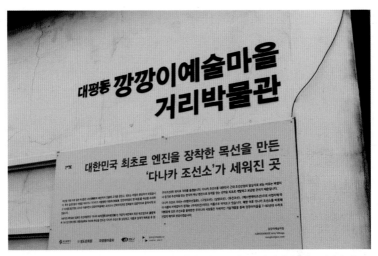

대평동은 깡깡이마을이 남항동으로 편입되기 전 행정동명이다. 이곳은 일제 강점기에 우리나라 최초로 동력을 갖춘 선박을 만드는 '다나카 조선소'가 세워졌던 곳이다. 지금도 배를 수리하는 공장이 자리하고 있다.

과 선박부품공업사 260여 개가 있다. 이 마을이 널리 알려진 것은 감천 문화마을에 이어 부산형 도시재생사업에 '깡깡이예술마을'이 선정되면서다. 조선소와 수리소라는 산업유산과 그들이 기대어 사는 마을에 예술가들의 상상력이 결합되면서 활력을 불어넣었다. 영도구청, 마을회, 문화원, 플랜비문화예술협동조합이 협업으로 진행했다.

　배 밑창이 녹슬면 선령이 짧아진다. 그래서 아지매들은 망치를 들고 2년에 한 번씩 부착물이나 녹을 떨어내야 했다. 망치질 소리가 깡깡 난다고 '깡깡이 아지매'라는 별칭이 붙었다. 대평동 아파트 담벼락에 커다란 깡깡이 아지매 인물상을 벽화로 그려 주목을 받기도 했다. 모두 예술마을 사업으로 이루어진 것이다.

　그렇지만 섬에 들어와 정착한 사람들 중에는 실향민, 피난민, 이주민들이 많다. 물질할 기술이 있거나 배를 가지고 어장을 할 수 있는 형편이 아니면 배를 타거나 공장에 취업해야 했다. 혼자 벌어 살기 어려웠던 시절 아지매들이 일터로 나서야 했다. 이들에게 줄에 매달려 하루 종일 배 밑창을 두들기는 일은 쉽지 않았다. 청각을 잃어갔지만 대신에 아이들 학교 보내고 시집 장가를 보냈다.

어떻게 이곳에 조선소가 만들어졌을까. 영도와 중구 남포동 사이는 물길이 빠르지만 남항동과 대교동 안쪽은 섬으로 만입된 좁은 물길을 따라 갯벌이 발달했다. 이곳이 옛날에 배들이 머무르며 바람과 물길을 기다렸던 대풍포다. 배를 접안하기 좋고, 간단한 수리도 할 수 있는 곳이다. 일제 강점기 한반도로 진출하는 조선소를 비롯한 많은 회사들이 영도와 부산으로 들어오면서 대대적인 간척을 시도했다. 바닷가 산을 개간하고 갯벌을 매립해 조선소를 만들었다. 그렇게 미쓰비시사가 1937년 7월 조선중공업주식회사를 만들어 3천 톤급 건조대 2기, 6천 톤급 도크를 갖추고 조선업을 시작했다. 이 회사는 이후 '조선중공업'으로, '대한조선공사'로 발전했다. 한진중공업의 전신이다. 이상이 깡깡이마을의 탄생 배경이다.

대평동 마을에 '깡깡이예술마을' 사업의 결과물로 대평동 마을박물관이 문을 열었다. 박물관 외에 '깡깡이 생활문화센터'에는 마을부엌, 마을다방, 마을회, 체력단련실 등이 자리를 잡았다. 박물관에는 대평동 100여 년의 수리조선업 역사가 전시되어 있다. 대평동은 골목을 따라 걸으면서 갖가지 산업유산과 문화예술작품 등을 살펴볼 수 있는 에코 뮤지엄이다. 부산 남포동과 대평동을 잇는 뱃길 선착장은 커뮤니티센터로 문을 열었다. 개관 행사에 참석한 가수 최백호가 노래로 후원해주고 박물관에 자신의 그림을 기증하기도 했다.

마을 골목길로 들어서면 한 지붕 아래 몇 개의 살림방들이 다닥다닥 붙어 있다. 공동화장실을 사용하지만 살림살이는 독립되어 있다. 지금은 좁은 집 안에 수세식 화장실을 만들었지만 공간은 여전히 그 모양

깡깡이 아지매. 깡깡이마을 아파트 벽면에 그려진 '우리 모두의 어머니(헤드릭 바르키르히, 2017)' 작품이다. '깡깡이 아지매'는 배 밑창에 붙은 조개 등 부착생물을 망치로 떼어내는 일을 하는 어머니들을 일컫는다. 공중에 매달려 온종일 철판을 두드리다 귀를 먹기도 하고 때로는 목숨을 잃기도 했다. 오직 자식을 잘 키우겠다는 생각뿐이었다.

그대로다. 집과 부엌이 따로따로 있는 곳도 있다. 나이 든 아지매들 기억에는 다나카 조선소, 대양조선, 남양조선 등이 줄줄이 등장한다. 망치질을 했던 회사들이다. 1970년대 영도에 배를 대는 독(도크)이 12개였다. 한 독마다 15명 아지매들이 매달려 망치질을 했으니, 모두 180명이다. 그들은 배를 두들기는 깡깡 소리에 모두 청각을 잃거나 난청에 시달려야 했다. 줄에 매단 작업대에서 떨어져 큰 부상을 입는 사고도 잦았다. 당시 일당이 1,500원이었다.

송도와 마주 보는 흰여울마을은 한국전쟁 때 피난민이 들어와 터를 잡은 마을이다. 부산과 낙동강을 경계로 최후의 방어선을 구축하자 남한은 물론 북한에서도 많은 피난민들이 섬으로 들어왔다.

흰여울마을

태종대로 가는 길에서 "유성온천 앞에 내리세요. 도로를 건너면 바로 마을입니다." 흰여울문화마을을 안내하는 분이 목소리가 다정하다. 마을 안에 차를 들일 수 없다. 두 사람이 손잡고 걸을 수 없을 정도다. 게다가 경사가 급하다. 오죽했으면 골목에서 쏟아지는 물이 눈이 오는 것처럼 희다 했을까.

이런 배경이 필요했던 영화 〈변호인〉, 〈범죄와 전쟁〉의 촬영지였다. 2012년 공가와 폐가를 리모델링하여 지역예술가에게는 창작의 기회를, 주민들에게는 자긍심을, 여행객에게는 체류형 공간을 주기 위한 문화예술마을로 가꾸었다. 덕분에 부산을 찾는 여행객의 발걸음이 아침부터 늦게까지 종일 이어진다. 도시재생 사업을 추진하는 공무원, 주민 그리고 전문가들도 자주 찾는 곳이다.

지금은 버스가 다니는 절영로가 만들어져 다행이지만 애초에는 영도다리를 건너 태종대로 가는 유일한 길, 이 길을 '흰여울길'이라 했다. 태종대로 이어지는 절영로와 흰여울길 사이에 좁은 골목이 무려 14곳이 있다. 그 길 사이 벼랑에 다닥다닥 집을 짓고 살 수밖에 없었던 사람들은 누구였을까. 한국전쟁 때 들어온 피난민들이다. 처음 이곳을 찾았을 때 이탈리아 친퀘테레를 떠올렸다. 그곳 역시 바닷가 벼랑에 옹기종기 마을 5곳이 자리를 잡았다. 놀랍게도 그들 역시 전쟁을 피해 들어온 사람들이다. 그리고 생계를 위해 산비탈을 일궈 심은 포도는 명품 와인으로 태어났다. 이 모든 공간은 세계유산으로 지정되었고, 세계에서 여행객들이 밀려들고 있다. 오직 기차를 타야만 접근이 가능한 불편한 여행지다.

작은 책방을 지나고 구멍가게를 돌아 시난고난한 삶이 녹아든 골목에 이르러 숙박할 곳에서 열쇠를 받았다. 게스트하우스, 오늘은 가족이

흰여울은 영도 봉래산 기슭에서 여러 갈래 물줄기가 하얗게 부서지면서 바다로 빠르게 굽이쳐 내리는 모습이 흰여울 같아 붙여진 이름이다. 식민지, 전쟁, 근대화 등 우리나라 근현대사의 생채기가 사람만 겨우 다닐 수 있는 골목에 그대로 새겨져 있다. 〈범죄와 전쟁〉, 〈변호인〉 등 영화를 촬영하기도 했다.

영도 절영 해안산책로에서 바라본 해안으로 흰여울해안터널, 영도 해녀문화전시관, 감지해변, 태종대, 국립해양박물관, 아미르공원으로 이어진다.

통째로 사용한다. 문을 열고 집 안으로 들어섰다. 부엌이 딸린 작은 거실, 이층침대가 있는 방, 그 안쪽으로 작은 골방 그리고 수세식 변기가 있는 화장실. 아이들과 아내의 표정을 살폈다. 가족여행에 쾌적한 호텔도 좋지만 방 따뜻하고, 뜨거운 물 나오고, 화장실에 달린 샤워기면 족할 텐데, 아이들은 그게 아니다. 더구나 전날 숙박했던 곳이 국립공원 생태탐방원이었다. 탁 트인 바다를 한눈에, 그것도 방 안에서 볼 수 있었다. 깨끗한 방과 주방 그리고 샤워장. 호텔이 부럽지 않은 곳이었다. 극과 극이다. 달랠 겸 아이들에게는 부산 시내 구경을 권하고, 아내와 함께 골목길 탐방에 나섰다.

절영로와 흰여울길 외에 해안을 따라 최근 만들어진 산책로가 있다. 걷는 사람들이 많다. 여행객도 많지만 영도 주민들이 더 많다. 주민들이 좋아하는 곳은 여행객에게도 인기가 있고, 관리도 잘된다. 절영 해안산책로, 부산 전역에 만들어진 '갈맷길'의 일부다. 부산 남항을 끼고 태종대까지 해안과 벼랑을 잇는 길이다. 이 길은 흰여울문화마을과 이어지는 맏머리계단, 꼬막집계단, 무지개계단, 피아노계단, 도돌이계단 등 다섯 개 층층계단이 있다. 절영 해안산책로는 한 해 100만 명이 찾는 명소로 바뀌었다. 이 길을 따라 걷다 보면 태종대와 오륙도를 만난다.

마을 주민들이 모여서 회의도 하고 잔치도 벌였다는 우물터, 좁지만 이곳은 주민잔치도 하고 마을회의도 하는 광장이다. 지난해에는 마을에 세워지는 고층건물을 반대하는 집회를 열기도 했다. 기껏해야 10여 층도 되지 않으니 고층이라 할 것도 없다고 항변할지 모르지만 낮은 꼬막집으로 구성된 마을이다 보니 몇 층만 올라가도 고층이다. 5평에서 10평 내외의 집들이 절벽 경사면에 제비집처럼 붙어 있어 '꼬막집'이라 한다. 대부분 낮은 2층집이다. 이곳에 높은 건물이 들어서고 있다. 그 시작은 교회 건물이다. 꼬막집 몇 개를 사서 높은 건물을 짓는 것이다. 자본을 앞세워 절차에 따라 건물을 지으면 막을 방법이 없다. 도시재생을 따라오는 것이 자본이다. 꼭 해결해야 할 도시재생의 문제점이다. 빈집과 폐가를 게스트하우스로 운영하며 지역재생을 하겠다는 사업이 개발로 이어지지 않을까 걱정이다. 산토리니나 친퀘테레가 명품 여행지로 주목을 받는 이유를 되새겨야 할 대목이다.

흰여울도 상권 발달과 임대료 상승으로 원주민이 떠나는 '투어리스티피케이션'과 주민 사생활 침해로 인한 '투어리즘포비아'가 우려되기도 한다. 예술가들과 주민들이 프로그램도 진행하고 전시회와 작은 축제를 마련하지만 밀려오는 자본의 물결은 제도적 장치가 없는 한 막을 길이 없다. 문화재로 지정하고 다양한 보호구역을 마련하지 않으면 무너질 수밖에 없는 구조다. 이 역시 주민들의 지지가 없다면 불가능하다. 지역 주민과 그들의 삶을 거세하는 재생은 멈춰야 한다.

제주 해녀, 왜 영도로 모였을까

가족들과 부산 여행을 결정하면서 숙소를 꼭 흰여울마을로 정하고 싶었다. 전날 통영시 미륵도 바다가 한눈에 들어오는 멋진 집에서 머물렀으니 부산에서는 섬살이가 진하게 밴 언덕 좁은 골목에 제비집처럼 붙은 작은 집에 자리를 잡았다. 그곳에서 내려다보면 해녀들이 물질하는 것을 확인할 수 있을 것이라는 기대감이 컸다. 예상은 적중했다. 다음 날 아침 창문을 여니 정말 물질하는 해녀들이 하나둘 모습을 드러냈다. 슈퍼 주인은 오늘 점심 무렵까지 물질을 할 것이며, 잡아온 것을 바닷가에서 팔 것이라고 했다. 영도에서 물질하는 해녀를 만나다니.

언제부터 영도에 해녀들이 있었는지 확인하기 어렵다. 다만 1711년 통신부사로 일본에 다녀온 임수간이 기록한 사행일록인 《동사일기》에

"절영도 근처에 가서 전복 캐는 것을 구경하였다."라는 내용이 있다.

전국에 물질을 하는 해녀는 약 1만여 명으로 추정한다. 그 절반은 제주에, 나머지는 경북과 울산에 3천여 명, 충남에 1천여 명, 부산에 8백여 명, 강원도에 6백여 명, 전남에 4백여 명, 전북에 2백여 명 정도 있다. 부산에 있는 8백여 명 중 100여 명이 영도에서 물질을 한다. 한때 기장, 가덕도, 다대포, 수영구, 해운대, 영도 등에서 2천여 명이 물질을 했다. 출가 해녀 1세대 해녀들은 현역에서 떠난 사람이 많지만 여전히 물질을 하는 건강한 해녀도 있다. 좀 젊다 싶으면 60대 후반에서 70대다. 이들은 1세대 해녀의 딸이거나 며느리 들이다. 출가 해녀는 제주를 떠나 다른 지역에서 물질을 하는 해녀를 말한다. 현지에서 결혼을 해서 정착하기도 했다. 영도에 정착한 해녀들도 이런 경우다. 물론 '지방 해녀'라 부르는 부산이나 영도에서 생활하면서 물질을 시작한 해녀도 드물지만 있다.

제주 해녀들이 뭍으로 물질을 나갈 때 거치는 거점이 영도였다. 영도 주민의 30퍼센트는 제주와 인연이 있는 사람들이다. 그래서인지 자리물회, 말고기를 파는 음식점도 있고, 제주은행도 자리를 잡았다. 여전히 의문이다. 왜 영도였을까. 뭍으로 물질을 나가야 했던 제주 해녀들이 완도, 여수, 삼천포, 통영, 거제를 두고 영도로 모여든 이유가 뭘까.

당시 부산에는 해조를 유통하는 객주들이 모여 큰 시장이 열렸다. 일제 강점기에는 일본인 상인과 수산회사가 자리를 잡고 식재료와 전시에 필요한 조선 해안 우뭇가사리나 감태 등을 수집했다. 영도는 일본으로 들고나거나 동해와 남해 등 물질할 바당으로 진출하는 교두보 역할을 할 수 있는 곳이었다. 마지막으로 해녀들이 물질을 마치고 귀향을 할 때 필요할 생필품을 쉽게 구할 수 있는 시장이 부산에 있었다.

16~17세기 제주 사람들은 왜구 침입, 중앙관리 횡포, 자연재해 등

부산과 영도를 잇는 다리는 영도대교, 부산대교, 남항대교, 부산항대교로 4개다. 이 중 가장 오래된 영도대교를 사이에 두고 서쪽은 대평동 깡깡이마을이, 동쪽은 봉래시장과 접한 봉래동이다. 양쪽 포구에는 큰 배를 끌고 다니는 예인선과 기름배, 수중작업선, 바지선 따위가 많이 정박해 있다.

으로 제주살이가 힘들었다. 그래서 많은 제주 사람들이 섬을 떠났다. 무엇보다 이중삼중으로 부과되는 세금을 감당하기 어려웠다. 이를 책임졌던 남자들이 특히 섬을 많이 떠났다. 남은 여성들이 남자들의 책임을 감당해야 했다. 그들이 해녀이기도 했다. 결국 조정에서는 출륙금지령을 내려 섬 밖으로 나가는 것을 막았다. 이후 개항, 단발령, 일제강점기로 이어지면서 제주 바다는 일본 어민들 바다로 바뀌었다. 단발령은 말총으로 생계를 잇던 제주 사람들의 일자리를 위협했다. 제주해녀는 뭍으로 출가 물질을 나설 수밖에 없었다. 미역과 우뭇가사리 그리고 소라와 전복이 있는 곳이면 러시아, 일본, 중국 같은 해외는 물론 동해·서해·남해 섬과 연안 어디든지 갔다. 이렇게 출가 물질을 나설 때면 십중팔구는 영도를 거쳤다. 영도는 제주 해녀들에게 특별한 곳이다. 그렇다 보니 해녀전시관이나 해녀동상이 영도에 세워지는 것은 어쩌면 당연한 일이다.

　해녀들이 테왁을 부여잡고 헤엄을 치는 것을 보고 아래 해안산책로로 내려갔다. 도시가 확장되고 항만이 개발되고 해안도로가 만들어지면서 부산에 물질을 할 수 있는 곳이 점점 줄어들었다. 갈 곳이 없는 부산 해녀들에게 영도는 마지막 섬이자 바다다. 그중에서도 흰여울, 상리, 중리 등 동삼동 어촌계 구역 정도로 줄어들었다.

　부부가 산책로 가장자리에 그늘막을 쳐놓고, 막 건져온 맵싸리와 돌멍게 그리고 문어를 삶아 손님을 기다린다. 아내가 소라를 씻고 사내는 바닷가로 내려가 망치로 소라 껍데기를 깬다. 그사이 늙은 해녀가 힘겹게 망사리를 짊어지고 올라와 건진 것들을 쏟아부었다. 온통 맵싸리뿐이다. 아는 단골이 미역을 주문을 했다면서 작은 망에 들어 있는 미역도 꺼냈다. 미역을 먹다 잡혔는지 군소도 두 마리가 있다. 또 다른 해녀가 힘겹게 망사리를 뭍에 올렸다. 쏟아 놓으니 온통 돌멍게다. 아들은 미소를 지으며 멍게를 접시에 담아 좌판에 올렸다.

　"우리 어머니는 상군이에요."

　어머니 물질 솜씨를 자랑하는 아들 얼굴에 미소가 가득했다. 맵싸리는 바다 가장자리에서 쉽게 줍지만 돌멍게는 깊은 곳에 산다. 숨을 오래 참고 깊은 곳까지 들어가 잡아 왔다. 오늘처럼 날씨가 좋아야 수심 깊은 곳까지 햇빛이 들어 돌멍게를 찾기 수월하단다. 옆에서 고둥을 접시에 담아 좌판에 올리던 나이 많은 해녀가 '나도 한때 상군이었다'는 눈빛이다. 제주도가 고향인 그녀도 어렸을 때 무자맥질로 갯물질을 배워 동해와 남해 바다를 휘젓고 다니며 배 물질을 하다 상군이 되어 영도에 머물렀다고 한다. 물실로 아이들 시집 장가 보내고 이제 하군보다 낮은 똥군이 되었다. 그래도 바다를 떠날 수 없다. 맵싸리와 군소는 잡을 수 있기 때문이다. 그 바다가 그녀 삶의 궤적이다.

해녀전시관이 있는 동삼동은 영도 동쪽이 있는 마을로 상리·중리·하리, 세 마을로 이루어져 있다. 동삼동 어장은 왜구의 침입으로 섬을 비워야 할 때도 어민들이 출입할 정도로 어자원이 풍부했던 곳이다. 보통 바다가 아니라 해녀들이 물질하는 바다다. 그 너머로는 부산항으로 들어가는 화물선들의 묘박지다. 새벽이면 조업을 나가는 배들이 분주하다. 해안을 따라 태종대로 이어지는 갈맷길이 있고, 산책길이 놓여 있다.

해녀들이 모이는 곳은 모두 지명이 '자갈마당'이다. 영도 자연 해안치고 자갈마당이 아닌 곳이 어디 있던가. 등대 자갈마당, 태원 자갈마당, 감지 자갈마당 등이다. 태종대 아래 있는 감지해변도 자갈마당이다. 자갈이 깔린 해변인 자갈마당은 해녀들 쉼터이자 일터였다. 해안 매립으로 사라져버렸지만 남항동에 개안 자갈마당도 있었다.

자갈마당에서는 물질을 해서 건져온 해삼, 멍게, 소라, 전복, 성게, 문어, 고둥을 펼쳐놓고 여행객들에게 팔았다. 감지해변에 이런 포장마차가 30여 곳 있었다. 하리 해녀들은 태원 자갈마당, 곤포, 감지해변, 해양대 주변에서 20여 명이 물질을 한다. 그리고 주변에서 여행객을 대상으로 건져온 해삼, 멍게, 소라, 고둥, 미역 등을 판다. 해녀가 채취해온 것을 현장에서 맛보는 즐거움은 크다. 옛날에는 포구나 바닷가 어시장에서 함지박을 놓고 노점에서 판매하는 것이 흔한 일이었다. 지금은 많이 사라졌다. 물론 현대화라는 이름으로 건물을 짓고 점포를 만들어 입주시키는 일도 있다. 동삼동은 최근까지 물질하는 바닷가 자갈마당에 자리를 펴고 해산물과 술과 음료를 판매했다.

말이 동삼동 해녀촌이지만 동삼동 바다에서 물질하는 해녀는 청학동에서 온 해녀들이다. 그곳에 조선소가 들어오면서 물질할 바다를 잃었다. 상리 해녀들도 개발로 인해 어장을 잃었다. 다행히 동삼동 어촌계에서 청학동과 봉래동 해녀들에게 바다를 열어주었다. 하지만 이들도 고령이다.

나이만 문제가 아니다. 개발로만 어장을 잃은 것이 아니다. 광안리 해수욕장이나 해운대에 인위적으로 공급하는 모래가 유실되면서 인근 해녀들 어장이 사라지고 있다. 갯바위가 모래에 덮히고 수심이 낮아지면서 해초가 서식하지 못하고, 따라서 소라, 고등, 문어 들이 서식할 수 없게 된다. 황금어장 안개섬과 광안대교 앞 수중여가 대표적이다. 공장을 짓기 위해 모래해안을 매립하고, 1986년 수영만 요트경기장을 만들면서 어장은 사라졌다.

2019년 동삼동 중리해변에 〈해녀문화전시관〉이 문을 열었다. 제주

흰여울마을 앞바다에서 물질을 마치고 나오는 해녀를 만났다. 영도는 제주 해녀들이 뭍으로 나갈 때 모이는 거점 섬이었다. 이곳에서 동해로 남해로 다시 서해로 옮겨다니며 물질을 했다. 외국으로 물질을 나갈 때도 부산이 징검다리 역할을 했다. 그곳이 영도였다. 그런 인연으로 많은 제주 해녀들이 부산에서 결혼해 눌러앉았다. 1세대 해녀들을 만나는 일은 귀하다. 그들은 이제 은퇴하고 뒤에 배운 해녀(지방 해녀라고도 함)들이 뒤를 잇고 있다.

도가 아닌 뭍에 해녀와 관련된 시설로는 처음이다. 있어야 할 곳에 있어야 할 시설이 만들어졌다. 동삼동 해녀문화전시관이라 이름이 붙었다. 1층에는 수족관 세 곳, 2층은 전시관, 3층은 옥상으로 이루어져 있다. 바깥은 동삼동 해녀들이 작업하는 것을 지켜볼 수 있는 바다다. 옛날에 불턱을 구경하다 막 물질을 마친 해녀가 채취해 온 해산물을 구분하는 것을 구경했다. 낙지 네 마리, 말똥성게(앙장구), 보라성게, 고둥, 해삼, 미역 등이다. 말똥성게는 너무 작고 앙장구는 아직 철이 아니다. 옆에서 구경하던 사람이 낙지가 얼마냐고 묻는다. 해녀들이 작업한 것은 모두 해녀전시관에서 판매하는 것이 원칙이다. 그곳에 있는 수족관 세 곳에는 각각 7~8명으로 이루어진 주인이 있다. 손님이 들어오면 돌아가면서 순번으로 손님을 받는다. 어촌계에서 나온 주민이 손님 배정과 안내를 맡는다. 수족관은 해녀들이 작업한 것을 구매해서 판매하고, 이익금은 구성원들이 나누어 갖는 운영체계다.

해녀전시관이 만들어지기 전에도 중리해녀촌을 몇 차례 방문했다. 그때는 해녀마다 각각 자기 노점에서 운영을 했다. 물론 오는 손님을 순번으로 맞는 것은 그때도 마찬가지였다. 하지만 연인끼리 오는 손님, 가족 손님, 단체 손님 등으로 손님의 수가 언제나 같을 수 없었다. 고성과 싸움이 끊이질 않았다. 그게 일상이었다. 또 문제는 전기와 물과 술 공급의 대가로 돈을 따로 받아가는 사람이 있었다는 것이다. 해녀들이 장사하는 곳이 마을에서 떨어져 편의시설이 갖춰져 있지 않기 때문에 생긴 일이다. 정당하게 사용료를 주고 이용하지만 단전단수를 하면 장사를 할 수 없기에 그것이 권력이 되었다. 그 사람도 그 권력을 즐겼다.

해녀전시관을 찾는 사람이 순식간에 늘어났다. 날씨가 좋은 날이면 소라, 멍게 등 해산물을 바로 손질해서 썰고, 라면과 김밥을 주문해 바닷가에 나와서 즐긴다. 물질을 하는 해녀나 송도가 보이는 바닷가에서

동삼동 포구에서 바라본 하리항과 동삼동폐총박물관. 그 위로 보이는 산은 봉래산(우)과 중리산(좌)이다. 하리는 영도 남동쪽에 위치한 마을로 해녀들이 활발하게 물질을 하는 어촌이다. 포구와 접한 동삼동 폐총전시관은 우리나라 신석기시대 어로문화를 엿볼 수 있는 대표적인 패총 유적지이다. 2002년 개관하여 운영 중이다. 주변에 국립해양박물관, 영도 해녀문화전시관 등이 있다.

먹는다.

　몇 명이 음식을 주문하고 나왔다가 해녀가 잡아 온 낙지를 보고 흥정을 했다. 처음에 팔 수 없다고 하다가 샀다고 다른 사람한테 말하면 안 된다고 신신당부를 하며 3만 원에 네 마리를 넘겼다. 제법 씨알이 굵으면서 붉은색을 띠는 돌낙지다. 낙지를 잘 모르는 사람이라면 작은 문어라고 할 만하다. 찾아오는 사람은 많지만 2층 전시관으로 올라가는 사람이 거의 없다는 점이 아쉽다. 해녀들도 비로소 자신들의 공간에서 합법적으로 장사할 수 있다는 점에 긍지가 높다. 물과 전기를 걱정하지 않아도 되고, 날씨를 걱정하지 않아도 된다. 하지만 여전히 해결해야 할 과제도 있다. 가게 20여 곳이 3곳으로 줄었을 뿐 갈등은 내재되어 있고 실제로 사건이 생기기도 한다. 또 해녀전시관을 동삼동뿐만 아니라 영도를 상징하는 자원으로 만드는 일이다. 그럴 가치가 충분하다. 동삼동에는 패총박물관도 있다. 영도에는 해녀박물관이 있다. 바다를 근거로 살아온 영도 사람들의 흔적이다. 영도 사람들을 서로 연결하는 프로그램이나 시스템도 필요하다.

욕심을 부린다면 후계 해녀를 육성하는 일이다. 어차피 자식들 중에 이 일을 잇겠다는 사람은 찾기 어렵다. 개인이 아니라 지역사회, 즉 영도 지역사회가 참여해 풀어야 할 문제다. 해녀를 개인 직업으로 생각해서는 영도가 가진 소중한 무형·유형 자산을 잃을 수 있다.

봉래산 영도할매와 산제당 아씨

영도를 상징하는 봉래산은 손봉(361미터)·자봉(387미터)·조봉(395미터), 세 봉우리로 이루어져 있다. 조망하기 좋은 곳은 손봉과 정상이다. 손봉에서는 동삼동, 조도, 오륙도, 해운대까지 볼 수 있다. 맞은편으로는 부산항과 부산항대교가 보인다. 정상인 조봉에서는 부산항이 더 가깝다. 그리고 남항대교와 중구, 서구, 자갈치시장, 용두산타워를 볼 수 있다. 특히 날씨가 좋은 날은 대마도가 보인다. 봉래산은 정상으로 가는 길 외에 임도와 자연생태학습장 그리고 절과 산제당을 잇는 둘레길이 있다. 중간에 체육공원과 약수터가 있어 아침 운동이나 산책을 하는 주민들이 많다. 정상에 오르는 길도 반나절이면 올라갔다 내려올 수 있다.

봉래산이라는 지명은 절영진 3대 첨사인 임익준이 봉황이 날아든 산세라 해서 붙였다고 한다. 중국 전설에 나오는 삼신산 가운데 하나로 늙지 않고 죽지 않는 불로초와 불사약이 있는 곳이며 신선이 산다 했다. 일제 강점기에 산 모양이 고깔을 닮아 고깔산이라 했다고 하나, 사실은 물이 귀해 목이 마르다는 의미의 고갈산이었다가 봉래산으로 바뀌었다.

영도에는 최영 장군을 모신 산제당이 있다. 영도는 국마장이 있었는데, 말을 뭍으로 운반하려고 하면 죽어버리는 일이 생겼다. 그 원인이 탐라국 여왕이었던 절영도 선녀 때문이라는 소문이 돌았다. 그녀는 최영이 탐라국을 점령할 때 첩이 되었다. 그후 신돈의 모함으로 장군이 영도에 유배되자 장군을 찾아왔지만 만나지는 못하고 귀신이 되었다. 이렇게 전하는 이야기를 들은 동래부사가 산제당과 아씨당을 지어 원혼을 달래자 군마가 폐사하는 일이 사라졌다고 한다.

"공부 잘하게 해달라고 빌었나? 할매바위는 소원을 다 들어준다."

초등학생쯤 되어 보이는 아이를 데리고 봉래산에 오른 아버지가 먼저 두 손을 모으고 절을 세 번 한 후 아이한테도 소원을 빌라고 하면서 하는 말이다. 뒤이어 올라온 사람들 중에도 할매바위 앞에서 소원을 비는 사람이 한둘이 아니다. 할매바위 옆에 정상을 알리는 표지석도 있어 사진을 찍으려는 사람과 기도를 하려는 사람으로 분주하다. 할매바위 위에는 과일과 과자가 제물로 올려져 있다.

부산 영도구에 있는 봉래산에 사는 할매를 뵙고 내려왔다. 아무래도 영도 이야기를 하려면 할매에게 허락을 받아야 할 것만 같았다. 정상에 올라오는 사람 열 명 중 대여섯 명은 할매 앞에서 두 손을 모아 인사를 한다. 모자를 벗고 정성껏 손을 모아 할매에게 한참 기도를 하는 사람도 있다. 봉래산에 사람이 많이 올라올 때는 정성을 드리기 위해 줄을 설 때도 있다. 할매바위에 인사를 하느냐 안 하느냐는 봉래산에 올라온 사람이 영도 사람인가 아닌가를 알아내는 구분법이기도 하다. 두 손을 모아 소원을 빌었다. 영도에 살고 있는 사람만이 아니라 출향인사들 안부를 걱정하고 불행을 막는 할매다. 영도할매를 보면서 자꾸 동삼동 해녀촌에서 만난 해녀 할망이 떠올랐다.

자봉을 지나 정상으로 향할 때 육중한 철재로 만든 데크가 눈앞에 나타났다. 수십억 원을 투자해 만든 '무장애 데크로드'다. 지금까지 올라온 노력이 무색하게 정상을 얼마 남겨놓지 않은 지점에서 데크가 나타난 것이다. 그 옆으로 정말 걷기 좋은 숲길이 버젓이 있다. 이 시설을 만드는 과정에서 할매바위 주변에 H빔 지지대를 박아 논란이 되기도 했다. 정상은 전망대 없이도 충분한 조망이 보장되는 곳이다.

영도할매는 산삼과 불로초를 기르며 영도 사람들을 지켜준다고 한다. 영도 사람들과 영도에 살기 위해 들어온 사람들이 섬살이를 이겨낼 수 있는 힘을 주었다. 주민들은 영도를 떠난 자식들 안부를 걱정할 때도 영도할매를 찾았고, 고향을 방문한 출향 인사들도 영도를 찾으면 봉래산에 올라 할매를 만났다. 자연스럽게 영도할매는 봉래산 산신이 되었고, 주민들의 삼신할매로 자리했다. 가끔 외지인들이 등산을 와서 할매바위 위에 올라가거나 걸터앉았다가 주민들과 실랑이를 벌이는 일도 있다. 영도 사람들 마음에 자리 잡은 할매바위를 미신으로 접근하는 것은 지역 문화를 폄하하는 것과 다름없을 것 같다.

봉래산에는 할매바위만큼 '산제당과 아씨당'이 유명하다. 전해오는 이야기는 이렇다.

조선시대에 영도는 국마를 기르는 목장이었다. 그런데 영도에서 말을 가져갈 때 서쪽으로 가기만 하면 말이 병들어 죽었다. 그즈음 한 선녀가 노복을 데리고 절영도로 들어갔는데 나오는 것을 본 사람이 없다

영도에 있는 가장 높은 산이 봉래산이다. 해무가 자주 끼어 마치 하얀 모자를 쓴 것처럼 보여 고깔산이라고 부르기도 했다. 정상에 삼신할매가 자리하고 있어 영도 사람은 지나갈 때 공손하게 합장을 하거나 인사를 드리고 간다. 속설에는 삼신할매 덕에 부자가 되어 이사를 간 사람 중에 재물을 유지하지 못하고 다시 돌아온 사람이 있다고 한다. 그래서 영도 사람들이 쉽게 이사를 가지 않는다고 전한다. 삼신할매는 봉래산 산신으로 해석하기도 한다.

는 소문이 돌았다. 당시 부산진 첨사로 부임한 정발이라는 무관이 꿈에 그 선녀를 만난다. 최영 장군이 탐라를 정벌할 때 첩이 되었는데, 장군이 탐라를 떠난 뒤 신든의 모함으로 설녕도로 유배되었다는 말을 듣고 왔다는 것이다. 그런데 와서 보니 장군은 없고 귀신이 되었으니, 사당을 짓고 혼을 위로해 달라고 청했다. 이에 산제당과 아씨당을 짓고 봄가을에 제를 지내니 군마가 폐사하는 일이 사라졌다고 한다.

봉래산 주변으로 둘레길이 있다면, 해안을 따라서는 절영 해안산책로와 감지 해변산책로가 있다. 절영 해안산책로는 흰여울마을 아래 해안에서 중리해녀촌을 지나 감지 해변산책로 입구까지 이어진다. IMF 직후 영도구청이 공공근로사업으로 조성한 길이다. 이 길은 부산 갈맷길, 남파랑길 등과 만나며 동삼동 해녀전시관, 쉼터, 전망대, 낚시터, 터

부산 영도에는 포장마차 거리가 있다. 낮에는 주차장이지만 밤이면 포장마차가 자리를 잡고 불을 밝힌다. 부산을 대표하는 꼼장어, 고갈비, 오뎅탕, 조개탕 등은 물론 문어, 한치, 소라 등도 숙회로 맛볼 수 있다. 비가 많이 오면 문을 열지 않는다. 주말에는 자리가 없을 정도로 지역 명물이 되었다.

널, 출렁다리 등을 볼 수 있다. 직접 물질을 하는 해녀를 볼 수 있고, 해녀가 건져 온 해산물을 맛볼 수도 있다. 감지 해변산책로는 감지 자갈마당을 따라 해안에 조성된 갈맷길 코스다. 여기에 태종대 산책길까지 더해 영도 해안산책로라 한다.

이들 해안에서 가장 흔하게 볼 수 있는 해안 경관이 암석해안과 '자갈마당'이다. 파랑으로 암석해안이 침식되면서 해식애와 자갈(몽돌) 해안이 형성되었다. 특히 자갈마당은 큰 만입부보다 작은 만입부에 나타나는데 일제 강점기 매립 이전 자갈치시장이 자갈마당을 상징한다. 영도에는 감지해변, 동삼동 해변, 태종대 해변 등이 자갈마당으로 유명하다. 이곳은 해녀들이 물질을 하는 장소이기도 한데, 직접 건져 온 해산물을 즉석에서 판매하는 포장마차가 많다.

는 국수다. 국수는 육수와 간장이 제일 중요하다. 탄력이 있고 쫀득쫀득한 국수 맛이다. 구포장터 앞에는 1919년 3월 29일 시장 상인들과 항만 노동자 등 서민 대중이 주도한 만세운동을 기념한 비석이 있다. 최근에는 구도심 재생사업으로 구포만세거리를 '밀:당(堂)거리'로 조성하고 구포국수체험관, 제면, 우리밀, 맥주, 파스타 등과 접목을 시도하고 있다.

도시락 반찬에서 식사 대용으로, 부산 어묵

도시락 반찬을 생각하면 떠오르는 반찬으로 어묵과 김치가 있다. 어묵을 싸 가지고 가는 날은 자신 있게 도시락 뚜껑을 열 수 있었지만, 김치를 싸 가지고 간 날은 누가 볼세라 고충이 컸다. 지금처럼 좋은 반찬통이 없어 김치를 싼 날은 김칫국이 흘러 책과 노트를 붉게 물들이고 시큼한 냄새를 진하게 남겼다.

'아부래기(あぶらあげ, 油揚げ)'라고 불렸던 반찬은 넓적한 어묵을 양념해서 볶은 것이다. 요즘은 접어서 꼬지에 꽂아 어묵탕으로 만들어 나온다. 어묵과 오뎅은 같은 듯 다르다. 일본의 오뎅(おでん)은 어묵에 계란, 무, 곤약 등을 국물에 삶은 것, 즉 조리한 음식을 말한다. 아부래기는 유부를 말한다.

부산에 자주 가면서 정한 숙박지가 부산역 근처 호텔이다. 부산 시내를 오가기 좋고, 바다가 가깝고 숙소도 마음에 들지만 더 중요한 이유는 가까운 곳에 부산의 유명한 어묵 판매장이 있기 때문이다. 이곳에서 가까운 부평동이나 영도에 어묵 공장이 많았다. 말할 것도 없이 근처 어시장에서 재료를 구하기 쉬웠다. 부산 어묵은 광복 후 일본인들이 남기고 간 공장과 기술에서 비롯되어 개량하고 발전시킨 부산의 맛이다. 일본 음식 가마보코(かまぼこ)에서 비롯된 것으로 생선살코기를 갈아서 소금 양념을 하여 기름에 익힌 것이다. 음식은 고유함만으로는 소비자의 사랑을 받을 수 없다. 늘 변하는 문화자산이다. 부산 어묵은 생선을 통째로 갈아내는 '막갈이'를 하거나 잡어를 갈아 기름에 튀겨내는 '덴뿌라'와 다르다.

부산에는 1950년 봉래시장의 삼진식품, 영주동 시장의 환공어묵을 비롯해 이후 초량시장의 영진어묵 외에 미도어묵, 효성어묵, 대원어묵 등이 있었다. 아이들 반찬과 주당들의 안주로 사랑을 받았던 어묵은 이제 고속열차 플랫폼이나 대형 백화점에 입점하여 식사 대용 어묵우동이나 어묵고로케 등 고급식품으로 자리를 잡았다. 젊은 층이 어묵을 찾아 부산에 오는 여행도 생겨나고 있다. 모양에 따라 꼬불이어묵, 막대어묵 등이 있고, 재료에 따라 야채어묵, 잡채어묵, 유부어묵도 있다.

삼진어묵 본점 판매장(영도)

비록 시작은 일본 음식에서 비롯되었지만 전쟁을 거치면서 부산으로 온 피란민들의 배고픔을 달래는 음식이 되었다. 전쟁 후 근대화의 열풍 속에 공장들이 세워지면서 어묵은 밥상의 주인공으로 바뀌었다. 노동자들의 맛있는 밥반찬, 아이들의 단골 도시락 반찬이 되었다. 뿐만 아니라 퇴근 후 포장마차에서 직장인들의 술안주 역할도 제대로 해냈다. 이후 반찬에서 벗어나 간식으로, 이제는 국민에게 단백질을 공급하는 수산가공품으로 자리를 잡았다.

어묵과 달리 조방낙지는 어떻게 부산 음식으로 자리를 잡았는지 아직도 의문이다. 처음 조방낙지라는 말을 들었을 때 부산에서 낙지가 많이 잡히는 줄 알았다. 흔히 낙지 중에 맛이 좋기로 꼽히는 무안낙지, 탄도낙지, 신안낙지, 옥도낙지, 고흥낙지, 장흥낙지 등이 있는데, 모두 산지를 강조하여 붙은 이름들이다. 따라서 부산의 조방낙지도 부산의 조방 지역에서 서식하는 낙지라고 생각했다. 그런데 '조방'은 갯벌이나 바다가 아니라 일제 강점기에 설립되어 1960년대까지 운영되었던 조선방직을 일컫는다. 그 조선방직 공장 앞에 낙지볶음집들이 많았는데 이를 '조방낙지'라 한 것이다. 양파와 대파를 깔고 그 위에 낙지를 얹어 볶은 음식이다. 매콤하게 볶듯이 끓이는 것이 특징이다. 식사와 안주를 겸해 반찬과 요리를 한꺼번에 해결하는 음식으로 인근 시장 사람들과 노동자들의 사랑을 받으면서 명맥을 유지해 왔다. 비록 낙지볶음집들은 귀금속과 휴대폰 가게로 바뀌었지만 조방낙지는 낙새와 낙곱으로 변신하며 여행객들을 부르고 있다. 낙새는 낙지와 새우, 낙곱은 낙지와 곱창이 만나 변형된 부산 음식이다. 어느 쪽이든 육수가 졸아들면 밥을 얹어 비빈 후 김가루를 뿌려 먹거나 사리를 넣어 끓여 먹기도 한다.

전쟁이 낳은 부산 음식, 부산을 찾는 이유가 되고 있다
국밥은 어느 지역에 가도 편하게 먹을 수 있는 서민 음식의 상징이다. 그런데 부산에서만은 유독 '돼지'라는 접미사를 붙여서 '돼지국밥'이라 부른다. 왜일까.

부산 돼지국밥은 '돼지 뼈를 곤 육수에 편육과 밥을 넣어 간을 해서 먹는 음식'이라 정의한다.

허영만은《식객》에서 '설렁탕은 잘 닦여진 길을 가는 모범생'이라면, '돼지국밥은 비포장도로를 달리는 반항아'라고 표현했다. 역사적으로 부산은 '야성의 도시'였다. 서울이 부러웠던 걸까. 지금은 그 야성이 사라지고 잘 길들여진 도시로 읽혀서 아쉬움이 크다. 부산이 고향인 시인 최영철은 '야성을 연마하려고 돼지국밥을 먹으러 간다'고까지 했다. 젊은이들이 많이 찾는 부산이다. 우리나라 근현대사의 아픔이 낳은 부산 음식은 이제 젊은 여행객들이 부산을 찾는 이유가 되고 있다.

돼지국밥은 향신료와 내장을 많이 넣는 대구식, 설렁탕처럼 뽀얀 색깔의 국물이 특징인 밀양식, 맑은 국물이 좋은 부산식이 있었다.

부산 돼지국밥은 편육만 넣은 돼지국밥, 편육과 순대가 들어간 순대국밥, 내장이 들어간 내장국밥, 내장과 편육이 섞인 섞어국밥, 편육과 국물과 밥이 따로 나오는 수육백반 등이 있다. 지금은 이들마저 섞어서 또 어느 식당에서 새로운 백반을 내놓을지 알 수 없다.

1960년대 무렵까지는 시장을 중심으로 돼지국밥 식당이 모여들었다. 일거리를 찾아서 식당으로 모여들고, 일을 마친 노동자들이 허기를 채우기 위해 모여들었다. 그곳에 국밥집이 자리잡는 것은 당연한 일이었다. 2000년대 여행객들이 늘어나고 돼지국밥이 알려지면서 버스터미널, 기차역, 여객선 터미널 등을 중심으로 다른 지역에 퍼졌다. 부산에서 돼지국밥 노포들이 모여 있는 곳으로는 서면시장 돼지국밥 골목, 수정시장 돼지머리국밥 골목, 조방 앞 돼지국밥 골목 등이 있다. 이제 돼지국밥은 고향을 떠난 부산 사람들이 아련하게 떠올리는 향토음식이 되었다.

전쟁 이후 부산 음식으로 자리를 잡은 것으로는 부대찌개와 밀면을 빼놓을 수 없다. 부대찌개는 미군 부대에서 흘러나온 음식으로 만들어졌다는 것이 정설이다. 소시지, 햄, 베이컨, 스테이크 등에 우리 반찬인 김치, 콩나물, 고추장을 더해서 만들었다. 용산기지, 동두천, 의정부, 김포, 인천, 오산, 군산, 대구, 포항, 부산 등 미군 부대 부근에는 어김없이 부대찌개가 자리를 잡았다.

밀면은 한국전쟁 당시 이북 출신 피란민이 부산에 머무르면서 고향음식을 떠올리며 만들어 먹었던 음식에서 비롯되었다. 즉 이북 냉면을 부산에서 메밀 대신에 밀가루로 면을 뽑아 만들었다. 그래서 '밀가루 냉면', '밀 냉면'이 밀면이 되었던 것이다. 밀면은 집집마다 맛이 다르다. 우선 밀가루와 전분의 배합과 고구마 같은 첨가제가 제각각이고, 둘째는 육수를 만드는 방법이 집집마다 다르기 때문이다. 특히 육수는 채소, 한약재, 사골 등 내림에 따라 독특하게 만들어 사용한다. 마지막으로 면 위에 올리는 고명도 차이가 있다. 여기에 고춧가루, 마늘, 양파를 기본으로 만든 양념을 올려 먹는 비빔밀면도 제각각이다.

바다와 강이 내준 선물

식당 문을 열고 들어가려다, '이거 겨울철에 먹어야 하는 것인가'라는 생각에 멈칫했다. 고등어는 찬바람이 불어야 맛이 있다는 통설 때문이다. 참고등어는 늦가을부터 겨울이 제철이다. 이때 제주도 인근에서 선망으로 잡은 고등어가 부산공동어시장으로 들어온다. 하지만 망치고등어는 가을보다 여름이 제철이다. 또 겨울에 잡은 참고등어도 급속 냉동하여 보관하면 여름철에도 맛이 떨어지지 않는다. 최근에는 고등어양식까지 가능해져 어느 철에나 회를 즐길 수 있게 되었다. 부산은 2011년 시어(市魚)를 고등어로 정했다. 푸른 등은 호쾌함을, 은색 배는 청정한 기품을, 지느러미는 역동적인 힘과 영민함을, 유선형 몸은 목표를 향해 달려가는 창조도시를 상징한다고 의미를 부여했다. 고등어는 부산뿐만 아니라 한국인이 가장 많이 먹는 국민생선이다. 하지만 구이나 조림은 들어봤지만 추어탕이라니. 고개를 흔들었다. 추어탕이라면 당연히 미꾸라지다. 백보 양보해서 장어 정도는 이해한다. 하지만 고등어추어탕이라니.

얼마 전 주말에 아침 일찍 봉래산에 올랐다가 내려오면서 남항동 추어탕집을 찾았다. 골목을 지나면서 문이 열려 있는 것을 보고 차를 주차하고 오니 문이 반쯤 닫혀 있다. 내가 헛것을 보았나 싶었다. 조심스럽게 문을 열고 들어가니 주인이 있다. 막 문을 닫으려는 참이었다. 이 집은 새벽 4시에 문을 열어 13시, 그러니까 오후 1시면 문을 닫는다. 60여 년을 이어가고 있다. 당시 남항선창에 굴러다니

말미잘탕(좌)과 고등어추어탕. 붕장어 잡이로 유명한 기장 학리마을에서는 함께 잡히는 말미잘을 넣어 끓이는 말미잘탕이 유명하다. 우연한 기회에 붕장어탕에 넣은 말미잘이 식감과 맛을 살려주어 지역음식으로 자리를 잡았다. 마찬가지로 영도를 상징하는 고등어와 팔고 남은 시래기를 넣어 끓인 고등어추어탕은 노동자들과 술집 아가씨들의 허기진 속을 달래주는 음식에서 향토음식으로 자리를 잡기도 했다.

는 것이 고등어였다. 또 시장에서 쉽게 얻을 수 있는 것이 시래기였다. 지금은 바뀌었지만 배고픈 시절에는 이곳에 술집도 많았고 색시집도 있었다. 밤새 술을 먹고 아침을 기다렸다 해장국을 한 그릇 후루룩 마시고 가는 사람이 많았다. 새마을운동 시절에는 아침 일찍 청소하고 나면 유지들이 주민들과 함께 들어와 밥값을 내고 가기도 했다. 지금도 새벽에 배를 타고 나가는 사람들이 이른 아침 고등어해장국 한 그릇 후루룩 비우고 배를 탄다. 조선소에서 일하던 사람들도 단골이었다. 그렇게 60여 년이 흘렀다. 그사이 주인도 바뀌었지만 고등어해장국만은 바뀌지 않았다. 고등어해장국이라고 하는 집도 있고, 고등어추어탕이라 하는 집도 있다. 고등어추어탕은 여름 보양식으로도 좋다. 영도 흰여울마을에는 고집스럽게 고등어초회를 만드는 집도 있다. 또 광복동에는 고갈비집이 있고, 충무동이나 자갈치시장 주변에 고등어구이 백반집도 많다.

고등어추어탕은 영도를 비롯한 일부에서 명맥을 이어가지만 낙동강과 지천에서 잡는 민물고기로 탕을 끓여 국수를 넣어 먹는 어탕국수는 이제 식당에서 보기 어렵다. 여름철이면 다리 밑이나 당산나무 밑에 솥을 걸고 민물에서 잡아 온 물고기를 삶아 뼈를 발라내고 국수와 함께 넣어 끓였다. 마을 사람들이 모여서 여름을 나거나 잔치를 할 때 먹었던 음식이다. 1897년 11월 낙동강 하구둑이 강과 바다를 가로지르면서 함께 사라졌다.

강과 바다가 선물한 것은 너무 많다. 소금, 김, 대파, 재첩, 백합, 모두 그들이 만들어냈다. 조선시대부터 명지소금은 낙동강을 거슬러 경상북도 반가에 전해졌다. 내륙 깊은 곳에서 불천위제사까지 수없는 의례를 지내는 종부들에게 제물로 올릴 생선은 소금이 없으면 불가능했다. 대파는 또 어떤가. 명지대파가 올라가야 서울에 있는 설렁탕집들 문을 열었다는 말이 나돌 정도였다. 대파를 심었던 모래 밭이 개발되면서 재배기술은 전라도, 제주도, 강원도로 전파되었다. 마치 완도의 김 양식 기술자들이 서해안을 따라 인천까지 신천지를 찾아 이동하는 것과 같다.

최근 4대강사업으로 굳게 닫혔던 하구댐 수문을 열고 있다. 낙동강 하구댐 수문도 일부 열리고 시간이 지나면서 재첩이 돌아왔다고 한다. 하단, 김해, 명지 등 강하구에 있는 어촌마을은 재첩을 많이 잡았다. 아침이면 '재치국 사이소'라는 부산 아지매의 목소리를 다시 들을 수 없겠지만 재첩이 돌아왔다는 소식이 반갑다.

개황 | 부산 영도

위치 | 부산광역시 영도구
면적 | 14.12km^2
가구수 | 54,293
인구(명) | 106,548
교통 | 부산역에서 영도행 버스나 택시 또는 지하철 1호선을 이용
특산물 | 곰피

변화 자료

구분	1985	1995	2011
주소			부산광역시 영도구
면적(km^2)			14.127
인구(명)			146,798 (73,285+73,513)
가구수			59,147
공공기관			군청 1, 동사무소 11, 경찰서 2, 지·파출소 12, 소방서 1, 119안전센터 3, 우체국 7, 농수축협 6, 한전지점 1
학교			고등학교 7, 중학교 8, 초등학교 14, 유치원 16, 보육시설 54
급수시설			지방상수도 4개소
전력시설			한전계통 59,147가구
의료시설			병원 142, 보건소 1
어선(척, 동력선+무동력선)			180(179+1)

※ 섬의 개황 자료 또는 변화 자료를 통계 데이터베이스에서 확인할 수 없는 경우 부득이하게 비워두었음을 알려드립니다.

5

섬주민의 삶이 역사이고
생활이 문화다
부산 가덕도

등대가 있는 쪽 바다를 뚫어져라 쳐다보고 있던 어로장의 얼굴에 긴장감이 흐른다. 왼손과 오른손은 줄을 그러쥐었다. 숭어는 보이지 않고 바닷물만 봄볕에 반짝였다. 숭어를 발견한 것일까. "조지라, 이라. 조지라. 안목선 조지라." 어로장의 목소리가 앙칼지다. 바다에 떠 있던 배 위 선원들이 줄을 당기기 시작했다. 배 안에 그물에 갇힌 숭어들이 뛰어올랐다. 목선들의 고물과 이물이 서로 닿을 만큼 그물이 좁혀지자 수십 마리가 일제히 튀어 올랐다. 은빛 찬란한 숭어들의 몸부림, 이제야 갇힌 신세라는 것을 알았을까. 어로장은 그제야 망대에서 내려와 바닷가로 조심스럽게 내려갔다. 진해만 일대의 전통어법 '숭어들이'가 남아 있는 가덕도다.

가덕도는 천가동에 속한다. 과거의 천성면과 가덕면을 합친 것이다. 천가동은 눌차도의 눌차동을 포함해 성북동, 동선동, 천성동, 대항동으로 이루어져 있다. '숭어들이'라 부르는 육수장망이 이루어지는 곳은 대항동 대항마을이다. 매년 4월이면 숭어축제가 펼쳐진다.

가덕도는 낙동강 하구에 위치한 섬이다. 남해로 드는 강물을 따라 흘러온 모래와 흙이 쌓여 하구 갯벌을 만들고, 진해만으로 다양한 어류를 부르고 을숙도와 진우만으로 조개류를 품고 새들을 부르는 것도 가덕도가 있어 가능했다. 지금은 거제도와 부산을 잇는 거가대교와 부산신항이 설치되어 새로운 계기를 맞고 있다.

숭어를 기다리는 사람들, '숭어들이'

가덕도의 보물은 바다다. 그 어렵고 거친 시절에는 바다 미역을 내주었고, 겨울에는 대구와 물메기로, 봄에는 숭어로, 가을에는 전어로 철철이 밥상과 곳간을 채워주었다. 낙동강이 막히고, 신항만이 조성되면서 바다는 힘들어하고 있다. 그래도 봄철이면 어김없이 대항마을로 드는 숭어가 있어 고맙다고 해야 할까.

'숭어들이'(숭어들망)는 그물 안으로 들어온 숭어를 들어 올려 잡는 어법이라서 붙여진 이름으로, '육수장망(六手張網)'이라 소개되어 있다. 거제와 부산 일대에서 성했던 숭어잡이다. 가덕도의 경우 대항마을 옆 천성 휴게소(천수대), 천성진돌뱅이, 배오개 코바우, 대항 내동섬 등 네 곳에서 숭어들이 어법이 행해졌다. 지금은 내동섬에서만 한다. 봄철 수온이 올라가면서 먹이활동이 활발해진 숭어가 떼로 줄지어 이동하는 것을 이용한 어법이다. 대항마을 숭어들이는 전통방식에 충실해 문화재로 지정하려고 노력했지만 '소리', 즉 어업요가 결합되지 않았다는 이유로 탈락했다. 대신에 어촌체험마을로 지정해 축제로 유명세를 타고 있다. 대항마을의 생계를 책임졌던 숭어들이가 이제 지역 축제로 여행객들을 부르고 있다. 몇 년 전부터는 다른 마을과 마찬가지로 기계를 이용해 그물을 들어 올리는 방식으로 바뀌었다.

숭어들이를 책임지는 사람이 어로장 망수다. 지금은 김관일(1944년생) 어로장이 망수를 맡고 있다. 옛날 숭어들이가 성했을 때는 망수가 원망수, 부망수, 연수생 등으로 구성되어 있었다. 연수생은 숭어가 내동섬까지 오는 길목인 '포구나무개'와 '큰내끝'에서 숭어의 동태를 파악해 망수에게 알려준다. 외양포를 지나 내동섬에서 등대로 가는 길목

가덕도의 숭어잡이. 주민들은 숭어들이라 하며 육조수망으로 기록된 전통 어법이다. 배 여섯 척에 운반선 한 척이 동원되며, 열댓 명의 선원과 산 위에서 숭어의 이동을 보고 지휘하는 망수와 부망수 등 모두 20여 명이 일사불란하게 움직인다. 부산, 거제, 통영 일대에서 볼 수 있는 어업유산이다. 최근 선원들이 고령화되면서 사람 대신에 동력을 이용해 그물을 올리는 방법으로 바뀌었다.

해안이다. 숭어가 큰내끝을 돌아 안쪽으로 들면 망수의 눈빛이 달라진다. 물색은 갈색으로 또는 붉은색으로 바뀐다. 눈을 가지고 있다고 아무나 볼 수 있는 색이 아니다. 적어도 20~30년은 망루에 서야 볼 수 있다.

안목선 조지라. 이라 이라. 조지라

숭어를 관찰하는 것은 부어로장이지만 그물을 조이고 들어 올리는 것은 어로장이 결정한다. 그래서 어로장이 망루에 오르면 선원들이 긴장한다. 배에 있는 선원들은 모두 19명이다. 이 중에 30년 경력자가 두 명이나 되며 모두 20년이 넘는 선수들이다. 오뉴월의 따뜻한 날씨에도 선원이나 어로장은 겨울옷을 입고, 선원들은 그 위에 작업용 장화와 우의를 입는다. 이들은 망루의 망수만 보고도 숭어가 어디쯤 오고 있는지 가늠한다.

숭어들이는 찬바람이 가시는 3월 초 시작해 6월 초까지 이어진다. 매일 새벽 5시에 대항항을 출발해 오후 4시 무렵까지, 그물을 하루에 2~3차례 올린다. 옛날에는 죽은 숭어를 팔았지만 지금은 횟집에 활어로 팔린다. 소득은 경비를 제한 후 20퍼센트는 마을 기금으로, 나머지 80퍼센트는 숭어들이에 참석한 주민들이 나눈다. 선원들 몫은 똑같이 한 짓이지만 어로장과 부어로장은 한 짓 반이다. 옛날에는 26명의 선원이 숭어들이에 동원되었으며 망수의 몫은 두 짓이었다.

어로장이 내려간 지 한 시간이 흘렀다. 다시 올라왔지만 끝내 메가폰을 잡지 못하고 내려갔다. 꽤 많은 숭어 떼가 몰려와 기대가 컸지만 두 패로 나뉘어 큰 무리는 돌아가고 작은 무리만 그물에 들어왔기 때문이다. "물때도 좋고 바람도 딱인데 왜 안 들어가노." 부어로장이 답답한 듯 중얼거렸다. 점심때가 훨씬 넘었다. 아래 선원들이 점심을 마련하느라 분주했다. 밖목선과 안목선, 밖귀잽이와 안귀잽이에서 각각 식사를 준비한다. 선원 한 명인 밖잔등 배는 밖귀잽이 배로 이동해 식사를 하고 안잔등 배 선원의 식사는 안목선에서 배달해주었다. 식사를 시작했지만 눈은 모두 망루를 향해 있다. 보통 때면 어로장 식사도 안목선에서 줄로 매달아 올려준다. 하지만 곧 숭어가 들어올 것 같아서인지 망루에서는 식사할 낌새가 없다. 어로장이 다시 망루로 올라왔다. 이번엔 심상치 않다. 선원들이 식사를 하다 말고 모두 줄을 잡고 망루를 쳐다봤다.

안목선. 그물 조지라. 밖목선. 그물 조지라. 이라. 이라.
어영차, 어영차

어로장의 카랑카랑한 목소리가 메가폰을 타고 메아리쳤다. 선원들

가덕도는 외양포에서 진해만으로 들어가는 길목이며 대마도를 거처 한반도로 들어오는 최단거리에 있는 섬이다. 일제가 1904년 러일전쟁 당시 군사거점을 확보하기 위해 민가 60여 호를 강제 퇴거시키고 포병대를 설치하여 러시아 함대와 해전을 대비했던 곳이다. 외양포를 지나 남쪽 끝 바다와 접하는 곳에 1910년 가덕도 등대가 설치되기도 했다.

이 그물을 당기는 소리가 바람을 타고 망루로 전해졌다. 부어로장도 망루에서 줄을 당겼다. 밖목선과 안목선 사이 그물을 재빨리 올려 숭어 길목을 차단하기 위함이다. 그물을 당기자 배들 간격이 좁아졌다. 숭어가 물 위로 튀어 올랐다. 바다 물비늘과 함께 반짝였다. 어로장도 메가폰을 놓고 줄을 당겼다. 어로장은 한 번에 3만 마리까지 숭어를 잡은 적이 있다며 오늘은 별것 아니라고 자랑했다. 어로장은 할 일을 다 했다는 듯이 느긋하게 망루에서 내려갔다. 선원들이 그물을 당기자 숭어는 빠져나가기 위해 뛰어올랐다. 저렇게 많은 숭어를 어떻게 하지. 잡힌 숭어를 처리하는 일에 신경이 쓰였다.

전통을 잇기까지

10여 년 전에 숭어들이 망수 허창호가 들려준 이야기다. 물때는 기본

가덕도 연대봉에서 본 거가대교 홍보전시관

이고 물색과 바람, 숭어 특성, 오는 방향, 숭어무리의 형태가 '너러(퍼져)' 오는가 '몽탕(모여)' 오는가에 따라 그물을 조이고 올리는 방법이 다르다. 또 한꺼번에 많은 숭어가 들면 그물을 조이는 시기와 들어 올리는 시기가 다르다. 이러한 방법은 경험으로 익힌 것이기 때문에 전수도 경험으로 전달할 수밖에 없다. "한 번은 만여 마리가 들었는데 그물이 자꾸만 가라앉는 거라. 두어 시간을 기다렸다 아입니까. 그제야 숭어가 뜨데요." 그래서 전통이다. 힘으로 하는 것이 아니라 경험이다. 망수가 되려면 도제식으로 현장교육을 받아야 한다. 망루 뒤쪽에는 역대 어로장 13분의 위패가 모셔져 있어 숭어들이 역사를 가늠할 수 있다. 짧게는 160년, 길게는 200년 정도로 추정한다.

가덕도 연대봉에서 본 천성항으로, 2008년 국가어항으로 지정되었다. 어민들은 대구, 숭어 등을 잡고 김 양식도 한다. 거가대교가 연결되면서 여행객과 낚시객들이 많이 찾는 다기능 어항이다. 부산에서 가장 큰 어항이다.

어로장은 숭어들이를 시작하기 전에 간단하게 '숭어들이 고사'를 지낸다. 신체로 모셔진 여서낭은 흰고무신, 실, 화장품, 칼, 가위가 담겨 있다. 제단 오른쪽에는 서낭기가 함께 모셔져 있다. 어장에서도 선원들이 준비한 제물을 놓고 간단하게 고사를 지낸다. '숭어들이 기원제'이다. 옛날에는 제물도 풍성했고, 엄격하게 고사를 지냈지만 지금은 축제다. 이마저도 언제 끊길지 모른다.

숭어가 들었다는 연락을 받았는지 활어차들이 마을로 들어와 있다. 육지와 다리로 연결되어 좋아진 점이다. 뜰채에 잡힌 숭어들이 아우성이다. 활어차에 실리면 이제 영영 바다로 돌아갈 희망을 잃는다는 것을 아는 것일까. 숭어들이로 적잖은 마을공동기금을 마련하고 참여한 주

외양포는 부산 가덕도동 10통 지역으로 러일전쟁 당시 일본군 주둔지였다. 마을에는 일본식 가옥, 군 관사, 막사, 병원시설, 무기고, 포진지 등이 남아 있다. 광복 후 주민들이 돌아왔지만 적산가옥으로 등록되어 국방부 소유가 되었고, 군사시설로 묶여 집을 수리할 수도 없었다. 당시 시설이나 건물이 잘 남아 있는 이유다.

민들도 세 달여 참여해 몇백만 원의 소득을 올렸다. 전통은 의지만으로 보전되는 것이 아니라 일상생활에 살아 있어야 한다. 가덕도 숭어들이는 바다가 살아 있는 한, 숭어가 내동섬을 찾는 한 지속될 것이다.

임진년, 최초로 왜군을 발견하다

가덕도에서 대마도까지 거리는 60킬로미터도 되지 않는다. 날씨가 좋은 날은 대마도가 보인다. 그러니 부산포로 들어오는 왜군을 발견하는 것이 어렵지는 않았을 것이다. 임진왜란이다. 1592년 4월 13일(음) 대마도에서 부산포로 왜군이 들어오는 것을 최초로 발견한 장소가 가덕도 연대봉과 응봉이다. 《임진장초》(국보 76호)의 기록을 보면, 연대봉 봉수 감고 서건과 응봉 봉수 감고 이등이 '왜선 몇십 척인지 대략 보이는 것만 90여 척이 대마도를 나와 경상좌도 추이도(하사구)를 향하는

116

바, 까마득하여 그 척수를 상세히 헤아려볼 수는 없었으나 계속해서 나오고 있다'고 보고했다.《임진장초》에는 경상우수사 원균으로부터 이 내용을 받았다고 기록한다.《임진장초》는 1592년 임진왜란 때 전라좌수사 이순신 장군이 올린 장계를 모은 책이다.

대항마을을 지나면 외양포다. 큰 바다로 나가는 길목이다. 나가는 길목이지만 들어오는 길목이기도 하다. 일제가 태평양전쟁을 벌인 일제강점기에 진지와 방어기지를 구축한 곳이다. 러일전쟁이 발발하자 일본은 가덕도 한적한 섬마을에 포대진지를 구축했다. 먼저는 중포병대대가, 이어서 진해만요새사령부가 자리를 잡았다. 그리고 1909년 8월 사령부는 마산으로 이전했다. 광복이 되자 진지의 건물은 주민들의 삶터로 바뀌었다. 하지만 병사, 창고, 우물, 배수로 등 군사시설 흔적이 남아 있다. 심지어 포진지, 관측소, 화약창고도 그대로 남아 있다.

건물과 땅이 국방부 소유였기 때문에 주민들이 마음대로 바꿀 수 없었다. 이곳만이 아니다. 가덕도 대항동 새바지에는 태평양전쟁 막바지에 일제가 본토(일본)를 지키기 위해 인공동굴을 파놓고 전쟁에 대비했던 흔적이 남아 있다.

이보다 앞선 시기에 흥선대원군은 가덕도 선창마을에 척화비를 세웠다. 1871년(고종 8년) 세운 척화비에는 "서양 오랑캐가 침범하는데 싸우지 않는 것은 곧 화친을 하자는 것이고, 화친을 하자는 것은 나라를 파는 것이니 이를 자손만년에 경고하노라. 병인년에 지어 신미년에 세움(洋夷侵犯 非戰則和 主和賣國 戒我萬年子孫 丙寅作 辛未立)"이라고 적혀 있다. 쇄국정책의 유물이다. 병인양요와 신미양요를 겪자 서구의 천주교 승인을 요구하는 종교문제와 통상개방에 맞서 쇄국하겠다는 조정의 의지를 공포하기 위해 세운 것이다. 그 뒤 40년 만인 1909년 제국의 불빛 '가덕도 등대'가 척화비 맞은편 동두말 벼랑 위에 세워졌다. 그 무렵 1903년 팔미도 등대를 시작으로 1910년까지 41개의 등대가 설치되었다. 가덕도 등대는 부산광역시 유형문화재 제50호로 지정되었다.

진해만으로 지는 아름다운 일몰을 보는 것도 좋지만 바다에서 떠오르는 해를 맞는 것은 더 좋다. 전날 보름달과 함께 타올랐던 달집의 여운이 남아 있는데, 일출이 더해진다. 가덕도에 전하는 노래 중에 '눌차의 석화 맛은 세계 제일이고, 새바지 겨울 되면 대구가 조정이요'라는 노랫말도 있다. 바다가 건강해야 한다. 건강한 바다는 소통이다. 바다와 강이 소통하고, 섬 사람과 여행객이 소통해야 한다. 등대를 보고 돌아오는 바다에서 본 연대봉이 오뚝하다. 지금은 많은 사람들이 찾는 갈맷길이 명소가 되었다. 등대에서 연대봉까지 바다를 사이에 두고 대마도와 끊을 수 없는 악연이 인연이 되고 있다. 그 길이 뱃길로 연결되어 수많은 사람들이 오가는 여행길이 되고 있다.

개황 | 부산 가덕도

일반현황

위치 | 부산광역시 강서구 천성동
면적 | 20.78km^2
가구수 | 2,670
인구(명) | 4,329
교통 | 부산역에서 1001번 또는 강서구20번 버스 이용 /지하철 1호선 하단역환승센터에서
520번(강서구20번) 버스를 이용
특산물 | 대구, 유자

변화 자료

구분	1985	1995	2011
주소	경남 의창군 천가면 성북리	부산광역시 강서구 천가동	부산광역시 강서구 천가동
면적(km^2)	20.750	19.840	23.157
인구(명)	4,748(2,332+2,413)	2,791(1,413+1,378)	2,982(1,615+1,367)
가구수	1,028	873	1,500
공공기관	면사무소 1, 우체국 1, 보건지소 3, 단위농협 1, 어촌계 5	면사무소 1, 충장소 1, 지·파출소 1, 우체국 1, 농촌지도소 1	면사무소 1, 지·파출소 1, 119지역대 1, 우체국 1, 농수축협지소 1, 한전출장소 1
학교	고등학교 1, 중학교 1, 초등학교 4, 유치원 1	고등학교 1, 중학교 1, 초등학교 1, 초등분교 1, 유치원 1	고등학교 1, 중학교 1, 초등학교 1, 초등분교 1, 유치원 1
급수시설	간이상수도 21개소	간이상수도 20개소, 우물 23개	지방상수도 2개소, 간이상수도 1개소
전력시설	한전계통 1,028가구	한전계통 873가구	한전계통 1,500가구
의료시설	한의원 1, 약방 3	보건지소 1, 보건진료소 2	보건지소 1, 보건진료소 2
어선(척, 동력선+무동력선)	448(273+175)	451(391+60)	439(434+5)

※ 섬의 개황 자료 또는 변화 자료를 통계 데이터베이스에서 확인할 수 없는 경우 부득이하게 비워두었음
을 알려드립니다.

6

굴 양식의 요람,
이제 어떡하지
부산 눌차도

섬 중에는 한 번 다녀왔는데도 강렬한 이미지가 남는 곳이 있다. 경치가 아름다운 것도 이유가 되지만, 특별한 경관이나 독특한 경험 때문인 경우가 더 많다. 이 섬은 독특한 경관과 음식 때문이다. 모두 굴과 관련이 있다. 그 경관에 이름을 붙인다면 문화경관쯤 될 것 같다. 음식은 굴국밥, 굴라면, 굴떡국, 굴삼합, 굴전골, 생굴회, 굴튀김, 석화찜 등이다.

눌차도(訥次島)는 완만하게 섬이 누워 있어 붙여진 이름이란다. 누워 있는 형세를 한자 지명으로 바꾸면서 눌차도가 되었다는 말이다. 섬치고 누워 있지 않는 섬이 어디 있던가. 남쪽에는 바다인지 섬인지 구분할 수 없을 정도로 낮은 섬도 있다. 옆에 있는 가덕도가 워낙 크고 우뚝 솟아 있으니 더욱 누워 있는 것처럼 보였을 것이다.

눌차도에는 외눌마을, 내눌마을, 항월마을, 정거마을이 있다. 가조도가 큰 섬이어서 그렇지 눌차도도 제법 규모가 있는 섬이다. 거가대교가 개통되기 전에는 가덕도와 눌차도를 잇는 천가교가 관문이었다. 천가교의 '천가'는 조선시대 가덕진과 천성 만호진이 설치되었던 것에서 비롯된다. 1906년 웅천군에 속했으며 천성면과 가덕면으로 나누어져 있었다. 그 뒤 웅천군 천가면으로 통합되었다. 천가교는 두 면을 연결하는 다리인 것이다. 거가대교가 연결되면서 눌차도는 존재감을 잃어

눌차도에서 본 부산과 봉화산의 모습이다. 해운대만을 기억하는 여행객들은 부산이 수산업 특히 패류의 중심이었다는 사실을 알지 못한다. 여행객만이 아니라 부산 시민들도 빌딩과 고층아파트에 갇혀 갯벌은 말할 것도 없고 바다의 속살을 살펴보지 못한다.

버렸다.

눌차도는 낙동강 하구에 진우도, 장자도와 함께 낙동강 하구에 마치 방파제처럼 가로놓인 섬이다. 을숙도나 명지도에서 소금을 굽고 땅콩 농사를 짓고 보리농사를 지으며 사람들이 살 수 있었던 것도 모두 바다와 강 사이에 이 섬들이 자리해 거친 파도를 막아주었기 때문이다.

이순신과 눌차도

내눌마을은 가덕도 본섬과 연결되어 짤록한 목 안쪽에 있어 '안목(안목)'이라 했던 곳이다. 또 다르게는 가덕도에서 보아 안쪽에 있는 마을이라 내눌이라 했다. 반면에 잘록한 목 밖에 있어 '밖목(반목)'이라고 했으며, 한자로 외눌마을이라 했다. 이곳에는 임진왜란 때 왜장 모리 데루모토가 쌓은 가덕왜성이 있다. 눌차리 산꼭대기에 쌓았다. 가덕산

가덕해저터널을 지나 눌차대교를 지나면 서부산의 관문으로 이어진다. 그 동쪽 낙동강과 바다가 만나는 지점에 눌차도가 있다. 적당한 민물과 바다가 만나는 곳이며 갯벌이 형성되어 있어 굴 포자가 잘 자라는 곳이다. 한때 이곳에서 생산된 굴 포자가 남해안 전역의 굴 양식장에 공급되기도 했다. 부산 신항이 개발되면서 사라질 위기에 놓였다.

성과 약 2킬로미터 떨어진 가덕 진성과 천성보(天城堡)를 견제하고, 육지에 있는 웅천 안골왜성에 연락하기 위해 지은 것이다. 눌차도는 거제와 부산의 중간에 있고, 김해와도 같은 거리에 있는 요충지다. 가덕도 남쪽으로 돌아서 부산으로 가는 것은 파도가 높아 위험하고, 거제 장목진에서 가덕수로를 거쳐 부산으로 가는 길목이다. 그 진해만과 진동만 등 내만에는 안골왜성, 웅천왜성, 자마왜성, 죽도왜성, 영등포왜성, 명동왜성, 송진포왜성, 장문포왜성이 자리한다. 부산 신항만 컨테이너 부두 일대는 수심이 깊으며 외눌마을과 접해 있다. 이곳에 선박을 숨기면 가덕수로에서 볼 수 없으며 반대로 지나는 배들은 한눈에 확인할 수 있다.

항월마을은 가장 크고 어선도 많으며 굴 어장도 활발한 곳이다. 부산 신항이 생기면서 어장의 기능이 많이 줄어들었다. 항월마을 북쪽

굴 양식을 할 때 가리비나 굴 껍데기에 포자를 붙여야 한다. 벼농사를 짓기 위해 못자리를 하는 것과 같다. 굴 포자가 잘 자라는 곳이 낙동강 하구 지역이며, 특히 눌차도 일대가 적지였다. 신항만 공사로 환경이 바뀌고 있지만 낙동강하구와 진해만 거제와 통영 일대에서 포자를 붙여 전국 양식장에 보급했다.

바다가 안골포다. 부산 신항 물류단지 뒤 웅천에 안골왜성이 있다. 임진왜란 당시 이순신 장군이 이끄는 조선 수군이 눌차도와 웅천 사이 안골해협에서 왜선과 전투하여 대승을 거둔 안골포해전지이다.

눌차도 북동쪽 녹산공단과 마주하는 정거마을은 '닻거리'라고 불렸던 곳이다. 낙동강으로 이어지는 물길인지라 마을 앞으로 골이 깊고 파도도 제법 있어 잔잔해질 때까지 닻을 놓고 기다렸다 나가는 곳이라 닻거리라고 했던 것 같다. 이곳을 빠져나가면 거칠 것이 없는 큰 바다로 이어진다. 대한해협이다. 멀지 않은 곳에 대마도가 있고 날씨가 좋은 날은 보이기도 한단다. 정거마을에는 벽화가 그려져 찾는 사람이 제법 있다. 굴, 갯장어, 문어, 파래, 김, 물메기, 대구, 꽃게 같은 특산물들이 벽화로 풍성하게 그려져 있다.

철새 도래지로 알려진 을숙도는 남쪽과 북쪽으로 두 개의 도로가 가로지르고 있다. 섬 북쪽에는 체육공원이, 남쪽에는 철새공원이 있다. 그리고 부산비엔날레가 개최되는 현대미술관과 철새를 관찰할 수 있는 에코센터가 있다. 특히 겨울철에는 에코센터 근처에서 고니와 오리류 등을 쉽게 만날 수 있다.

독특한 문화경관, 굴 채묘장

가덕도에서 천가교를 건너자마자 가리비 껍데기를 꿰어 묶은 줄이 산더미처럼 쌓여 있다. 굴 채묘를 위한 것들이다. 전국 굴 양식장 종패의 40퍼센트를 책임지고 있다. 이곳은 부산 신항 사업을 하면서 면허가 말소된 곳들이다. 기회만 있으면 매립·간척이 논의되고 있는 바다다.

지금은 굴 채묘장이 되어버렸지만 눌차만은 1970년대까지 김 포자 채묘장이었다. 유명한 명지 김의 포자를 모두 눌차만에서 채묘했다. 지금처럼 인공 채묘가 없었고 오직 자연 채묘뿐이었을 때다. 갈대 예닐곱 개를 묶어서 눌차만에 꽂아 놓는다. 그곳에서 자연산 포자가 붙어 자라면 명지 앞바다 펄에 꽂는다. 그곳에 줄을 쳐서 양식을 했다.

굴이나 김이나 모두 내만에서 조류 소통이 좋은 곳에 수정을 해야

보통 부산에 갯벌이 있을 것이라고 생각하지 못한다. 을숙도, 명지도, 신호도, 진우도 등은 낙동강과 바다가 만나는 하구에 위치한 섬들이다. 모래가 많이 섞인 갯벌이라 강 상류에는 재첩이 많았고, 하류에는 백합이 많았다. 또 이들 섬 주변에서는 조선시대부터 소금을 굽기도 했다. 소금은 일제 강점기까지 이어졌다. 이후 모래밭을 일궈 대파 농사를 지었다. 지금도 가덕도와 다대포 사이에는 낙동강 하구의 모래갯벌이 자연 방파제처럼 남아 있다.

포자가 만들어진다. 그 포자를 가리비나 굴 껍데기에 붙여 양식장에 매달아 양식한 것이 우리가 식탁에 올리는 굴이다. 지주식이나 수하식이나 걸대식의 굴 양식은 이러한 과정을 거친다. 갯벌에 돌을 집어넣어 포자를 붙이거나 나뭇가지를 꽂아서 포자를 붙여 같은 장소에서 양식하는 경우도 있다. 흔히 석화라고 부르는, 돌에 붙어 있는 것을 조새로 까서 얻는 굴은 자연산이다.

눌차도 해안도로 끝에 나지막한 마을이 있다. 벽화마을로 알려진 정거마을이다. 맞은편은 녹산지구 국가산업단지가 있고, 오른쪽으로는 모래섬으로 유명한 진우도와 신자도와 장자도가 이어진다. 진우도는 한때 사람이 살았던 곳이기도 하다. 부산의 다대포와 진해 용원동 사이로 흐르는 두 줄기의 낙동강이 만들어낸 모래섬들이다. 백합이 많아 백합등이라고도 불렸다. 마치 북해에서나 볼 수 있는 모래섬이 해안을 따라 줄지어 만들어진 모습이 연출된다. 새들의 보금자리인 을숙도나 대파와 소금으로 유명했던 명지 갯벌도 있다.

●─ 왜성

일본 여행을 하는 사람치고 오사카성이나 구마모토성 등 일본성을 방문하지 않는 사람은 없을 것이다. 사진도 찍고 이곳저곳 둘러보기도 한다. 수원성이나 진주성은 가지 않아도 일본성을 다녀온 사람은 있을지 모르겠다. 그런데 그런 일본성, 흔히 왜성이라는 하는 구조물이 우리 남해안 곳곳에 있다는 것을 아는 사람은 드물다. 다녀온 사람은 더 드물 것이다.

애써 눈감으려 해도 역사적 사실은 외면할 수 없다. 임진왜란과 정유재란, 조선과 일본과 중국의 동아시아 3국이 한반도와 남해안 바다에서 치른 7년간의 전쟁이 남긴 결과물이다. 부산과 거제도와 진해만에서 순천만에 이르는 연안에, 도시 근처에 있다. 왜성은 조선을 다시 침략한 일본군이 수세에 몰리면서 남해안 일대에 쌓은 일본식 성이다. 당시에는 왜성을 '적굴' 혹은 '왜의 진영'이라 불렀다고 한다. 증성(甑城)이라 불리기도 하다가 19세기에 이르러 왜성이라는 표현이 등장한다. 일제 강점기에는 '왜'라는 글자를 빼고 'ㅇㅇ성'이라 사용했다. 광복 후 우리나라의 성과 구분하기 위해 문화재청에서 지역명에 왜성이라는 말을 붙이면서 공식 명칭으로 자리를 잡았다. 1990년대 중반까지 주요 왜성은 국가지정문화재로 지정해 관리했으나, 1997년 지방기념물과 문화재자료로 위상을 낮췄다. 이렇게 방치되면서 무너지고 나무와 풀이 자라면서 숲으로 바뀌기도 했고, 접근하기 좋은 곳은 돌을 가져다 집이나 농경지를 만들 때 축대를 쌓기도 했다.

일본군이 조선을 침략해 7년 동안 머물면서 전남 순천(1)에서 남해(1), 사천(1), 진주(1), 고성(1), 거제(4), 창원(5), 김해(2), 부산(11), 양산(2), 울산(2)에 쌓은 성은 31개가 확인되었다. 지역을 보면 알 수 있듯이 남해안에 집중해 있다. 그 위치도 바다와 강 등 사방을 살필 수 있고 서로 도움을 주고받을 수 있는 곳의 언덕에 쌓고 가장 높은 봉우리에 천수각이라는 지휘소를 만들었다. 그리고 옆에 작은 봉우리에 지성을 두어 본성을 지켰다. 성의 구조도 치소를 위한 조선의 읍성과 달리 산 정상에서 아래로 내려오면서 여러 개의 곽(郭)을 배치하거나 본성 안에 겹겹이 성곽을 배치해 외곽이 무너져도 쉽게 점령할 수 없는 구조로 이루어져 있다. 또 외곽에 해자를 배치했다. 일본 성의 특징을 잘 보여주는 성벽은 경사가 60~70도 되도록 쌓았으며, 성벽 외면은 면으로 쌓았지만 안에는 작은 돌을 채우고 흙으로 다졌다. 성벽은 각이 지게 굴곡을 주어 측면 방어를 용이하게 했다.

가장 먼저 쌓은 왜성은 양산왜성이다. 1592년 4월 부산진성, 동래성, 다대포진성을 함락한 일본군이 병력과 물자 보급을 위한 거점으로 쌓았다. 이후 전국 각지의 의병봉기, 명군의 참전, 결정적으로 이순신의 부산포 공격과 제해권 장악으로 일본군은 철수를 계획한다. 이를 위해 서생포와 거제도에 왜성을 쌓았다. 그리고 명분을 마련하기 위해 강화회담을 추진했다. 결과가 여의치 않자 1597년 재차 침입을 한다. 정유재란이다.

임진왜란(1592~1596년) 때 쌓은 왜성은 부산에 있는 서생포왜성, 임랑포왜성, 죽성리왜성, 동래왜성, 부산왜성, 자성대왜성, 동삼포왜성, 구포왜성, 죽도왜성, 가덕도왜성, 안골포왜성, 웅천왜성, 웅천왜성 지성(자마왜성, 명동왜성)이 있고, 거제도에 있는 영등포왜성, 장문포왜성이 있다. 정유재란(1597~1598년) 때 쌓은 왜성은 울산왜성, 양산왜성(증산왜성), 창원왜성(마산왜성), 왜성동왜성(거제), 고성왜성, 사천왜성, 남해왜성, 순천왜성 등이다.

임진왜란 시기에는 부산과 진해만 인근에 집중해서 성을 쌓았다면 정유재란 시기에는 순천, 남해, 사천, 진주 등에까지 축성을 했다. 왜성을 쌓을 때 우리 성의 돌을 가져다 쌓고, 양 난이 끝난 후에는 다시 왜성의 돌을 가져다 조선성을 쌓기도 했다.

정작 일본에는 자신들의 성이 잘 보전되지 않아서 우리나라에 쌓은 왜성을 찾는 연구자들도 제법 있는 모양이다. 다이묘들이 성을 헐고 집을 짓거나, 메이지유신의 폐쇄령으로 허물기도 했다. 또 태평양전쟁의 와중에 무너지고, 경제개발 과정에서 허물기도 했다. 우리나라에 남아 있는 왜성은 개발구역에서 벗어나 있는 경우가 많아 방치되면서 오히려 왜성지가 비교적 잘 남아 있다.

참고자료: 《왜성 재발견》, 〈부산역사문화대전(busan.grandculture.net)〉

개황 | 부산 눌차도

일반현황

위치 | 부산광역시 강서구 눌차동
면적 | 1.19km^2
가구수 | 459
인구(명) | 731
교통 | 1호선 하단역에서 58번 버스 이용
특산물 | 굴, 물메기, 대구

변화 자료

구분	1985	1995	2011
주소		부산광역시 강서구 천가동	
면적(km^2)		1.270	
인구(명)		1,197(606+591)	
가구수		374	
공공기관			
학교		초등학교 1, 유치원 1	
급수시설		간이상수도 2개소, 우물 15개	
전력시설		한전계통 374가구	
의료시설			
어선(척, 동력선+무동력선)		463(444+19)	

※ 섬의 개황 자료 또는 변화 자료를 통계 데이터베이스에서 확인할 수 없는 경우 부득이하게 비워두었음을 알려드립니다.

거제

거제시

7

거제도는 큰 섬이다

거제 거제도

거제도는 섬 크기로는 제주도 다음이지만 해안선 길이로는 으뜸이다. 그만큼 해안의 굴곡도가 크다. 이런 지형은 갯벌이 발달하거나 바위 해안이 발달한 자연 해안선 비중이 크다. 거제도는 이 둘을 모두 갖추고 있다. 통영시 한산도와 접하는 산달도 인근 거제만과 사등, 연초, 하청 등 진해만과 접한 연안은 갯벌이 발달했다. 반대로 섬의 동쪽은 갯바위와 몽돌해변이 발달했다. 흔히 해금강이라 일컫는 곳이 섬의 동남쪽에 있다. 바지락과 우럭조개 같은 패류가 발달했고, 멸치, 갈치, 성게, 문어, 자리돔 등이 연안에서 많이 서식한다. 뿐만 아니라 주변에 69개의 유·무인 섬이 있다.

　지리적으로 보면 일본 대마도와 가까운데, 세종 이전에는 왜구의 약탈이 빈번해 사람이 살지 못했다. 고려시대 거제도에는 거제현과 명진현이 있었지만 잦은 왜구의 침입으로 거창군 가조현과 진주목 영선현으로 피란했다. 조선시대에는 진성현, 거제현, 거창군이 통폐합을 거듭하다 거제현으로 자리를 잡았다. 세조 때 산달도에 경상우도 수군절도사영을 설치하고, 성종 때 7진에 수군만호를 두었다. 이후 경상우수영은 오아포로, 임진왜란 후에 고현성으로 옮겼다. 1895년에는 거제군과 용남군이 있다가 1914년 두 군이 통영군으로 통합되었다. 이때 거제군은 통영군 이운면이 되었다가 1953년 거제군이 되었다.

거제도와 부산(가덕도)을 잇는 도로는 가운데 있는 저도를 기점으로 다리와 해저터널로 이루어져 있다. 진해만을 가로지르고 바다 밑으로 통하는 길이다. 덕분에 부산에서 거제시나 통영시로 오려면 2시간이 넘게 걸렸는데 50분으로 짧아졌다. 우리나라 최초로 지은 해저침매터널이다. 덕분에 이수도, 칠천도, 외도, 내도, 지심도 같은 작은 섬에도 부산 사람들이 쉽게 오갈 수 있다. 멀리 고성이나 강릉, 울진, 삼척에서 오는 것도 수월해졌다.

거제도와 거제 바다는 힘들다. 고려 말과 조선시대에는 왜구들의 등쌀에 힘들었다. 임진왜란으로 우리 섬이 아니었다. 우리 바다가 아니었다. 이후 바다는 조정의 바다였다. 일제 강점기 시절에는 일본 이주어민들의 세상이었다. 광복 후 한국전쟁에 이르는 시기에 거제도는 포로수용소가 설치되어 섬살이가 어려웠다. 산업사회로 접어들면서는 대우조선소(1973년)가 설립되면서부터 많은 노동자들이 모여들었다. 통영과 거제를 잇는 거제대교는 1971년 개통하였다. 이후 삼성조선소(1974년), 옥포조선소(1981년)가 창립되었고, 통영대전고속도로(1996년)와 신거제대교(1999년)가 개통했다. 거제도 안에서는 칠천대교(2000년), 가조대교(2009년)가 개통되었다. 거제와 가덕도를 잇는 다리는 2010년 개통되었다.

거제도의 여차홍포해안도로 병대도 전망대에서 볼 수 있는 경관으로, 대병대도(왼쪽 뒤), 소병대도(왼쪽 앞), 등대섬(오른쪽) 같은 무인도가 펼쳐져 있다. 여차홍포해안도로는 거제도 남부면의 여차에서 홍포까지 이어지는 해안도로로 비포장 길도 있고 좁지만 남해의 다도해를 만끽할 수 있는 곳이다.

거제도에는 왜 성이 많을까

거제도에는 당산성(장승포), 옥포성(옥포), 지세포성, 구조라성(지세포), 가배량성, 율포성, 자산성, 탑포산성, 다대포성, 수정봉성(옥산금성), 폐왕성, 오량성, 사등성, 구영등성, 구율포성, 대금산성, 고현성, 수월산성 등 성이 많다. 이뿐이 아니다. 정유재란 때 왜군이 쌓은 장문포왜성, 송진포왜성, 영등포왜성, 광리왜성(견내량성)도 있다.

이 중 《세종실록지리지》(1454년)에 나오는 수군진은 영등포와 오아포가 있으며, 《신증동국여지승람》(1530년)에는 율포, 옥포, 지세포, 조라포가 있었다고 하며, 《대동지지》(1863년)에는 율포, 조라포, (신)율포, (신)영등포 등이 있었다고 한다. 모두 경상우수영에 속하는 수군진이다. 이들 수군진을 보면 모두 거제도 동북쪽과 동남쪽에 배치되어 있다. 왜적의 소굴이었던 대마도와 마주 보는 곳이다. 서쪽은 진해만과 접하고 있다.

왜 이렇게 성이 많을까. 성은 외침에 대비한 관방시설이다. 그만큼 외침이 많은 곳이라는 방증이다. 《삼국사기》 '신라본기'에 기원전 50년부터 50년까지 33회, 고려시대 484회(이 중 우왕과 공민왕 때 452회) 외침이 있었다고 한다. 그래서 원종 12년(1271년) 진주목 영선현과 거창의 가조현으로 주민들이 피난하기도 했으며, 조선시대에는 대마도 정벌에 나섰다. 이후 거제도가 해양방어진으로서 중요하다고 인정하여 옥포진, 조라진(구조라), 가배량진, 장목진, 지세포진, 율포진, 영등진, 칠진을 두고 성을 쌓았다.

이들 성 중에서 복원해 관광자원으로 활용되는 성은 고현성, 사등성, 구조라성, 지세포성, 폐왕성이 있다. 사등성은 사등면 사등리 평지의 들판에 돌로 쌓은 성이다. 《조선왕조실록》에 따르면 고려 원종 12년(1271년) 왜적의 침입으로 거제도민이 진주와 거창 방면으로 피난했을 때 수월리에서 나무울타리를 치고 생활하다가 세종 4년(1422년) 사

거제시 고현동에 위치한 '거제 고현성'이다. 경상남도 기념물 제46호로 지정되었다. 고현성은 문종 1년(1451년) 시작하여 단종1년에 완공되었다. 사등성에 있던 거제 관아가 고현성으로 옮긴 후 현종 4년(1663년) 다시 거제면으로 옮길 때까지 210년간 고현성은 거제 읍성으로 사용하였다.

고현성은 비탈진 땅을 ㄴ자로 하고 돌을 깔고 다진 후 장대석을 기단석으로 삼아 성돌을 올렸다. 그래서 성벽에 올라도 시야가 멀리 보이지 않는다. 고현성 뒤로 보이는 산이 거제시에서 가장 높은 계룡산이다. 한국전쟁으로 포로수용소가 거제도에 설치되면서 일부 성이 헐어지기도 했다.

등리로 관아를 옮겨 성을 쌓았다고 한다. 고현성으로 관아를 이전하기 전까지 거제 읍성으로 사용했다. 지금도 성안에 있는 마을을 '성내마을'이라 부른다. 성 앞으로 갯벌이 발달한 바다가 있고 뒤로는 망치산, 명등산, 백암산이 마을을 감싸고 있다. 이들 산 너머가 거제만이다. 바다에서는 굴 양식을 하는 하얀 부표들이 가득하다. 성 뒤로 펼쳐진 농경지에는 쌀농사를 짓는 논이 제법 넓다.

사등성에 이어 치소로 이용한 고현성은 조선시대 거제현의 치소였고, 거제군의 관아로 사용했다. 관아가 거제읍으로 이전하면서 읍성의 기능을 잃었다. 지금도 거제시청이 성안에 자리했다. 한국전쟁 무렵까지 성의 원형이 잘 남아 있었다. 하지만 고현성의 돌을 가져다 포로수용소를 만들면서 많이 훼손되었다.

가배량성은 동부면 노자산 기슭 오아포(현 가배량)에 있는 성이다. 이순신이 쌓은 성이다. 조선 선조 34년(1601년) 오아포에 통제영이 있었으나, 고성군 춘원포로 옮겼다가 다시 거제 두원포로 옮겼다. 그곳이 통영이다. 충무라는 지명이나 통영이라는 지명이 생겨난 배경이다.

구조라성은 조선시대 왜적의 침입을 막기 위해 1490년(성종 21년) 축성하여 지세포성의 전초기지 역할을 하였다. 1604년(선조 37년)에 진지를 옥포 북쪽 조라포로 옮겼다가 다시 이곳으로 옮겨왔다.

지세포성은 일운면 지세포리 선창마을 뒤편에 있는 성으로 성의 동쪽은 잘 보전되어 있지만 나머지는 논밭의 축대나 가옥의 담장으로 사용되고 있다. 조선 인종 때 왜적의 침입을 막기 위해 영남 6부 25,000명을 동원하여 쌓은 성이다. 성 아래 진을 두고 수군을 배치했다. 성 입구에 수군만호의 비석이 있다.

구영등성은 장목면 해안 구영마을 남쪽 야산에 원추형으로 쌓은 성이다. 성벽 안팎으로 민가와 경작지가 있다. 성을 쌓은 시기는 성종 21년(1490년)이다. 진해만이 가장 잘 보이는 곳이다. 멀리 음지도의 진해해양공원의 상징 건물인 창원솔라타워와 솔라파크가 한눈에 들어온다. 임진왜란 때는 마을 뒤 대봉산에 왜성을 쌓기도 했다.

구율포진성은 조선 문종 원년(1450년)에 세워졌다. 임진왜란 전에 왜적의 침입으로 자주 피해를 입자 거제 각 지역에 7개의 진지를 설치하고 수군을 주둔시켰는데, 그중에 하나로 '율포진'을 설치한 곳이다. 조선 전기에 적을 막기 위해 쌓은 경상우수영의 진성으로 축성된 것이다. 거제시 장목면 율천리에 있다. 성안에 논과 밭이 있고 성축을 담으로 삼아 마을이 자리를 잡았다. 마을 뒤로 독봉산, 율천산, 제석산, 중봉산이 둘러싸고 있으며, 남동쪽은 대금과 두모 마을로 이어지면서 바다로 터져 있어 적을 방어하기에 좋은 지형이다. 구율포성이라 부르다가

거제 오량성. 경상남도 거제시 사등면 오량리에 있는 조선시대의 성이다. 통영에서 거제로 들어오는 길목 오른쪽 관광안내센터 뒤에 위치해 있다. 성 안으로 민가가 있고 주변은 논밭으로 이용하고 있다. 성곽을 따라 느티나무 등 마을 숲이 조성되어 있다. 이곳에 고려시대 역이 설치되었다가 폐지되고, 조선시대에 다시 복원하면서 역에 석축성의 보를 쌓으면서 오늘에 이르렀다.

구율포진성으로 변경되었다. 《거제군지》에 따르면 지금 성벽은 숙종 14년(1688년) 통제사 이세현이 다시 쌓을 것을 건의한 후 17세기 말에서 18세기 초에 쌓았을 것으로 추정한다.

전하는 이야기로는 원균이 삼도수군통제사가 되어 1597년 율포성 앞바다에서 크게 패한 후 율포성에 올랐다가 왜장 시마즈 요시히로의 부하에게 살해된 곳이다.

가배량진은 통영시 도사면 오륜리 일대에 설치된 후 거제시 동부면 가배리 일대로 이진했다. 가배마을은 추봉도를 향해 좌우로 뻗은 작은 곶이며, 가배량진은 안쪽에 위치하면서 안산과 동망산 능선을 따라 성을 쌓았다. 남아 있는 성은 율포항으로 넘어가는 언덕이다. 《만기요람》을 보면 가배량진에는 거북선 1척, 병선 1척, 사후선 2척이 배치되었다. 거제도에는 이곳 외에도 지세포에 거북선이 배치되었다. 가배마을은 성내에 위치해 있다.

거제도에 있는 성 중에서 흥미로운 성은 폐왕성이라 불리는 둔덕기성이다. 삼국시대에 처음 쌓고 고려시대에 보수된 성벽으로 축성법 연구에서 중요한 성이다. 신라시대에 설치된 군의 치소 성으로 추정하며, 《고려사》와 《신증동국여지승람》에는 고려 의종이 3년간 유배되었고, 조선 초 고려 왕족이 유배된 장소라고도 기록하고 있다. 성안에는 물을 보관한 시설, 기우제와 산신제를 지냈을 것으로 추정하는 제단, 건물터 등이 남아 있다. 의종이 배를 타고 건넜다는 전하도목, 고려골 등의 지명이 있으며, 왕을 모셨던 반씨 성을 가진 장군 후손들이 둔덕면에 살고 있다.

오량성은 조선 연산군 6년(1500년)에 쌓은 성으로 성안은 대부분 민가가 들어서 있고, 성 밖은 논으로 이용하고 있다. 옥포산성은 이름만 남아 있다. 다대산성은 거제시 남부면 다대리 산봉에 위치한 석축 산성이며, 탑포산성은 탑포마을 위 시루봉 정상에 있는 성이다. 모두 등산길에 살펴볼 수 있는 성들이다. 왜성은 석축 등 흔적을 확인할 수 있다. 거제도는 권력의 중심으로부터 멀리 위치한 섬이라 유배지로 이용되었고, 남쪽 바다와 접해 있어 왜적의 침탈을 자주 받았다. 그 흔적을 오롯이 성을 통해 살펴볼 수 있다.

여행객들이 많이 찾는 성은 구조라성과 지세포성이다. 두 성 모두 거제 동남쪽 대마도와 마주 보는 곳이다. 대마도 어민들이 조선 어장에서 조업하려면 지세포에 들러서 허가증을 받고 정해진 양만 어획한 후 돌아갈 때도 신고하고 돌아가야 했다. 지세포성은 인조 1년(1545년) 축성했다. 임진왜란 때는 가토 기요마사가 이 성을 장악해 조선 침략의 발판으로 삼았던 성이며, 효종 2년 만호진으로 복구한 성이다. 지

다대산성은 거제시 남부면 가리산 남쪽 중봉에 위치한 석축 산성이다. 축조 시기는 통일신라시대로 추정한다. 거제도 최남단에 위치한 산성이며 대마도와 가장 가까이 있다. 특히 다대산성은 동남쪽으로 시야가 터져 있고 바다로 이어져 대한해협을 통해 들어오는 왜적의 침입을 가장 먼저 확인할 수 있는 요충지이기도 하다. 맑은 날씨에는 대마도가 선명하게 보인다.

세포로 들어오는 물목에 지심도가 있다. 이곳은 일제 강점기 해군이 주둔했던 곳이다. 지세포리 선창마을에 위치한 지세포성은 성벽을 따라 걸을 수 있도록 길을 만들고 성안 작은 계단식 밭을 공익형직불제로 운영하는데, 경관작물로 수국, 라벤더, 금계국을 심어 좋은 평가를 받고 있다. 특히 오월과 유월이면 찾는 사람이 많다. 지세포에는 천주교 마지막 순교자 박요셉 성지도 있으며, 서이말 등대, 공곶이, 바람의 언덕, 구조라 같은 관광자원이 인접해 있고, 순교자의 길을 만들어 걷는 사람도 많다. 성벽을 따라 최소한 걸을 수 있을 정도만 돌을 고르고 불편한 곳은 야자매트를 덮었다. 기존 성벽을 전혀 훼손하지 않는 점이 돋보인다.

일본, 거제 바다를 탐하다

조선시대 어장은 일반인이 소유할 수 없었다. 1906년 '칙지'(대한제국에서 내리는 문서)에 거제도, 가덕도, 가조도 등 '어기(어장)'를 의친왕부로 귀속한다고 명시하고, '어기파원'이라는 관리를 보내 어장을 관리했다. 조선시대부터 대구를 잡는 어전세나 소금을 굽는 염세, 배를 가지고 있는 선세 등은 세금을 부과하는 중요한 소득원이었다. '칙지'로 대구어장이 왕실 소유로 명시화되면서 오래도록 대구를 잡아 온 지역 어민들과 관리 사이에 분쟁이 잦았다.

게다가 그 무렵 왕실에서 이토 히로부미의 절친인 가시이 겐타로에게 대구어장을 20년 기한으로 임대해 주면서 갈등은 더욱 심해졌다. 명확하게 금을 그을 수 없는 바다에다 그 위치와 수량을 명확히 명시하지 않았으니, 겐타로는 진해만 일대 모든 어장을 임대한 것처럼 행동했다. 당시 거제도에는 55개소, 가조도에는 10개소, 가덕도에는 7개소 등 70여 개의 어장이 있었다. 겐타로는 이 어장을 어민들에게 입찰 경매하면서 가격경쟁을 시켜 임대료를 해마다 올렸다. 토지로 말한다면 둔전을 일본 지주에게 장기 임대해 주고 일본 지주는 조선인 소작인에게 소작료를 받는 꼴이 된 것이다. 어민들의 불만이 극에 달해 탄원서를 제출하기에 이르렀다. 당시 한 신문에는 '첫해에 비해 수십 배에 달해 살 수 없다며, 연서한 탄원서를 조선총독부와 왕실에 제출했다'는 기사가 실렸다.(〈동아일보〉, 1925. 1. 11.)

　甘餘年間搾取에 呻吟튼
　慶南漁業者歎願
　일본인 개인의 탐욕으로 인해
　이래서는 도저히 살수업다고

겐타로는 후쿠오카현에서 태어나 1904년 러일전쟁 당시 거제도에서 군용어류 통조림사업, 왕실 대구어장 임차, 고등어 건착망 사업 등에 투자하여 조선에서 '수산왕'이라는 불렸던 재력가다. 광복 후 일본인을 지원하는 단체인 부산지역의 세화회 초대회장을 맡기도 했다. 광복 후에도 조선은 물론 바다까지 계속 소유하며 이용할 수 있을 것이라 생각했다.

일본 어민, 조선으로 건너오다

거제도는 지리적으로 일본과 가깝다. 특히 섬 동쪽과 남쪽 전망 좋은 곳에서는 날씨가 좋으면 대마도가 보인다. 그래서 일찍부터 대마도를 비롯해 일본 세토내해 지역의 어민들이 드나들며 멸치, 고등어, 삼치 등을 잡아갔다. 1910년 조선에 건설된 일본인 어촌은 100여 개에 이른다. 지역별로 보면 함북(2개), 함남(1개), 강원(14개), 경북(9개), 전남(17개, 추자도 포함), 전북(4개), 충남(3개), 경기(1개), 황해(5개), 평남(1개), 평북(1개), 경남(27개)에 이른다. 일본인 이주어촌(이하 이주어촌)은 국가의 보조금을 받아 건설한 보조 이주어촌과 어민 스스로 건설한 자유 이주어촌으로 나뉜다. 보조 이주어촌은 지세포, 장승포, 구룡포, 포항, 신미조, 욕지도 등이며, 자유 이주어촌은 강구, 울릉도, 통영, 외포, 지세포, 구조라 등이다. 거제 지역에는 구조라(1893년), 성포(1894년), 지세포(1897년), 장승포(1904년), 외포(1909년) 등에 이주어촌이 만들어졌다.

이렇게 많은 일본인 이주어촌이 거제 지역에 자리를 잡았던 것은 가깝다는 지리적인 조건뿐만 아니라 진해만, 거제만, 학동만 등에 대구, 멸치, 청어, 고등어 등 일본인들이 즐겨 먹는 수산자원이 풍부했던 것이 큰 이유였다. 이곳은 조선시대에도 어조(어장) 386개 중 150개소가 명례궁 소속으로 왕실에서 관리를 파견해 운영했다.

  메이지유신 이후 근대화를 추진한 일본은 소수가 독점한 일본 관행 어업과 어장 고갈 그리고 수산물 수요 증가로 발생하는 문제를 해결하기 위해 조선 어장에 눈을 돌렸다. 특히 잠수기 어업과 동력을 갖춘 배를 이용한 그물 어업을 갖춘 일본 어민들이 조선 어장으로 활발하게 진출했다. 그동안 국가 전매품이었던 전복, 해삼 등이 자유거래 품목이 되면서 진출은 더욱 활발해졌다. 여기에 더하여 우뭇가사리와 가사리 등을 채취하기 하기 위한 제주도 어장 진출도 활기를 띠었다. 또 일본인이 선호하는 도미, 방어, 멸치, 고등어, 장어를 잡기 위해 남해안을 비롯해 조선 전역으로 진출이 이루어졌다. 조선 어업을 정리한 오시다 게이치의《조선수산개발사》(1954년)를 보면, '일본 어민의 조선 어장 진출을 조선 어장 개발 과정'으로 인식했다. 그리고 통어시대, 이주시대, 자유발전시대로 구분했다.

고등어어장, 장승포 '이리사무라'

1896년 마산포 개항과 함께 거제도는 조차지가 되면서 일본인들이 집단으로 들어왔다. 일운면 구조라, 장승포, 성포, 지세포에 일본인 어촌이 만들어졌다.

  장승포 이주어촌 형성은 어업근거지 확보라는 목적보다 군용식량 보급기지 성격이 강했다. 러일전쟁이 일어나자 군에 납품하는 통조림을 제조하였다. 전쟁 후에는 후쿠오카현, 에히메현, 와카야마현, 도쿠시마현, 나가사키현에서 온 100여 명이 상주하는 어업근거지로 발전했다.

  장승포에서 이주어민들이 주로 어획한 것은 고등어였다. 조선시대까지 고등어는 소규모 어업이었다. 일본인 이주어촌이 형성되면서 고

1889년 조일통어조약으로 일본 어민들이 우리 바다에서 고기를 잡을 수 있게 되자 근대 어업기술을 갖춘 일본 어민들이 이주해 이리사무라(入佐村)를 형성했던 곳이다. 또 흥남철수작전 당시 군수물자를 운송하기 위해 투입된 화물선 메러디스 빅토리호의 선장 레너드 라우는 화물을 버리고 14,005명의 피난민을 태우고 장승포항에 도착하기도 했다. 지금은 여행객에게 전망 좋은 카페촌으로 알려져 있다.

등어를 잡아 일본으로 유통하는 구조가 생겨났다. 고등어로 유명한 이주어촌으로 장승포 외에 방어진, 감포, 구룡포, 거문도 등이 있었다. 일제 강점기 전체 고등어 어획고의 90퍼센트 이상이 일본인이 어획한 것이었다. 물론 전량 일본으로 운송되었다. 대부분 자반으로 가공해 일본으로 운반했다. 특히 부산에 일본인이 경영하는 부산수산주식회사가 생기면서 이 회사를 통해 일본으로 전량 운송되었다. 이 가공 과정에 조선인이 많이 고용되었다. 남자들은 고등어 배를 가르고 여자들은 내장을 떼어냈다. 고등어 한 마리당 2리(厘) 5모(毛)의 임금을 받았는데, 일본에서 받는 고등어 판매 가격(2전)에 비하면 너무 싼 임금이었다. 당시 조선인 어부들은 영세한 어업을 하거나 일본인이 운영하는 어선의 어업노동자가 되었다. 1911년 거제도 부근에서도 천여 명이 넘는 조선인들이 고등어 배를 가르고 소금에 절이는 작업을 하였다. 장승포

장승포 우체국 자리는 거제도 최초의 우체국인 이리사무라 우편소가 있던 곳이다. 우리나라에 우정국이 만들어지기 16년 전인 1877년 이리사무라 우편소가 개설되었다. 정호승 시인의 시집 《포옹》에 장승포 우체국과 소나무가 등장한다. 우체국 앞에 있는 소나무는 장승포 사람들이 보내는 연애편지만 먹고 산다고 표현하며, 요즘 연애편지를 보내는 이가 거의 없어 배고파 우는 소나무의 울음소리가 새벽 뱃고동 소리처럼 들린다고 했다.

이주어촌은 날로 번창해 이리사무라 우편소, 납골당, 고리대금업소, 일본인 상점 등이 생겨났다. 그리고 일본인을 위한 소학교, 헌병대, 주재소 등이 설립되었다.

방어진은 처음에는 삼치를 잡았던 일본인 이주어촌이었는데 삼치가 고갈되고 고등어가 잡히자 장승포에서 고등어 운반업을 하던 일본인들이 여기에 몰렸다. 이러한 일본인 이주어촌에는 일제 강점기의 건물들이 아직 남아 있다.

멸치어장, 구조라 '우오시마무라'
구조라는 장승포와 함께 일본인 이주어촌의 상징이었다. 이곳에 세워진 이주어촌은 우오시마촌이다. 우오시마는 세토내해에 있는 어촌으

146

구조라성. 성벽을 따라 걸을 수 있도록 정비하고 성안은 꽃밭을 만들었다. 마을 주민들이 텃밭처럼 이용하던 것을 정비한 것이다. 바다와 함께 펼쳐진 경관은 금세 소문이 났고, 많은 여행객들이 찾는 곳이 되었다. 지속 가능하다는 것은 이런 것을 두고 하는 말이 아닐까. 구조물을 만들고 공무원을 동원해서 여행지를 만드는 것과 격이 다르다.

로 도미어장으로 유명하며 에도시대 건도미와 도미젓갈을 봉납하던 곳이다. 도미철이 되면 '우오시마가 왔다'고 할 정도로 명성이 높았다. 출어어선과 인구의 증가와 어법의 발달로 어족자원이 고갈되자 1891년 우오시마의 한 어민이 멸치망을 가지고 조선 어장으로 진출했다. 그렇게 멸치어장을 찾아 들어와서는 고등어와 고래까지 잡는 거점으로 이용하였다.

구조라는 대마도와 가까워 일찍부터 왜구의 출몰이 잦았으며, 거제 7진의 하나인 구조라진을 설치하기도 했던 곳이다. 19세기 표류한 일본인을 접대했다는 기록이 남아 있다. 주민들은 일본인들이 어장은 물론 섬에 들어와 창고를 짓고 조업하는 것을 격렬하게 반대했다. 주민들이 죽창을 들고 대항하자 일본 어민들은 부산영사관에 도움을 청하기도 했다. 당시 콜레라가 창궐했는데도 1902년 창고 7개, 어선 35척,

일본 어민 210명이 상주하는 일본인 이주어촌으로 발달했다.

구조라 이주어촌은 '오개도리'라 부르는 '권현망'을 이용해 멸치잡이를 주업으로 삼았다. 오개도리는 뒷배, 망선 2척, 뗀마선(운반선) 등으로 이루어져 있으며 30여 명이 참여한다. 초기에는 일본 어민들이 오개도리를 맡았지만 1930년대에는 임금이 싸고 기술도 있는 조선인으로 교체되었다. 지금도 거제와 통영에서는 어탐선, 망선, 가공선, 운반선 등 4~5척이 선단을 이루는 권현망으로 멸치잡이를 한다.

일본인 이주어촌 효시, 지세포 '가가와무라'

거제도에서 일본인들이 가장 먼저 오갔던 곳이 지세포다. 가가와현 어민들이 조선해에 출어를 시작한 것은 1880년대 초반이다. 에히메현 우오시마 출신 어민들이 처음 들어와 멸치잡이를 시작한 후 이어 나가사키, 야마구치 등에서 건너왔다. 이주어촌이 생긴 것은 1906년 가가와현 수산조합 이주어업자 30가구가 들어오면서였다. 이후 가가와현 조선해수산조합이 나서서 경지구입, 어장, 어업권, 건조장 등을 운영하였다. 1911년에는 돗토리현에서 수산조합이 39가구를 이주시켰다.

이주어촌이 들어서면서 지세포학교조합, 지세포공립소학교, 지세포 우편소, 신사, 불교포교소, 항만 등을 설치했다. 지세포는 대마도의 어민들이 일찍부터 들어왔던 곳이다.

어촌민속전시관, 조선해양전시관, 거제씨월드 등이 지세포 해안에 있다. 지세포성과 함께 둘러볼 만한 곳이다. 해양전시관에는 선박역사, 조선기술, 해양미래 등이 주제별로 전시되어 있다.

거제 포로수용소

한국전쟁은 전장에서만 발생한 것이 아니다. 지역, 마을, 집안에서도 일어났다. 가족이 전쟁으로 철천지원수가 되어 왕래하지 않는 일도 있다. 거제도에서는 포로수용소 안에서 전쟁이 진행되었다. 수용소 유적 전시관 초입에 한국전쟁과 관련된 상징 인물 8명이 전시되어 있다. 좌측은 김일성(북한 주석)을 중심으로 마오쩌둥(중국 주석), 오호이(중국 총사령관), 스탈린(소련 서기장), 남일(북한 총사령관)이 있고, 우측에는 이승만(한국 대통령)을 중심으로 트루먼(미국 대통령), 워커(미국 중장), 맥아더(미국 유엔군총사령관), 리지에이(미국 유엔군총사령관)가 있다.

포로수용소는 한국전쟁 중인 1950년 7월 대전형무소에 만들어진 것이 시작이었다. 이후 전세가 불리해지면서 대구에 '제100포로수용소'라는 이름으로 설치되었다. 전쟁 상황에 따라 부산 수용소(거제리, 대밭, 가야리), 부산 영도 포로수용본소, 인천 임시포로수용소, 서울 마포 형무소 포로수집소, 평양 포로수용소 등이 운영되었다. 거제도와 가까운 부산에 포로수용소가 있었지만 장기 수용 관리할 대규모 포로수용 시설이 필요했다. 1950년 11월 27일 거제도에 포로수용소를 만들기 시작해, 이듬해 완공하여 1951년 1월 북한인민군과 중공인민군 포로들이 거제도에 수용됐다.

처음 검토된 포로수용소 위치는 거제도가 아니라 제주도였다. 하지만 제주도가 피난민으로 만원이라는 점, 물이 부족하다는 점, 오랫동안 공산주의 세력이 강했다는 점, 한국 정부의 마지막 보루라는 점 때문에 마지막 논의에서 거제도로 결정되었다. 거제도는 전선과 거리, 이동 거리, 최소 인력으로 경비가 가능한 점, 급수가 용이한 점, 식량 수급이 가능한 점 등에서 긍정적으로 고려되었다.

수용소를 거제도에 설치하기로 결정되자 섬 중앙에 신현읍 고현리를 중심으로 장평·와치·용산·문동·양정 지역, 장승포읍 수월·해명 지역, 연초면 임전·송정리 지역, 동부면 저구리·다대 지역, 통영의 한산도 봉암도(추봉도)와 용초도에 농지와 임야 그리고 3천여 호 농가가 징발되었다. 수용 시설 4개 구역 28개 수용동, 병원(야전병원, 부속병원), 경비연대 막사, 전차상륙함(LST, Landing Ship Tank) 접안부두 5개소를 갖추었다.

포로수용소가 만들어지는 과정에서 부산 포로수용소의 포로들이 먼저 바다를 건너왔다. 그리고 포로들이 직접 기둥을 박고 철조망을 세워 자신들이 수용될 수

한국전쟁의 포로들을 수용할 곳으로 처음에는 제주도가 검토되었다. 하지만 식량과 물 부족, 한국 정부의 마지막 거점이라는 점, 제주 4.3의 경험 등으로 거제도로 바뀌었다. 전선과 거리, 식량과 급수 용이, 최소 인력으로 경비 가능 등이 고려되었다. 전쟁이 발발한 후 처음 포로수용소가 생긴 곳은 대전형무소였다. 이후 전세의 변화에 따라 대전, 부산, 인천, 서울 등에도 생겨났다.

용소를 만들었다. 이후에도 원주, 영등포, 수원, 제천, 대전 등에 있던 포로수집소에서 포로들이 이송되었다. 그렇게 총 1,200만 평 수용소에 17만 3천여 명 포로가 수용되었다. 이들 전쟁포로는 북한군 15만 명, 중공군 2만 명, 여성 포로 3천여 명이었다. 이들이 하루에 소비하는 식량은 94톤에 이르렀다. 포로들의 하루 일상은 오전 5시 30분 기상으로 시작된다. 아침식사와 점호가 7시까지 이어지며 오전 업무는 11시 30분에 끝났다. 점심식사 시간은 13시까지였으며, 이후 16시에 점호한 후 오후 업무를 마쳤다. 이후 20시까지는 자유 시간과 식사 시간이었으며, 취침은 22시에 이루어졌다. 한국전쟁은 1949년 발효된 포로의 대우에 대한 '제네바 제3협약'이 처음 적용됐다. 포로들에게는 기술교육과 민주주의 사상교육이 시행되었다. 이 사상교육에 반공 내용이 많아 친공 포로의 반발과 저항이 발생해 교육이 지속되지 못했다.

포로 저항은 초기에는 식사, 의복 같은 일상문제에서 시작해 이념의 문제로 확산되었다. 폭동을 진압하는 과정에서 사망자와 부상자가 발생하였다. 이 과정에서 친공 포로는 '해방동맹'이라는 조직을 만들어 군사행동부, 정치보위부, 내무부, 민청행동결사대, 당간부학교, 인민재판소 등을 편성했다. 그리고 적기가를 부

포로수용성 터. 거제 포로수용소 유적공원에 남아 있는 당시 수용소 흔적이다. 당시 수용소 시설로 경비소 집무실과 보급창고 일부만 남아 있고 다른 모든 시설은 공원을 건립하면서 재현한 것들이다. 당시 거제도 주민은 10만 명이었으나, 피난민은 20만 명, 포로는 17만 명으로 총 37만 명이었다. 1999년 문을 연 이후 한때 60여 만 명이 방문했지만 최근 20여 만 명으로 줄었다. 거제시는 최근 유적공원을 시민 휴식공간으로 바꾸는 계획을 추진하고 있다.

르고, 인공기를 게양하고, 인민군 복장을 만들어 입었다. 반공 진영에서도 휴전 성립 후 강제송환에 대한 불안감이 커지고 친공 포로들이 해방동맹 조직으로 가담할 것을 압박하자 유엔군과 한국군 경비의 지원을 받아 '대한반공청년단'을 조직했다. 그리고 27개 수용소 중 12개 수용소에 지부를 설치하고 단장, 부단장, 단비서(사무총장) 아래 11개 부서를 두었다. 주요 활동 또는 주장은 공산분자와 투쟁, 강제 송환 반대, 대한민국 잔류, 민주독립정신 배양 등이었다. 포로수용소 유적공원 전시관에는 해방동맹의 깃발이 전시되어 있다.

휴전협정을 둘러싼 북한과 미국의 갈등은 수용소에서도 그대로 재현되었다. 수용소 안의 갈등은 송환을 둘러싸고 더욱 격화되었다. 송환은 자원 송환과 강제 송환이 있었다. 자원 송환은 포로 본인의 의사를 물어 송환 여부를 결정하는 것이고, 강제 송환은 의사와 관계없이 해당국에 송환하는 것이다. 송환에 앞서 수용소에서는 1951년 7월 분류심사와 민간정보교육훈련계획이라는 포로교육 프로그램을 계획했다. 하지만 친공 포로들이 장악하고 있던 수용소는 유엔군 조사단이 건물 안으로 들어가질 못했다. 심지어 친공 포로들이 공격하여 미군 1명이 사망하

흥남부두에서 군용선을 기다리는 피난민. 거제 포로수용소 유적공원에 그림으로 재현한 흥남부두의 상황이다. 1.4후퇴 때 미군함정을 타고 거제도로 들어온 피난민을 20여만 명으로 추정한다. 당시 거제 인구의 2배에 달한다. 여기에 포로까지 더해져 거제도는 장터처럼 복잡했다고 한다.

고 38명이 부상을 당하기도 했다. 포로들도 즉석에서 70여 명이 사망하고 160여 명이 부상했다. 이 사고로 미 제8군사령관 밴 플리트는 도드 준장을 신임 수용소장으로 임명했다. 하지만 이후에도 크고 작은 폭동은 계속되었다. 그리고 1952년 5월 포로들이 소장 면담을 신청해 도드 소장을 인질로 잡는 사건이 발생했다.

포로 중에 북한으로 소환을 거부한 포로도 있었다. 남한에서 징집된 포로들은 북한인민군 소속이지만 송환을 거부했다. 공산군 포로 22,604명, 국군과 유엔군 포로 359명 등 본국 송환을 거부한 포로들은 휴전협정으로 중립국송환위원회의 보호 관리 아래 양측 관리자의 설득 과정을 거쳐 결정하지만 원활하게 진행되지 못했다. 중립국송환위원회를 거친 포로는 87명이었다. 이 과정에서 이승만은 1953년 6월 반공 포로 3만 7천여 명을 석방했다.

거제도는 섬이다. 육지와 격리되어 있고, 포로수용소가 들어선 곳은 산으로 둘러싸여 감시하기 좋다. 유일하게 열린 곳은 바다 수심이 좋아 배를 안전하게 접안할 수 있다. 여기에 섬이 커서 식량 확보도 가능했다. 연합군 도드 준장이 피난민들이 생필품을 사고팔 수 있게 했던 데에서 '돗대기시장' 이야기도 전한다. 향토사학자 이승철은 거제 포로수용소 책임자였던 도드 준장이 거제 포로수용소 주변 난전을 관리하기 위해 정한 곳을 '돗드시장'이라 불렀다고 한다. 돗드시장이

거제포로수용소 유적공원에 전시중인 자료. 반공 포로들이 미국 아이젠하워 대통령에게 전달한 혈서 진정서다. 이 문서에서 반공 청년들은 '중립국이나 한국 내 중립지대로 이송할 경우 조국 땅에서 자결하겠다'고 밝혔다. 거제포로수용소 유적공원에는 이 문서 외에 반공 포로들이 김일성에게 보낸 항의문과 이승만 대통령에게 보낸 진정서 등도 전시되어 있다. 이승만에게 보내는 문서에는 제3국행을 원치 않음을 분명하게 밝히고 있다.

돗대기시장으로 그리고 도떼기시장으로 변한 것이라고 한다. 이 시장에 나온 물건들 중에 군수용품이 많았다고 한다. 특히 통조림, 치약과 칫솔, 비누 등이 많았다. 포로, 피난민, 양공주들이 여러 경로로 확보한 물건들이다. 또 군 보급창에서 근무하는 노동자들이 빼낸 물건들이라고도 한다. 1953년 7월 27일 휴전협정 조인으로 12월 23일 폐쇄되었다.

터전을 잃은 주민들은 휴전협정으로 수용소가 철거될 때까지 친척집에서 2년간 피난생활을 해야 했다. 수용소 폐쇄 이후 막사를 임시주택으로 사용하면서 주민들은 복구에 나섰다. 징발된 토지와 가옥에 대한 국가보상을 청구해 10년이 지난 후 1966년 토지사용료 3백만 원, 가옥보상 5천만 원을 받았다. 하지만 토지원형복구비는 해결되지 않았다. 포로수용소 유적공원은 막사, 사진, 의복, 생활상 같은 자료와 기록물을 전시하고 있다. 경비대 건물과 일부 건물은 보전 전시하지만 대부분 영상과 디오라마를 이용해 재현하고 있다. 또 수용소 뒤 계룡산에 있는 당시 통신대 잔존 유적은 모노레일을 이용해 올라갈 수 있다. 이곳에서는 고현시를, 맞은편 거제면과 거제만을 한눈에 조망할 수 있다.

파도 소리와 새소리를 들으며 걷기 좋은 섬길

처음 이 길을 걸을 때 얼마나 행복했는지 모른다. 파도 소리에 취해서 멈추고, 빼꼼하게 바다로 열린 숲 가장자리에서 점점이 떠 있는 섬들을 보면서 비시시 웃었다. 하늘이 보이지 않는 숲길을 걸으면서는 감사했다. 새들이 행복에 겨워 지저귀는 소리를 들을 수 있었고, 바람마저 쉬었다 가고 싶어 하는 것 같았다. 지금처럼 많은 사람이 오가는 길도 아니었다. 포장도 전혀 되지 않은 흙길이었다. 비가 온 뒤에는 불편한 길이었지만 더 좋았다. 홍포에서 여차로 이어지는 길이었다. 그 길이 '무지개길'이라는 것을 나중에 알았다.

거제도는 걷는 길을 '섬&섬길'로 명명하고 10여 가지 소개했다. 그중 가장 마음에 드는 길은 '무지개길'과 '천주교 순례길'이다. 거제도 해안은 동쪽으로, 장목·연초·일운·동부·남부 해안은 바위해안에 해식애가 발달했다. 해금강, 외도, 내도, 몽돌해수욕장이나 해변이 해식애를 잘 보여준다.

동쪽으로 파도와 바람을 막아주는 섬이 없으니 강한 파도나 파랑이 만들어낸 작품들이다. 진해만에 접한 북쪽이나 거제만과 접한 서쪽과는 다른 해안이다. 갯벌이 발달한 곳은 매립과 간척으로 논을 만들거나 주거지, 산업용지 혹은 항만 배후지로 개발한 탓에 걷기 좋은 길을 찾기 어렵다. 하지만 남쪽이나 서남쪽처럼 해식애가 발달하고 바위해안이나 몽돌해안으로 이루어진 곳은 자연해안선이 유지되며 바다로 터진 경관 덕분에 많은 여행객들이 찾고 싶은 곳으로 주목받고 있다. 최근 건축기술이 발달하면서 이런 곳에 건축물이나 구조물이 설치되고, 펜션이나 관광단지 등도 조성되고 있다.

공곶이에 머물다

강영식 할아버지가 예구마을과 인연을 맺은 것은 아내 지상악과 결혼을 하면서다. 스물일곱 살의 진주 총각은 스물세 살의 거제 처녀와 만났다. 그리고 처갓집 우물가 장독대에서 수선화를 만났다. 그리고 40여 년에 걸쳐 4만여 평 비탈밭에 돌을 줍고 땅을 일궈 나무를 심고 수선화도 키웠다. 그사이 강노인의 손은 호미처럼 구부러졌다.

깊고 외진 길이었다. 지금도 여행객이 뜸할 때 그 길을 걸으면 섬뜩할 때가 있다. 구조라와 지세포 사이에 동쪽으로 뛸 것처럼 뻗어 나온, 서이말로 가는 길이다. 지난번에는 차를 가지고 서이말까지 갔다. 흐린 날이었다. 이번에는 화창한 오월의 마지막 날을 택했다. 수선화는 졌지만 공곶이에서 서이말까지 걸었다. 오길 참 잘했다.

예구마을은 거제가 그렇듯이 선창에 낚시객들이 자리를 잡았다. 배를 타고 인근 무인도 갯바위로 낚시를 나가는 사람도 많다. 그래서 상당수 어선들은 낚싯배도 겸해 허가를 받는다. 어선으로는 먹고살기 힘들어 선택한 것이겠지만 때로는 전업으로 전환하기도 한다. 어장을 낚시객들에게 내주는 어민들의 아이러니라고 해야 할까. 예구마을에는 멸치 잡는 정치망을 하는 집이 두 집 정도 보인다. 외인인지 일부는 펜션을 하고 산비탈을 일궈 농사를 짓기도 한다.

목적지인 공곶지와 서이말로 가는 길은 '천주교순례길'이기도 하다. 윤요셉 일가가 박해를 피해 들어왔던 곳이 공곶이마을이다. 예구마을을 지나 숨차게 언덕에 오르면 구조라 바람의 언덕에서 와현 모래숲에 이르는 바다가 펼쳐진다. 이곳부터 등대까지 가는 길은 공곶이나 물개전망대 등 일부러 해안절벽으로 나서지 않는다면 바람 소리와 파도 소리를 들으며 숲속을 거닐어야 한다. 물론 그 전에 꼭 들러야 할 곳이 '공곶이'이다. 임도에서 바닷가로 300여 계단을 내려가야 한다. 내려가

거제시 남부면 도장포마을 갈곶리에 있는 바람의 언덕이다. 이 언덕이 널리 알려진 것은 2003년과 2004년 드라마에 소개되면서다. 바다 건너 북쪽으로 학동몽돌해변과 구조라로 이어진다. 바람의 언덕을 지나 동쪽으로 가면 도로 끝에 해금강마을에 닿는다. 도장포마을에서 유람선을 타면 해금강을 바다에서 볼 수 있다.

는 내내 누가 이 계단을 만들었지, 어떻게 만들었지, 정말 사람이 살기는 하는 걸까 하고 의구심을 품었다.

계단을 내려오면서 몇 번을 멈췄다. 꾀꼬리나 휘파람새 소리가 숲 사이로 내려오는 빛과 함께 자아내는 평화로움을 만끽하고 싶었다. 깊고 외진 산길, 노란 수선화 향에 취해 많은 사람들이 찾았던 길이다. 꽃이 지니 사람들 발길도 뜸하고 숲과 새는 행복하다. 산비탈 층층이 강영식 지상악 노부부가 일군 밭이다. 혹시나 그분들을 만날 수 있을까 기대하며 내려갔다. 조용하다. 내려가는 길에 연인 한 쌍을 만났을 뿐이다. 계단을 다 내려왔을 때 예구마을과 공곶이와 서이말로 가는 삼거리에서 음료를 파는 작은 쉼터를 만났다. 이곳에서 공곶이로 가는 길에 노부부의 안식처가 있다. 이 언저리에 박해를 피해 이곳으로 숨어들었던 천주교 신자 윤씨 형제도 자리를 잡았을 것이다. 잠시 후 작은 집이 보이는가 싶더니 하늘이 열리듯 빛이 쏟아지고 작은 섬이 모습을 드러냈다. 내도다. 구조라에서 배를 타고 두 차례나 방문했던 섬이다.

그 집을 지나야 내도가 오롯이 보이는 바닷가로 내려간다. 인기척이 전혀 없는 길을 지나 바닷가로 내려오니 할아버지가 느린 몸짓으로 미역을 주워 널고 있었다. 한동안 뒤에서 가만히 지켜보았다. 마치 수행하는 수도자 같다고나 할까. 계단을 내려올 때 느꼈던 평화로움을 다시 느꼈다.

전날 파도가 높고 바람이 많이 불어서인지 미역, 톳, 가사리 등이 해안으로 밀려와 있었다. 그중에서 미역만 추려서 반찬으로 쓸 생각으로

공곶이 수목원 아래 해변에서 바라본 내도의 모습이다. 내도는 구조라에서 도선이 오가지만 수선화로 유명한 공곶이 수목원 해변에서는 손을 뻗으면 닿을 듯 가깝다. 이곳은 강영식 지상악 부부가 평생을 일군 수목원이다. 그곳은 조선 후기 병인박해 때 최초 천주교 신자인 윤시우 일가의 은신처이기도 하며, 거제 천주교순례길의 일부이다.

말리는 것이다. 겨울철에 자란 미역은 채취했거나 녹아서 사라졌고, 지금 자란 미역은 새순이 자란 것이다. 점심을 먹으라고 할아버지를 데리러 온 할머니는 그 미역을 '보리미역'이라 불렀다. 보리 필 때 자란 연하고 부드러운 미역이란다.

할머니가 더 건강해 보인다고 말을 건네니, "아가씨야."라고 하신다. 할아버지가 몽돌밭을 오가는 발걸음이 불안하다. 세 살 적은 할머니는 걸음걸이도 빠르고, 허리도 꼿꼿하시다.

대마도가 보인다

수선화 부부의 집을 뒤로하고 돌고래 전망대로 향했다. 동해의 울산과 포항 그리고 남해 거제와 여수를 돌아 흑산도와 어청도로 이어지는 서해 물길은 한때 고래들이 이동하는 통로였다. 그곳에 고래를 잡는 어선들이 모여들었고 고래를 해체하고 판매하는 곳도 생겼다. 서남해 땅끝이 가거도라면 동남해 땅끝은 거제 서이말이나 갈곶쯤 될까. 이곳에서는 요즘도 돌고래가 자주 출몰해 고래생태연구자들이 찾아온다. 그런데 해안에 정말 고래와 고래새끼 모양을 한 바위가 있다. 그 너머로 내도와 외도가 있다. 멀리 서이말 등대 등탑이 모습을 드러냈다. 강노인이 이곳을 땅끝이라 한 이유를 알 수 있었다. 어선과 낚싯배가 가끔 오가며 정적을 깨트린다.

서이말 등대까지는 숲길을 걷는다. 얼마쯤 가다가 물이 흐르는 작은 계곡을 만났다. 내도 주민들이 가뭄으로 식수가 떨어지면 물을 길러다 먹었고, 빨래를 가져와 했다는 '물앞(폭포앞)'이라는 지명을 가진 해안으로 내려가는 물줄기다. 이곳으로 피난을 온 천주교 신자 박씨 형제도 저 물을 마셨을 것이다.

서이말 등대에 서면 부산 가덕도 등대가 보인다. 가덕도와 거제도

서이말 등대는 거제시 일운면에 위치해 통영시 홍도 등대 다음으로 쓰시마와 가깝다. 동해로 올라가는 길에 가덕도 등대가 안내하고 남해로는 홍도 등대를 지나 여수 소리도 등대가 맞는다. 남해와 동해의 갈림길에서 선박의 항로를 안내하는 역할을 하고 있다.

사이 바다는 진해만으로 들어가는 물길이다. 1944년 1월 불을 밝혔다. 더 남쪽으로는 통영 홍도 등대가 있다. 그러니까 대마도에서 왜구들이 침입해 올 때 이곳에서 망을 보았을 것이다. 거제도 남쪽에도 망산이 있지만 가장 서쪽 서이말에도 망산이 있다. 그 끝자락에 등대가 있다. 서이말(鼠耳末)이라는 이름은 우리말로 '지리끝(쥐이끝)'이라고 했다. 20초마다 불을 밝히는 서이말 등대는 유인 등대다.

서이말은 거제에서도 남쪽 끝에 있다. 그 끝자락에 어김없이 등대가 있다. 가랑비가 오던 봄날이어서였을까. 가까이 있는 내도와 외도도 보이지 않을 만큼 안개가 피었다. 등대 살림을 하던 항로표지원을 만났다. 이곳에서 대마도가 정말로 보이는지 물었더니 날씨가 좋은 날에는 가깝게 보인다고 했다. 150년 전에 이곳으로 두 형제가 찾아들었다. 윤성우·윤사우 형제다. 두 아들을 데리고 들어온 형제는 대마도로 가려고 했다.

요셉은 부산 동래에서 윤사우(스타니살라오)의 차남으로 태어났다. 일찍 천주교와 인연을 맺은 집안으로 병인박해(1866년)가 고향 동래에 미치자 아버지 윤사우는 부산 영도 조내기로 피난했다가 거제도에 정착한다. 하지만 이곳에서 엉뚱한 일로 신자들이 체포되자 요셉이 교우들을 대신해 체포되어 통영 관아로 끌려갔다. 배교를 강요받고 모진 고문을 당하고, 다시 진주 감영에서 고문에 이어 교수형으로 순교했다.

천하일경, 망산에 오르다

망산에 올랐다. 순전히 망산(397미터)에 오르기 위해 거제에 간 적도 있다. 높지 않지만 망산이 될 수 있었던 것은 그 산이 바닷가에 있기 때문이다. 거제로 들어오는 왜적을 살피는 데 가장 남쪽에 위치한 망산만 한 곳이 없다. 그렇다면 한반도의 망산은 어딜까. 거제도가 망산이

망산이라는 이름을 가진 산봉우리가 많다. 조망하기 좋은 위치에 있는 산이다. 거제도에도 남부면과 일
운면에 각각 망산이 있다. 모두 바다를 조망하기 좋은 곳이다. 망산에 오르기 좋은 길은 저구삼거리에서
출발해 망산에 오른 후 명사를 지나 저구삼거리로 내려오는 길이다. 망산에서는 멀리 홍도, 대병대도, 매
물도, 가왕도가 눈에 들어온다.

다. 남해안의 섬들이 망산이다.

고려 말과 조선시대에는 왜구나 외적의 침입이나 동태를 살피는 망
산이었지만 최근에는 섬 여행객이나 등산객이 바다 풍경을 볼 수 있는
최적지로 바뀌었다. 섬 산행을 하는 사람들이 가장 좋아하는 등산길은
바다가 보이는 등산길이다. 이런 측면에서 망산을 낀 거제 남쪽 섬 산
행은 매력이 있다. 망산 표지석 뒤에 한자로 '天下一景(천하일경)'이라
새겨져 있다. 허투루 한 말이 아니다.

망산에 오르면 남해안 가장 먼 섬으로 기점 도서인 홍도와 매물도,
소매물도, 소지도, 연화도, 비진도가 보석처럼 바다에 떠 있다. 가깝게
는 대병대도, 소병대도, 속초도, 석문도, 가왕도가 손에 잡힐 듯하다. 운
이 좋았다. 가장 멀리 있다는 홍도가 또렷하게 보였다. 봄철 황사를 피

해 바다와 섬을 볼 수 있었으니 행운이다.

망산(望山)을 그대로 풀면 '바라보는 산'이다. 고려 말 왜구의 침입이 잦자 주민들이 스스로 산 정상에 올라 적의 침입이나 동태를 살피는 것이 지명으로 자리를 잡았다고 한다. 바다만 잘 볼 수 있는 것이 아니라 노자산, 가라산 등 명산들을 조망하기 좋은 곳이다.

망산에 오르는 가장 짧은 길은 홍포마을에서 곧바로 올라 저구삼거리에서 망산을 거쳐가는 등산로이다. 산 아래에는 단풍나무, 오리나무, 소나무가 많이 있고, 그곳을 벗어나 너덜이 많은 곳에는 녹나무과 나무들이 많이 자란다. 그리고 산능선으로는 소사나무가 군락을 이루고 있다.

바람의 언덕길, 해금강

거제를 찾는 사람들이 가장 많이 가는 곳이 '바람의 언덕'이다. 거제시 남부면 해금강마을로 가기 전 왼쪽 도장포마을과 접해 있다. 도장포는 도자기 배 창고가 있어 도장포라 불렀다고 전한다. 남부면은 서쪽으로는 거제만이, 동쪽으로는 학동만이 있다. 학동만은 해금강마을에서 공곳이 사이에 있는 바다를 말한다. 공곳이 쪽으로는 내도가, 밖으로는 외도가 있다. 학동만에 있는 바닷마을은 도장포와 해금강 외에 학동리, 망치리, 구조라, 와현리 등이 있다.

학동만에는 수산자원이 풍부하다. 특히 멸치, 전갱이, 고등어 등이 많다. 일제 강점기에는 구조라, 지세포, 장승포 등 일본 이주어촌이 자리를 잡았던 곳이다. 이들은 멸치와 고등어와 삼치를 많이 잡았다.

아침 일찍 정치망에서 그물을 털어 와 멸치를 삶는 주민들을 만났다. 대멸만이 아니라 작은 전갱이와 청어새끼 솔치도 많았다. 함께 그물에 갇힌, 총알오징어라 부르는 오징어 새끼도 있었다. 해금강마을에

망산에서 바라보면 통영 매물도와 가왕도 그리고 멀리 홍도의 모습도 보인다. 거제와 통영 최고의 경관을 자랑하는 바다다. 뿐만 아니라 거제와 통영의 멸치잡이도 이 바다에서 이루어진다. 부산의 자망어업과 달리 기선권현망을 이용해 멸치를 잡는다. 일제 강점기에는 고등어잡이를 많이 했던 바다다.

서는 미역을 뜯어서 말리는 중이었다. 예전에 비해서 채취량이 너무 적다며, 해거리를 하는지 올해 미역 장사는 힘들겠다고 했다. 모두 물질을 해서 해녀들이 채취한 미역이다. 한 가닥을 5천 원에 판매하고 있다. 해안가 갯바위나 몽돌 위는 이렇게 미역, 톳, 멸치 등을 말리는 건조장으로도 손색이 없다. 게다가 해풍도 좋아서 건어물 품질이 좋다.

　바람의 언덕이라는 지명도 허투루 생겨난 것은 아니다. 하지만 처음부터 있었던 지명은 아니다. 원래 이곳은 '띠밭늘'이라 불렸던 곳이다. 도장포 북동쪽에 위치해 샛바람을 막아주고 남쪽으로는 신선대와 해금강마을이 갈바람을 막아준다. 바람막이를 하는 탓에 나무가 자라지 못하고 띠만 자라서 붙여진 이름이다. 2002년부터 띠밭늘은 '바람의 언덕'으로 바뀌었다. 드라마와 영화, 예능프로그램에 소개되면서 주목을 받았고, 2009년에는 풍차를 설치해 상징물이 되었다.

이곳에서 해금강까지 이어지는 길을 걸을 수 있다. 해금강은 명승 제2호로 지정된 곳이다. '돗단섬'의 사자바위, 미륵바위, 촛대바위 등 수억 년 시간이 빚은 걸작들을 볼 수 있다. 노련한 유람선 선장이 운전 실력을 자랑하며 동굴로 배를 집어넣는 곳도 해식동굴과 해식애로 유명한 십자동굴이다. 멸치가 유인해 온 큰 고기들이 학동만에 머무는 것은 거머리말을 비롯해 미역과 톳 등 해조류와 바다풀이 바다 숲을 이루기 때문이다. 거제도 남쪽으로는 노자산, 가리산, 북병산 등 숲이 좋다. 이곳은 한려해상국립공원으로 바닷가 동백숲에 사는 팔색조와 바다에 서식하는 거머리말이 깃대종이다.

● — 거제 음식

거제 음식으로 대구탕, 굴구이, 멍게비빔밥, 성게비빔밥, 도다리쑥국, 물메기탕, 멸치쌈밥, 생선회, 물회, 볼락구이 등이 알려져 있다. 모두 바다에서 온다. 이 중 양식을 하는 것은 굴과 멍게뿐이다. 대구, 성게, 물메기, 멸치, 볼락 등은 그물이나 물질을 해서 바다에서 직접 얻는다. 해양생태계가 비슷해서인지 통영 음식과 거제 음식의 식재료는 거의 같다. 다만 살아온 역사가, 땅의 역사가 다른 탓에 음식의 모양과 맛에서 차이가 난다. 거제시가 자랑하는 맛도 좋지만 거제를 돌아보면서 필자가 꼽은 맛의 으뜸은 외포항 대구탕과 장목항 조개탕 그리고 다대포 숭어다. 여기에 하나 더한다면 거제 멸치를 추천한다.

《신증동국여지승람》에는 대구가 나는 곳으로 함길도, 강원도, 경상도 등 동해안을 꼽았다. 《세종실록지리지》에도 창원, 거제, 진해, 고성, 사천에서 많이 잡힌다고 했다. 지금의 진해만을 일컫는다. 일제 강점기에는 부산 서쪽 다대포만, 마산만, 진해만, 고성만, 거제도 일대에서 어획되었다.

거제 대구 vs 가덕 대구, 진짜 대구는?

대구는 거제를 대표하는 물고기인데, 조선시대에도 거제 특산물이었다. 《세종실록지리지》거제현 토공에 대구가 포함되었다. 진해만에서 잡히는 대구를 두고 거제 대구냐 가덕 대구냐를 겨루고, 어느 대구가 더 맛있느냐며 겨울철 식객들이 언쟁하였다. 하지만 거제 뱃사람이 잡으면 거제 대구요, 가덕 뱃사람이 잡으면 가덕 대구다. 정작 심각한 것은 잡는 방법을 둘러싸고 벌어지는 갈등이다. 자망으로 조업을 하는 어민과 호망으로 대구를 잡는 어민 사이에서 일어난 갈등이다. 호망은 길그물 끝에 헛통을 설치해 그곳에 자루그물을 달아 어군을 유도해 포획하는 어업이다. 정치망으로 거제도와 가덕도 일대의 어장에서 대구를 잡을 때 사용하는 그물이다. 호망 외에 자망을 이용해서도 대구를 잡는다. 거제 일대에서 어획량은 자망을 이용한 대구 어획량이 절대적이다. 허가 건수가 많고 거제 바다를 오가며 그물을 칠 수 있는 장점 때문이다. 반대로 호망은 겨울철 짧은 기간에 집중적으로 대구를 잡으며, 그물도 크고 상처가 없는 살아 있는 대구를 잡기에 값도 좋다. 그래서 소득으로는 자망을 앞선다. 대신에 호망은 정치망이라 지정된 곳에 설치해야 한다. 호망은 대구만 잡는데, 자망은 대구를 포함해 다른 어종까지 잡는다.

외포항에서는 겨울철이면 대구떡국, 대구찜, 대구탕, 대구조림, 대구구이 등 대

맑은 대구탕

구를 이용한 다양한 음식을 맛볼 수 있다. 그래도 겨울철에는 맑은 대구탕이 최고다. 외포의 대구탕은 대구만 넣는다. 무도 필요 없이 대구만 넣어 끓인다.

대구를 가장 많이 찾는 1월은 대구 산란기이라 금어기이다. 자망은 이 시기에 대구 어족자원 보호를 위해 포획을 금지하지만 호망은 인공수정을 위해 대구잡이를 허가하고 있다. 단, 한 척당 1월 700마리로 한정하고 있다. 이 시기에는 오직 호망으로 잡은 대구만 꼬리에 인증표식을 달고 유통할 수 있다. 대구잡이 자체가 금지되는 시기다.

대구어의 남획으로 1970년대 어획량이 급격하게 감소하여 1980년대부터 인공방류 사업을 시작했다. 1990년대 후반, 대구가 귀해지면서 한 마리에 30만~40만 원에 거래되기도 했다. 이때부터 대구 성어를 잡아 인공수정을 시킨 후 치어를 방류하였다. 그리고 2000년대 들어서면서 다시 자원이 회복됐다. 인공부화와 치어 방류로 자원을 회복한 대표적인 사례다. 그 결과 대구가 잘 보이지 않았던 거가대교 서쪽 칠천도 등 진해만 안쪽에서 대구가 잡혔다. 이러다 보니 대구만 잡아야 하는 호망 어민들은 대구를 찾아 이동할 수밖에 없는데 정치망이라 이동할 수 없었다. 그런데 자망이나 통발이나 연승어업을 하는 어민들은 호망 때문에 조업을 할 수 없다고 민원을 제기하고 있다. 호망 어민들도 며칠 조업이면 할당량에 이르기 때문에 남은 기간 불법이 아니면 조업을 할 수 없다.

경계가 없는 바다에서 공유자원의 성격을 띤 어족자원의 보전과 이용은 국가 간에도 큰 이슈였다. 이런 대구를 역사의 전환기에 주인공으로 등장시킨 작품이 마크 쿨란스키의 《대구》라는 책이다. 그는 '세계 역사와 지도가 대구어장을 따라 변해왔다'는 새로운 해석을 내놓았다. 대구는 맛이 좋고 집단으로 얕은 곳을 찾아 산란하기 때문에 오래전부터 상업의 대상이었다. 또 말린 대구는 바이킹의 활동, 영국 신교도의 신대륙 발견, 서인도제도의 플랜테이션에도 큰 영향을 주었다. 긴 항해와 값싼 노동력, 척박한 환경을 유지해주는 식량이 되었던 것이다. 또 대구 주요 서식지였던 아이슬란드는 미국과 영국이 세 차례에 걸쳐 '대구 전쟁'을 벌인 곳으로 유명하다. 그 결과 국제해양법상 경제수역을 200마일로 정하는 계기가 되었다.

우리 진해만에서도 사라질 위기에 처한 대구자원을 회복하는 데 10여 년의 시간이 필요했다. 캐나다 뉴펀들랜드에서도 대구가 다시 돌아오게 하는 데 20년의 시간이 필요했다. 거제시는 2016년 '거제 대구'를 지리적표시 단체표장으로 등록했다. 그리고 대구를 시어(市魚)로 지정하고, 외포를 중심으로 12월이면 대구축제도 개최하고 있다. 이제 축제도 대구를 잡고 먹는 축제에서 바뀌어야 한다. 더 많이 잡기 위해 주민 간, 지역 간 다투는 수준을 넘어서야 한다. 대구축제는 대구를 잡는 축제가 아니라 바다와 어민이, 자연과 인간이 공존하는 질서를 마련하는 축제가 되어야 한다. 이제 바다를 살리는 그물을 드리울 때다.

장목항 조개탕

장목리는 거제시에서 잠수기 어업이 가장 활발한 어촌이다. 잠수기 어업은 잠수부가 직접 바다로 들어가 개조개, 키조개, 왕우럭조개 등 패류를 채취하는 어업이다. 잠수부는 어선에서 공기압축기가 공급하는 산소를 받아 물속에서 도구를 이용해 한 시간 정도 조업한다. 흔히 '머구리'라고 부르는 어업이다. 잠수기 어업은 배를 운전하는 선장, 배 위에서 산소를 공급하며 잠수부를 살피는 선원, 바닷속으로 들어가 패류를 채취하는 잠수부 등 3명으로 이루어져 있다.

잠수기수협은 일제 강점기 잠수기수산회를 모태로 만들어졌다. 이 수협은 부산, 경남, 울산, 경북, 강원도 일대를 아울러 230여 명이 참여하는 제1,2구 잠수기수협(통영)과 여수와 서해 일대 80여 명이 참여하는 제3,4구 잠수기수협(여수)으로 나뉜다. 거제에는 35척의 잠수기 어선이 있으며, 이 중 26척의 어선이 장목항 선적이다.

장목항 조개탕

　장목항의 잠수기 어선은 어둠이 가시기 전에 출항한다. 오후 4시 무렵에 위판
이 이루어지기 때문에 오전에 작업을 하고 늦을 때는 배 위에서 점심을 해결하기
도 한다. 조업은 여름보다 겨울이 '조개눈'이 잘 보이고 시야도 좋아 작업하기가
좋다. 조개눈은 개조개 등이 호흡을 하면서 만들어놓은 작은 구멍이다. 호스를 통
해 산소를 공급받아 물속에서 일하기 때문에 배 이동, 잠수부 위치, 줄 조절 등 세
사람의 호흡이 잘 맞아야 한다. 선원은 물속에 있는 잠수부 위치를 올라오는 공기
방울을 보고 확인하며 줄을 조절한다. 잠수부는 30~40미터 깊이에서 일하기 때
문에 수압을 조절하며 물속으로 들어가고 나와야 한다. 많은 잠수부들은 고령이
다. 보통 한 번 조업에 나서면 3~4차례 잠수를 하며 200킬로그램 내외의 패류를
채취한다.
　점심시간이 지나자 한두 척씩 잇따라 잠수기 어선이 들어왔다. 배가 들어오면
작은 크레인으로 채취한 패류를 운반해 위판장으로 옮긴다. 장목항에서 가장 인
기가 높은 패류는 개조개다. 개조개는 1킬로그램에 1만 2천 원에 거래되고 있다.
이 정도 무게면 6개에서 7개 정도의 개조개가 저울에 올라간다. 주문을 하면 직
접 조개를 까주며, 택배주문을 통해 유통되기도 한다.
　지난번에는 급한 일이 있다며 문을 닫는 바람에 문 앞에서 쫓겨났다. 대신 근처
식당을 찾아 장어탕을 시켰다가 크게 실망했다. 나중에 알고 보니 그곳에서 장어

탕은 콩나물을 넣고 맑게 끓인다고 한다. 전라도 사람 입맛에 맞지 않았을 뿐이다. 그런데 장목항 조개탕은 달랐다. 몇 년 전 섬으로 친구들과 들렀다가 거제 북쪽으로 오면 꼭 들린다. 현지인들이 즐겨 가는 집이다. 그런 집을 여행객들이 찾아가는 추세다. 이번에는 아내와 함께 조개탕집을 방문했다. 살짝 걱정을 했다. 그런데 맛을 보더니 흡족해했다. 반찬은 단순하다. 톳무침, 감자조림, 배추물김치, 돌나물물김치, 부추전 등이다. 조개탕에 만족하니 반찬은 크게 문제되지 않았다.

거제에서 조개는 개조개를 뜻한다. 메뉴에는 '조개탕'이라 적혀 있다. 개조개 네 개에 바지락이 한두 개 섞여 있다. 물어보니 바지락을 넣어야 국물이 진하다고 한다. 물론 조개탕에 들어간 조개는 상품이 아니다. 크기도 작다. 개조개는 거제와 통영만이 아니라 여수, 태안 등에서도 서식한다. 어제 술을 마셨는지 옆 테이블에 자리한 남자 세 명이 조개탕의 국물을 흡입하듯 마시더니 속이 다 풀렸다며 소주 한 병을 시킨다.

거제는 숭어가 들어야 봄이다

거제는 숭어가 들어야 봄이다. 사람이 고기를 기다리지 고기가 사람을 기다리나. 다대마을은 거제에서 가장 남쪽에 있는 마을이다. 숭어는 2월부터 5월 사이에 찾아온다. 봄손님이다. 망쟁이가 보고 연락을 하면 어로장이 간다. 성인군자처럼 일편단심으로 기다리고 있어야 한다. 하루에 두 끼씩 밥을 가져다준다. 망루를 비울 수 없다. 운이 좋으면 수천 마리를 한 번에 잡는다. 숭어가 다니는 길목에 그물을 숨겨 놓았다. 진달래가 꽃망울을 튀우고 꽃을 피울 때까지 한 달, 산란기 병아리의 한철 같다. 떠들면 고기가 올라오다 다 내려가버린다. 물 색깔이나 물결을 봐야 하는데, 어두운 보랏빛으로 바뀐다. 숭어가 들었다 하면 바로 출동이다. 민물을 찾아서 산란기에 나섰던 녀석들이다. 역사가 100년 된 거제도 숭어들이다. 거제 다대포 사람들은 보릿고개를 숭어 덕에 넘길 수 있었다. 바닷물고기 중에서 식량을 대신할 수 있는 물고기는 숭어가 유일했다. 식량이 떨어지는 철이 되면 봄철 숭어는 어김없이 다대포를 찾아왔다. 물색의 변화를 보고 오는 어장을 막아 숭어를 잡았다. 그 숭어를 팔아 식량을 사고, 아이들을 키웠다.

개황 | 거제 거제도

일반현황

위치 | 경상남도 거제시
면적 | 382.2km^2
가구수 | 104,819
인구(명) | 233,531
교통 | 거제대교, 거가대교 등을 이용
특산물 | 유자, 돌미역, 굴, 고로쇠

변화 자료

구분	1985	1995	2011
주소			경남 거제시
면적(km^2)			401.600
인구(명)			228,355 (119,547+108,808)
가구수			86,467
공공기관			군청 1, 면사무소 19, 출장소 3, 경찰서 1, 지·파출소 5, 소방서 1, 119안전센터 6, 우체국 17, 농수축협 14, 한전지점 1
학교			고등학교 8, 중학교 18, 초등학교 35, 유치원 50, 보육시설 129
급수시설			지방상수도 3개소, 간이상수도 127개소
전력시설			한전계통 86,432가구, 자가발전 7대
의료시설			병원 180, 보건소 1, 보건지소 11, 보건진료소 13
어선(척, 동력 선+무동력선)			2,726(2,642+84)

※ 섬의 개황 자료 또는 변화 자료를 통계 데이터베이스에서 확인할 수 없는 경우 부득이하게 비워두었음
을 알려드립니다.

8

섬에 취하고,
소리에 취한다
거제 내도

아름드리 구실잣밤나무 아래를 지날 때다. 파도 소리에 실려오는 저
소리, 분명 귀에 익은 소리다. 탐방로를 벗어나 숲을 헤치고 내려서니
아득한 벼랑이다. 나뭇가지 사이로 배 한 척이 오락가락하고 파도는
바위에 부딪혀 하얗게 스러진다. 그 사이로 곡예를 하듯 분홍색 테왁
이 춤을 춘다. 바람 소리에 들려오는 저 소리는 숨비 소리다. 삶과 죽음
의 경계를 짓는 소리다. 공곶이와 안섬 사이에서 대여섯 명의 해녀들
이 자맥질을 하고 있다. 해찰을 하는 사이 같은 배를 타고 온 부부는 다
음 배 시간을 맞추려는지 종종걸음으로 저만치 앞서 가버렸다. 새소리
와 바람 소리에 취해 막배마저 놓칠지 모르겠다. 어떤 이는 이 섬을 봄
에 찾으면 좋을 섬이라 한다. 번잡함보다 한적함을 좋아하는 여행객이
라면 가을이다. 더구나 소리에 취하고 싶다면, 꽃이 아니라 섬에 취하
고 싶다면.

두 섬의 다른 얼굴

내도는 외도와 함께 구조라 밖에 있는 섬이다. 〈1872년 지방도〉 경상
도 거제 지세진 지도를 보면, 내도는 내조라도라고 표기하고 외도는
외조라도라 했다. 그리고 구조라성도 표기되어 있다. 구조라는 1604년
이전에는 조라진이었다. 옥포로 진을 옮기면서 구조라라고 했다. 외도

내도에 잘 어울리는 지도다. 화려한 간판이 아니라 숲속에서 길을 찾는 사람들에게 웃음과 감동을 줄 수 있는 이정표다. 목적지보다 안내하는 간판이 더 돋보이는 설치물을 만든 지자체가 종종 있다. 많은 예산을 들여야 하는 이유를 짐작하지만 중요하게 써야 할 때 쓰지 않는 것이 더 아쉽다.

는 일찍 개발이 되어 거제를 대표하는 관광지가 되었지만 내도는 오가는 것이 불편해 생필품을 구하기도 힘들었던 섬이다. 외도는 내도보다 더했다. 모두 섬집을 팔고 떠나길 원했다. 불행인지 다행인지 외도는 팔렸고, 내도는 국립공원이 되어 섬 주민들이 섬을 지키고 있다. 장승포나 일운면에서 보면 안쪽에 있어 '안섬', 밖에 있어 '밖섬'이라 했다. 섬에 밥을 해주는 식당은 없고 펜션과 민박을 할 수 있다. 미역과 톳 등 특산물, 커피와 간단한 음료를 판매하는 가게가 하나 있을 뿐이다. 이마저도 국립공원에서 추진하는 명품마을에 선정되면서 탐방로와 함께 만들어진 것이다. 외도가 사람이 가꾼 정원이라면, 내도는 자연이 만들어낸 정원이다.

해안선이라고 해야 겨우 5리 남짓이고, 최고봉은 131미터에 불과하다. 작은 섬이다. 그런데 바다와 섬의 생태계는 최고다. 미역, 소라, 전복, 멍게, 성게 등 주민들 섬살이를 가능케 했던 수산물이 지천이었다. 섬에서는 동백은 말할 것도 없고, 구실잣밤나무, 후박나무, 편백숲, 대나무숲, 소나무숲 등을 만날 수 있다. 팔색조 등 새들의 보금자리도 볼 수 있다. 2월 말부터 4월 초까지 동백이 절정이다. 동백섬 하면 지심도로 알고 있었다. 이젠 내도로 바꿔야 할지도 모르겠다. 다도해해상국립공원으로 지정한 이유다.

● — 국립공원 명품마을이란?

국립공원 내 주민들이 삶의 터전을 스스로 보전하면서, 잘 보전된 생태계와 문화자원을 활용하여 주민 소득과 삶의 질을 높일 수 있도록 주민과 국립공원관리공단이 함께 만들어가는 마을 만들기 사업이다. 자연공원법에 의한 규제와 제한으로 지역 주민의 국립공원에 대한 불만이 높았다. 그리고 사유재산권의 침해를 이유로 공원 구역에서 빼달라는 마을도 많았다. 그 결과 2010년 공원 구역이 조정되면서 많은 마을이 공원 구역에 제척되었다. 반대로 남아 있는 마을을 대상으로 새로운 지원 방안을 모색하면서 마련된 '주민지원사업'(자원공원법 제73조의2)이 '국립공원 명품마을 사업'이다. 2010년 관매도가 최초로 지정된 후 9개 공원 내 18개소가 지정되었다. 사업은 마을디자인, 마을 기본계획수립, 마을환경개선, 마을안내판 및 홈페이지 구축, 주민교육과 법인설립 등이다. 국립공원과 관련 전문가들의 지속적인 지원 속에 하드웨어 사업보다는 프로그램과 주민교육, 주민소득 사업 등 마을 사업을 펼치고 있다. 명품마을 운영 결과 마을 소득은 515퍼센트, 방문객은 139퍼센트 증가하고 주민의식 향상과 자발적 공원 자원 보전과 보호에 참여하는 성과를 보이고 있다. 한려해상 내도마을은 2011년 지정되었다.

척박한 섬, 시난고난한 섬살이

아무리 살펴도 30여 가구가 뿌리를 내릴 땅이 없다. 겨우 10여 가구 정도가 들어앉을 만한 자리뿐이다. 감소하던 인구가 주춤하고 다시 증가한 것은 내도를 관광지로 개발한다는 소문이 돌면서부터다. 실제로 집은 아홉 가구다. 그중 몇 집은 문이 닫혀 있다. 오랫동안 섬살이를 하지 않는 집도 있다. 내도는 척박하다 못해 거칠고 험한 섬이다. 경사가 심해 논은 고사하고 밭도 겨우 텃밭 수준이었다. 해식애 절벽으로 이루어진 해안에서 미역, 우뭇가사리, 톳 등 해초를 뜯고 조개류에 의지해 살았다. 폐교 자리(내도펜션 위치)에서 발견된 조개무지에서 굴, 소라, 고둥, 백합 등이 확인되었던 것으로 보아 선사시대에도 섬살이는 지금과 크게 다르지 않았던 것으로 보인다. 폐교를 맞은 공곶이에서도 유사한 패총과 유물이 발견되었다. 해면의 높이가 지금보다 훨씬 낮았던 시기에는 두 지역이 육지로 연결되어 있었을 것이라는 추측이 가능하다.

지금 바다 농사를 지으려면 배를 가지고 있어야 하는데 선착장이 마땅치 않다. 게다가 주변에 구조라, 장승포 등 크고 힘 좋은 마을이 즐비하니 마을어장인들 지킬 수 있었을까. 일제 강점기에는 이주한 일본 어민들이 어장을 틀어쥐었다. 광복이 되고 나서도 내도 바다는 섬 주민들의 바다가 아니었다. 마을어업이 제도화되면서 겨우 바다에 기대어 살 수 있었다. 그런데 이젠 나이가 들었다. 어촌계에서 운영하던 정치망도 바닷속 소라 전복도 물질을 하는 해녀들의 도움을 받아야 한다. 옛날에는 섬에 사는 어머니들이 직접 물질을 했다.

공곶이에서 내도를 보는 것도 아름답지만, 반대로 내도에서 공곶이를 보는 것도 좋다. 공곶이 수선화 할머니에게서 들은 이야기다. 섬에 학교가 없을 때 이야기다. 아이들은 노를 젓는 배를 타고 구조라까지

섬길을 걷다 만난 꽃이 이 정도면 더 말할 필요가 없다. 일부러 심은 것도 아니고 자생하는 사위질빵이 꽃을 피웠다. 그래서 더욱 섬과 어울린다. 섬에서 종종 도심 가로수 밑에 심어놓은 꽃들을 보게 된다. 육묘를 해서 옮겨 심은 것들이다. 심지어 섬 전체를 특정 꽃으로 치장하는 폭력도 서슴지 않는 곳도 있다. 내도가 좋은 이유다.

뭍으로 학교를 다녔다. 지금도 여객선이 아니라 마을에서 운영하는 도선을 타고 오가지만 그때는 등학굣길에 주민들도 함께 드나들었다. 아이들이 탄 배에 섬으로 갓 시집온 새댁이 임신한 몸으로 배에 탔던 모양이다. 그런데 날씨가 심상치 않았다. 배가 뭍과 섬 가운데쯤 이르렀을 때 바람과 함께 높은 파도가 일면서 배가 침몰했다. 다행히 섬에서 나고 자란 아이들은 헤엄을 쳐서 나왔지만 새댁은 영영 나오지 못했다. 그 뒤로 내도에 분교가 생겨났다. 섬마을에는 비슷한 불행이 하나둘씩 있다. 고기잡이를 나갔다가 장을 보러 갔다가 도선을 타고 다니다가 풍랑에 변을 당해 마을어귀나 바닷가에 위령비가 세워진 곳도 있다.

　내도는 물이 귀했다. 가뭄이 심하면 빨래할 물은 말할 것도 없고 식수도 어려웠다. 이런 때는 배를 타고 공곶이에서 서이말로 가는 길에

거제가 자랑하는 학동몽돌밭이다. 지금은 여행객들이 즐겨 찾는 곳이지만 아주 옛날에 이 몽돌밭은 멸치를 삶아 널어 놓던 건조장이었다. 봄이면 고사리를 뜯어 삶아서 말리는 곳이기도 했다. 바닷바람이 좋고 햇볕도 좋다. 물도 깨끗하니 여행객에게는 해수욕장으로, 주민에게는 건조장으로 안성맞춤이다.

있는 '물앞'에서 물을 길러 왔다. 물앞은 '폭포앞'이라고도 한다. 망산골 짜기에서 흘러내리는 물이다. 비가 오면 폭포처럼 바다로 쏟아진다. 빨래를 배에 싣고 와서 빨래를 하고 식수로 사용할 물도 담아 갔다. 내도에서만이 아닌 작은 섬에서 살아온 시난고난한 섬살이를 엿볼 수 있는 이야기다.

섬이 숲이다

바다 건너 공곶이를 바라보며 섬길로 들어섰다. 섬이 숲이고 숲이 섬이다. 안으로 들어서면 하늘이 없다. 숲이 하늘을 가렸다. 전망대에 이르러야 하늘도 바다도 볼 수 있다. 전망대는 세 곳에 마련되어 있다. 서이말 등대를 볼 수 있는 세심전망대, 외도를 볼 수 있는 신선전망대, 구조라와 망산 등 거제 동쪽 명승을 볼 수 있는 희망전망대 등 세 곳에 전망대가 만들어져 있다. 마을에서 세심전망대로 가는 길은 삼나무가 빽빽하다. 수령이 오래되지는 않았지만 원시림에 가깝다. 잠깐 호흡을 가다듬을 때쯤이면 세심전망대에 이른다. 이곳에서는 대마도가 잘 보인다. 조선시대 대마도 사람들이 이곳 지세포로 들어와 어업허가증을 발부받고 내도와 외도를 지나 여수 거문도와 초도까지 들어와 고기를 잡기도 했다. 그들에게 조선의 바다는 일본 바다보다 드나들기 좋은 어장이었을 것이다. 신선전망대로 가는 길은 소나무숲이 좋고 연인길이 이어진다. 외도를 오롯이 볼 수 있는 곳은 아마도 내도 신선전망대뿐일 듯하다. 해금강에서 하얀 포말을 남기며 외도로 달리는 유람선, 외도에서 힘들게 빠져나와 서이말 등대로 향하는 유람선 등이 한눈에 들어온다. 내도 숲길을 돌아보는 것도 즐겁지만 전망대에서 오가는 배들을 보는 맛도 쏠쏠하다. 희망전망대로 가는 길은 어두운 숲길이다. 숲이 우거져 하늘이 보이지 않는다. 동백나무, 소나무, 누리장나무 등이 하늘을 가렸다. 희망전망대에서는 해금강, 바람의 언덕, 학동몽돌해변, 구조라를 품은 수정산 등을 볼 수 있다.

새옹지마, 우리 섬이 좋다

섬길을 돌아 구조라와 학동이 빼꼼히 고개를 내밀 즈음 삼거리에 이른다. 마을로 가는 길과 선착장으로 가는 길이다. 머뭇거리지 않고 마을 길을 택했다. 그런데 두 길이 다르다. 해안을 돌아 선착장으로 가는 길은 풀도 없고 길도 또렷하다. 마을로 가는 길은 풀이 무릎 높이로 자랐다. 한동안 사람이 다니지 않은 흔적이다. 옛날에는 나무를 하고 밭을 일구기 위해 수없이 오르내렸겠지만 이젠 이 길을 오가는 주민이 거의 없다.

외도를 오가는 유람선이 바쁘게 오간다. 오늘은 얼마나 많은 여행객이 외도를 찾았을까. 내도 주민들에게는 부러움도 있지만 안타까움도 상존한다. 내도에도 한때 외도처럼 개발해야 한다는 목소리가 있었다. 하지만 국립공원으로 지정된 이상 외도를 모델로 개발할 수 없다. 그래서 지켜진 것이 숲이고 마을이고 바다다. 그 가치가 주민들의 몫이 된 이유다.

대신 여행객들은 탐방로를 따라 오간다. 마을로 내려오는 길목에 서 있는 아름드리 동백이 두 팔 벌려 환영한다. 사람이 그리웠던 것일까. 외길 대나무숲을 지나니 집이 보인다. 모노레일이 그곳까지 올라와 있다. 손바닥만 한 밭에 하얀 부추 꽃이 활짝 피었다. 좁고 짧은 골목길에서는 무궁화가 나비를 부른다. 해안까지 내려오면서 주민이든 여행객이든 한 사람도 만나지 못했다. 쓰러져가는 빈집이 보일 뿐이다.

해안가에서 몇 집만 사람 사는 흔적을 엿볼 수 있었다. 귀촌해서 섬살이를 하면서 민박도 하는 무궁화민박 주인이 생선 몇 마리를 손질해 소금 간을 하고 있다. 바닷가에 위치한 내도펜션은 단체 여행객도 숙박할 수 있다. 수영을 즐기는 동호회원들이 단체로 들어와 물놀이를 즐긴다.

국립공원에서 추진하는 명품마을로 지정되면서 적잖은 변화를 겪고 있다. 구멍가게지만 섬주민의 구심점도 마련되었고, 탐방로도 완성되었다. 큰 돈벌이는 아니지만 섬을 지키면서 살아가는 데 부족함이 없다. 한때 공곶이와 섬을 잇는 다리를 놓아달라는 소리도 높았고, 외도처럼 관광지로 개발되기를 바라기도 했다. 지금은 아니다. 국립공원에 포함되어 명품마을이 된 것이 얼마나 다행인가. 이제야 섬도 주민들도 그 가치를 조금씩 공유하는 것 같다.

개황 | 거제 내도

일반현황

위치 | 경상남도 거제시 일운면 와현리
면적 | 0.256km²
가구수 | 9
인구(명) | 13
교통 | 거제시-구조라유람선터미널에서 배편 이용
특산물 | 미역, 톳

변화 자료

구분	1985	1995	2011
주소	경남 거제군 일운면 와현리	경남 거제시 일운면 와현리	경남 거제시 일운면 와현리
면적(km²)	2.256	0.256	0.256
인구(명)	80(41+39)	39(22+17)	34(21+13)
가구수	19	14	24
공공기관			
학교	초등분교 1	초등분교 1	
급수시설	간이상수도 3개소	간이상수도 4개소	지방상수도 24가구
전력시설	한전계통 19가구	한전계통 14가구	한전계통 24가구
의료시설			
어선(척, 동력선+무동력선)	5(4+1)	7(6+1)	6(6+0)

※ 섬의 개황 자료 또는 변화 자료를 통계 데이터베이스에서 확인할 수 없는 경우 부득이하게 비워두었음을 알려드립니다.

9

섬 개발 모델이 된 섬
거제 외도

외도를 보려면 내도로 가라. 구조라 바다 안에 있는 섬이 내도, 밖에 있는 섬이 외도다. 내도는 국립공원이며, 외도는 해상공원이다. 외도는 섬 개발의 모델로 많은 사람들이 벤치마킹을 하기 위해 찾는 섬이다. 작지만 거제 관광을 책임지는 섬이다. 작은 섬이 큰 섬을 먹여 살린다. 허투루 하는 흰소리가 아니다. 거제 여행을 하는 사람은 안다. 구조라, 다대, 장승포 등 거제도 큰 섬에서 바다로 가는 이름난 포구와 여행지에는 어김없이 외도로 가는 유람선 선착장이 있다. 하룻밤을 자야 하는 것은 물론이고 주변에서 식사도 해야 하니 그 경제효과도 쏠쏠하다. 거제까지 왔으니 외도에 한 번 가야 하는 것 아니냐는 것이 여행자들이 이구동성으로 하는 말이다. 당일치기하고 말 것을 1박이나 2박을 하고 가니 그 효과가 얼마나 크겠는가. 요즘 지자체마다 머물러 가는 여행지로 만들기 위해서 안달이다.

외도는 외도 해상공원으로 불리더니 2005년에 '외도 보타니아'로 이름을 바꿨다. 보타니아는 '식물'(botanic)과 '낙원'(utopia)의 합성어이다. 식물의 낙원이라는 것이다. 거제를 찾는 여행객들이 가고 싶어 하는 섬이다 보니 선착장도 곳곳에 마련되었다. 장승포 선착장, 지세포 선착장, 와현 선착장, 구조라 선착장, 도장포 선착장, 해금강 선착장, 다대 선착장 등 무려 여섯 곳에 이른다. 모두 거제 관광자원이 모여 있는 곳이다. 거제 여행을 하는 방문객들은 외도에 들렀다 거제 본섬을 둘러보는 여행은 자투리 시간을 이용하는 경향이 크다.

낚시하러 갔다 외도에 반하다

외도는 경상남도 거제시 일운면에 위치한 해상공원이다. 섬을 다녀보면 낚시하러 갔다가 섬에 반해 그 섬으로 귀촌한 사람들을 심심찮게 볼 수 있다.

외도가 오늘날 모습으로 바뀌게 된 계기도 낚시였다. 평안남도 순천이 고향인 고 이창호는 1.4후퇴 때 월남했다. 교직생활, 직물상, 대기업에서 일하기도 했던 그는 1968년 낚시를 하러 외도에 들렀다가 홀딱 반하고 만다. 동백나무, 후박나무 등 난대성 상록활엽수가 울창한 밖섬

외도에서 본 해금강과 다도해의 모습이다. 외도를 찾는 것은 외도에 꾸며놓은 정원을 보기 위함이 아니다. 외도에서 바다를 보기 위해서 가는 일이 더 많다. 바다가 곧 정원이고 섬이 숲이다. 이보다 훌륭한 자연정원이 또 어디에 있단 말인가.

(외도. 옆에 있는 내도는 안섬이라 함)에서 하룻밤을 잔 것이 계기였다. 그리고 원주민과 외지인의 땅까지 모두 사들였다. 37필지 4만 3천여 평을 매입했다. 아내 최씨는 우아하고 아늑한 백사장이 있는 섬을 꿈꿨지만 바위절벽으로 둘러싸인 섬을 보고는 아연실색했다고 한다. 감귤 세 그루면 제주에서 대학을 보낼 수 있다고 했는데, 자그마치 3천 그루를 사다가 심었단다. 그랬는데 1976년 한파로 꿈도 얼어붙고 말았다. 대신에 주변에 방풍림으로 심은 8천 그루의 편백나무 울타리가 눈에 띄어 식물원을 꿈꾸며 추진했다. 그로부터 20년 후인 1995년 4월 15일 공식으로 문을 연 외도해상공원이었다.

얻은 것과 잃은 것

처음 외도를 찾았을 때 얼마나 두근두근거리고 감탄했는지 모른다. 나만 그랬을까. 섬이 많은 지자체의 공무원, 전문가, 개인들, 또 정원을 만들고 싶어 하는 사람들까지 얼마나 많은 사람들이 왔다 갔겠는가. 그들 모두 정도는 다를지 모르지만 감동했을 것이다. 그런데 이렇게까지 가꾸는 데 길게는 60년, 짧게는 30년이 걸렸다는 사실을 간과한다. 정책은 길어야 5년이다. 3년 정도면 양호하다. 1년짜리도 많다. 단체장의 임기는 4년이다. 3선을 내리 해도 12년이다. 그사이에 외도와 같은 정원을 만들 수 있을까. 일회용 정책이 널려 있다. 표심 따라 움직이니 한곳에 그렇게 오래 예산을 투입하고 정책을 추진하기 힘들다.

그러니 시작부터 단추가 잘못 끼워진 셈이다. 외도는 절대 지자체의 섬 개발 모델이 될 수 없었다. 그 뒤 몇 번을 방문하면서 감동은 점점 퇴색했다. 오히려 자연스러운 섬, 개발되지 않은 섬과 섬길로 감동이 옮겨지고 있다. 외도의 마지막 주민은 6가구였다. 그들은 모두 섬을 떠났다. 주민이 없는 섬이 되었다. 섬이라기보다는 정원이라 해야 옳다.

외도는 개인 섬이다. 1960년대부터 섬 개발을 시작해 식물과 낙원을 의미하는 '보타니아'라는 의미를 더해 2005년 '외도 보타니아'로 문을 열었다. 남국의 파라다이스를 꿈꾸며 짧게는 40여 년을 준비해 만든 정원이다. 섬 개발을 꿈꾸는 행정과 민간이 모델로 삼지만, 긴 시간과 땀과 눈물은 보지 못해 아쉽다.

외도의 개발은 단순어업과 어촌생활을 하던 거제도에 관광산업을 이끌어내는 계기가 되었다. 외도에는 제주도, 오스트레일리아, 동남아시아, 난대 및 아열대 식물이 전시되고 있다. 총 119종 수목, 화훼, 관상수 중 64종 자생종이다. 외도에는 백악기와 쥐라기에 번성한 공룡이 남긴 발자국 화석이 있다. 고성군 하이면 덕평과 하동군 금남면에 공룡이 살았던 흔적이 많이 남아 있다. 외도 바다는 명승2호 해금강이다. 1968년 12월 31일 국립공원으로 지정되었다. 주변에 학동몽돌해변, 동백나무군락지 등 매력적인 자원이 많다. 여기에 외도가 있어 여행객들이 좋아한다.

이후 거제시는 기회가 있을 때마다 외도를 모델로 섬 개발 계획을 세웠다. 대통령 별장이라는 저도가 개방되었을 때도 그랬고, 국방부로부터 소유권을 받은 지심도도 주민들을 모두 이주시키고 섬 개발을 추진하려다 멈췄다. 통영 장사도도 주민들을 이주시키고 섬 개발을 한 사례다.

우리나라 섬 개발이나 섬 발전 계획을 세울 때 모델로 삼는 섬을 들 자면 국외는 산토리니이고 국내에서는 외도였다. 도서종합개발계획이 수립되기 시작한 1980년대 이후 지금까지 이어지고 있다. 그 기반은 관광이다. 관광자원으로 섬을 활용하려는 계획만 있었다. 그곳에 주민 들이 있고, 육지와 달리 해양, 연안, 갯벌에 다양한 생태경관과 문화경 관이 있음을 살피지 않았다. 육지 관점으로, 여행객 시선으로 섬을 대 상화해서 접근한 탓이다. 그러다 보니 반세기가 훨씬 넘었는데도 섬 발전 모델이 될 만한 섬을 만들지 못하고 여전히 외도와 산토리니만 쳐다보고 있다.

개황 | 거제 외도

위치 | 경상남도 거제시 일운면 와현리
면적 | 0.145km^2
가구수 | 2
인구(명) | 3
교통 | 장승포, 구조라항, 지세포, 와현, 도장포에서 외도 유람선 이용
특산물 |

변화 자료

구분	1985	1995	2011
주소		경남 거제시 일운면 와현리	경남 거제시 일운면 와현리
면적(km^2)		0.051	0.123
인구(명)		2(1+1)	10(10+0)
가구수		1	10
공공기관			
학교			
급수시설		우물 1개소	우물 1개소
전력시설		자가발전 3대	자가발전 4대
의료시설			
어선(척, 동력선+무동력선)		1(1+0)	1(1+0)

※ 섬의 개황 자료 또는 변화 자료를 통계 데이터베이스에서 확인할 수 없는 경우 부득이하게 비워두었음을 알려드립니다.

10

이수도의 보물,
어떻게 지켜야 할까

거제 이수도

기온이 차갑고 바람도 제법 부는데 '살방 선착장'에서 30여 명쯤 되는 여행객이 배를 기다린다. 이수도가 손을 뻗치면 닿을 듯 가깝다. 찬바람이 부는 겨울에는 미세먼지도 적고 바다는 더욱 깊고 푸르다. 이런 날씨에는 섬이 더 가깝게 다가온다. 지긋한 나이에 단체여행에 나선 여자들 웃음소리가 톡톡 튄다. 도선장 말로는 지난 연말에는 하루에 700여 명이 들어왔는데, 요즘은 여행객이 적게 오는 편이라고 한다. 연간 10만 명이 넘는 방문객이 온다. 한 마을로 이루어진 작은 섬에 적지 않은 수다. 섬에서 내놓은 상품은 '1박 3식'이다. 하룻밤 나고 세끼를 섬 밥상으로 받는 것이다. 1인 가격이 주중에는 7만 원, 주말에는 8만 원이다. 성수기에는 예약이 힘들다. 작은 섬에 그 많은 사람이 머무를 수 있을까.

물이 좋은 섬, 이물도

이수도는 거제시 장목면 시방리에 속한 섬이다. 생김이 학(두루미)을 닮아 학섬이라 불렸다. 시방리 살방마을 부녀자들이 불렀다는 노동요 '굴까로 가세 굴까로 가세 연두야 새섬에 굴까로 가세'에 나오는 '새섬'이 학섬이다. 작은 섬이지만 물맛 좋고 넉넉해 살방 사람들도 가뭄이 들면 물을 길러다 먹었다. '작은 섬에 어찌 이렇게 좋은 물이 많이 날

이수도에 세워진 방시순석이다. 섬으로 들어오는 선착장이 있는 살방마을에서 이수로 쏜 화살 때문에 새모양을 한 이수도가 편치 않자 세운 비석이다. 이후 마을도 편안하고 고기잡이도 잘되었다. 뭍으로 나간 자식들도 무탈하게 잘 자랐다고 한다. 반대로 살방마을은 고기잡이가 별로였다. 다음 해 살방마을에서는 이수도가 잘 보이는 곳에 쇠로 만든 화살 만 개를 준비하여 '방시만노석'을 세웠다.

수 있나' 해서 '이물(利勿)섬'이 되었다고 한다. 이물도는 조선 영조 45년(1769년) 처음 등장한다. 1942년 장목면 23개 부락이 만들어질 때 물(勿)을 수(水)로 바꿔 이수도라는 한자 지명이 만들어졌다. 하지만 노인들은 지금도 이물도라는 이름을 사용한다.

이수도 분교 근처에서 발견된 패총으로 보아 선사시대부터 사람이 살았을 것으로 추정한다. 《세종실록》에 거제현은 바다 가운데 있는 섬으로 고려 말 원종 12년(1271년) 왜구들의 노략질이 심해 땅을 잃고 백성들을 거창 가조현으로 피난시켰다고 했다. 대마도 정벌 후 1422년(세종 4년) 주민들이 돌아왔지만 임진왜란으로 다시 섬을 떠나야 했다. 17세기 이후 거제에 사람이 거주하기 시작했다. 이수도 현 주민들의 입도조 역시 그 무렵 섬에 들어왔을 것으로 추정한다.

비석을 세워 액을 막다?

이수도 앞 살방마을은 장목해변에 위치한 마을로 대금산에서 보면 마치 새 모양을 한 이수도에 대고 활을 쏘는 형국이다. 이수도의 풍수지리에 늘 불편했던 이수도 주민들이 살방에서 쏜 살을 막는 비석을 세우는 묘책을 생각해냈다. 임신년에 만들어진 방시순석(防矢盾石)이다. 비석을 세운 뒤로 이수도는 고기잡이도 자식농사도 잘되었지만, 살방마을은 고기잡이도 시원찮고 자식들 수도 줄었다. 살방마을 사람들이 비석을 부수겠다고 몰려갔지만 섬 주민들이 강력하게 반발하여 오히려 물도 길러 먹지 못하게 되었다. 고심하던 차에 금강산에서 수행을 한 도사로부터 '살방마을은 활인데 살이 없어 기운이 없으니 활을 쏘는 비석을 세우라'는 방책을 들었다. 이수도가 잘 보이는 곳에 쇠로 된 화살을 만 개나 갖췄다는 방시만노석(放矢萬弩石)을 세웠다. 방시순석이 만들어진 다음 해인 계유년이다. 이번에는 살방이 고기잡이도 잘되고 자식들도 번성하자 이수도에서 살방마을 비석을 부수겠다고 나섰다. 이후 이수도에서 방시순석 위에 쇠 화살을 막을 '방시만노순석(防矢萬弩盾石)'을 다시 올렸다. 살방에서 쇠로 된 만 개의 화살을 쏘아대도 막는 비석이다. 이후 두 마을은 화목하게 잘살게 되었다고 한다.

1월은 금어기

언제 나타났는지 덥수룩한 작업복에 운동화를 신은 주민이 바지선으로 건너오며 "사진 다 찍으셨어요?"라고 말을 건넸다. 도선에서 내려 마을로 들어서다 바지선 덕장에 걸린 대구를 보고 사진 몇 장 찍으려 기웃거리던 참이었다. 사내는 필자를 경계하는 눈치였다. 1월 한 달은 호망을 제외한 자망, 연승, 정치망, 통발 등 어떤 어구로도 대구를 잡을 수 없다. 호망의 경우도 한 달 동안 잡을 수 있는 개체수가 정해져 있

이수도는 거제도와 가덕도 사이에 있는 작은 섬이다. 섬은 작지만 좋은 어장을 가졌다. 특히 대구 어장의 중심에 자리를 잡고 있다. 또 철철이 그물을 놓아 잡은 고기와 해산물로 밥상을 차려낸 '1박 3식'의 상품으로 여행객들에게 큰 인기를 끌고 있다.

다. 호망은 정치망의 하나로 일제 강점기 거제에 일본인 이주어민들이 사용하면서 보급된 대구잡이 어법을 개량한 것이다. 1월 이수도와 가거도 인근에서 잡히는 다 자란 암수 대구를 호망으로 잡아 알과 정액(곤이)을 받아서 인공수정을 해서 방류하고 있다. 다른 어구로 잡은 대구는 상처가 나고 스트레스를 받지만 호망은 자연 상태 그대로 가두어 잡는다.

이수도, 외포, 관포 등에서 호망을 이용해 대구를 많이 잡는다. 많이 잡힐 때는 한 물에 1천여 마리를 잡았으니, 금어기 한 달 동안 허락된 수백 마리 정도는 두세 물이면 끝나는 양이다. 겨울 한 철 벌어서 일 년 먹는 호망 어민은 금어기가 불편하기만 하다. 민원만 없었다면 이번 겨울 금어기에도 적당하게 조업을 했을 것이라고 했다. 실제로 이웃인 부산 가덕도 일대에서는 거제만큼 엄격하게 단속하지도 않고, 울산 등 다른 지역에서는 금어기가 3월인 곳도 있다. 값이 가장 비싸고 많이 잡히는 1월 한 달을 금어기로 정하고 엄격하게 단속하는 것에 대한 불만이다. 그런 참에 바지선에 올라 기웃거리며 사진을 찍고 있었으니 곱게 보일 리 없었다.

대구어는 거제 바다의 특산물이었다

광복 후 한동안 대구가 많이 잡혔다. 값도 좋아 이수도에는 강아지도 지폐를 물고 다닌다 해서 '돈섬'이라 했다. 어족자원이 풍부할 때는 '돈을 마대에 넣어 부엌 나뭇단 밑에 숨겨놓을 정도'로 풍족했다고 한다. 그때는 120여 가구에 500여 명이 거주하기도 했다. 그렇게 많이 잡히는 대구가 감소하기 시작한 것은 1970년 말부터다. 경상남도 대구 어획량을 보면, 1991년 11톤, 1994년 1톤으로 줄었다. 대구 산란장인 진해만에서 살아 있는 대구를 잡는 것이 뉴스거리가 될 정도였다. 대구가 잡히지 않자 1980년대 초기에는 이수도 바다에서 인공 수정한 대구 알을 새끼줄에 부착해 바다에 넣는 사업을 추진했다. 그리고 2000년대에는 치어와 자어를 방류했다. 그 결과인지 2004년 들어 자원이 회복되기 시작해 어획량이 200여 톤을 넘어섰고, 2010년대에는 1천여 톤까지 어획되었다. 우리나라 대구 어획량은 2016년 4,994톤이었다. 대구가 잡히지 않을 때는 한 마리에 60여만 원에 거래되기도 했다. 지금은 암대구 큰 것이 외포 대구시장에서 6만 원에 거래되고 있다.

대구 어획량이 감소한 것은 해양 오염과 기후 변화, 남획이 원인이라고 한다. 1980년대 동해에서 엄청나게 잡아 술안주로 삼았던 노가리가 사실은 대구 새끼였다고 한다. 대구 금어기를 지정한 것은 1964년부터였지만 실제로 단속을 시작한 것은 1983년이다. 당시 경비정이 외포로 들어와 불법어업을 단속하자 어민과 충돌이 발생하기도 했다.

거제와 통영에 널리 알려진 약대구다. 아가미를 통해 큰 대구의 내장이나 알을 모두 꺼내고 소금을 가득 채운 후 짚으로 배꼽을 막고 4개월 정도 바닷바람에 말린다. 약대구는 임산부나 노인들의 몸을 보양하는 용도로 많이 먹었다.

일제 강점기에도 대구 어획량이 감소하자 그 원인이 논란이 되었다. 당시에도 수온의 변화와 남획을 원인으로 꼽았다. 그리고 인공 수정이 시도되었다. 최근 대구 자원이 늘면서 다시 남획 조짐이 보이고 어획량도 감소하고 있다. 여기에 통발, 자망 등 어민들과 갈등이 발생하면서 금어기를 엄격하게 적용하고 있다.

겨울보약은 거제대구탕

대구는 부산 다대포만, 마산만, 진해만, 고성만, 거제도 연안 일대 등 진해만이 산란장이다. 그중에서도 가덕도와 이수도 사이 연안에서 잡히는 대구가 '알배기'와 '곤이'로 유명하다. 어획량도 많았다.

골목길에서 만난 어머니는 시장바구니에 대구 몇 마리를 담아 이 집 저 집 다니며 두 마리씩 나누어주고 있었다. 오늘 호망 물을 본 모양이다. 큰 고기는 위판을 하지만 작은 것은 위판을 할 수 없다. 금어기에는 호망으로 잡은 대구도 위판 양이 정해져 성어만 꼬리에 표식을 달아 유통한다. 넘어진 김에 쉬어 간다고 위판을 하지 못할 대구는 말리거나 이렇게 마을 주민에게 인심을 쓰는 것이다. 바구니에 들어 있던 물메기가 놀라 펄쩍 뛴다.

이수도 주민들 집 안에는 마당이나 옥상 혹은 처마 밑 어디든지 대구가 몇 마리 걸려 있다. 이렇게 말린 대구는 명절 제상에 오르고 고향을 찾은 자식들에게 줄 것이다.

겨울철 거제 여행의 백미는 대구탕이다. 특히 외포에서 대구만 넣어 끓인 대구탕은 잊을 수가 없다. 대구는 배를 갈라서 아가미와 창자를 빼내고 말린 '통대구', 알이 든 대구의 아가미와 창자를 도려내고 소금을 넣어 말린 '약대구', 등을 갈라 뼈를 추려내고 머리도 함께 쪼갠 뒤 햇살에 말려 대구포로 먹는 '열짝' 등이 있다. 거제에서는 2005년 대구를 거제 시어(市魚)로 결정하고 대군이와 대양이라는 캐릭터를 만들고, 외포에서 대구축제를 개최하고 있다.

섬다움을 간직하길

5인 이상 1인당 7만 원, 4인 30만 원.

이수도 들머리 선착장에 게시된 '이수 1박 3식 요금표'다. 섬에는 밥만 해주는 식당이 없다. 그렇다고 밥을 먹을 수 없는 것은 아니다. 펜션을 찾아가 부탁하면 된다. 요금표까지 내건 펜션은 직접 배를 몰아 물고기를 잡는 집들이다. 점심은 탕과 생선조림이 기본 반찬으로 나오고, 저녁은 제철 회를 중심으로 새우, 전복, 문어 등 해산물이 밥상에 오른다. 아침은 국과 밥에 생선구이 정도가 곁들여진다. 새로 지어진 큰 건물들은 대부분 펜션과 식당을 겸한 것들이다. 10여 명은 거뜬하게 잘

여행객들이 많이 찾는 섬으로 바뀌면서 골목도 옷을 갈아입고 있다. 이수도를 찾는 사람들은 부산 사람이 많고 연령층은 중년층들이다. 그들이 어렸을 때 즐겨 했던 놀이들이 벽화로 그려졌다.

수 있을 만큼 큰 방도 있다. 연말이나 연휴 등 여행객이 많이 찾는 시기에는 이웃한 민가에서 잘 수도 있다. 이번 연말에 수백 명이 숙박을 할 수 있었던 것도 이런 사정 덕분이다.

이수도에는 부산에서 온 50~60대들이나 동창모임이 많다. 펜션 신축 공사장의 인부들 틈바구니에서 가까스로 식사를 하면서 들은 말이다. 어느 집에서 내놓은 이수도 밥상이 입소문을 타고, 예능프로그램을 통해 알려지면서 찾는 사람이 늘기 시작했다. 작년부터는 아예 '이수도 1박 3식 요금표'를 만들었다. 이제 민박 수준을 넘어 전문 펜션업으로 방향을 전환한 집들도 있고, 외지에서 들어와 사업을 하는 사람도 생겨났다. 부작용도 없지 않다. 손님을 유치하려는 경쟁이 과열될 조짐도 보이고 있다. 이수도가 섬 경관과 함께 순수한 섬 인심도 훼손되지 않기를 바랄 뿐이다. 섬 여행을 제대로 하려면 여행객도 섬 사람과 섬 경관을 존중하는 따뜻한 시선을 가져야 한다.

개황 | 거제 이수도

일반현황

위치 | 경상남도 거제시 장목면 시방리
면적 | 0.394km^2
가구수 | 59
인구(명) | 96
교통 | 경남 거제시 장목면 시방선착장에서 배편 이용
특산물 | 쑥, 고사리, 갑오징어, 돌문어

변화 자료

구분	1985	1995	2011
주소	경남 거제군 장목면 시방리	경남 거제시 장목면 시방리	경남 거제시 장목면 시방리
면적(km^2)	0.384	0.384	0.394
인구(명)	370(181_189)	180(99+81)	110(59+51)
가구수	83	52	53
공공기관	파출소 1, 어촌계 1		
학교	초등분교 1	초등분교 1	
급수시설	간이상수도 2개소, 우물 5개소	간이상수도 2개소	간이상수도 3개소
전력시설	한전계통 83가구	한전계통 52가구	한전계통 53가구
의료시설			
어선(척, 동력선+무동력선)	20(12+8)	24(20+4)	40(40+0)

※ 섬의 개황 자료 또는 변화 자료를 통계 데이터베이스에서 확인할 수 없는 경우 부득이하게 비워두었음을 알려드립니다.

11

대통령의 휴양지,
시민의 품으로

거제 저도

바다의 역사를 톺아보면 진해만은 권력을 품은 바다가 맞다. 조선시대에는 어민들의 바다가 아니라 왕실의 바다였다. 한말과 일제 강점기에는 제국의 바다였고, 광복 후 진해만 길목에 있는 저도는 대통령의 휴양지가 되었다. 황금어장에 솟아 있던 여러 섬들은 군사기지였다. 그 상징인 저도는 바다의 청와대, 청해대로 군림했다. 여행객은 물론 주민들도 가까이 하기 힘든 섬이요 바다였다.

유람선을 타고 20여 분, 저도는 거제시 장목면 유호리 '버드레'마을에서는 소리치면 들릴 만큼 가까운 거리에 있다. 뭍에서 짐승들이 헤엄쳐 들어와 가축을 잡아먹어 대책이 필요하다는 기록이 《성종실록》에 등장하기도 한다. 생김새가 학과 같아서 학섬이라 했다고 한다. 그런데 왜 '돼지[豬島] 섬'이 되었을까. 구전되는 이야기로는, 큰 구렁이에게 쫓기던 개구리를 본 학이 돼지로 변해 구렁이를 물어 죽인 후 저도가 되었다고 한다. 구렁이는 죽어서 사근도가 되고, 개구리는 지쳐죽어 망와도가 되었단다. 저도 근처에 있는 바위섬의 이름이다.

열강은 왜 진해만을 탐냈을까

조선시대 진해만에는 왕실의 밥상을 위해 대구, 청어 등을 잡는 그물이 가득했다. 일제 강점기에는 왕실의 어장만 아니라 진해만을 통째로

저도는 대통령의 섬이었다. 일제가 패망한 후 이승만 정권은 휴양지로, 박정희 정권은 청해대 역할을 했다. 김영삼 정권 시절 청해대를 해제했지만, 2008년 다시 대통령 별장이 되기도 했다. 그리고 2019년 시민에게 개방되었다.

집어삼켰다. 임진왜란 당시 진해만 곳곳에 왜성을 쌓고 버티다 본국으로 돌아간 지 300여 년 만이다. 진해만을 먼저 탐냈던 국가는 러시아였다. 먼저 진해만에 진출하여 좋은 자리를 원했다. 두 열강 사이에서 조선은 중립을 선언했지만 러일전쟁에서 승리한 일본은 조선의 땅을 유린했다. 우선 요충지를 군용지로 점령하고 통신망과 항로와 철도부설권를 요구했다. 토지와 임야는 말할 것도 없고, 바다의 어장마저 장악했다.

일본은 1905년 3월 30일 저도 주민을 강제로 퇴거시켰다. 당시 저도 거주 인원은 총 60명이었다. 일본은 1천 122원 16전을 보상비로 치르고 논밭을 매입했다. 이곳에 신호소, 화약고, 부두 등을 갖추고 포대도 구축했다. 일본과 가깝고 최고의 양항 조건을 갖춘 진해만이다. 왕실의 어장까지 있으니 이보다 좋은 곳이 있었을까 싶다. 게다가 멸치,

청어, 정어리 등 진해만에서 많이 잡히는 바닷물고기는 식용은 물론 군수용 기름으로 사용하기도 좋았다. 진해만으로 들어오는 길목에 있는 절영도, 가덕도, 저도에 일본의 해군기지가 자리를 잡았다. 일본은 태평양전쟁 때 이곳을 제주와 함께 마지막 방어선으로 삼고자 했다.

대통령의 섬, 시민에게 개방하다

일본의 패망과 광복, 그 후 저도는 대통령 별장으로 바뀌었다. 1954년 이승만 전 대통령은 휴양지로, 1972년 박정희 전 대통령은 바다의 청와대란 의미로 '청해대'라 이름을 붙였다. 그리고 1993년 김영삼 전 대통령 시절 청해대 지정을 해제했지만 2008년 다시 대통령의 별장으로 지정되었다. 박근혜 전 대통령은 2003년 저도를 찾았다. 나뭇가지로 해수욕장에 쓴 '저도의 추억'이라는 글이 소개되면서 주목을 받기도 했다. 그리고 2019년 문재인 대통령은 약속한 대로 47년 만에 저도를 시민에게 개방했다.

이제 누구나 저도에 갈 수 있게 되었다. 하지만 언제나 갈 수 있는 것은 아니다. 한 번에 300여 명씩, 오전 오후 두 차례로 제한하고 있다. 거가대교를 놓으면서 다리가 연결되었지만 섬에 갈 수 있는 길은 유람선이 유일하다. 저도 방문에 여행객만 아니라 동행한 안내인과 안전요원도 수십 명에 이른다. 이들은 걷는 길 곳곳에서 길을 안내하지만 더 중요한 일은 청해대와 함대 등 촬영금지 구역에서 촬영을 막는 일을 한다. 유람선사 측에서도 매우 신경을 쓰는 부분이다. 국방부(해군)의 협조를 얻어 개방했지만 완전한 개방은 아니기에 불편한 일이 생기면 완전개방으로 가는 길에 문제가 생길 수 있기 때문이다. 거제시는 완전한 개방을 통해 외도와 장사도를 잇는 해양관광의 거점으로 만들고 싶어 한다. 섬 개발 방식을 두고 논의가 필요하겠지만 지자체 입장에서

저도 연리지목, 연리지는 동종이나 같은 특성을 가진 나무끼리 연결되는 경우가 많은데 저도에는 침엽수인 곰솔과 활엽수인 말채나무가 연접해 자란다. 다른 사람이 만나 부부, 자식, 연인, 친구가 되는 것과 같다. 기도를 하면 소원, 사랑, 자식 등을 얻을 수 있다고 한다.

는 적극 나설 만한 일이다. 대통령의 별장에, 그것도 섬에 있는 별장에 갈 수 있다니 얼마나 매력적인가.

숲이 평안하니 걷는 사람이 행복하다

계류부두에서 내린 여행객들이 길목마다 서 있는 안내인의 지시에 따라 산책길로 들어섰다. 동백길로 접어드는 길목에 일본이 설치한 포대 진지가 그대로 남아 있다. 그곳에 거가대교를 한눈에 볼 수 있는 전망대가 있다. 마침 여행객을 가득 실은 유람선이 거가대교 밑을 지나고 있었다. 저도 방문은 하루에 두 번으로 제한되어 있지만 주변을 돌아보는 유람선은 자주 운항한다. 운이 좋은 날은 수십 마리 돌고래가 뛰는 것 모습도 볼 수 있다. 오전에 운항한 저도 유람선을 탔던 사람들은 그 행운을 누렸단다. 오후보다 오전이 돌고래를 볼 확률이 높다고 한다.

저도에서 주민들이 떠나고, 오가는 사람들이 줄어들었지만 아름드리 곰솔, 전나무, 동백나무, 팽나무 등이 군락을 이루었다. 고라니, 사슴, 왜가리 등 섬과 바닷가에 서식하는 동물들도 인간들 눈치를 보지 않고 자유롭게 생활했을 것이다. 얼마나 행복했을까. 대통령이 걸었다는 산책로이니 얼마나 잘 정비되었겠는가. 모두들 탄성을 지른다. 인간의 삶이 행복한 것은 누군가의, 또는 어떤 것의 희생으로 얻어진다.

나무가 행복하고 숲이 평화로우면 그곳을 지나는 사람들의 표정도 밝아지고 온화해진다. 이게 힐링이요, 치유의 숲이다. 숲길을 지나니 잘 다듬어진 잔디밭으로 이어졌다. 경계에 대나무가 빼곡하다. 저 어딘가 섬 사람들이 집을 짓고 오순도순 마을을 이루며 살았을 것이다. 잔디밭은 농사를 지었던 논이다. 그곳에 곰솔과 말채나무가 어깨를 기대며 서 있다. '저도의 사랑나무' 연리지목이다. 어려운 일이 있을 때 기도하면 소원이 이루어지고, 자식이 없는 부부가 손을 잡고 돌며 기도하면 자식이 생긴다고 한다. 바닷가에는 곰솔이 숲을 이뤄 갯바람을 막고 있다. 그 너머에 해수욕장과 진해만이 펼쳐져 있다. 누군가 해수욕장 모래밭에 '저도의 추억'이라는 글씨를 썼다.

12

외로움과 아픔은
동백으로 피어나고

거제 지심도

동백으로 유명한 곳이 한두 곳이 아니지만 규모나 수령으로 볼 때 지심도가 으뜸이다. 해식애로 둘러싸인 섬에는 수백 년 된 동백이 숲을 이룬다. 햇볕 좋은 봄날 섬에는 동백 잎이 내려앉은 별처럼 반짝이고, 바다의 윤슬도 반짝이다. 그대로 보석이다. 나지막한 언덕으로 이어지는 동백숲, 후박나무숲, 대나무숲 등 숲길이 빼어나고, 울창한 원시림을 이루고 있다.

지심도는 거제시 일운면 지세포리에 속하는 작은 섬이다. 지심도는 지사도(知士島)라 불렀다. 《경상도속찬지리지》에 기록되어 있다. 《대동여지도》에는 지삼도(只森島)라 했다. 상록수림이 우거진 섬이라는 의미다. 《거제부지》, 《거제읍지》, 《동국여지》, 《거제군읍지》에도 지삼도와 지심도(只心島)가 나온다. 일제 강점기 섬에 주둔했던 일본군은 보리섬[麥島]이라고 불렀다. 지금 사용하고 있는 지심도는 지세포지(知)와 하늘에서 본 섬 모양인 마음 심(心)을 담아 지심도라 했다.

섬살이의 아픔은 지명으로 남는다

장승포항 터미널에서 출발한 배는 15분 만에 지심도 선창에 닿았다. 바람과 파도를 피할 수 있는 절벽에 간신히 배를 접안할 수 있게 만들었으니 파도가 조금만 높아도 섬에 들기 어렵다. 그래도 섬을 찾는 사

지심도를 동백섬이라고도 한다. 동백이 많은 통영과 거제에서도 유독 돋보이는 것이 지심도 동백이다. 바다와 잘 어우러진 경관 때문일 수 있다. 동풍이 심한 새끝이나 남풍이 거친 마끝 등 지명도 예사롭지 않다. 그 바람을 막고 섬살이를 하는데 동백도 한몫을 했다. 더 큰 불편함은 자연이 아니라 정부와 시기마다 임차계약을 맺으며 살아야 했던 고충일 것이다.

람들이 줄을 잇는다. 범바위와 인어상을 뒤로하고 가파른 길을 지그재 그로 오르니 민박과 해삼·멍게와 막걸리와 음료를 파는 가게가 기다 린다. 식사도 할 수 있다. 10여 가구의 주민들은 대부분 민박과 음식점 으로 여행객을 맞아 생활하고 있다. 그 집들을 구석구석 살펴보면 일 본식 집들이다. 광복 후 한동안 땅의 주인은 일본 육군성이었다. 지적 대상이 정비되어 대한민국 국방부 소유가 된 것은 1971년이다. 주민 들은 한동안 3년마다 정부와 임차계약을 맺었다. 그러니 집을 고치고 싶어도 고칠 수 없었다. 게다가 섬이 국립공원이었다. 불편함을 감수해 야만 했다.

　지심도를 구경하려면 걸어야 한다. 그래서 좋다. 가파른 길에 올라서 면 '마끝'과 '새끝'으로 가는 갈림길에 이른다. 옛 천주교공소를 지나 남 쪽 '마끝'으로 향했다. 남북으로 길게 누워 있는 지심도는 북쪽 끝은 '새끝', 남쪽 끝은 '마끝'이라 부른다. 새끝은 동풍, 즉 샛바람이 부는 곳, 마끝은 마파람(남풍)이 부는 곳으로 해석된다. 동쪽 끝 '벌여', 지심도에서 떨어진 '동섬', 굴이 있고 주변에서 뽈락이 잘 잡히는 '굴강여', 둥근 바위 모양 '높은 돌', 반공호 자리 '굴밑', 소나무가 자라는 '솔랑끝', 일제 강점기 군사시설 공사용 화물을 운반하기 위해 나무말뚝을 박았던 '말뚝밑' 등 섬의 지명에는 갖은 사연이 녹아 있다.

'마끝'과 '새논개' 갯바위에는 낚시꾼이 자리를 잡았다. 감성돔이 많이 나온다는 갯바위다. 낚시꾼의 사랑을 받는 갯바위로는 마끝 외에 '노랑여·마흔여·동섬·찬물고랑·높은여·새끝·서장바위·노랑바위' 등이 있다. 마을 뒤편에는 도리깨로 타작하던 곳이자 소를 먹이던 아이들의 놀이터였던 '타작마당'도 있다. 근현대를 거치면서 지심도에 새겨진 섬살이 흔적들이다. 해식애가 발달한 섬은 낚시꾼들이 차지했다. 한때 미역을 뜯고 그물을 내려 자리를 뜨기도 했던 곳이다.

일본군 요새를 구축하다

지심도를 요새로 만든 일제의 의도를 알려면 우선 지심도의 위치를 살펴볼 필요가 있다. 동남단 끝에 위치한 지심도는 대마도 50여 킬로미터 거리에 있다. 고속도로에서 자동차로 빨리 달리면 반시간이면 닿는 거리다. 대마도를 한눈에 볼 수 있으며, 해군기지가 있는 진해만으로 들어오는 길목이자 거제 최고의 양항인 지세포 입구에 자리해 있다. 가덕도와 지심도 양쪽에 대공포 기지를 만들어 군대를 주둔시켰다.

일제는 진해만을 해군기지로 만들고 대륙 진출의 거점으로 삼았다. 그리고 거제 전역을 '진해만요새사령부' 작전지역으로 선포했다. 당시 지심도에는 13세대 61명이 거주하고 있었다. 지심도와 가덕도 등 인근 섬들은 군사기지로 바뀌었다. 지심도만 아니라 쓰시마와 시모노세

일제는 지심도 주민들을 강제 퇴거시키고 포대를 설치했다. 군대가 주둔하고 일장기를 걸어두는 국기봉을 만들었는데 그 흔적이 남아 있다. 연합군의 공격에 대응해 만든 포대와 활주로까지 만들었다. 전시관으로 사용하는 벙커 등은 탄약고였고, 탐조등과 포대도 흔적이 남아 있다. 이를 관리하는 소장이 기거한 사택과 일본인 가옥도 있다.

키 등지에도 '포대'를 설치했다. 북태평양 외딴 섬에서도 일본군이 구축한 포대는 어렵지 않게 확인할 수 있다.

일제는 지심도 일대의 토지를 매입하고 주민들을 강제 이주시켰다. 말이 매입이지 강제로 쫓아낸 것이다. 탄약고 전시관에서 확인한 '축비 (築秘) 제338호' 문서에 따르면 '진해만 요새 지심도 신축공사'가 1936년 7월 10일 착수되었다. 지심도에는 1개 중대 300여 명이 주둔해 1941년 태평양전쟁 당시 양지암 기지와 함께 연합군의 공격에 대응했다. 섬 정상에는 '비행장'으로 알려진 넓은 공터에 해안선전망대가 있었다. 활주로가 너무 짧아 비행기가 이착륙했을지 의문이다. 기록에도 없다. 비행장을 만들다 말았다는 기사가 있을 뿐이다. 섬 북쪽 망루로 가는 길에 탐조등(서치라이트) 보관소와 방향지시석이 남아 있다. 탐조등은 직경이 2미터에 이르며 장승포, 지세포, 진해만, 대마도 방향으로 설치하여 접근하는 선박을 감시하였다. 또한 이곳에 군사기지와 탐조등에 필요한 전력을 공급하던 전등소를 설치했다. 이를 관리하는 소장이 기거한 사택과 일본식 가옥들이 곳곳에 남아 있다. 탄약고는 전시관으로 이용하며, 당시 전등소 소장 사택은 누군가에 의해 카페로 바뀌었다.

동백의 고장, 거제

지심도 말고도 거제시에는 외간리 부부동백, 학동동백림, 장사도 등 알려진 동백숲이 꽤 있다. 거제시 꽃이 동백이다. 동백나무는 동쪽으로 울릉도까지 서쪽으로는 대청도까지 올라간다. 내륙에서는 서천군 서면 마량리, 지리산 화엄사, 고창 선운사가 경계선이다. 겨울에 피어 동백이지만 봄에 피는 춘백도 있다. 꽃의 색깔이 붉음을 지칭해 학단, 내동화라고도 한다. 홍도, 거문도, 두미도에 흰 동백도 있고, 울릉도에 분홍 동백도 보인다. 중국에서는 동백을 '산다화(山茶花)'라고 한다. 물론 동백과 산다화는 다른 꽃이다. 동백과 비슷해 보이지만 늦가을부터 초겨울에 꽃이 피고, 꽃이 동백보다 작다. 그래서 서리동백 또는 애기동백이라고 불리기도 한다. 하지만 우리나라에도 《산림경제》와 《임원십육지》에 산다화라는 이름이 보이고, 한시에서는 곧잘 동백 대신에 산다화라 했다. 다산도 동백을 좋아했던 것 같다.

"내가 강진에 있을 때 다산에 많은 산다를 심는 것을 보았다. 그 화품은 적으나 잎은 겨울에도 푸르고 꽃이 많이 달린다. 열매로 기름을

지심도에 동백만 있는 것은 아니다. 굵은 왕대가 잘 자란다. 동백 숲과 함께 대나무 숲이 터널을 이룬다. 여기에 다양한 아열대 종의 나무들이 군락을 이루고 있다. 걷기 좋은 길이다. 주민들 생활에 불편함을 주었던 국립공원이었기에 한편으로 자연자원이 관리되기도 했다. 이제 주민들 삶의 질을 높이는 관광자원으로 활용할 방안도 모색되어야 할 때다.

짜서 머리에 바르며 윤기가 나고 아름답게 보이므로 부인들이 소중히 여긴다.”

동백은 잎보다 꽃으로 겨울을 견딘다. 그래서 혹자들은 소나무, 대나무, 매화나무보다 기개를 높이 친다. 혼례식 초례상에 동백을 올리는 것은 장수와 영화를 기원하는 것이다. 또 동백 열매가 잉태와 다복을 돕는다고 믿었다. 반대로 동백꽃이 지는 것을 불길한 기운 암시로 읽기도 한다. 꽃이 통째로 뚝 떨어지는 모습이 기개와 불길이라는 상반된 의미를 갖고 있다.

동백은 물레나무목 쌍떡잎식물이다. 잎에 윤기가 있고 가지 끝에 붉은 꽃이 한 송이씩 달린다. 수술이 많으면 꽃잎과 함께 떨어진다. 열매는 기름을 짜서 쪽진 머리에 발라 단장하는 데 쓰기도 했다. 12월부터 춘삼월까지 지역에 따라 피는 시기가 다르고, 같은 지역이라도 햇빛의 양에 따라 개화 시기가 다르다. 지심도는 3월 중순이 절정인 듯하다. 2월 말 섬을 찾았을 때는 햇볕이 잘 드는 곳은 활짝 피었고, 동백터널처럼 응달진 곳은 봉우리가 터질 듯 맺혔다.

주민이 돌아왔지만

1945년 9월, 일본군이 섬에서 떠나자 뭍으로 강제 이주되었던 주민 20여 호가 섬에 정착했다. 이들은 비탈진 땅을 개간하고 하늘을 바라보며 농사를 지었다. 마을청년회가 직접 도선(안예호)을 운영했고 땔감도 오롯이 섬에서 구해야 했다. 물이 귀해 많은 사람이 살기도 어려웠다. 그럼에도 불구하고 지금처럼 원시림에 가까운 숲이 보전될 수 있었던 것은 섬 곳곳이 통제구역이었고, 개발제한구역이었기 때문이다. 땅이 제한되어 있으니 미역과 톳, 고구마로 보릿고개를 넘겨야 했다. 바다가 풍요로워 제주에서 해녀들이 물질하러 들어왔다가 먹고살기가 녹록지 않아 곧 떠나기도 했다. 하지만 주민들 섬살이와 달리 바다와 숲을 찾는 여행객들에게는 보석 같은 섬이며, 갯바위 낚시를 즐기는 꾼들을 유혹하는 섬이다.

섬 중앙에 분교가 있었다. 오래전에 폐교했으나 건물은 고쳐서 마을회관으로 이용하고 있다. 그 아래로 섬에서 가장 너른 광장이 펼쳐져 있다. '활주로'라 부르는 곳이다. 탁 트여 오가는 배를 살펴볼 수 있는데, 대마도까지 보인다. 이곳에 세관초소(1966~1986년)가 있었다. 당시 사회가 혼란한 틈을 타고 남해안으로 밀수가 성행했다. 1960년대 대마도 이즈하라항을 본거지로 밀수조직이 활동했고, 1970년대 이후에는 활어 수출선을 통한 밀수가 이루어졌다. 밀수 대상은 금괴, 녹용,

지심도가 가장 활발했을 무렵의 지심분교 졸업 기념 사진이다. 지금은 마을회관으로 이용하는 곳이 지세포 지심분교가 있던 자리다. 이 학생들이 지금은 60대에 이르렀을 것이다. 그중에는 지금 지심도로 들어와 고향을 지키는 사람들도 있다. 섬을 관광지로 개발하기 위해 주민을 강제이주시켜던 것에 맞선 사람도 있을 것이다.

시계, 전자제품 따위였다. 국내로 들어온 밀수품은 선박을 이용해 옮기거나 무인도로 옮겼다가 뭍으로 들여왔다. 이를 근절하기 위해 거제에는 지심도에, 통영에는 소매물도에 세관초소가 설치되어 운영되었다.

일제가 물러간 후 지심도의 일본 육군성 토지는 적산 처리로 대한민국 소유가 되었다. 주민들은 토지를 불하받을 수 있을 것으로 기대했지만 토지는 국방부 소유가 되었다. 다시 들어와 집을 짓고 수리하여 삶의 터전을 마련했지만 국방부에 임대료를 내야 했다. 그렇게 40년을 지냈다. 그리고 2017년 그 땅은 국방부에서 거제시로 넘어갔다. 건물은 주민들 소유로 등기가 되었지만 땅은 국방부에서 거제시로 이전되었다. 그리고 거제시는 주민들을 섬에서 이주시키고 관광개발을 하려고 했다. 거제시가 국방부로부터 땅을 이전받은 목적이었다. 하지만 섬 전체가 국립공원 지역으로 개발 행위가 제한되었다. 거제시는 지심도 개발에 민간자본을 유치하려는 계획이었다.

이를 알게 된 주민들은 이주를 거부하고 섬연구소(소장 강제윤) 등에 도움을 요청했다. 거제시는 단전, 단수, 도선운항 중단, 불법건축 및 불법식당 운영 단속 등을 내세우며 이주를 종용했다. 그리고 정치권과 언론이 관심을 보이면서 논란이 확대되었다. 마침내 국민권익위원회의 중재로 거제시, 거제시의회, 환경부, 주민 등이 참석해 '주민들을 강제 이주시키지 않고 주민들이 영구 거주하며 합법적으로 상업활동'을 할 수 있도록 보장하는 내용에 합의했다.

80년 만에 시민의 품으로

'남는 것은 사진밖에 없다'며 핸드폰을 들고 마끝에서부터 연신 사진을 찍던 중년 여성들이 동백터널에서도 어김없이 자세를 잡는다. 동백꽃 피는 계절에 지심도를 찾는 사람들 중 유독 눈에 띄는 이들이다. '동백아가씨' 세대도 적잖아 있다. 60~70대다. 팔순을 앞둔 내 어머니도 화전놀이에서 꼭 불렀다는 노래가 동백아가씨다. 밭을 매고 모를 심다 힘들면 흥얼거릴 만큼 당시 유행했다. 이미자를 '엘레지의 여왕'으로 등극시킨 노래였다. 깔고 앉을 땅뙈기 하나 없는 집으로 시집와 아이 넷을 키우며 힘든 보릿고개를 동백아가씨와 함께 넘겼으리라.

석연치 않은 이유로 금지곡이 되었지만 우리나라 역사상 처음으로 100만 장이 판매된 음반으로 기록되었다. 금지곡에서 풀린 것은 1987년 6월 항쟁 이후 20여 년 만이다. 동백섬도 처지가 다르지 않다. 국방부 소유에서 시민의 품으로 다시 돌아온 것이 2016년이다. 1936년 4월, 주민들을 강제로 이주시키고 군사기지를 만든 이후 80년 만이다. 방향지시석을 지나 '새끝'으로 내려가는 길목에 대형 태극기가 걸려

지심도는 물질을 하지 않고는 생활하기 어려운 곳이었다. 지금은 여행객들이 찾아오면서 식당도 하고 숙박도 하지만 그 전에는 생활비를 벌 수 있는 일거리가 물질뿐이었다. 제주도에서 해녀들이 들어와 이곳에서 결혼을 하고 자리를 잡은 것도 바다 때문이었다. 고기잡이와 텃밭으로 근근이 생활하던 섬에서 해녀의 출현은 바닷속의 자원을 탐낼 수 있는 신세계가 열리는 것과 같았다.

있다. 일제 강점기에는 욱일기가 펄럭였던 곳이기도 하다. 광복 70주년을 맞은 2015년 8월 15일 주민들이 태극기를 걸었다.

　거제시는 조선산업 쇠퇴 이후 지역경제가 침체를 극복하는 방법으로 해양관광에 거는 기대가 더욱 커졌다. 지심도를 개발하려는 것도 이런 이유 때문이었다. 하지만 이제 섬 자원을 이용하는 방식과 방향도 바뀌어야 한다. 마끝에서 내려다본 거제 바다는 눈이 시리도록 아름답다. 서이말 등대를 지나 남쪽으로 내도와 외도로 이어진다. 왜 이곳을 해금강이라 이르는지 알 것 같다.

개황 | 거제 지심도

일반현황

위치 | 경상남도 거제시 일운면 옥림리
면적 | 0.356km^2
가구수 | 15
인구(명) | 20
교통 | 거제–장승포항 지심도여객선터미널에서 여객선 이용
특산물 | 농어, 자리돔, 학꽁치

변화 자료

구분	1985	1995	2011
주소	경남 거제군 일운면 지세포리	경남 거제시 일운면 지세포리	경남 거제시 일운면 지세포리
면적(km^2)	0.356	0.356	0.338
인구(명)	62(35+27)	30(13+17)	53(30+23)
가구수	17	15	26
공공기관			
학교	초등분교 1		
급수시설	간이상수도 3개소, 우물 4개소	간이상수도 3개소	간이상수도 26가구
전력시설	자가발전 1대	자가발전 2대	자가발전 3대
의료시설			
어선(척, 동력선+무동력선)	2(0+2)	0(0+0)	0(0+0)

※ 섬의 개황 자료 또는 변화 자료를 통계 데이터베이스에서 확인할 수 없는 경우 부득이하게 비워두었음을 알려드립니다.

13

굴로 먹고사는 섬
거제 산달도

산달도는 늦가을에서 시작해 겨울까지 굴이 제철이다. 20여 년 산달도의 발이 되어준 여객선의 기관장 한씨는 산달도 굴이 맛이 좋은 이유를 조류로 설명한다. 거제도 거제면을 가운데에 두고 둔덕면과 동부면이 있다. 밀물에나 썰물에나 바닷물이 섬을 휘감고 돌아가는 곳이라 조류 소통이 좋아 굴이 맛있단다. 해안선이 단조롭다.

거제대교를 지나 곧바로 해안으로 접어들어 견내량을 오른쪽에 두고 한산도를 바라보며 구불구불한 도로를 달리다 도착한 곳이 법동마을과 고당마을이다. 예전에 배를 타고 섬에 들어갈 때는 고당마을 고당항에서 차도선을 이용했다. 뱃길이 끊기기 전까지, 하루에 12번 다녔으니 오가는 데 큰 불편은 없었다. 다만 섬 안에 대중교통이 없어 선착장에서 멀리 떨어진 산후마을이나 실리마을은 선착장까지 오가는 게 불편했다.

남해안의 섬이 그렇듯 거제도는 임진년과 정유년을 전후해서 큰 홍역을 치러야 했다. 전쟁이 끝난 후에야 섬에 백성들이 들어와 살았고 마을을 이루었다. 거제도는 일본과 지척이고, 해적의 소굴로 알려진 대마도와는 더 가까운 곳에 있어서, 임진왜란 이전에도 남해안 어촌과 섬을 약탈한 삼포왜란, 사량왜변, 을묘왜변 등으로 큰 피해를 받았다. 거제도 해안에 성이 많은 것은 이러한 침입에 대비해 쌓았기 때문이

산달도는 거제만에 있는 섬이다. 거제만 입구를 한산도가 막고 만 안에 산달도가 자리를 잡았다. 조류 소통이 좋지만 파도가 높지 않고 갯벌도 발달해 일찍부터 굴 양식이 발달했다. 한산도를 지나 너른 바다로 나가는 길목이라 일제 강점기에 건착망을 하던 일본인들이 들어와 마을을 이루며 고등어나 멸치를 잡기도 했다.

다. 심지어 임진년과 정유년 조선을 침략한 일본군은 거제도에 들어와 성을 쌓기도 했다. 그 성을 왜성이라 부른다. 왜성은 조선 수군과 일본 군의 치열한 전장이었던 진해만과 부산 일대에 집중되어 있는데, 멀리 여자만에도 순천왜성이 있다. 거제도는 견내량에서 장목에 이르는 곳 이다. 산달도 역시 그 길목에 있지만 아이러니하게 기록에서 보이지 않는다.

산달도는 산전·산후·실리, 세 마을에 100여 가구가 살고 있다. 섬 주민의 절반 이상이 산전마을에 모여 산다. 바다에서는 굴 농사를, 섬 에서는 유자 농사를 많이 짓는다. 다리가 놓이면서 해안을 따라 장사 를 준비하는 사람들도 눈에 띈다.

섬 이름을 산달이라 한 것은 달이 세 봉우리 사이로 떠서 '삼달'이라 했던 것에서 비롯되었다고 한다. 또 산에서 달이 떠오르니 산달이라 했다는 설도 있다. 거제도에 딸린 섬 중에 칠천도와 가조도에 이어 세 번째로 큰 섬이다. 섬의 크기가 큰 순서대로 다리가 놓였다. 마지막으로 다리가 놓인 섬이 황덕도다.

진해만은 거제도를 품고 있고, 거제만은 산달도를 품고 있다. 산달도는 거제도가 동쪽으로 병풍을 두르고, 서쪽으로는 한산도, 추봉도, 용초도 등 작은 섬이 무리 지어 있다. 섬 사이로 바닷물이 드나들며 거제만이 품고 있어 거제에서 드물게 갯벌이 발달한 곳이다. 조류 소통도 잘되어 바지락이나 굴이 잘 자랄 수 있는 조건이다. 보통 굴 양식이나 홍합 양식을 하는 거제의 섬과 다르다. 그 가치를 알아서인지 일본인이 들어와 어장을 운영하기도 했다.《거제문화-산달편》(2007년)에 따르면 산후마을과 새바지 사이에 1922년 일본인 7가구가 이주해 와 건착망을 하며 살았다. 거제도는 조선시대부터 일본인들이 탐내던 어장이었다. 고종 26년(1889년) 11월 12일 조일통어장정이 체결되자 대거 이주해 어업을 시작했다. 장승포, 지세포, 구조라, 칠천도, 송진포, 성포 등이다. 이들 중 많은 지역은 임진왜란 무렵 왜성을 쌓았던 곳이다. 또 우리나라 근대어업의 출발이며, 수협이라는 조직이 탄생한 곳도 거제 지역이다. 일본인은 산달도에 머물며 고등어와 전갱이 그리고 나중에는 멸치도 잡았다. 광복 후에는 1950년대 형망어업을 이용해 조개잡이를 시작하면서 인구가 크게 증가하기도 했다.

약 500년 전부터 산달에 사람이 살았다. 섬이 그렇듯이 거제도로 오는 적의 침입을 막는 진의 역할이 컸다. 조선시대에는 7진(영등포, 장문포, 조라포, 옥포, 율포, 지세포, 오아포)이 있었다. 정유재란 이후에는 8개의 진을 설치하여 왜구의 출몰에 대비했다. 산달도도 그 수영의 하나

산달도의 산전마을은 갯벌이, 산후마을은 혼합갯벌이 발달했다. 산후마을에서는 바지락이나 돌에 붙은 석화를 캐는 모습을 종종 볼 수 있다. 바다에 대규모 굴 양식장이 있지만 자본과 노동이 갖춰지지 않은 섬 주민들에게 '개발'보다 좋은 것은 없다. 조간대에서 바지락, 개조개, 굴을 까는 것을 거제에서는 '개발한다'고 표현한다.

였으며, 거제 7목장 중에 하나였다. 그만큼 왜구의 출몰이 심했던 곳이며, 백성들이 정착해 살기 어려웠던 곳이다.

1972년 발굴로 기원전 8,000년의 패총 2개가 발견되었다. 또《조선왕조실록》1430년 산달포 절도사가 대마도 어부들을 잡아 예조에 보고했다는《경상도지리지》에는 소를 키우는 목장이 있었다는 기록도 있다. 산달도는 거제시 거제면에 속한다. 거제면은 현청을 고정리에서 현종 5년(1664년) 서부면으로 옮겨오기 전에는 작은 어촌이었다. 고정리 일대가 척박하고 관리들이 병으로 많이 죽자 현청을 옮기면서 옛 현청을 고현이라 하고, 거제읍성은 고현성이라 개칭했다. 새로 현청이 들어서면서 서부면으로 향교도 옮겨지고 거제현의 중심으로 자리잡았다. 이후 거제면이 되었다. 거제면과 다리로 연결된 곳이다. 산달도에 사람들이 처음 들어온 것도 이즈음으로 생각된다.

산달도는 거제읍보다 한산도와 가까워 한때 한산도에 딸린 섬이었다. 여객선도 통영과 거제를 오갔다. 1970년대 섬살이에서 가장 중요한 문제는 아이들을 중고등학교에 보내는 것이었다. 초등학교(당시는 국민학교)는 섬 안에서 다녔지만 중고등학교는 큰 섬이나 뭍으로 나가서 다녀야 했다. 아주 멀리 떨어진 섬은 중학교부터 유학을 시작하지만 산달도처럼 거제도 본섬과 가까운 곳은 통학배가 운영되었다. 1970년대 대통령 하사금으로 지어진 배들이 통학선 역할을 했는데, 산달도는 '칠천호'가 운항했다. 산달도가 독립된 행정구역으로 거제면 법동리에서 분리된 것이 1983년이며, 어촌계가 독립한 것은 1995년이다. 그리고 거제면 법동리와 산달을 오가는 동력선이 도선으로 자리를 잡은 것이 1995년이다. 그사이 큰 섬에 딸린 작은 섬으로 온갖 괄시를 견뎌야 했을 것이다. 그리고 다리가 놓인 것은 2018년이다.

산달도 산전마을에는 제법 큰 굴 공장이 있다. 굴 공장은 양식장에서 수확한 굴의 껍데기를 까는 '박신작업장'을 말한다. 불쑥 찾아간 한 굴 공장에서는 어머니 10여 명이 굴을 쌓아두고 까고 있었다. 서남해나 서해의 굴은 일반적으로 조새를 가지고 껍질을 쪼아 벗기지만 통영이나 거제에서는 두 개의 껍데기 사이에 작은 칼을 집어넣어 관자를 잘라 열어서 굴을 꺼낸다. 산달도에서도 20여 센티미터 남짓 되는 칼을 사용하고 있었다.

산달도에 굴 양식이 시작된 것은 1970년대 초반이며, 굴 양식 허가 연도가 1971년이니 그 전부터 양식은 진행되었을 것이다. 선사시대 패총들이 발견되는 것으로 보아 오래전부터 굴을 채취해 식량으로 사용했던 것으로 보인다. 굴 양식과 함께 멍게와 어류 가두리 양식 등을 시작했지만 굴 양식이 재미를 보면서 확산되었다. 산달도 주민들이 가장 바쁜 철은 농한기인 여름철이다. 이때 굴 종패를 붙인 가리비나 굴

산달도에도 규모가 있는 굴 양식장을 운영하는 주민들이 있다. 다리가 놓이기 전에는 일할 사람들이 배로 들어와야 해서 어려움이 많았지만 지금은 차가 들어오니 출퇴근을 차로 한다. 그래도 알굴은 배로 운반해서 통영이나 거제로 가지고 나간다. 겨울철이면 굴막(굴 공장)에서 굴을 까는 사람을 구하는 것이 힘들다.

껍데기를 분리해 일정한 간격으로 줄에 매달아 수심이 깊은 바다에 넣어야 한다. 이렇게 채묘를 해서 채취하기까지는 2년 이상 시간이 필요하다. 뭍에서 논이나 밭에 씨앗을 뿌리고 거두는 일 년 농사나 그보다 더 짧은 한철 농사와는 다르다. 게다가 태풍이나 장마, 가뭄이나 수온 같은 자연재해가 늘 상주하는 바다라 굴 농사를 바다에 맡기기만 하면 된다는 편견은 거두어야 한다.

굴은 수온이 20도 이상 되면 산란을 시작한다. 어미 한 개체가 수천만 개의 알을 낳는다. 유생은 바닷물에 떠다니며 몇 차례 변태를 거치다가 3주일 전후로 돌이나 나무 등에 붙어 생활한다. 이때 패각을 넣어 채묘를 한다. 옛날에는 이렇게 채묘한 양식용 종묘를 곧바로 양식장으로 옮겨 양식을 했다. 지금은 '단련'이라는 과정을 거친다. 종묘를 바닷가로 옮겨 다음 해 여름 전까지 하루에 너덧 시간을 노출시켜 성장을 억제한다. 저항력이 강하고 성장이 빠른 종묘로 단련을 시키는 것이다. 이 과정을 거치고 난 후에 양식장으로 옮긴다.

산전마을 앞 바닷가에는 단련을 하는 굴이 줄줄이 매달려 있다. 자체 생산한 것도 있지만 이곳 단련장에 있는 굴은 통영 도산동 일대 채묘장에서 가져온 것들이며, 부산 눌차도 종묘장에서도 가져온다.

가을부터 이듬해 겨울까지는 굴 수확 철이다. 산달도에서 깐 굴은 곧바로 거제 수협을 통해 판매된다. 굴 양식을 하는 어가는 무엇보다 박신작업을 할 어머니들을 확보하는 것이 관건이다. 일할 사람은 적고, 겨울철 한 시기에 많은 사람이 필요하기에 섬이나 외딴 곳에서는 굴 양식이 어렵다. 박신작업을 하는 어머니들이 집에서 오갈 수 있어야 한다. 다행히 산전마을은 산달도에서 가장 큰 마을로 초등학교와 보건소 등이 있는 마을이다. 폐교가 되었지만 한때 학생들이 300명가량 있었던 큰 마을이다. 다리가 놓이기 전에도 배편이 자주 있어 섬 밖에서 일손을 구하기도 했다. 굴 박신장을 지나 새바지, 중마을, 산후마을 해안으로 걷다가 석화를 까는 주민을 보았다. 자연산이다. 공장에 모여 굴을 까는 주민들과 대비되어 너른 바닷가에서 수행하는 수도자처럼 보인다.

굴 양식 외에 많이 짓는 농사가 유자다. 1970년대 산전마을에 사는 이규종이 처음 들여왔다고 한다. 초기에는 유자 값이 좋아 굴과 함께 산달도의 큰 수입원이었다. 유자보다 앞서 밀감이 거제에서 들어왔었다. 하지만 1975년 한파로 밀감이 죽자 대체작물로 추위에 강한 유자를 심게 되었다. 1980년대 후반에는 '대학나무'라고 부를 만큼 소득이 좋았지만 1990년대 과잉생산으로 가격이 크게 하락하면서 많은 농가들이 포기하기도 했다. 지금은 예전만큼 큰 소득은 되지 않지만 산전마을 60여 가구 중 20여 가구가 유자 농사를 하고 있다.

산전마을에서는 굴 포자를 붙이는 일도 했었다. 한때는 이곳에서 가리비나 굴 껍데기에 굴 포자를 붙여 통영은 물론이고 전국에 보내기도 했다. 산전마을 앞이 굴 포자가 잘 붙는 곳으로 유명했다. 오염되지 않은 갯벌에 내만이면서 조류 소통이 잘되고 안정된 공간을 확보하고 있기 때문이다.

산달도는 다리가 연결되면서 등산객들이 제법 찾는다. 당골재산, 뒷들산, 건너재산 등 세 봉우리를 돌아보는 등산길은 하루 코스로 부족함이 없다. 높지는 않지만 급경사로 이루어져 있다. 해안을 따라 길이 만들어지기 전에는 산후·실리 주민들은 할목재 고개를 넘어 학교가 있고 뱃길이 열린 산전마을을 오갔다. 마을 이름도 산전, 산후다. 산 앞에 있는 마을, 산 뒤에 있는 마을이라는 의미인 듯하다.

산전마을에서 만난 주민은 다리가 놓이면서 좋기도 하지만 불편한 점으로, 노인들이 뭍으로 나가기 더 어려워졌다는 점, 집에 둔 물건을 잃어버린다는 점, 쓰레기가 많아졌다는 점을 꼽았다. 실제로 산후, 실리에서는 도둑이 들기도 했다. 다리가 놓이기 전에는 들어보지도 못한 일이다. 가장 큰 문제는 쓰레기다. 와서 먹고 쓰고 버리는 쓰레기도 있지만, 뭍에서 쓰레기를 가지고 와서 섬에 버리고 가는 얌체 여행객들도 있다. 그런데 다리가 놓였는데 노인들이 뭍에 나가기 어렵다는 점은 이해가 되지 않아서 되물었다.

배가 다닐 때는 배가 닿는 곳에 버스 정류장이 있어 버스를 타면 곧바로 거제 읍내까지 나가서 시장도 보고 목욕도 하고 일을 볼 수 있었다. 지금은 섬 안에서 다니는 버스가 없기 때문에 누군가 버스가 있는 정류장까지 데려다주어야 한다. 또 돌아올 때도 마찬가지다. 차가 있는 사람은 문제가 없지만 노인들은 불편해진 것이다. 궁여지책으로 봉고차를 마을버스로 이용하지만 지원이 없으면 이것도 지속하기 어렵다. 다리가 놓이면서 새로운 기회가 산달도에 오고 있지만 더불어 섬살이의 위기도 찾아오고 있다.

개황 | 거제 산달도

위치 | 경상남도 거제시 거제면 법동리
면적 | 2.97km^2
가구수 | 115
인구(명) | 240
교통 | 거제-고현버스터미널–(71번 버스)–소랑마을정류장–(마을버스)–산전마을정류장
특산물 | 굴, 유자

변화 자료

구분	1985	1995	2011
주소	경남 거제군 법동리 산달도	경남 거제시 거제면 법동리	경남 거제시 거제면 법동리
면적(km^2)	2.970	2.970	2.788
인구(명)	1,007(519+488)	536(268+268)	232(109+123)
가구수	189	158	122
공공기관	파출소 1, 우체국 분국 1, 어촌계 1		
학교	초등학교 1	초등학교 1	
급수시설	간이상수도 5개소, 우물 9개소	간이상수도 3개소	간이상수도 2개소
전력시설	한전계통 189가구	한전계통 158가구	한전계통 122가구
의료시설	의료소 1	보건진료소 1	보건진료소 1
어선(척, 동력선+무동력선)	69(65+4)	94(81+13)	67(52+15)

※ 섬의 개황 자료 또는 변화 자료를 통계 데이터베이스에서 확인할 수 없는 경우 부득이하게 비워두었음을 알려드립니다.

14

한산대첩의 격전지
작은 섬 화도

거제 화도

반가운 사람을 만났다. 산달도를 오가는 객선에서 20년 넘게 일을 했던 기관장이다. 며칠 전 산달도에 다녀왔다고 하니 반갑게 산달도 이야기를 해주었다. 화도를 오가는 배는 원래 산달도 여객선이었다. 다리가 놓이면서 배도 선장도 기관장도 할 일을 잃게 되었는데 화도의 다리가 되어서 기쁘다고 웃었다. 화도는 경상남도 거제시 둔덕면에 있는 섬이다. 통영시 미륵도와 거제시 녹산 사이, 한산도 북쪽에 위치한 섬이다. 견내량 한가운데 남북으로 2킬로미터에 이르는 섬이다. 동쪽으로 화도만과 서쪽으로 적암만이 있고, 해안선 굴곡도가 커서 동쪽 해안은 갯벌이 발달했고 서쪽 해안은 수심이 깊다. 일찍부터 바지락이 좋고, 갈치·방어·고등어 어장이 좋았던 것도 이런 환경 때문이다.

뱃길은 멀어도 '걷는 길'이 짧아야 한다

화도는 거제시 섬이면서 거제와 닿는 뱃길이 없었다. 섬에 다니다 보면 비슷한 섬을 곧잘 만난다. 옛날 생활권을 살펴야지 현재의 행정구역으로는 이해하기 힘든 곳도 만난다. 화도는 거제와 통영 사이, 견내량 남쪽, 한산도 북쪽에 있는 섬이다. 시장을 보는 일 같은 일상사는 물론이고 혼사마저도 거제보다는 통영이 가까웠다. 염막포에서 마늘종을 뽑던 어머니가 "전화도 통영, 전기도 통영 것을 사용하고, 물은 남강

화도 마을 앞은 한산도이고 그 뒤가 통영이다. 한산도는 삼도수군통제영이 있었던 곳이고, 통영은 세병관이 있다. 세병관은 한산도 이후 통제영 본영이 있던 곳이다. 모두 오늘날 해군본부와 같은 역할을 했던 섬이다. 거제와 통영 사이에 한산도와 화도가 있다.

물을 먹고 삽니다."라며 화도의 삶을 간추렸다. 그동안 삶이 거제와 상관없었다는 말이다. 뱃길이 통영과 연결되어 있었기 때문이다. 이를 아쉬워하던 거제시가 항로를 마련했다. 마침 산달도에 연륙교가 놓였으니 그 배를 화도로 배치한 것이다. 그 덕에 거제시 둔덕면 호곡과 화도를 오가는 뱃길이 하루에 무려 여섯 차례나 열렸다. 통영에서 오가는 배는 하루에 딱 두 번, 그것도 두어 시간 동안 작은 섬들을 돌고 돌아 마지막으로 닿는 곳이 화도였다. 호곡에서 화도까지는 10분 남짓이면 닿는 거리다.

모두 환영할 것이라고 생각했는데 '불편한 점'도 있다고 한다. 예상한 대로 쓰레기가 문제다. 낚시를 하러 온 분들이 쉽게 차를 가지고 들어오는 통에 섬이 쓰레기장이 되어간다는 것이다. 물때가 좋지 않다는데 작은 도선에 낚시꾼 서너 명이 탄 차가 두 대다. 물때가 좋을 때는 얼마나 많은 사람들이 올지 상상이 된다. 가깝고, 쉽게 오갈 수 있고, 손맛이 나쁘지 않으니 이보다 좋을 수 없다. 쓰레기 문제는 낚시에서 생기는 쓰레기뿐만이 아니라 차에 가득 싣고 오는 먹을거리도 한몫을 한다. 섬에 주민들이 운영하는 식당이나 상점이 갖춰져 있지 않아서이기도 하다.

가까운 도선이 있지만 섬 노인들에게는 통영여객선이 더 편리하다. 두어 시간을 타야 하는 뱃길과 10분이면 닿는 길 중에서 먼 길을 택하는 이유는 간단하다. 면포에 닿는 여객선을 타면 통영 시장으로 오갈 수 있지만, 둔덕·호곡으로 나가면 언덕을 올라가 시내버스를 타고 거제시까지 가야 하고 또 거기서 걸어야 시장에 갈 수 있다. 직접 차를 가지고 운전을 하는 젊은 사람들이야 배 타는 시간이 짧은 게 좋지만 노인들은 걷는 길이 짧아야 좋다. 이런 점은 다리를 놓거나 뱃길을 만들 때 고려하지 않는다. 그저 배 시간이 짧아지는 것만 생각한다. 주민들의 입장보다는 섬으로 들어가는 사람들을 우선으로 고려하는 것이 아닌가 싶다.

화도가 '꽃섬'이었을까

화도는 조선 초에 적도(赤島)라고 했다가, 각도(角島), 화도(火島), 화도(花島)로 바뀌었다. 《대동지지》(1861년), 《거제영등진지도》(1872년), 《거제군읍지》(1898년)에 '적도(赤島)'가 표기되어 있다. 특히 《거제영등진지도》에는 세 가구의 집과 건물 한 채가 기록되어 있다.

화도를 부르는 다양한 이름은 어떤 공통점이 있을까. 섬의 생김새를 보니 동쪽으로 두 개의 곶이 뿔처럼 나와 있다. 각도라 불렸던 이유다. 곶은 꼬지나 꽃으로 풀어진다. 꼬챙이도 같은 어원이다. 꽃게도 마찬가지다. 곶을 가진 섬은 꽃섬이 되고 화도가 된 사례가 종종 있다. 적도라

화도는 행정구역이 거제지만 한동안 뱃길은 통영여객선터미널에서 출발했다. 생활권이 거제가 아니라 통영이었다. 최근 거제시 둔덕면 술역리에서 출발하는 배편이 마련되었다. 그래도 불편한 것은 마찬가지다. 배를 타고 나가서 버스를 타고 거제읍에 나가야 일을 볼 수 있다. 뱃길은 멀어도 통영여객선터미널에 내리면 서호시장을 보고 시내에서 일도 보고 배를 타면 되기에 노인들에게는 이쪽이 더 편하다.

는 이름도 여기서 비롯되었을 것이다. 송포와 송자포 사이, 면포와 염막포 사이 두 개의 곶이 섬 이름을 만들어낸 것으로 보인다. 《둔덕면사》에 "봄철이면 진달래꽃으로 온통 붉은 섬이고 옛날에는 방화도의 봉화불이, 지금은 등대불이 붉게 비춰주니 붉섬으로, 오늘날 화도로 하였다."라는 지명 유래가 있지만 확인할 수 없다.

화도의 마을은 모두 바닷가에 크고 작은 포구를 앞에 두고 있다. 논밭이 아니라 바다에 의지해 살 수밖에 없는 섬이다. 마을 이름을 살펴보는 것도 섬의 진면목을 알 수 있는 방법이다. 목화를 재배한 면(무명) 바구미는 면포, 송림이 어부림을 이루었고 돌발을 설치하여 멸치와 갈치를 잡았다는 솔구미 송포, 유일하게 논이 있었다는 미포가 있다. 미포에는 임진왜란 때 미곡창고가 있었다고 한다. 대구 잡는 발이 있었다는 발개, 소금을 굽는 막이 있었다는 염막개, 와선산 아래 있는 와선

포도 있다. 와선포는 임진왜란 시 왜선이 많이 정박해 있어 왜선포라 불렀다는 데서 유래했다는 설이 있다. 화도와 통영 동호항 사이에 있는 방화도는 임진왜란 때 봉화대를 만들어 통제영 전초기지로 사용했고, 병사들이 있는 것처럼 곳곳에 불을 피워 방화도가 되었다고 한다. 지금도 등대가 있다. 지명 유래는 참고일 뿐 사실이라 믿는 것은 섬을 살피는 데 장애가 될 수 있다.

이처럼 화도의 마을은 모두 구미, 개라는 접미사와 연결된 마을 이름이다. 구미는 곶과 반대로 섬으로 만입된 곳으로 바람과 파도를 피하여 배를 정박하기 좋은 곳이기도 하며, 갯벌이 발달해 바지락이 서식하기에 좋고 그물을 놓기도 좋다. 바닷가를 넓은 의미로 개라고 하며, 한자로 포(浦)라고 한다.

화도가 없다면 한산대첩이 가능했을까

거제나 통영, 아니 남해안 섬과 바닷가 마을치고 임진왜란이나 이순신과 연이 닿지 않은 곳이 있을까. 화도도 지명 유래부터 지정학적 위치로 볼 때 어느 곳보다 임진왜란과 관계가 깊은 섬이다. 임진왜란 후반기 일본군은 부산을 거점으로 삼고 진해와 마산 등 진해만 일대에 세운 왜성을 근거지로 진지를 구축하고 있었다. 조선 수군은 통제영이 있던 한산도를 거점으로 진지를 구축하고 있었다. 그 사이에 견내량이 있다. 화도는 한산도 북쪽 견내량 입구에 있으니 그 자체로 의미가 크다. 전라좌수영이나 우수영도 마찬가지다. 전라우수영의 울돌목 입구에 녹도가 있고, 전라좌수영 앞에 장군도가 있다. 모두 작은 섬이지만 바다에서 수영을 살필 수 없고, 물길이 바뀔 때 배후에서 전략·전술을 펼치기 좋은 위치다. 명량해전이나 한산해전에서 작은 섬은 큰 역할을 했다.

1592년 5월 23일 일본 제1군 고니시 유키나가 선봉이 절영도에 도착하면서 시작된 임진왜란은 동래성을 시작으로 7월 23일 평양성까지 무너뜨리는 데 불과 두 달이면 족했다. 수군은 사정이 달랐다. 이순신은 출격한 옥포, 합포, 당포, 당항포에서 연승을 했다. 도요토미 히데요시는 전쟁이 계획대로 이루어지지 않자 와키자카를 앞세워 70여 척의 함대로 결전을 준비했다. 이 무렵 선조는 평양성이 어렵다는 판단을 하고 명나라 망명을 생각하고 있었다. 조선 수군은 전라우수영, 전라좌수영, 경상우수영 함대 50여 척이 노량에 모여 결전을 준비했다.

그 전투가 견내량, 화도를 중심으로 이루어진 한산대첩이다. 이 전투에서 학익진 전술로 조선 수군은 대승을 거두었다. 일본군의 수륙병진 전술의 한쪽 날개를 꺾어버린 것이다. 화도든 적도든 임진왜란과 관련된 기록이 없다. 화도는 견내량에서 통제영이 있는 한산도로 가는 길목이다. 배후에서 잠복해 유인되어 들어오는 적의 함대를 포위하고 섬멸할 수 있는 천연 지형이다. 충무공이 이곳에서 학익진 전술을 펼쳤다. 이후 의병 활동이 활발해지고 명의 원군도 도착해 전세가 바뀌기 시작했다. 한산대첩이 대승을 거둘 수 있었던 것은 화도가 있었기 때문이라면 지나친 해석일까.

부자섬의 영화를 찾을까

화도는 부자섬, 돈섬으로 알려진 곳이다. 거제 통영에 굴 양식이 성할 때부터 화도도 일찍 양식을 시작했다. 그때 많은 주민이 목돈을 만들어 통영에 집을 장만했다. 굴과 멍게 양식으로 부자섬이라는 명예를 가졌을 때는 '통영시 다방 종원업'도 투자를 해서 돈을 벌었다는 소문이 돌 정도였다. 굴에서 멍게로 양식이 바뀐 것은 1980년대 중반으로 알려져 있다. 박신작업을 해야 하는 굴 양식과 달리 멍게는 상대적으

멍게 양식을 할 때 사용하는 시설로 주민들은 '봉'이라고 한다. 멍게 포자가 붙은 줄을 봉에 감아서 양식장에 설치한다. 화도에서 쉽게 볼 수 있는 시설물이다. 양식이 활발하고 고기도 잘 잡혀 돈섬이라 불렸다. 돈벌이가 잘되어 남자들이 술집에 머무는 시간이 많아지자 부녀회에서 외상값을 모두 정리하고 술집과 가게를 없애버렸다. 지금도 화도에 제대로 된 가게나 술집이 없다.

로 일손이 많이 필요하지 않았고 투자 가치도 있다고 생각했다.

그런데 10년 전부터 바지락도 시원찮고, 멍게도 재미가 없다. 주민들 시름이 깊다. 어획량이 줄고 양식 사정이 좋지 않으면서 젊은 사람들은 외지로 떠나거나 통영과 거제에 있는 일터로 나갔다. 유동인구가 어느 섬보다 많다. 인근에 큰 도시가 있고, 뱃길도 편리해져 더 늘어날 것으로 보인다. 양식 어업의 쇠퇴로 실제 거주하며 섬살이를 하는 인구는 크게 줄었다. 하지만 인구 구성으로 보면 어느 섬보다 청장년층이 두텁다.

20여 년 전, 화도에 10개에 이르는 술집이 있었다. 양식이 잘되고 고기잡이도 좋아 '돈섬'이라는 명성이 있을 때다. 돈이 많으니 늘 포구에는 술 마시고 흥청대는 사람이 많았다. 참다 못한 부녀회에서 술집과 가게를 모두 없앴다. 가게마다 있던 외상장부에 외상값까지 부녀회에서 모두 받아내서 정리했다. 당시 그렇게 할 수 있었던 것은 부녀회의 힘도 컸지만 '자식 교육을 위해서'라는 명분에 모두 수긍했기 때문이다. 지금까지 화도에는 이렇다 할 가게가 없다. 송포에 있던 학교는 10년 전에 문을 닫았다. 조리실과 교실과 다용도실로 이루어졌고, 교실이 세 칸이다. 제법 큰 학교다. 그런데 교실에 4학년 1반 표식만 있다. 마지막 학생이 4학년이었던 걸까. 그 이유는 나중에 알았다. 화도에서 4학년까지 다니다 5학년부터는 거제에 있는 숭덕초등학교로 다녔다. 1961년 개교하여 1984년까지 있던 학교는 초등학교가 된 후부터 2010년 2월 폐교될 때까지는 분교로 지냈다. 마지막 1명이 4학년을 마치고 뭍으로 나가면서 학교가 문을 닫은 것이다. 학교가 만들어지기 전에는 노를 저어 등·하교를 했을 것이다.

새로운 움직임이 필요하다

화도에 아주 큰 안내판이 몇 군데 세워져 있다. 그런 안내판은 화도에만 있는 것이 아니다. 우리나라 어디에나 꽤 많은 비용을 들인 화려한 대형 안내판이 세워져 있지만 정보는 큰 도움이 되지 않는다. 예를 들어 발포에 정치망으로 멸치 잡는 집이 있다, 송포에서 멍게를 살 수 있다, 염막포에 좋은 민박집이 있다와 같은 정보가 있으면 좋겠다는 것이다. 멍게 양식이 중요한 섬이라면, 멍게는 어떻게 양식되고 밥상에 오르는지 설명하면 좋겠다. 그래야 길가에 쌓여 있는 어구들이 멍게 양식을 위한 것인지 쓰레기인지 쉽게 알 수 있을 것이다.

화도를 부자섬으로 만들어준 굴 양식은 지금은 찾기 어렵다. 대신에 온통 멍게 양식장만 보인다. 구불구불 해안을 따라 길가에 멍게 양식용 줄이 너부러져 있다. 지저분해 보일 수도 있지만 섬살이의 필수품이니 나름 애틋하다. 앞으로 어구들을 어떻게 보관하고 관리할 것인가가 섬 여행 또는 섬 관광의 또 다른 숙제가 될 것이 분명하다.

다행인지 도선이 오가면서 섬을 찾는 사람이 늘었다. 섬길을 만들고 전망대도 만들었다. 이름을 따라 꽃섬을 조성하려는 움직임도 있다. 어줍잖게 꽃밭을 만든다고 호들갑을 떨지 말자. 있는 것을 여행자에게 잘 전달하면 될 일이다. 방법을 찾는 것이 정책이 되어야 한다. 비용도 많이 필요치 않다. 작은 도움과 따뜻한 디자인으로 주민과 함께 만들어낼 수 있다. 왜 어렵지 않은 일은 피하면서, 주민들도 생소하고, 만들고 나서도 관리도 어렵고, 주민이나 여행객이나 관심이 적은 것만 만들려고 할까.

주민들을 만나기 쉽지 않지만 선착장마다 두세 명씩 낚시객이 자리를 잡았다. 텐트를 치고 숙박을 하며 손맛을 보는 사람도 있다. 차로 선창을 옮겨 다니며 낚시를 하기도 한다. 외산포로 가는 길과 발포로 가는 길은 좁고 가파르다. 해안길과 달리 봉우리 사이 재를 넘어가는 길은 좁다. 맞은편에서 차라도 오면 곤란하다. 비가 오거나 낙엽이 쌓인 때는 조심해야 한다.

일반현황

위치 | 경상남도 거제시 둔덕면 술역리
면적 | 1.087km^2
가구수 | 73
인구(명) | 148
교통 | 거제–둔덕면 술역리 호곡마을 선착에서 배편 이용
특산물 | 멍게, 바지락, 멸치, 미역

변화 자료

구분	1985	1995	2011
주소	경남 거제군 둔덕면 술역리 화도	경남 거제시 둔덕면 술역리	경남 거제시 둔덕면 술역리
면적(km^2)	1.207	1.207	1.087
인구(명)	675(391+284)	394(209+184)	183(93+90)
가구수	109	110	79
공공기관			
학교	초등분교 1		
급수시설	우물 18개소	상수도 1개소	광역상수도 79가구
전력시설	한전계통 109가구	한전계통 110가구	한전계통 79가구
의료시설	조산원 1	보건진료소 1	
어선(척, 동력선+무동력선)	79(79+0)	78(62+16)	40(30+10)

※ 섬의 개황 자료 또는 변화 자료를 통계 데이터베이스에서 확인할 수 없는 경우 부득이하게 비워두었음을 알려드립니다.

15

진해만에서
가장 작은 섬마을
거제 고개도

정작 배를 타는 시간은 고작 10분이나 될까 말까다. 하지만 배를 타기까지는 몇 달이 걸린다. 일 년이 더 걸릴 때도 있다. 여객선이나 도선이 없는 작은 섬으로 가는 길은 이렇게나 번거롭다. 그나마 인근에 지인이 있어 다행이다. 거제 오량리 후포항에서 굴 양식을 하는 주민의 배를 얻어 타고 고개도로 향했다. 물이 빠지면 수십 미터에 불과한 갯골이고, 저 멀리 욕지도와 국도까지 다녀왔건만 지척에 있는 고개도에는 발을 딛지 못했다. 겨우 지인의 도움을 받아 날씨 좋은 봄날 섬에 들렀다.

고개도는 거제시 오량면에 있는 작은 섬으로 한때 네 가구가 살았던 섬이지만 지금은 한 가구만 거주하고 있다. 거제시에 속하는 섬 중에서 가장 작은 유인도로 면적은 5만 8,043제곱미터이며, 해안선 길이는 1.2킬로미터다. 고개도에서 태어나 건너편 후포항에서 개체굴 종묘와 굴 양식을 하는 주민과 동행했다. 고개도 앞으로 두 개의 거제대교가 견내량을 사이에 두고 놓였고 저 멀리 연기마을 너머 해간도를 잇는 다리가 보인다.

등대섬 물이 나서 고개도와 이어질 듯 물길이 찰랑거리는데 바지락을 파고 있는 사람이 보인다. 고개도는 갯벌이 발달했다. 특히 살조개와 바지락이 서식하기 좋은 혼합갯벌이다. 마을 앞에는 고개도 섬 주민이 바지락을 채취하고 나머지 갯밭은 오량리 어촌계원들이 함께 채

고개도에서 바라본 거제대교와 신거제대교다. 이곳이 견내량이며, 왼쪽은 통영시, 오른쪽은 거제시이다. 고개도를 오가는 배가 없는 탓에 인근 주민에게 부탁을 하거나 낚싯배를 빌려야 한다. 정유재란 때는 왜성을 쌓고 버티는 일본 수군과 치열하게 해전을 한 격전지였고, 한국전쟁 때는 인민군을 막는 최후의 보루이기도 했다.

취한다. 개조개도 많이 나는 곳이라 일찍부터 유곽을 많이 만들어 먹기도 했다. 유곽은 조갯살을 다지고 된장으로 양념을 한 후 개조개 껍데기에 담아 찌는 요리다.

엄씨는 섬에서 초등학교까지 다녔다. 그렇다고 고개도에 학교가 있었던 것은 아니다. 배를 타고 등·하교를 했다. 늘 지각을 했고, 바람이 불면 학교에 가지 못하는 날도 많았다. 이런 엄씨를 부러워하는 아이들도 있었다. 그때는 섬에 풍란이 지천이었다. 한 번은 선생님들이 들어와 자루에 가득 풍란을 채취해 갔다. 그 이후로도 여러 차례 풍란은 섬에서 뭍으로 나갔다. 부모님들은 선생님이 들어오면 풍란을 채취해 보냈다. 그 바람에 그 많던 풍란이 섬에서 씨가 말랐다. 이제는 사람이 접근하기 어려운 벼랑에서 겨우 흔적을 찾을 수 있을 뿐이다.

물이 빠진 마을 앞 갯밭에서 주민 한 분이 바지락을 캐고 있었다. 개두 마리도 양쪽에 자리를 잡고 주인을 지켰다. 고개도 주변에 잘피가많다. 물이 빠져 잘피가 드러나면 배가 앞으로 가기 힘들 정도다.

잘피밭은 소중한 바다 숲이다. 어류들이 산란하고 치어들이 자라는곳이며, 바다생물의 다양성을 가늠하는 곳이다. 사라진 잘피를 회복하기 위해 이식도 하고 갖은 노력을 다했다. 생활오폐수 정화조 처리를하고 난 뒤에 잘피가 다시 자라고 있다. 지금은 마을 앞에 잘피가 무성하다. 서식환경을 회복해주는 것보다 좋은 보전 방법은 없다. 잘피만그럴까. 어족자원도 마찬가지다. 여행객이 많이 찾아 생기가 도는 섬도바다자원이 회복되지 않으면 반쪽에 불과하다. 지속 가능한 섬은 바다자원, 특히 마을어장이 회복되어야 완성된다. 여기에 섬 숲이 건강하다면 금상첨화다. 숲이 건강해야 바다도 주민도 건강하다.

잘피가 바다생물의 서식지를 제공하는데도 주민들은 잘피를 베어다 개간한 밭에 뿌렸다. 그 많던 잘피가 한때 싹도 없이 사라졌다. 생활오폐수가 그대로 바다로 내려오면서부터다.

해양수산부는 2012년 여수엑스포 개최에 맞춰 5월 10일을 바다식목일로 정했다. 여수엑스포의 슬로건은 '살아 있는 바다, 숨쉬는 연안'이었다. 바다식목일은 바닷속 생태계의 중요성과 황폐화의 심각성을국민에게 알리고 범국민적인 관심 속에 바다 숲이 조성될 수 있도록하기 위함이다. 바다에서 자라는 나무는 열대지방의 맹그로브가 유일하다. 그러니까 맹그로브가 자라지 않는 우리나라의 바다 숲 조성은잘피류 같은 해초를 심는 일이다. 실제로 해양수산부는 바다 숲 조성계획을 수립해 추진 중이다. 그 내용을 보면 연안에 석회조류가 확산되면서 해조류가 줄어들고 서식지도 사라지자 잘피, 미역 등을 콘크리

고개도 연안은 온통 잘피밭이다. 잘피는 다시마, 미역 같은 해조류와 달리 잎, 줄기, 뿌리를 가져 해조류보다 진화된 식물이다. 고개도처럼 섬 주변에 연안습지인 갯벌이 발달한 곳에서 자라며, 다양한 어류의 산란장과 서식지 역할을 한다. 또 이산화탄소를 흡수하고 산소를 제공한다. 또 육지에서 유입되는 오염물질 중 질소나 인 같은 물질을 빠르게 흡수하기도 한다.

트 블록에 식재해서 바다에 투입하는 바다 숲 조성 계획을 추진하고 있다. 이렇게 바다풀이 줄어드는 근본적인 원인은 오염과 기후 변화에서 비롯한 연안환경의 변화 때문이다. 이 바다풀들은 육상의 나무와 달리 제대로 자란다고 해도 생존 시간이 길지 않다. 이런 특징 때문에 바다식목일의 취지에 공감하지만 추진하는 정책에 대한 성찰을 요구하는 목소리도 높다.

잘피밭을 지나 섬으로 들어가는 길목에 해상펜션이 두 곳 있다. 낚시를 하는 사람이나 숙박을 하기 위해 들어오는 사람도 있다. 감성돔을 비롯해 손맛을 즐기려는 낚시객들이 곧잘 방문하는 섬이다. 섬 주민인 이씨 부부가 운영하는 펜션이다. 이씨 부부는 '이너메'에 살고 있다. 유일한 섬 주민이다. 섬에 처음 들어온 이씨의 조상이 심었다는 나

고개도에는 세 가구가 거주하고 있다는데 방문했을 때는 한 가구밖에 보지 못했다. 그 집에는 커다란 느티나무가 자라고 있다. 학교가 있을 만큼 많은 가구가 살던 시절도 있었다. 고개도를 오가는 배가 없어 사선을 이용해야 한다. 물이 빠지면 해안을 따라 걸을 수 있다.

무가 마당 앞에 있는 느티나무다. 수령이 300년쯤으로 고개도에서 가장 오래된 나무다. 2003년 태풍 매미를 비롯해 숱한 태풍에 섬이 온통 파도로 뒤집혔을 때도 꿋꿋하게 버틴 나무란다. 태풍 매미 때는 가족들과 함께 섬 꼭대기로 피신을 했다고 한다. 이너메 집 앞 둑이 무너지고 섬이 쑥대밭으로 변했다. 작은 섬까지 지원이 미치지 않아 스스로 복구해야 했다. 그나마 집이 무너지지 않고 버틴 것이 다행이다. 그 파도를 막아준 것은 어찌 보면 집 앞에 심어놓은 느티나무였는지도 모른다. 온몸으로 태풍을 막고 집과 주인을 지켜준 나무다. 고개도 앞에 있는 작은 섬 역시 파도를 막고 태풍을 막는 큰 역할을 했다. 고개도에 사람이 살 수 있었던 것은 작은 섬과 나무들이 있었기 때문이다.

섬에 전기가 들어온 것은 1980년이다. 작은 섬이지만 전기가 들어올 수 있었던 것은 고개도 옆 작은 섬(명장섬)에 철탑이 세워진 덕분이다. 당시 섬 주민들은 고기잡이를 해서 모은 돈으로 전기를 끌어왔다. 그 뒤로 전화와 상수도도 들어왔다. 여객선은 없지만 전기, 수도, 전화가 모두 가능한 섬이다.

대나무 숲을 지나 언덕에 오르니 제법 넓은 밭이다. 지금은 유자나무가 자라고 나머지는 묵정밭으로 변했지만 옛날에는 모두 고구마를 심고 보리를 심어 식량으로 삼았다.

'저너메'는 섬 북쪽으로 지도, 수도, 가조도가 한눈에 바라보인다. 그 너머로 괭이바다와 진해만이 이어진다. 모두 굴 양식장이다. 견내량을 사이에 두고 거제 고개섬과 통영 해간도가 남북으로 문지기 역할을 하고 있다.

물이 빠진 해안을 따라 갯바위를 타고 한 바퀴 돌았다. 해안에는 참나리, 원추리 등이 가득하다. 머지않아 참나리는 예쁜 꽃을 피울 것 같다. 엄씨가 앞장서 가다 해안에 있는 바위굴을 가리키며 해달이 사는 곳이라 일러줬다. 안을 살펴보니 홍합 껍데기와 배설물이 흩어져 있다. 고개도만 아니라 진해만 일대에 해달이 많이 서식한다. 심지어 배 안과 어창에 들어 있는 물고기도 훔쳐 먹고, 횟집 수족관도 넘본다고 한다. 왜 그렇지 않겠는가. 바다의 자원은 고갈되고 그나마 남은 것도 인간들이 싹 쓸어가니 해달인들 참을 수 있겠는가.

갯바위를 오르내리며 섬을 한 바퀴 도는 데 30분이면 족하다. 다시 마을 안으로 들어왔다. 마을이라고 해야 집이 세 채뿐이다. 두 집은 폐가 수준이고 한 집만 생활을 하는 곳이다. 선착장에 배를 정박하고 마을로 들어서니 네 마리나 되는 개가 서로 다투듯 컹컹 짖는다. 바지락을 까던 주인도 경계를 하다 엄씨를 보고는 반갑게 맞아주었다. 어머니가 염소가 새끼를 낳았다고 보여주었다. 네 마리가 어미 젖을 빨고 있다. 뭍에서 지척에 있는 작은 섬, 그 섬이 앞으로 어떻게 바뀔지 모르겠다.

개황 | 거제 고개도

일반현황

위치 | 경상남도 거제시 사등면 오량리
면적 | 0.058km²
가구수 | 2
인구(명) | 3
교통 | 거제-고현버스터미널에서 40번, 41-1번 버스 이용
특산물 |

변화 자료

구분	1985	1995	2011
주소	경남 거제군 사등면 오량리	경남 거제시 사등면 오량리	경남 거제시 사등면 오량리
면적(km²)	0.062	0.062	0.058
인구(명)	13(8+5)	18(9+9)	4(3+1)
가구수	3	4	4
공공기관			
학교			
급수시설	우물 1개소	간이상수도 1개소	우물 1개소
전력시설	한전계통 3가구	한전계통 4가구	한전계통 4가구
의료시설			
어선(척, 동력선+무동력선)	3(3+0)	8(5+3)	4(4+0)

※ 섬의 개황 자료 또는 변화 자료를 통계 데이터베이스에서 확인할 수 없는 경우 부득이하게 비워두었음을 알려드립니다.

16

바다와 섬,
공존의 지혜가 필요하다
거제 가조도

해가 뜨기 직전, 가조도를 잇는 다리 밑을 지난 배들이 아침 그물을 털어 성포로 향한다. 호수 같은 바다에 긴 윤슬을 남기며 거슬러 가는 모습을 보니 그물이 묵직했던 모양이다. 그러는 사이 거제도에서 붉은 기운이 치솟더니 바다를 붉게 물들인다. 어제 광이바다를 지나 고성으로 지던 노을이 다시 거제 바다를 붉게 물들이며 옥녀봉을 감싼다.

큰 호수를 품은 섬

가조도는 진해만 남쪽 바다를 좌우로 가르며 자리를 잡고 있다. 그 모양이 꼭 장구를 닮았다. 경상남도 거제시 사등면에 있는 섬이다. 북쪽에는 옥녀봉이, 남쪽에는 백석산이 좌정을 했다. 옥녀봉은 섣달그믐에는 산제를 지내고, 2월에는 바람 신인 '할만네'를 모시는 영험한 산이다. 거제도와 불과 600미터 떨어져 있으며, 2009년 7월 거제도 성포리와 연결하는 다리가 개통되어 무시로 차들이 오간다. 거제도에 딸린 섬으로, 칠천도 다음으로 큰 섬이다. 《한국지명총람》을 보면 '창호리'로 소개되어 있다. 창호리에는 창외·신전·창촌·실전·유교 마을이 있었고, 후에 군령포·계도·신교까지 더해 8개 마을이 형성되어 있다. 법으로 정한 리는 창호리 외에 창촌리, 실전리가 있다. 가조도라는 이름은 큰 섬 거제도를 돕고 보좌하는 섬이라는 뜻으로 해석하기도 하며,

주민들은 '가지미섬', '가재미섬'이라 부른다. 기록에는 가좌도, 가조도
가 혼재되어 있다. '창호리'라는 지명은 곡식을 보관하거나 운송을 기
다린다고 창고에서 '창(倉)'을, 가조도가 서북으로 길게 제방 역할을 하
면서 만든 '안바다', '호(湖)'라고 해서 '호'를 가져온 지명으로 풀이한
다. 실제 가조도에서 동서 양쪽으로 보이는 바다는 모두 호수다.

　다리가 놓인 가조도는 전과 비교하면 사뭇 다르다. 가장 많이 찾는
사람은 낚시를 즐기는 사람들이요, 그 다음은 바다를 보며 커피 한잔
즐기려는 연인들이다. 곳곳에 펜션과 커피숍이 보이고, 귀촌한 사람들
이 지은 집들이 자리를 잡고 있다. 마을 중에 변화가 눈에 띄는 곳은 계
도이다. 닭섬이라 부른다. 가조도 북서쪽에 자리를 잡은 마을이다. 마
을 앞 작은 섬인 '닭섬'에서 비롯된 이름으로 그 섬을 근거지로 유어장

바다에서 본 가조도 옥녀봉이다. 옥녀봉은 섣달그믐에 산제를 지내며, 2월에는 바람 신인 '할만네'를 모
시는 영험한 산이다. 거제도에 딸린 섬으로 칠천도 다음으로 크다. 가조도 바다는 굴 양식을 많이 하며,
옛날에는 어의도와 수도와 가조도 사이의 바다에서 피조개 종패를 채취해 가마니에 담아 팔 만큼 호황을
누리기도 했다.

과 해상펜션을 운영하고 있다. 일찌감치 어촌체험마을로 인정을 받아 해상낚시는 물론 카누, 보트 같은 해양레저까지 곁들인 체험활동을 할 수 있는 곳이다. 어촌체험마을 사무실에 상시 근무하는 직원이 있을 정도로 이용이 활발한 어촌체험마을의 초기와 비교하면 상전벽해가 되었다. 바닷가에는 펜션과 카페가 들어서고 주차장에는 차로 가득하다. 당시 처음 만난 사무장은 생면부지 나그네에게 따뜻한 밥상을 마련해 주었다. 그녀의 활달한 성격과 붙임성이 지역 주민은 말할 것도 없고 전문가, 중앙부처, 용역업체 등 관련자들을 마을로 불러들였다. 옛날 계도가 오늘의 계도로 변신하는 계기를 마련한 사무장이다. 그는 화성 백미리 어촌체험마을에서 일하는 이창미 사무장으로, 어촌체험마을계에서 전설로 통한다. 밥상의 인연은 이렇게 질기고 길다.

작은 섬에 러일전쟁의 흔적을 새기다

가조도 동쪽 바다가 정치망의 바다라면 서쪽 바다는 하얀 부표로 가득 찬 양식의 바다. 한때 이곳 어민들은 피조개 종패를 팔아 억대부자라는 소리를 들었다. 그 바다에 굴 양식장이 빼곡하다. 양식장 사이로 흰 표지석이 세워진 작은 바위섬이 있다. 주민들이 '독수리섬'이라 부르는 취도. 그 바위섬에 하얀 표지석이 있다. 1935년 8월 23일 일본의 진해해군사령부가 세운 '취도기념비'이다. 당시 총사업비 200원 73전, 인원 393명을 동원하여 50여 평의 공원을 조성하고 기념비를 세웠다. 그 내력은 이렇다.

광무 8년(1904년) 2월 10일 러시아와 일본이 극동 침략과 조선 지배를 둘러싸고 전쟁을 벌였다. 일본이 요동반도 여순을 점령하자 러시아가 발틱함대를 극동으로 이동시켰다. 이를 눈치챈 일본은 1905년 5월 27일 대한해협을 통과하는 발틱함대를 거제도 송진포에서 기다려 큰

가조대교의 야경, 가조대교에서 본 일몰도 아름답지만 거제 바다에서 떠오르는 일출도 좋다. 또 성포항에서 본 야경의 모습도 볼 만하다. 가조대교가 만들어지기 전에는 성포항에서 가조도로 가는 배를 탔다. 성포항은 수협위판장이 운영되고 있으며 어시장도 열리는 곳으로, 활어나 해산물을 구입하러 온 사람들이나 식당을 찾는 사람들이 많이 있다.

타격을 주었다. 러일전쟁을 승리로 이끈 일본 동양함대가 야간사격의 표적지로 삼은 곳이 독수리섬이다. 함포의 표적지로 간신히 흔적만 남은 돌섬에 그 기념비를 세웠다. 전쟁에서 승리한 일본이 본격적으로 조선 진출을 시작했다. 수산자원 수탈도 가조도 바다에서 시작되었다. 이 표지석과 관련한 기사가 〈경향신문〉(1977.12.12.)에 소개되었다. '무인도서 발견된 일 승전비'라는 내용으로 소개된 기사에는 2.5미터 높이 화강석비는 3단으로 쌓인 꼭대기에 70센티미터 높이의 큰 포탄 1개가 하늘을 향해 서 있는 모양을 하고 있다. 이곳은 당시 일본 해군이 사격훈련장으로 쓰던 중 일본 해군 준장 고바야시가 러일전쟁에서 승전한 것을 기념해 세웠다는 내용이 비문에 새겨져 있다.

광주에서 출발할 때 잔뜩 흐렸던 날씨가 순천을 지날 때는 빗방울까지 떨어져 마음이 무거웠는데 어느새 쾌청해졌다. 피조개 종패 양식을 위해 채집그물을 준비하던 유교리 김씨의 배를 타고 취도로 향했다. 유교리는 옥녀봉 동쪽에 위치한 마을로 실전마을과 신교마을 사이에 있다. 방파제에는 낚시를 하는 사람들이 줄지어 있었다. 가을철에는 자리가 없을 정도로 사람들이 많이 찾는다. 이로 인해 불편함도 많지만 달리 막을 방법도 없다. 주민들은 통발이나 자망그물을 이용해 장어, 노래미, 문어, 전어, 쥐치, 도다리 등을 잡는다. 취도로 가는 길에는 굴 양식장이 빼곡하다. 해안에는 카페나 펜션을 짓느라 파헤쳐진 모습이 흉물스럽다.

취도는 가조도 북쪽에 접해 있는 아주 작은 섬이다. 주변에 물이 맑고 물고기가 많아 낚시객이나 다이버들이 많이 찾는다. 취도를 찾던 날도 두 척의 배에 20여 명이 다이빙을 즐기고 있었다. 멀리서도 취도 남쪽 끝에 세워진 비를 확인할 수 있다. 양식장 사이로 조심스럽게 다가가 갯바위에 접하고 섬에서 내렸다. 취도 아래 해안에서 다이빙을 마치고 휴식을 취하고 있는 10여 명의 다이버를 만날 수 있었다. 섬 주변은 양식장에 밀려온 쓰레기들이 있었지만 물과 갯바위는 깨끗하고 백화현상도 심하지 않았다. 섬은 띠풀로 덮혀 있고 자귀나무 몇 그루가 자라고 있었다. '취도기념'이라 새긴 글씨는 선명했지만, 뒤편에 새긴 내력은 마모되어 글씨를 알아보기 힘들었다. 비 상부에 올린 탄환도 보존 상태가 양호했다. 비 주변은 풀과 잡목이 자라서 경계를 확인하기 어려울 정도다.

취도 북쪽은 마산과 진해로 이어져 부산으로 나가는 물길이다. 동쪽으로는 칠천도가 있다. 임진왜란 당시 원균이 일본 수군에 대패한 곳이며, 백의종군하던 이순신을 다시 바다로 불러들인 곳이다. 또 서쪽으로는 일본 이주어촌이 자리잡은 통영의 광도지역이다.

왕실의 바다에서 제국의 바다로

'괭이바다', '광이바다'는 거제, 고성, 진해로 둘러싸인 바다를 말한다. 진해만 안쪽에 있는 광이바다는 조선시대에는 왕실의 어기(어장)이었다. 일제 강점기에는 많은 일본인 어민들이 광이바다에서 조업하기 위해 들어왔다. 일본 어민의 조선 어장 진출은 '조일통상장정'(1883년) 제41조가 계기가 되었다. 그 조문 내용이다.

일본국 어선은 조선국의 전라도, 경상도, 강원도, 함경도, 네 도의 연해에서, 조선국 어선은 일본국의 히젠(肥前)·치쿠젠(筑前)·이시미(石見)·나가도(長門)·【조선해에 면한 곳】·이즈모(出雲)·쓰시마(對馬島)의 연해에 오가면서 고기를 잡는 것을 허가한다. 단, 사사로이 화물을 무역할 수 없으며, 위반한 자에 대해서는 그 화물을 몰수한다. 그러나 잡은 물고기를 사고팔 경우에는 이 규정에 구애되지 않는다. 피차 납부해야 할 어세(魚稅)와 기타 세목(細目)은 2년 동안 시행한 뒤 그 정황을 조사하여 다시 협의하여 결정한다.

이 규정에 따라 2년 후 어세와 세목을 논의해 정해야 했지만 늦어져 1889년 전문 12조의 조일통어장정이 조인되었다. 이 조약으로 일본 어민들은 어업권의 조차, 건어 및 염장의 가공이 가능해졌다. 물론 규정에 따라 조선 어민들도 '조선해에 면한 곳'이라는 일본 연안에서 어로활동을 할 수 있지만 선박기술과 어로도구 등을 고려할 때 현실성이 없었다. 조선 정부는 조일통상장정을 체결하면서 일본 어로업자에게 세금 납부 의무를 지우고 건망과 어류 가공을 위한 상륙을 불허하는 대신에 일본 어민 범죄는 영사재판을 허락했다. 사실상 조선 바다의 일본 진출을 인정해준 것이다.

거제도는 정치망을 이용해서 멸치를 잡는다. 신교·유교·창촌 마을에 멸치 잡는 사람들이 있다. 정치망
멸치는 죽방렴과 흡사하게 멸치를 그물 안에 자유롭게 오갈 수 있도록 가두어 잡기에 상처도 없고 값도
후하다. 그물은 정기적으로 세척하고 말려야 한다.

가조도는 괭이바다 안쪽에 남북으로 길게 자리를 잡아 좌우로 안정된 어장을 갖추고 있다. 견내량을 통해 바닷물 소통이 좋고 어의도, 수도, 지도 등 작은 섬들이 있어 주변에 어류들이 서식하기 좋은 조건이다. 이곳에서 잡은 대구, 청어, 명태가 조선 왕실과 사직에 진상되었다. 일제는 마산만, 진해만 등 고성과 거제와 통영에 일본인 어민들을 이주시켜 멸치를 잡아들였다. 일본에서 화학비료가 개발되기 전에는 기름이 많은 멸치, 정어리, 청어 등을 '벼를 키우는 물고기'로 대접하였다. 해삼, 전복, 상어지느러미 등은 배 위에서 가공해 가져갔다. 당시에는 일본 어민들이 뭍에 상륙하여 가공하거나 거주하는 것이 허락되지 않았다.

가조대교를 건너 섬으로 들어서 오른쪽을 돌아 언덕 위로 가면 수산업협동조합의 역사를 살필 수 있는 '수협효시공원'을 만날 수 있다. 전국 최초로 주민들이 자발적으로 설립한 '거제한산가조 어기조합'과 '거제한산 모곽전조합'을 기념하려고 2008년 거제수협 탄생 100주년에 맞추어 수협효시공원을 조성했다. 이 조합들은 전국에서 최초로 세워진 어업 관련 조합이라는 사실에는 많은 이가 동의하지만, 주민들이 자발적으로 조직했는지는 이견이 있다.

1908년(융희 2년) 7월 괭이바다를 중심으로 일본 어민 두 명이 발기하여 만든 '가좌 어기조합'은 1909년 '거제 한산가조 어기조합'과 '거제 한산 모곽전조합'으로 발전하였다. 같은 해 4월에 시행된 '한국 어업법'에 의해 만들어진 우리나라 최초의 수산단체로 기록되어 있다. 수산업협동조합의 효시로 보고 있다. 두 조합은 1910년 통합되어 '거제한산가조어기모곽전조합'으로 이름이 바뀌었다. 경술국치 후 1912년 11월 조합원은 모두 302명에 어선 30척이며, 이 중 히로시마현에서 어민 20가구가 입주하여 건착망 어장을 운영하였다. 조선 해역에서 멸치잡이를 처음 시작한 일본인은 히로시마현 어민들이다. 1885년경 마산 부근에서 시작했다. 그 후 거제도, 마산만, 진해만, 고성, 통영, 남해도, 사량도, 욕지도 등으로 확대되면서 멸치를 잡았다. 허가를 받은 어업이 아니라 무단 어획이었다. 어업법이 발효된 이후 가조도도 멸치잡이 어민들이 정착해 광이바다를 중심으로 멸치잡이를 하며 수산단체를 조직한 것이다. 인근 주민들이 기억하는 어업조합은 진두(나루꼬지)에 있었다고 한다.

공장과 어장은 공존이 가능할까

가조도 바다는 멸치와 대구로 시작했다. 조선시대에는 대구어장으로, 일제 강점기에는 일본인 어민의 이주로 권현망이라는 멸치잡이 기술이 소개되어 광복 후까지 이어졌다. 그리고 1960년대 1970년대 광이바다를 중심으로 피조개 종패와 양식으로 막대한 수익을 올렸다. 인근 어의도 일대에서 가조도까지 이어지는 바다는 피조개 종패를 생산하는 인큐베이터였다. 거제 큰 섬이 부럽지 않았다. 천혜의 조개 육묘장이자 대구, 방어, 멸치가 철철이 들었던 바다가 점점 무너진 것은 진해만과 마산만에 공업단지가 조성되면서다. 이와 함께 인구밀집 도시가 형성되면서 생활폐수도 바다로 쏟아졌다. 그나마 미더덕 양식, 홍합 양식, 굴 양식 등이 빈자리를 대체하면서 어업의 명맥이 유지되고 있다. 피조개 종패로 '노다지'를 캤다는 바다는 이제 굴 양식장으로 바뀌어 하얀 부표가 가득하다.

실전마을 뒤 언덕에서 시작되는 옥녀봉으로 오르는 길은 가파르다. 대신에 등산하는 시간이 짧다. 정상에 오르면 거제바다와 광이바다 등 진해만을 한눈에 살펴볼 수 있다. 옥녀동에서 본 가조도 주변은 흰 부표로 포위되어 있다. 굴 양식장 시설들이다. 옛날과 달리 양식장에서

계도 어촌 체험 마을 유료 낚시터. 거제시 사등면 가조도의 계도마을 낚시터다. 마을 앞 무인도가 계도이며, 그 앞에 낚시펜션이 조성되어 있다. 일찍부터 유료 낚시터를 만들어 마을공동체가 운영하고 있다. 가조도는 거제도와 다리로 연결되어 있어 접근성이 좋고 입질도 곧잘 하기 때문에 많은 낚시인들이 찾고 있다.

직접 채취해 세척한 후 뭍에서 굴을 까는 박신작업만 하고 있다. 이마저도 굴 까는 작업을 할 사람을 찾지 못해 애를 태우고 있다.

최근 '굴 정식' 식당이 전국에 하나둘 생기면서 알이 큰 굴이 많이 소비되고 있다. 대부분 코스요리로 굴전, 굴무침, 굴튀김, 굴구이, 굴밥, 굴회, 굴국 등을 만들어 가격에 따라 가지 수를 더하고 뺀다. 최근에는 굴 김, 굴 스테이크, 굴 라면, 굴 스낵 등을 개발해 상품화하고 있다. 거제와 통영 일대에서 양식한 굴이 많이 소비되고 있다.

이런 수요에 맞추려면 숙련된 박신 전문가들이 필요한데 모두 고령이다. 힘으로만 하는 일이 아니니 외국인을 불러다 대체하기도 어렵다. 그래서 섬마을 박신작업장이 문을 닫고 있다. 또 하나의 문제는 쌓이는

가조도에 속하는 독수리섬이라 부르는 작은 무인도에 일본 진해해군사령부가 세운 '취도기념비'가 있다. 러일전쟁에서 승리한 일본 함포 표적지로 이용하던 돌섬이 독수리섬이다. 사람들의 접근이 쉽지 않는 양식장으로 둘러싸인 섬이라 그 흔적이 잘 남아 있다.

굴 껍데기 처리다. 산업폐기물이 되어버린 굴 껍데기는 가조도 맞은편 통영시 용남면의 마을 부근에 산처럼 쌓여 있다. 이제 증식이 아니라 나오는 껍데기 처리를 고민해야 할 때다. 어디 굴뿐일까. 전복, 꼬막, 바지락 등 껍데기가 발생하는 이매패류는 모두 같은 문제를 안고 있다. 이제 바다도 수산업도 재생과 재활용의 문제를 고민해야 할 때다.

연도교가 만들어지고, 거제와 부산을 잇는 다리도 개통이 되면서 가조도는 이제 섬 안의 섬이 아니다. 그럼에도 섬의 분위기를 만끽할 수 있는 위치와 경관을 갖추고 있고, 옥녀봉이라는 산이 있어 낚시, 데이트, 등산 등을 할 수 있어 찾는 층이 다양하다. 외지인이 들어와 커피숍과 펜션을 운영하고 있다. 가조도는 이제 주민들의 섬이 아니다. 과거의 어촌공동체나 마을공동체는 큰 변화에 직면해 있다. 건강한 바다와 지속 가능한 섬살이의 공존을 기대해본다.

개황 | 거제 가조도

일반현황

위치 | 경상남도 거제시 사등면 창호리
면적 | 5.86km^2
가구수 | 590
인구(명) | 1,086
교통 | 거제-고현버스터미널에서 43-1번 버스 이용
특산물 | 콩, 고구마, 피조개, 홍합, 전복, 굴

변화 자료

구분	1985	1995	2011
주소	경남 거제군 사등면 창호리 가조도	경남 거제시 사등면	경남 거제시 사등면
면적(km²)	5.860	5.820	5.918
인구(명)	2,524(1,267+1,257)	1,991(1,016+975)	1,167(582+585)
가구수	496	529	512
공공기관	우체국 분국 1, 보건지소 1, 어촌계2, 산림계 2		
학교	초등학교 2	초등학교 1, 초등분교 1, 유치원 1	초등학교 1
급수시설	간이상수도 6개소	간이상수도 8개소	광역상수도 512가구
전력시설	한전계통 496가구	한전계통 529가구	한전계통 512가구
의료시설	조산원 1	보건진료소 1	보건진료소 1
어선(척, 동력선+무동력선)	125(101+24)	360(330+30)	265(264+1)

※ 섬의 개황 자료 또는 변화 자료를 통계 데이터베이스에서 확인할 수 없는 경우 부득이하게 비워두었음을 알려드립니다.

17

신은 이미 준비를
마치었나이다
거제 칠천도

칠천도는 경상남도 거제시 하청면에 있는 섬이다. 거제시의 60여 개 유·무인도 중 가장 큰 섬이다. 1971년 거제대교 개통, 2000년 칠천대교 개통, 2010년 거가대교 개통. 덕분에 부산과 통영을 통해 칠천도로 쉽게 들어올 수 있다. 창원시 구산면에서 진해만을 가로질러 거제도를 잇는 다리도 계획되어 있어 칠천도의 개발은 더욱 가속될 것 같다.

하청만과 장목만 입구에 위치해 거제도로 가는 파도와 바람을 막아준다. 딸린 유인도는 황덕도, 무인도는 슬능섬, 남광이섬, 북광이섬, 매미섬, 동룡섬 등이 있다. 섬은 곶과 개가 발달했다. 곶과 곶 사이에 있는 개는 포구를 만들거나 막아서 농지를 만들었다. 섬 북쪽에 있는 송포는 '가는개' 솔포이고, 대곡리는 옥녀봉 아래 큰 골이다. 큰 골은 큰 포구를 만든다. 금곡이나 연구도 좋은 포구를 갖추고 있다. 이들 포구는 대부분 섬 서쪽에 있고, 큰 마을도 이곳에 자리를 잡았다. 동쪽에 비해 경사가 완만하고 포구가 발달해 땅을 개간하고 간척하거나 갯밭을 운영하기 좋은 곳이다. 조선 고종 30년(1893년)《거제부읍지》에 따르면 칠천도방을 7개로 개편하여 장곶 12호, 윗포 15호, 연구 33호, 대곡 39호, 송포 15호, 어온 23호 총 137호가 있었다. 지금은 500여 호 1,900여 명이 거주한다.

흑우를 키우는 목장

조선시대 칠천도에는 목장을 설치했다. 칠천도 외에 산달도, 가조도, 구천동, 장목, 영등진, 율포 등 거제에 크고 작은 목장을 설치하였다. 칠천도를 제외한 여러 곳에 말을 키웠고 유일하게 칠천도 금곡 화전산 기슭에서는 흑우를 키웠다. 《헌종실록》(1663년 10월 8일)에 '칠천도에 제향에 쓸 소와 사복시 소가 5백20여 두가 사육되고 있다'고 적고 있다. 금곡 화전산 기슭이 목장을 했던 곳이다.

목장의 설치는 단지 소와 말을 키우는 것만을 의미하지는 않는다. 17세기 이후가 되면 목장은 개간지로 바뀌고, 특히 섬마을의 형성과 입도조 등이 밀접하게 관련되기 때문이다. 특히 칠천도에서 키우는 흑우는 거제의 특산품으로 임금이나 제실에 진상되기도 했으니 주목할 수밖에 없었다. 19세기에는 칠천도 목장의 전답을 소유하며 경작하기도 했다. 그럼에도 불구하고 말을 키우는 목자에게는 급복을 주는 반면에 소를 키우는 경우에는 소홀했던 모양이다.

칠천도는 지금도 밭농사 중심이며 토질이 척박하다. 당시 주민들이 올린 상소에 '토질이 척박하고 풀이 잘 자라지 않아 봄과 여름에 풀을 베서 섬으로 싣고 들어가느라 폐단이 적지 않으니, 사복시 소는 다른 곳으로 옮기든지 팔든지 민폐를 덜어주어야 한다'고 했다. 또 목자들에게 제공되는 급복을 소 기르는 사람들에게도 주어야 한다고 건의해 윤허를 받았지만 은택을 받지 못하고 있는 억울함을 호소하기도 했다. 급복은 특정한 대상자에게 국역을 제외한 잡세를 면제해 주는 것을 말한다.

칠천량, 이순신을 부른다

옥계마을을 지나면 칠천량해전공원에 이른다. 정유재란에서 일본 수

거제시 하청면 실전리와 칠천도 사이 칠천량을 연결하는 칠천대교. 이 다리는 2000년 연결되었다. 이 다리 부근에서 정유재란 때 조선 수군이 유일하게 패전을 기록했다. 당시 삼도수군통제사는 원균이었고, 이순신은 백의종군을 하던 때였다.

군에 대패해 조선의 운명이 정말 풍전등화의 위기였다. 남은 배는 열두 척, 장수들은 대부분 목숨을 잃었거나 도망을 쳤다. 게다가 임진왜란 때 조선의 바다를 지켰던 이순신은 모함과 모략으로 옥에 갇혀 있었다. 칠천량은 삼도수군통제영으로 가는 중요한 뱃길이다. 더는 거칠 것이 없었다. 이순신이 불려 나왔다. 운명이었다. 칠천량전투의 패배는 다른 한편으로는 임진왜란과 정유재란을 마무리하는 변곡점이었다. 그 결과 이순신은 명량해전과 노량해전으로 마침표를 찍을 수 있었다.

임진왜란 발생 80년 전, 칠천도에 왜군의 대대적인 침입이 있었다. 1510년(중종 5년) 4월 대마도의 지원을 받아 삼포에 거주하는 일본인 4천~5천여 명이 폭동을 일으킨 '삼포왜란'이다. 이들은 제포, 부산포,

254

남포와 웅천 그리고 동래성을 침공하고, 적선 수백 척을 이끌고 칠천량 안쪽 바다로 들어와 하청의 민가를 약탈했다. 난을 진압한 후 개항장을 폐쇄하고 일본인을 추방했다.

칠천량은 임진왜란 때 조선 수군이 처음으로 패한 바다다. 물안마을의 맞은편인 거제 송진포 사이에서 원균이 이끌던 조선 수군은 대패했다. 칠천량 해전의 격전지로 꼽는 곳은 칠천도 어온리와 거제도 실전리와 장목리 사이 칠천량이다. 1597년 정유재란이다. 7월 보름 새벽 일본군의 수륙협공을 받은 조선 수군은 진해만, 고성 춘원포, 한산도 등 세 방향으로 후퇴했다. 이 중 진해만 쪽으로 향한 수군은 일본 수군의 추격으로 참패했고, 춘원포 수군도 크게 패했다. 한산도 쪽으로 향한 수군만 겨우 빠져나왔다. 임진왜란이 끝나고 정유재란이 시작되자 이순신은 파직되어 서울로 압송되었고, 조선 수군은 원균이 지휘를 맡았다. 사실 적을 제대로 파악하기 전이라 무모한 출병이었다.

원균은 칠천량 전투 10여 일 전 도원수 권율의 명령을 받고 삼도수군 주력을 총동원한 1,800척의 전선을 이끌고 부산으로 향했다. 이미 적군은 수군과 육군이 안골포, 가덕도, 송진포 등에 포진했고 왜성에 자리를 잡고 조선 수군을 기다리고 있었다. 제대로 전투도 못하고 대규모 적선과 풍랑에 맞서다 지치고 만다. 그리고 적의 기습을 받고 몰린 마지막 전투는 칠천량의 좁은 해협에서 벌어지는 등선육박전술에 말려 궤멸하고 말았다. 원균과 이억기 장군 등 1만 명 이상이 죽고, 배설 장군은 12척의 배를 가지고 전라도 방면으로 퇴각했다.

조선 수군이 패하자 옥에 갇혀 있던 이순신을 불러 삼도수군통제사로 명한다. 이순신 장군은 명량해전으로 전세를 바꾸고 노량해전을 맞게 된다. 감옥에 갇혀 죽느냐 바다에서 싸우다 죽느냐 선택만 남았다는 이야기를 다시 생각하게 한다. 칠천량해전공원에서 옥계마을과 옥녀봉을 거쳐 대곡고개로 이어지는 '칠천량해전길'이 있다. 거제시는 이 길 외에도 고려촌문화체험길, 충무공이순신만나러가는길, 천주교순례길 등 다양한 '섬&섬길'을 만들고 있다.

일본인, 학교를 세우고 바다를 탐하다

거제도가 그렇듯 일제 강점기 많은 일본 사람들이 들어와 칠천도의 수산자원을 탐했다. 특히 에히메현과 히로시마현의 일본인 53세대 288명이 들어왔다. 이들은 주로 정어리, 대구를 잡았다. 《통영읍안내》(1914년)를 보면 칠천도에서 잡은 생선은 일본과 부산으로 보내고, 마산, 진해, 통영은 직접 수송하여 판매했다. 일본인 자녀들을 위한 소학교도 만들었다. 연구초등학교의 전신인 하찌아(峰谷)공립심상소학교가 그것이다. 당시 연구에 입주한 12가구의 일본인 자녀들을 위해 만든 학교였다. 광복 후 1946년 4월 연구공립국민학교로 개교하여 1994년 2월 폐교했다. 이곳 외에도 칠천도에는 칠천도초등학교, 칠천초등황덕분교 등 3개의 학교가 있었다. 지금은 칠천초등학교만 남아 있다.

섬에 학교가 만들어지기 전에는 배를 타고 하청면에 있는 학교로 가야 했다. 서당이나 야학교나 강습소에서 겨우 문자를 익히던 섬 아이들은 최영제 등 지역 유지들의 배려로 1941년 칠천공립보통학교가 개교하면서 섬 내에서 학교를 다닐 수 있게 되었다. 그러니까 이보다 앞서 연구에 소학교가 만들어져 일본인 아이들은 교육을 받고 있었다.

일본인들이 탐하기 전에 칠천도 일대 어장은 모두 왕실 소유였다. 대곡, 윗포, 우어포, 송포, 물온포, 장곶, 영암, 신전, 화전구미, 감수 등 50여 곳에 어조가 있었다. 어조는 오늘날로 치면 어장에 해당한다. 일본인은 권현망을 이용해 멸치를 잡았다. 이들은 대부분 금곡과 옥계에 거주했다. 지금도 금곡마을에 일본식 가옥이 남아 있기도 했다.

칠천도 장곶마을에서 몰(모자반)을 채취하는 노부부를 만났다. 딸이 몰설치국을 좋아해 음식을 준비하기 위해 모자반을 채취하러 나왔다고 했다. 병원에 입원한 딸이 어렸을 때 엄마가 해준 몰설치국을 먹고 싶다고 하자 부부는 오랜만에 낫을 들고 물이 빠진 갯가에서 몰을 채취했다.

칠천도에는 물안·어온·장안, 세 마을로 이루어진 어온어촌계, 곡촌·금곡·연구로 이루어진 연구어촌계, 대곡·송포, 두 마을로 구성된 대곡어촌계 그리고 황덕어촌계가 있다. 장안마을과 송포마을은 바지락이 많이 서식하며, 물안마을은 굴 양식을 많이 하고 있다. 어온리에 속한 장안마을은 다리가 놓이면서 인근에 카페와 펜션, 식당 등이 들어섰다. 장안만 아니라 물안·송포·선창 마을 등 실제로 어업을 하는 가구는 크게 줄어들었다. 금곡마을 나루터는 다리가 놓이기 전에는 거제 하청으로 가는 도선장으로 쓰인 칠천도 관문이었다. 금곡마을에 있는 화전산 앞에는 옛날에 큰 대구어장이 있었고, 술집도 있었다고 한다. 장곶에 해녀가 몇 명 있지만 모두 고령이다.

노부부와 낚시꾼의 손맛, 그 차이는?

다리가 놓이면서 칠천도 바닷가에는 카페와 펜션이 들어섰다. 장곶에서 옥계로 이어지는 해안이 활기차다. 그리고 포구마다 낚시객들이 연중무휴 쉼 없이 들어온다. 심지어 자동차에 캠핑장비와 먹을 것을 가득 싣고 들어와 포구에 텐트를 치고 숙박을 하며 낚시를 한다. 이들이 떠나고 나면 남는 것은 쓰레기뿐이며, 치우는 사람은 나이 많은 주민들이다. 보다 못한 칠천도 어느 마을은 포구로 들어가는 길에 말뚝을 박고 쇠줄을 쳐서 들어오지 못하게 한 곳도 있다. 그래도 현행 법으로 포구에서 낚시를 금하게 할 수 있는 방법이 없다. 심지어 공영방송은 낚시를 오락프로그램으로 만들어 방송하고 해양수산부는 낚시가 어촌의 어업 외 소득과 어촌활성화에 큰 도움이 될 것이라며 장려한다. 낚시면허제는 수십 년째 국회를 표류 중이다. 어민들보다 더 많은 물고기를 잡는 사람들, 진정한 어부는 이제 낚시객이다.

장곶마을 앞 바닷가, 칠천대교 아래 작은 갯마을에서 몰을 뜯는 노부부를 만났다. 어머니는 일흔 중반을 넘겼고, 아버지는 팔순을 넘긴 적잖은 나이였다. 아버지는 어머니와 함께 채취한 몰을 힘겹게 끌고 나왔다. 바닷가에 앉아 숨을 돌린 어머니는 또 다른 자루를 들고 첨벙 첨벙 물속으로 들어가신다. 병원에 입원한 막내딸에게 문병을 갔더니 엄마가 해준 몰무침이 먹고 싶다고 했단다. 어머니가 그 말에 '아이고 누구 멕일라고 내가 누울 짓을 하것나'라면서 할배를 꼬드겨 나왔단다. 설 명절이 다가오면 진해만 사람들은 몰을 준비한다. 모자반을 몰이라고 한다. 대구에서는 '마재기', 제주에서는 '몸'이라고도 한다. 물메기탕을 끓일 때도, 콩나물을 무칠 때도 몰을 넣는다. 제주에서는 잔치음식으로 내놓는 몸국에 몰을 넣는다. 그 몸국도 진해만 몰로 채운다. 한낱 해초 한 줄기일 뿐인데 맛이 다르다. 몰무침이 누구에게는 소울푸드다.

칠천도 옥계마을에 칠천량해전공원이 조성되어 있다. 칠천량해전은 1597년 7월 16일(음) 삼도수군통
제사 원균이 지휘한 조선 수군이 일본군과 거제 칠천량에서 싸워 패배한 전투다. 160여 척의 전선을 총
동원했지만 대부분 격파당하고 해전에 앞서 탈출한 경상우수사 배설이 가지고 나온 12척의 전선만 남았
다. 이 전투 이후 선조는 백의종군한 이순신을 다시 삼도수군통제사로 기용했다.

찬바람이 불면 진해만에 청어나 물메기가 들어온다. 몰밭에 알을 낳기
위해 들어온다. 바지락밭도 좋다. 설 명절도 지나지 않은 추운 겨울인
데 개발을 하는 어머니들이 눈에 띈다. 노부부가 몰을 채취한 옆쪽에
서 낚시질을 하는 꾼들이 10여 명이다. 저 노인이 떠나면 이 바다가 남
아 있을까 싶다.

개황 | 거제 칠천도

일반현황

위치 | 경남 거제시 하청면
면적 | 9.87km^2
가구수 | 626
인구(명) | 1,018
교통 | 거제-고현버스터미널에서 35번, 35-1번 버스 이용
특산물 | 맹종죽

변화 자료

구분	1985	1995	2011
주소	경남 거제군 하청면 칠천도리	경남 거제시 하청면	경남 거제시 하청면
면적(km^2)	9.100	9.219	9.045
인구(명)	2,976(1,464+1,512)	1,692(845+847)	1,253(640+613)
가구수	576	523	605
공공기관	면출장소 1, 파출소 1, 우체국 분국 1, 보건지소 1, 단위농협 1, 어촌계 1, 수리계 1, 산림계 1	면출장소 1, 지·파출소 1, 우체국 1	출장소 1, 우체국분국 1, 농협지소 1
학교	초등학교 1, 유치원 2		
급수시설	간이상수도 9개소, 우물 34개소	간이상수도 9개소	광역상수도 605가구
전력시설	한전계통 576	한전계통 523가구	한전계통 605가구
의료시설	조산원 1, 약국 1	보건지소 1	보건진료소 1
어선(척, 동력 선+무동력선)	176(118+58)	101(93+8)	101(93+8)

※ 섬의 개황 자료 또는 변화 자료를 통계 데이터베이스에서 확인할 수 없는 경우 부득이하게 비워두었음을 알려드립니다.

18

다리가 놓이니
자식들이 자지 않고 간다
거제 황덕도

"80 넘었다. 많이 살았다. 다리도 걸어봤고 더 이상 뭘 바라겠노. 좋은 점 별시런 거 없다. 자식들 차 가지고 오는 거 그거 하나 수월타. 다 좋은 게 어디 있노, 한 가지 좋으면 한 가지는 나쁘제. 대구도 잡고 미기도 잡았다 봄이면 도다리제. 여름 가을 내내 안 잡았나. 이젠 없다, 낚시꾼도 왔다 그냥 간다. 고기 안 잡히면 국가가 돈 안 주겠나."

볕이 좋은 작은 섬마을 앞에서 그물을 깁고 있는 팔순의 노인과 마주 앉았다. 황덕도다. 지금은 거제 칠천도 한실(대곡리) 당 너머 마을과 황덕도 쥐부리끝을 연결하는 다리가 놓여 무시로 오갈 수 있지만 아버지는 자식이 고등학교 졸업할 때까지 배로 등·하교를 시켰다. 그 후로 할머니가 시장에 갈 때도, 자식과 손자들이 찾아올 때도 노인은 배를 가지고 나가야 했다. 부르면 대답할 만한 짧은 거리인데도 말이다. 그래서 다리가 놓이기를 학수고대했다. 그렇게 원하던 다리가 놓여 마냥 좋을 줄 알았는데, 병원선도 안 오고, 버스가 작은 섬까지 들어올 수 없다 하니 버스 타러 걸어가는 것도 힘겹다. 차라리 버스가 오는 곳까지 배로 가던 옛날이 무거운 짐을 옮기기에는 더 좋았다.

다리가 놓이자 더 자주 올 것 같았던 자식들 대신에 하루가 멀게 섬으로 들어오는 이들이 낚시꾼이고, 약초꾼이다. 땅을 팔든지 집을 팔라는 사람도 많다. 캔 커피 마시고 버리고, 맥주 마시고 버리고, 비닐봉지

홍합 양식을 많이 했지만 최근에 굴 양식으로 바뀌고 있다. 홍합은 민물이 바다로 흘러들어야 잘 자란다. 낙동강 하구둑이 막히면서 굴 양식으로 많이 전환했다. 비가 와야 바다 농사도 잘된다는 섬 주민들의 말이 생각난다. 최근에는 수온 상승으로 굴 양식도 재미를 보지 못하고 있다.

도 마구 버리니 바람에 날려 어장으로 그물로 들어간다. 보다 못한 주민들이 입구를 막았다. 선착장 제방과 길에 무시로 치는 텐트, 취사, 낚시도 금지해 달라는 안내판을 세웠다. 그렇다고 마냥 막아놓을 수도 없는 노릇이다.

1950년대 황덕도에는 40여 세대 250여 명이 살았다. 지금은 20세대에도 미치지 않는다. 섬은 1750년대 제작된 〈해동지도〉, 〈비변사인방안지도〉에 등장하지만 문헌상으로는 조선 후기 1865년(고종 원년)에 간행된 《대동지지》에 '노론덕도'로 등장한다. 구전으로는 황덕도를 '노른디기'라고 한다. 황덕도라는 이름이 쓰인 것은 조선 후기 마지막 지도인 '1872년 지방도'의 표기 이후다. 이 지도는 고종 9년 흥선대원

황덕도는 집들이 가장 많이 모여 있고 선창도 좋은 안몰, 동쪽에 있는 새지, 칠천도와 연결된 지부리 등 세 마을로 이루어져 있다. 안몰에도 큰 배는 없다. 굴이나 홍합 양식장을 오가는 정도다. 옆에 있는 큰 섬들처럼 대규모로 양식하는 사람이 많지 않다는 증거다. 대형 작업 바지선이나 크레인이 달려 있는 작업선도 보이지 않는다. 선창에서 황덕도의 경제 상황을 엿볼 수 있다.

군 시절 서양 침략에 맞서 국방과 치안을 다잡고 군사시설을 정비하려고 제작한 것이다. 노른디기가 노론덕도로, 또 황덕도로 기록된 것으로 보인다. 이를 두고 숲이 울창해 노루가 많이 살았다는 노루언덕이 노런덕, 노른디기로 변했다는 설과 노인들이 장수하는 섬이라는 설이 있다.

여객선이 다니지 않는 섬에서 도선을 운영하는 것은 매우 큰일이다. 황덕도처럼 작은 섬에서 도선을 운영하는 것은 더욱 무리다. 하지만 아이들 학교를 보내는 일과 연관되어 있다. 일제 강점기에도 칠천도는 초등학교가 없어서 배를 두 번이나 타고 거제시 하청면으로 학교를 다녔다. 1970년 무렵 하청에서 출발해 칠천도와 황덕도를 경유하는 뱃

안몰에서 그물을 손질하는 노인을 만났다. 살아생전에 섬에 다리가 놓이겠나 싶었는데 직접 다리 위를 걸어서 섬으로 들어왔다며 더는 소원이 없다고 했다. 하지만 놓고 보니 그렇게 썩 좋은 것도 없단다. 자식들이 차를 가지고 올 수 있는 것 말고는 좋은 것이 없다고 한다.

길이 열렸다. 1980년대에는 황덕도와 대곡 고다리 선창까지 나룻배가 오갔다. 섬 주민들이 도선을 만들고 도선장에게 일 년에 쌀보리 300~500되를 주었다. 1988년 도선은 동력선으로 바뀌고 2004년까지 매년 500만 원의 수고료를 주었다. 주민들이 나이가 들고 오가는 사람도 줄어들자 2005년부터 주민들이 각자 자신의 배로 도선 운항을 윤번제로 봉사했으며, 2008년 이후에는 거제시 지원을 받아 운항했다. 다리가 놓이기 전까지 황덕도 도선운항의 역사다. 황덕도에 분교가 설치된 것은 1968년 9월이다. 이후 1991년 3월까지 23년간 운영되었다.

섬 가장 안쪽에 있는 마을이라 '안몰', 동쪽에 있어 '새지' 그리고 다리가 연결된 지부리, 세 마을로 이루어져 있다. 집들은 안몰에 모여 있고, 새지마을에는 네 집만 있다. 안몰에서 고개를 넘어 새지마을로 들어서니 하얀 부이를 의자 삼아 양식줄을 연결하고 있는 주민을 만났

2015년, 황덕도 입도 이래 300년의 염원이던 다리가 놓였다. 주민 중에는 아이를 학교에 보내기 위해 황덕도에서 칠천도로, 다시 칠천도에서 실전리까지 배를 두 번 탔다는 노인도 있었다. 섬 주민들은 긴급한 환자가 발생했을 때 대처할 방법이 없다며 연륙교나 연도교를 원한다.

다. 올해는 굴 양식이 재미를 보지 못하고 있단다. 황덕도 주민들은 홍합 양식을 많이 하고 칠천도 주민들은 굴 양식을 많이 한다.

홍합 양식이 잘되려면 민물이 적당하게 내려와야 하는데 낙동강 하구둑이 막히면서 어장만 아니라 양식도 잘되지 않는다. 비라도 적당히 내려주면 다행인데 지난여름은 너무 가물어서 홍합이 잘되지 않았다. 굴은 홍합보다 강하고 적응도 잘하지만 홍합은 그렇지 않다고 한다. 홍합 대신 점점 굴 양식으로 바뀌고 있다. 다리가 놓이면서 오가기가 편해져 사람들이 많이 들어오고 있다. 낚시꾼들이다. 그렇게 들어와서 쓰레기를 버리고 간다. 그래서 차가 들어오지 못하게 입구를 막았다. 걸어서 들어와야 그나마 덜 버리고 갈 것 같아서다.

지부리에서 대구를 잡는 호망그물을 손질하는 주민을 만났다. 지난 겨우내 대구를 잡고 이제 철거하려는 모양이다. 그런데 그물 안에 청어가 많이 들었다. 별 관심도 없이 청어를 버린다. 옆에 있던 까마귀가 횡재했다. 그물은 코가 막힐 정도로 꼽이 끼었다. 반짝반짝 둥근 비늘을 가진 청어가 제법 들었다. 눈 큰 청어가 어찌 그물을 피하지 못했을까. 대구를 원했는지 미끼를 원했는지 어부는 미련이 없다. 까마귀가 한 발로 청어 머리를 지그시 누르고 뜯어 먹는다. 훔친 것도 아니고 뺏는 녀석도 없으니 느긋하다. 저리 맛있게 청어를 먹는 새를 본 적이 없다.

개황 | 거제 황덕도

일반현황

위치 | 경상남도 거제시 하청면 대곡리
면적 | 0.217km²
가구수 | 19
인구(명) | 30
교통 | 거제-고현버스터미널에서 35번, 35-1번 버스 이용
특산물 | 대구, 갈치

변화 자료

구분	1985	1995	2011
주소	경남 거제군 하청면 대곡리	경남 거제시 하청면 대곡리	경남 거제시 하청면 대곡리
면적(km²)	0.181	0.180	0.217
인구(명)	125(63+62)	59(28+31)	40(20+20)
가구수	29	21	22
공공기관			
학교	초등분교 1		
급수시설	우물 11개소	간이상수도 1개소	지방상수도 1개소, 광역상수도 22가구
전력시설	한전계통 29가구	한전계통 21가구	한전계통 22가구
의료시설			
어선(척, 동력선+무동력선)	23(9+14)	22(17+5)	21(19+2)

※ 섬의 개황 자료 또는 변화 자료를 통계 데이터베이스에서 확인할 수 없는 경우 부득이하게 비워두었음을 알려드립니다.

고
성

고성군

19

20

고성군

자란만을 지키는
작은 섬

고성 자란도

아름다운 해안도로 77번 국도, 많은 바닷가와 어촌마을을 끼고 서해에
서 남해를 굽이굽이 돌아 그 끝자락이 자란만이다. 입구에는 통영 사
량도의 윗섬 아랫섬이 있다. 봄에는 도다리, 여름에는 갯장어가 많이
잡히는 바다다. 고성에서 빼놓을 수 없는 것이 공룡 발자국 화석지를
찾아가는 여행이다. 학동마을 전통한옥집도 가볼 만하다. 봄철에 예쁜
꽃과 함께 한옥에서 하룻밤을 즐기면서 해안을 돌아보고 자란도를 둘
러보는 것도 좋다.

자란도는 고성군 하일면에 있는 작은 섬이다. 오가는 객선이나 도선
이 없어서 섬으로 들어가기가 많이 불편하다. 20가구에도 미치지 않지
만 마을은 '고을개'와 '모래치', 두 개나 된다. 읍포와 사포라고 부른다.
작은 섬일수록 전해오는 이야기가 크다. 고을개는 옛날 고을 원님이 살
았다고 해서 붙여진 이름이란다. 그나마 모래사장이 있어 사포라 했다
는 말은 이해할 만하다. 고을을 읍으로 한자로 풀고, 읍에는 원님이 살
았다는 스토리로 해석한 것이다. 자란만과 지척인 통영시 도산면에도
읍도가 있다. 역시 작은 섬이다. 그곳에도 원님이 살았다는 이야기가
전해온다. 고을은 골 혹은 골짜기에 있는 마을로 풀어야 할 때도 있다.

하일면 용태마을에서 배로 5분이면 닿는 섬이다. 낚시객들이 곧잘
찾는다지만 섬 여행을 하는 사람이 이런 곳까지 올까 싶다. 여행객이

오거나 말거나 자란도는 자란만의 중심이다. 오롯이 고성군에 속한 자
란만은 하일면과 삼산면을 품고 있는 바다. 밖으로 사량도와 통영시
미륵도가 있으며, 바다로 가는 나들목에 위치한다. 자란만에는 하일면
에 속하는 자란도 외에 삼산면에 속하는 와도가 있다. 섬길은 없지만
물이 빠지면 해안을 돌아볼 수 있다. 와도 역시 객선이나 도선이 없으
니 두포리에서 배를 얻어 타야 한다.

　학동마을에서 하룻밤을 자고 다음 날 아침 일출과 함께 자란도에 도
착했다. 사포마을에 내리니 반기는 것이 그물이다. 살펴보니 멸치를 잡
는 그물이다. 멸치를 삶는 막도 있고 창고 안에는 신안과 영광에서 생
산한 천일염이 가득하다. 해안에는 양식장임을 나타내는 표지판과 표
지석이 세워져 있다. 그만큼 낚시객들이 많이 들어오고 고둥이나 게를
잡아가고 해초를 뜯어 간다는 말이다.

사람이 귀한 섬에서 만나서일까. 어디서 왔느냐, 무엇 볼 것이 있다고 여기까지 왔느냐는 인사를 나누다
가 줄 것이 없다며 불쑥 해삼 한 마리를 돌 위에 놓고 내장과 항문을 제거하고 먹어보라며 내민다. 섬마을
인심이 그랬다.

마침 물이 빠져 해안을 따라 걸을 수 있었다. 해안도로나 산책로가 만들어진 것이 아니라 갯바위를 징검다리 삼아 걸을 수 있는 길이다. 때로는 잘 만들어진 둘레길보다 이런 길이 더 멋스럽다. 더구나 섬마다 섬길과 둘레길을 만들다 보니 이젠 자연스러운 해안선이 그립다. 아직 찬바람이 가시지 않은 바닷가에서 돌을 뒤적이며 무언가 찾고 있는 주민을 만났다. 사람이 그리웠는지 사내는 잠깐만 기다리라더니 한참 돌 밑을 뒤졌다. 하지만 원하는 것을 발견하지 못했는지 아쉬워했다. 돌아서 몇 걸음 떼었을 때 사내가 소리쳤다. 해삼이었다. 돌기가 제대로 돋은 자연산 해삼이다. 호미로 꽁지를 떼어내더니 내장을 꺼낸다. 제법 길다. 내장 안에 있는 배설물을 제거하니 맑은 황금색으로 빛난다. 일본인들이 좋아한다는 해삼 내장(일본 말로 '고노 와다'라고 한다.)이다. 고급 일식집에서나 맛볼 수 있다. 해삼을 토막 내서 맛보라고 한

섬마을 바닷가를 돌다 보면 장승처럼 돌을 세워놓은 것을 볼 수 있다. 마을어장의 경계를 알리는 표지석이다. 육지의 논밭처럼 논틀밭틀길을 만들어 경계를 지을 수 없으니 바닷가에 돌을 세우고 목측(目測)으로 가늠을 한다. 최첨단 GPS도 바다와 갯벌에서 무용지물일 때가 있다.

통영시 사량도의 달바위에서 본 자란만이다. 고성군 하일면, 삼산면 그리고 사량도 사이의 바다다. 해안 도로가 아름다워 드라이브를 즐기거나 자전거나 오토바이를 타기가 좋다. 자란만은 여름철에는 갯장어 가 유명하며, 가을과 겨울에는 참복을 많이 잡는다. 바다는 온통 굴 양식장으로 가득하다. 자란만 서쪽은 사천으로, 동쪽은 통영으로 바다가 이어진다.

점 주었다. 해삼 내장은 아는 사람만 맛을 안다. 독특한 향이 나며, 젓갈을 담그기도 한다.

겉으로 보면 해삼의 입과 항문을 구별하기 어렵다. 자세히 보면 입 둘레에는 촉수가 몇 개 있다. 먹이를 찾는 역할을 한다. 무엇보다 바닷물의 온도가 25도 이상이면 여름잠을 자는 것이 특징이다.

해안을 돌아 나오니 시멘트로 포장한 길로 이어진다. 문을 닫은 학교를 비롯해 10여 가구가 있는 '고을개' 읍포다. 이곳 읍포 앞바다는 갯벌이 발달했다. 섬 안쪽으로 바다가 들어온 구미를 이루고 있어 배를 정박하기도 좋고, 해안으로 혼합갯벌이 발달해 바지락 양식이 잘된다. 갯벌은 펄갯벌, 혼합갯벌, 모래갯벌로 구분한다. 펄갯벌에는 전남 보성 장도처럼 꼬막이 서식하며, 모래갯벌에서는 인천의 장봉도, 주문도, 볼

섬에서 교회는 학교 못지않게 커뮤니티를 유지하는 중요한 역할을 하고 있다. 그동안 마을공동체가 맡아왔던 관혼상제의 영역과 품앗이 등 경제 영역도 교회의 지원이 없으면 불가능한 섬들도 생겨나고 있다. 교회가 문을 닫는다는 것은 폐교 이후 섬 주민들의 마지막 구심점이 사라지는 것이다. 한때 교회가 섬마을의 전통을 왜곡하기도 하고 중단시키기도 했지만 시간이 지나면서 또 다른 섬 문화로 자리를 잡기도 했다.

음도처럼 백합이나 동죽이 자란다. 혼합갯벌은 선창이나 포구와 이어진 해안에 많이 형성된다. 읍포에서 사포까지 이어지는 해안은 바지락밭이다. 아예 바지락밭으로 일구는 곳도 있다. 어떻게 산도 아니고 바다에서 개간을 하듯 밭을 만들 수 있느냐고 물을지도 모르겠다. 바지락이나 굴 같은 패류는 서식환경을 조성해주면 유영 활동을 하는 어린 유생들이 머문다. 어류도 마찬가지다. 어초를 넣고 해초를 심는 것도 같은 이유다.

선창을 벗어나 모래치로 가는 해안에서 그 모습을 쉽게 발견할 수 있었다. 돌을 골라내고 흙과 모래를 넣는 주민들이 대여섯 명이나 된다. 산을 개간해 밭을 일구듯, 바닷가 해안도 일궈 갯밭을 만든다. 육지 사람들은 이해하기 힘든 모습이다. 논밭에 농사를 짓는 것보다 갯밭에 바지락 농사를 짓는 것이 더 수지가 맞는단다. 몇 가구 살지 않는 섬도 갯밭이 좋으면 섬살이가 육지살이보다 낫기도 하다.

개황 | 고성 자란도

일반현황

위치 | 경상남도 고성군 하일면 송천리
면적 | 0.367km²
가구수 | 21
인구(명) | 27
교통 | 고성-임포항에서 배편 이용
특산물 | 멸치, 장어, 조기, 갈치

변화 자료

구분	1985	1995	2011
주소	경남 고성군 하일면 송천리	경남 고성군 하일면 송천리	경남 고성군 하일면 송천리
면적(km²)	0.367	0.367	0.602
인구(명)	122(68+54)	72(40+32)	29(14+15)
가구수	24	22	18
공공기관			
학교	초등분교 1		
급수시설	간이상수도 1개소, 우물 10개소	간이상수도 1개소	지방상수도 18가구
전력시설		한전계통 22가구	한전계통 18가구
의료시설			
어선(척, 동력선+무동력선)	27(16+11)	10(7+3)	9(8+1)

※ 섬의 개황 자료 또는 변화 자료를 통계 데이터베이스에서 확인할 수 없는 경우 부득이하게 비워두었음을 알려드립니다.

20

사람을 만나지 못했다

고성 와도

두포리로 가는 길에 작은 포구에서 낚싯배를 타고 와도로 향했다. 주민들이 많이 살 때는 와도와 두포를 잇는 도선이 다녔지만 이제 여객선은 물론 도선도 없다. 대여섯 가구 주민들은 일을 보기 위해 섬을 오갈 때 자신의 배로 이동한다. 대신에 와도를 찾는 낚시객들이 많아져서 주말이면 수시로 배가 오가며, 평일에도 오갈 수 있다.

와도는 경남 고성군 삼산면 두포리 포교마을에서 배로 5분 거리에 있는 작은 섬이다. 1880년 일본인이 처음으로 거주했다고 알려졌다. 이후 일본인이 경영하는 어업에 종사하는 사람이 들어와 정착했다고 한다. 섬이 누워 있는 형국이라 누운 섬 '와도'라 했다고 한다. 보리와 고구마, 멸치와 붕장어와 볼락이 많이 잡히며, 굴 양식도 많이 한다. 1997년 5가구 8명이 사는 섬에 민관공이 30킬로와트 규모의 독립형 태양광발전소와 200킬로와트 규모의 배터리를 설치하였다. 우리나라에서 태양광발전소가 가장 먼저 도입된 섬이다.

섬으로 가는 길에 만난 굴과 홍합 양식장에 배낚시를 하는 배들이 많다. 봄철이면 양식장 밑에 놓은 줄에 붙어 자라는 해초들 사이에서 감성돔이 먹이활동을 한다. 모두 감성돔을 잡으려는 사람들이다. 와도에도 주말이면 많을 때는 20~30명이 들어와 선착장에 자리를 잡고 낚시를 즐긴다. 이들 중에는 밤새 낚시를 하다 나가는 사람들도 있다. 텐

와도는 좋은 선착장을 갖추고 있어 고기잡이 어선이나 낚싯배들이 무시로 정박할 수 있다. 경상남도는 2022년 통영 추도와 함께 고성 와도를 '살고 싶은 섬 가꾸기' 대상 섬으로 선정하기도 했다. 주민들은 큰 기대를 가졌지만 도지사가 바뀌면서 사업이 중단되었다. 섬은 정책 방향 못지않게 정책의 지속성이 보장되어야 한다. 육지에서 이루어지는 재생사업과는 다른 접근이 필요하다.

트를 치고 음식을 만들어 먹으면서 낚시를 하다 보니 볼일을 보거나 씻는 문제로 주민들과 갈등이 생겨날 수밖에 없다. 낚싯배 선장에게 전화를 하니까 대뜸 뱃삯에 입도료(청소비)를 더해서 내야 한다는 것이다. 주민들과 낚시객 사이에서 낚싯배 선장들이 내놓은 타협책이다. 그럴 만하다고 생각했다. 굴업도가 백패킹 성지가 되면서 '변' 천지가 되었다는 이야기다. 화장실은 없고 밤새 텐트를 치고 먹고 노는데 어디에다 볼일을 볼 것인가. 와도도 많은 낚시객들이 들어와 머물면서 화장실이 없으니 선창 주변 풀밭 곳곳에 배설을 했던 것이다.

섬에는 학교가 있었다. 지금은 마을펜션으로 만들어 숙박을 하고 샤워도 할 수 있으며 정원도 잘 가꾸어져 있다. 낚시객에게 샤워장과 화장실을 사용할 수 있도록 하는 대신에 쓰레기를 치우고 청소하는 비용으로 뱃삯에 3천 원을 더해 받는다. 합리적이라는 생각이 들었다. 하지만 낚시객 중에 그 비용이 싫어서 다른 곳으로 가는 사람도 꽤 있다고 했다. 더 멀리 나무섬이나 다른 갯바위로 갈 수 있는 비용이라는 것이다. 바뀌어야 할 낚시문화의 단면이기도 하다.

자란도와 달리 와도는 주민들을 보기 어렵다. 섬을 지키는 사람들이 낚시객이다. 파도와 바람이 불어도, 날씨가 추워도 크게 영향을 받지 않는 섬이다. 인근에 있는 소치도, 대구섬 등 더 작은 섬들에서는 낚시객들이 손맛을 잊어버리기 쉬운 겨울철에도 감성돔이 많이 잡힌다. 진해만 작은 섬들이 그렇듯 선창에 텐트를 치고 휴식을 취하면서 낚시를 즐긴다. 1970년대 와도는 17가구 114명이 거주했고, 학생만 26명이었다. 광복 후 200여 명이 거주하기도 했다고 한다. 지금은 손가락으로 꼽을 만큼 적은 가구와 인원이 거주한다.

갯장어 어장이 좋은 와도 인근 바다는 일제 강점기에는 일본인들이 몰려와서 대호도, 소치섬, 문래섬에서 장어를 잡아 일본으로 가져갔다. 지금은 가리비, 특히 해만가리비의 주산지다. 해만가리비는 10여 년 전부터 자란만에 보급한 가리비인데, 성장이 빠르다. 초기에는 굴 양식을 하였지만 시장이나 유통이 좋은 연안에서 대량으로 양식하면서 가리비로 전환했다.

와도 서쪽으로는 사량도 상도와 하도가 가로막고 있다. 동쪽으로는 통영시 도산면이 위치하고, 북쪽으로는 고성 자란만이다. 도산면 가우치 선착장에서 사량도까지 오가는 배가 지나는 길목에 있는 와도는 작은 섬치고 선착장이 잘 갖춰져 있다. 지난 태풍 매미 때 큰 피해를 입었다. 그때 특별법으로 복구가 이루어졌는데 와도는 거주자가 적었지만 태풍 피해를 본 섬은 복구할 수 있다는 조항 때문에 지금과 같은 선착

와도로 가는 길은 여느 섬처럼 반듯한 여객선터미널이 없다. 밥상에 숟가락 하나 더 얹듯이 선착장에서 낚싯배나 마을 주민들 배를 이용해 섬으로 들어간다. 특히 자란만처럼 작은 섬은 반듯하게 모양을 갖춘 여객선이 없다. 오가는 주민도 적고 낚시꾼과 드문드문 찾는 섬 여행객들을 보고 배를 운항하기가 어려운 탓이다. 그나마 타고 갈 배가 있는 것만으로도 다행이다.

장과 테트라포트가 갖춰졌다고 한다. 섬이 제 기능을 하기 위해서는 선착장이 매우 중요하다. 주민이 많고 적음도 중요하지만 섬에는 활용 목적에 맞게 선착장이 만들어지고 구조물도 설치되어야 한다. 섬 정책에서 매우 중요한 부분은 배가 섬에 접근 가능한가이다. 그리고 섬을 이용하는 사람에게 알맞게 포구와 배후 시설이 만들어져야 한다.

와도에 상시로 거주하는 사람은 이장뿐이다. 그리고 몇 가구가 오간다. 마을어장도 두포리에 딸려서 섬 주민들이 좌우할 수 없다. 최근 옛날처럼 와도의 마을어업 공간을 독립하기 위해 별도 어촌계로 분리해야 한다는 의견도 나오고 있다. 마을 뒤에 산이 있지만 사람이 머물지 않으면서 섬을 둘러볼 수 있는 길이 사라졌다. 다만 옛날 당산제를 지냈던 곳 정도까지는 걸을 수 있다. 한 주민이 옛날 기억을 더듬어 당산제를 지냈던 곳을 복원해 놓았다.

아이들이 떠난 학교. 어른들도 대부분 떠난 작은 섬마을을 지키는 이순신 장군 동상이 꿋꿋하게 진해만을 바라보며 우뚝 서 있다. 주민들도 섬에 있는 시간보다 뭍에서 지내는 시간이 더 많다. 비어 있는 집이 많고 간혹 주인 없는 집에 낚시를 하는 객들이 숙박료를 지불하고 머물다가 가기도 한다.

두어 시간을 혼자서 섬의 포구와 골목과 해안, 마을 뒷산을 헤매다 낚싯배에 전화를 했다. 한참 후 배 한 척이 멀리서 하얀 포말을 일으키며 선착장으로 들어왔다. 그런데 오전에 타고 온 배가 아니다. 다른 배를 가지고 왔나 싶었지만 배를 대는 곳도 다르고 내리는 사람도 오전에 본 선장이 아니다. 주민이었다. 낯선 사람이 있는 섬에 진짜 주민이 들어온 것이다. 반갑게 인사를 하고 커피를 한잔 얻어 마시며 섬 이야기를 들었다. 최근에 경상남도에서 추진하는 '살고 싶은 섬' 프로그램에도 신청했다고 한다. 그 준비를 하느라 청소도 하고 마을 정비도 좀 했다고 한다. 낚시객들이 몰리는 섬치고 정말 깨끗하다는 생각이 들었던 이유가 있었다.

개황 | 고성 와도

일반현황

위치 | 경남 고성군 삼산면 두포리
면적 | 0.175km^2
가구수 | 3
인구(명) | 10
교통 | 고성-덕산마을 선착장에서 배편 이용
특산물 | 고구마, 멸치, 갯장어, 볼락

변화 자료

구분	1985	1995	2011
주소	경남 고성군 삼산면 두포리	경남 고성군 삼산면 두포리	경남 고성군 삼산면 두포리
면적(km^2)	0.175	0.175	0.175
인구(명)	96(44+52)	42(19+23)	11(7+4)
가구수	19	14	10
공공기관			
학교	초등분교 1	초등분교 1	
급수시설	간이상수도 1개소, 우물 2개소	간이상수도 1개소	간이상수도 1개소
전력시설	자가발전 1대	자가발전 1대	자가발전 1대
의료시설			
어선(척, 동력선+무동력선)	20(15+3)	10(8+2)	0(0+0)

※ 섬의 개황 자료 또는 변화 자료를 통계 데이터베이스에서 확인할 수 없는 경우 부득이하게 비워두었음을 알려드립니다.

사천 (삼천포)

사천시

서포면

사남면

27

25
24
26   22
    23

21

사천시

21	신수도	25	저도
22	초양도	26	신도
23	늑도	27	비토리(비토섬, 솔섬, 진도, 별학도, 월등도)
24	마도		

바다와 육지가
풍요롭다
사천 신수도

"그것이 뭐요?"

"고사리요. 팔라고 가지고 나오요."

올해 꺾은 고사리다. 바닷고기가 점점 줄어드니 나물용 고사리가 생계에 큰 보탬이 된다고 한다. 경사진 거친 땅도 일궈 고사리밭으로 만들었다. 신수도에서는 작은 땅도 놀리지 않는다. 그 탓에 노인들이 골병드니 이를 반겨야 할지 망설여진다. 부자섬으로 소문난 신수도의 체면이 말이 아니다. 다른 섬에서 낚시를 하기 위해 말총을 사용할 때 신수도 주민들은 나일론 줄로 고기를 잡았다. 지금도 노인들은 흑산도나 제주 인근 해역에서 고기를 잡던 기억이 생생하다.

명품섬으로 지정되다

사천시에는 신수도를 비롯해 저도, 늑도, 마도, 초양도, 신도가 있다. 사천만에 있는 비토도, 진도, 별학도, 월등도 등 열 개의 유인도도 사천시에 속한다. 신수도는 그중에서 가장 큰 섬이다. 쉰두 개의 섬이라 '쉰두섬', 섬이 높지 않아 물에 잠길 듯해 '침수도'라 했다고 한다. 신수도 주변에 있는 장구섬, 코섬, 사천시 앞에 있는 목섬까지도 신수도 어장이었다. 그만큼 신수도의 영향력이 컸다. 섬에는 큰 마을인 신수마을과 작은 마을인 대구마을이 있다. 한때 1,500명이 살았지만 지금은 177

가구에 366명이 살고 있다.

신수도로 가는 배를 타는 곳은 유람선 선착장에서 삼천포항으로 가는 길에 있다. 배를 타고 '다리백화점'이라 일컫는 남해와 사천을 잇는 다리에 잠시 한눈을 파는 사이에 도착할 만큼 가까운 곳에 있다. 하지만 1978년에야 전깃불을 켰고, 1985년이 되어서야 간이상수도가 생겼다. 이후 뭍에서 가깝고 주변 바다와 섬이 아름다워 케이블카, 골프장, 호텔, 카지노 등 여러 개발계획이 검토되기도 했다. 2010년 6월 행정안전부가 선정한 '한국의 명품섬 10'에 포함되어 도선터미널, 관광안내센터, 특산물판매장을 갖춘 복합문화터미널을 신축했다. 그리고 어느 길에서나 바다와 섬을 볼 수 있는 자전거 트레킹 코스도 만들었지만 걸어서 두세 시간이면 충분히 돌아볼 수 있는 거리다. 신수도를 즐겨 찾는 사람들은 낚시꾼이다. 봄에는 감성돔과 볼락과 넙치가, 가을에는 학꽁치와 볼락과 노래미가 손맛을 자극한다. 특히 볼락이나 노래미는 초겨울까지 볼 수 있다. 겨울에도 수온이 내려가지 않기 때문이다. 그동안 한려해상국립공원으로 지정되어 대구마을과 본동마을을 잇는 2킬로미터의 해안도로를 개설하지 못했다. 그 덕에 섬의 풍광과 자연이 오롯이 남을 수 있어 명품섬으로 지정되어 새로운 기회를 맞고 있으니 새옹지마는 이를 두고 하는 말일 것이다.

멸치 잡는 죽방렴

신수도에는 섬마을을 오가는 차가 없다. 자전거 길이 좋아 타고 다닐 만하지만 걸어서도 반나절이면 섬 구석구석을 돌아볼 수 있다. 섬에는 작은 구멍가게가 두 곳 있어 막걸리 정도는 마실 수 있지만 식당은 없다. 그렇지만 걱정할 필요는 없다. 첫 배를 타고 들어와 섬을 둘러보고 점심은 사천 어시장 부근에서 먹을 수 있다.

신수도는 사천시에 속한 섬 중에 가장 큰 섬이다. 창선도와 삼천포항 사이에 있는 섬으로 멸치잡이를 하는 죽방렴이 있고, 고구마를 많이 심어 식량을 하기도 했다. 섬 주변에는 갯벌이 발달해 바지락 등을 채취하기도 한다. 삼천포항과 신수도를 오가는 도선을 이용해 섬과 바다와 갯벌에서 얻은 채소나 해산물을 가지고 삼천포항 시장에 내다 팔았다. 최근에는 걷는 길과 펜션 등이 만들어져 낚시객이나 섬 여행객들이 많이 찾는다.

　선창 앞에 신수동 출장소가 있다. 그 앞에 커다랗게 안내판이 있어 섬길을 걷는 데 참고할 만하다. 어느 쪽으로나 해안을 따라 걸으면 된다. 우선 해안을 따라 섬의 북쪽으로 걷기로 했다. 남쪽으로 방향을 잡으면 대구마을로 곧장 걷게 된다. 해안선을 따라 걷는 길이 만들어져 있다.

　'채방골'을 지나 언덕에 올라서자 사천항이 한눈에 들어왔다. 그 끝자락을 '조진나루'라고 부른다. 추도에서 돌아온 밀물은 이곳을 휘돌아 사천대교로 빠진다. 반대로 썰물 때는 딱섬, 마도, 신섬, 늑도, 초양섬을 지난 바닷물이 조진나루를 스치며 추도를 거쳐 사량도로 나간다. 바로 그곳에 죽방렴이 있다. 잠긴 멸치막 문 안쪽으로 가마솥과 여러 도구들이 보였다. 멸치 잡는 모습이나 삶는 광경을 보지 못해 아쉬웠지만 가까운 곳에서 죽방렴을 볼 수 있다는 것만으로도 즐거웠다.

신수도에는 모두 세 개의 죽방렴이 있다. 조진나루에 한 개가 있고, 대구마을에 두 개 있다. 죽방렴은 조수간만의 차이가 크고 물살이 세고 수심이 낮은 곳에 V자 모양으로 날개를 만들어 물고기를 유인한 다음, 끝에 함정인 임통(불통)을 만들어 가두어 잡는 어법이다. 조진나루의 죽방렴은 서쪽으로 날개가 열려 있고, 대구마을의 죽방렴은 북쪽으로 열려 있다. 모두 사천만으로 들어왔던 물이 빠져나가는 방향에 맞춰 설치한 것이다. 죽방렴이 많은 지족마을의 날개는 서쪽을 향해 열려 있다. 역시 썰물을 따라 빠져나가는 물고기를 잡기 위한 것이다. 신수도처럼 섬에 가깝게 잇대어 죽방렴을 설치한 늑도, 신도, 마도 등에서도 죽방렴의 방향이 다른 것은 섬이나 지형지물로 인해 조류의 방향이 변하기 때문이다.

마을 지키는 '신당'과 '성황당'

조진나루에서 신수마을로 향하다 보면 물이 빠지면 건너갈 수 있는 추도라는 무인도가 왼쪽으로 보인다. 사천시는 이곳에 해양야영장, 활쏘기 체험장, 수군막사 체험장 같은 곳을 만들어 '경상우도 수군 병영체험장'으로 조성할 계획이었다. 무인도 추섬을 지나면 당산에 이른다. 마을 주민들은 '신당'이라 불렀다. 정월초사흘에 제를 지냈다. 당산 안에 작은 당집이 있고 주변에 느티나무가 있다. 그 곁에 수령이 수백 년이 된 소나무가 쓰러져 썩어가고 있었다. 옛날에는 주민이 직접 제사를 지냈지만 20여 년 전부터 스님이 주관하고 있다.

신수마을 당산나무를 지나 '진주재'에 올랐다. 신수도에서 가장 전망이 좋은 곳이다. 마을이 한눈에 들어오고 멀리 창선도와 삼천포를 잇

남해 창선도와 사천시 사이에 있는 3개의 섬을 징검다리 삼아 창선대교, 늑도대교, 초양대교, 삼천포대교 등 5개의 다리가 연결되어 충무공탄신일인 2003년 4월 28일 개통되었다. 남해대교가 1973년 개통되었으니 30년 만에 하동-남해-사천을 연결하는 연륙·연도교가 완공된 셈이다. 남해·삼천포 대교를 조망하기 좋은 신수도다. 특히 야간 조명이 아름답다.

는 다리가 한눈에 들어오는 곳이다. 신수도 앞바다는 옛날 사천과 부산과 여수를 오가는 뱃길이었다. 진주재는 날씨가 좋은 날에는 멀리 진주까지 보였다고 해서 붙여진 지명이다. 이곳에서 보면 공룡 알이 발견된 아두섬과 장구섬, 코섬, 솔섬 등 크고 작은 섬과 창선도가 한번에 보인다.

신수마을에서 대구마을로 가는 길은 사량도와 수우도를 바라보며 걷는 길이다. 한려수도의 아름다움을 만끽할 수 있다. 해안도로가 만들어지기 전까지 두 마을 사람들이 오갔던 길이다. 지금 그 길이 걷기 좋은 길로 만들어져 있다. 길이 끝나는 곳에 대나무 두 그루를 세워 새끼줄을 드리우고 작은 무덤 가장자리에 동그랗게 둥근 돌을 세워 경계를 표시했다. 마을로 잡귀가 들어오는 것을 막고 풍어를 기원하는 '성황

신수도에 논도 있었지만 지금은 밭농사만 하고 있다. 묵힌 밭도 많다. 밭으로 가는 길이 좋은 곳은 지금도 고추, 고구마, 깨, 배추, 무 같은 양념과 반찬용 채소를 심고 있다. 나이가 많아 어장에 나가기 어려운 노인들도 밭에서 키운 채소를 가까운 삼천포항으로 가져가 생활비나 용돈 벌이를 한다. 우리나라 섬은 어업보다 농사를 더 많이 하는 농촌이기도 하다.

당'이다. 보통 고갯마루나 마을로 들어오는 입구에 있는데 대구마을은 마을 앞 길가에 성황당이 있다. 이곳 성황당도 옛길을 생각해보면 신수마을에서 고개를 넘어 대구마을로 들어오는 입구라 할 수 있다. 신수마을과 달리 규모도 작아 그냥 지나치기 쉽다. 선창과 방파제 공사의 틈바구니에서 성황당이 남아 있는 것이 대견했다. 열악한 환경에 적응하며 섬을 지켜온 마을 사람들을 똑 닮았다.

신수도의 명품, 고사리

섬마을 곳곳에 일궈놓은 작은 밭들이 인상적이었다. 비탈진 곳은 일구어 고사리를 심었고, 완두콩과 고구마 순도 자라고 있었다. 신수도에서는 고구마를 '고메'라고 부른다. 순이 자라면 여름철 순을 잘라 밭에 심을 것이다. 작은 고구마 순 한 줄기가 자라서 사방팔방으로 넝쿨을 내리고 굵은 고구마가 주렁주렁 열리는 것을 보면 정말 신기하다. 쌀이 부족한 시절에 섬 사람들의 식량 역할을 톡톡히 했던 고마운 고구마다. 남해 바다의 섬 주민들은 모두 땅에서는 고구마에, 바다에서는 멸치에 기대어 살았다.

가을이면 토실토실 붉은 고구마를 캐서 갈무리해 두었다가 찬바람이 뼛속까지 파고드는 겨울이면 삼천포 장날에 맞춰 어머니와 할머니들이 하나둘 고구마를 가지고 나갔다. 고구마는 겨울철 신수도 주민들의 주 소득원이다. 신수도 고구마는 달고 말랑말랑해서 단골들이 즐겨 찾는다. 욕지도 고구마가 맛있다지만 신수도 주민들은 우리 고메 맛이 훨씬 낫다고 자신한다. 오직 보리와 고구마로 식량을 삼았던 때와 달리 지금은 고사리와 완두콩을 심어 고구마와 함께 오일장을 찾는다.

다른 곳보다 일찍 피는 봄꽃들이 질 무렵, 벌써 고사리를 삶아 말리는 일이 끝난다. 사량도와 수우도가 한눈에 들어오는 섬의 동남쪽 양지바른 고사리밭의 귀퉁이에 화덕을 만들어 걸어놓은 솥에서 김이 모락모락 올랐다. 밭에서 꺾어 바로 삶아 말리기 때문에 싱싱하고, 차도 다니지 않는 갯마을에서 해풍으로 말리니 깨끗하고 맛이 좋을 수밖에 없다. 신수도의 고사리 인기가 높아지니 고구마밭도 마늘밭도 하나둘 고사리 차지가 되고 있다. 땅을 살리고 바다를 살리는 일이 우선일 텐데, 현실은 앉을 사람도 없는 벤치를 만드는 일이 늘 먼저다.

섬에 사람이 많이 살 때는 공동으로 미역을 채취하고 똑같이 나누었다. 갯바위에 붙어 함께 일하던 사람들은 나이가 들어 허리가 굽었다. 눈으로 보고도 힘에 부치고 갯바위가 위험하니 뜯을 수 없다. 배를 가지고 있는 사람들이 겨우 작업을 해 오면 가까운 곳에서 사는 자식들이 섬에 들어와 돕는다. 귀찮은 일이지만 양식 미역과 다름을 알기 때문이다.

신수도를 오가는 주민들이나 방문객들이 이용하는 배다. 마을에서 운영하는 도선이다. 젊은 사람들은 도선을 이용해 뭍으로 출퇴근을 하고 노인들은 도선을 이용해 섬과 바다에서 얻은 농산물과 해산물을 삼천포시장에 내다 판다. 특히 삼천포항 주변에서 열리는 새벽시장을 많이 이용한다. 최근에 선창과 도선을 정비하고, 둘레길과 쉼터를 만들어 여행객들을 맞고 있다.

　　새벽 첫물에 그물에 든 새우를 털어 왔다. 팔딱팔딱 뛰는 통통한 새우를 한 마리 건네며 먹어보라 권했다. 바닷물이 채 마르지 않은 새우가 입안에서 바르르 떨었다. '잔인한 인간들 같으니'라고 분노하는 새우의 치떨림이 느껴진다. 그런데 달콤하다. 삶아 말리지 않고 생새우를 그대로 말리는 이유를 물었다. 삶으면 육수가 빠지기 때문에 색깔이 검무튀튀하지만 그냥 말리면 색깔이 좋단다. 늘 이렇게 배운다.

개황 | 사천 신수도

일반현황

위치 | 경상남도 사천시 동서동
면적 | 1.13km^2
가구수 | 120
인구(명) | 237
교통 | 사천-삼천포항 신수도행 도선선착장에서 배편 이용
특산물 | 문어, 조개

변화 자료

구분	1985	1995	2011
주소	경남 삼천포시 신수동	경남 사천시 동서동	경남 사천시 동서동
면적(km^2)	0.972	1.010	1.130
인구(명)	1,089(535+554)	875(424+451)	380(157+223)
가구수	209	204	170
공공기관	면사무소 1, 어촌계 2	경찰관서 분소 1	
학교	초등학교 1	초등학교 1, 유치원 1	초등분교 1
급수시설	우물 9개소	간이상수도 1개소	광역상수도 170가구
전력시설	한전계통 209가구	한전계통 204가구	한전계통 170가구
의료시설			
어선(척, 동력선+무동력선)	86(78+8)	112(101+11)	56(56+0)

※ 섬의 개황 자료 또는 변화 자료를 통계 데이터베이스에서 확인할 수 없는 경우 부득이하게 비워두었음
을 알려드립니다.

22

다리가 놓이고,
케이블카가 오가지만

사천 초양도

다리가 놓이면서 차들이 무시로 오가지만 섬마을 골목은 겨우 손수레 하나 지나다닐 만큼 좁다. 넓힐 수도 없다. 작은 섬마을의 집들이 모두 어깨를 나란히 대고 있어 사람이 겨우 지나다닐 정도로 골목이 좁다. 그래서 섬마을 경관이 유지되는지도 모르겠다. 차들이 드나들 수 있을 만한 넓이의 골목을 가진 집들은 외지인에게 쉬 팔리고 보란 듯이 도시에서 볼 법한 높은 건축물로 바뀐다.

하지만 초양도는 겨우 지붕색이 바뀌었을 뿐 개발이 멈춰 있다. 다행이라 해야 할지. 케이블카가 들어오면서 마을 뒤쪽에서 폐교로 이어지는 길이 만들어졌다. 이 작은 섬에도 마을 골목길(초양길) 말고 큰 길이 뚫렸다. 이름도 그럴듯한 초양문화공원, 전망대, 식당도 생겼다. 경남 사천시 늑도동에 있는 초양도 이야기다. 좁은 골목을 따라 마을을 둘러보다 케이블카 정류장이 보이는 집터에서 오래된 장독을 발견했다. 식수를 보관하는 물통도 남아 있고, 텃밭에 거름을 줄 요량으로 받아놓은 소매통(오줌통)도 남아 있었다.

초양도는 섬이 작고 바위섬으로 이루어져 물이 귀했다. 지금처럼 상수도시설이 되어 있지 않을 때는 산 너머 뒤쪽에서 물을 길러 오는 것이 하루 일과였다. 비가 오는 날이면 그릇마다 물을 받아 놓았다. 그 흔적들이다. 주인도 떠나고 집도 헐렸지만 물통과 소매통과 장독이 집터

초양도는 사천케이블카가 도착하는 초양정류장이 있는 섬이다. 삼천포항에서 손에 닿을 듯 가까운 곳에 있는 섬이었지만 뱃길이 불편해 오지나 다름없었다. 하지만 남해·삼천포 대교가 연결되고, 케이블카가 개통되면서 광풍이 몰아쳤다. 대부분 섬들이 그렇듯이 개발 바람이 불면 가장 먼저 피해를 입는 사람들은 나이가 많은 주민들이다. 논밭을 팔고, 집도 팔고 나면 갈 곳이 없다.

를 지키고 있었다.

케이블카, 황금알을 낳는 거위인가

삼천포에서 초양도를 잇는 케이블카가 놓였다. 관광객도 많이 늘었다. 통영과 여수에 만들어진 케이블카로 많은 여행객이 찾아와 지역관광이 활성화되었다고 믿었다. 삼천포만 아니라 목포와 고하도, 해남과 진도의 울돌목에도 해상케이블카가 개통되었다.

케이블카는 해양관광의 보증수표인가? 통영 미륵산 케이블카, 여수 케이블카 그리고 삼천포 케이블카 모두 성황리에 운영 중이다. 목포에서도 해양관광의 성과를 기대하고 있다. 동해안 삼척시에도 케이블카가 있다. 우리나라 관광의 방점이 케이블카가 되고 있다. 케이블카가

사천의 명물인 죽방렴을 만들 때나 수리할 때 사용하던 나무 망치다. 참나무 기둥을 바다에 넣어 세우고 돌을 쌓아 고정시키고 발을 매어 멸치를 잡았다. 이때 나무를 갯벌이나 바다에 박을 때 사용하던 망치다. 지금은 나무 대신 철제 H빔을 박아서 사용하니 나무 망치 대신에 중장비를 이용해야 할 듯하다. 그래도 죽방렴의 소소한 곳을 고칠 때는 나무 망치를 들고 나간다. 수백 년을 죽방렴과 함께 해온 도구인데 이제 박물관으로 가야 할 일만 남았다.

있는 곳을 꼽아보자. 삼천포, 여수, 밀양(얼음골), 통영 미륵도, 속초 설악, 해남 두륜산, 대구 팔공산, 부산 송도, 삼척, 완주 대둔산, 정읍 내장산, 구미 금오산, 부산 금정산, 서울 남산, 대구 앞산, 울릉군 독도 전망대, 울돌목 등이다. 목포와 화성 제부도는 공사 중이다. 이 중 해상을 가로지르는 케이블카는 부산, 여수, 목포, 삼천포의 케이블카다.

　포구와 접한 집들이 새로 지어지고 있다. 그런데 단층이 아니다. 어떤 집은 몇 층씩 올려 짓는다. 그렇게 증축하면 그 뒤 좁은 길을 따라 다닥다닥 붙은 작은 집들은 어떻게 될까. 갑자기 앞에 커다란 장벽이 생겨난 셈이다. 섬마을은 포구를 중심으로 좌우로 집들이 있고 좁은 샛길이 실핏줄처럼 이어져 있다. 포구 앞에 있는 길만 넓다고 할 수 있다. 그곳이 광장이며, 집에서 바다를 조망할 수 있는 경관이다. 이런 경

초양도 선창에서 만난 통발이다. 지금은 플라스틱 바구니를 이용하지만 예전에는 나무로 만든 바구니(주낙틀)를 사용했다. 주낙은 연승어업이라 하는데, 굵은 몸줄에 많은 아릿줄을 연결한 어구다. 틀에 차례로 사려 놓고 미끼를 끼워 준비한다. 연승어업으로 서해에서는 낙지를, 남해에서는 장어를, 동해에서는 명태 등을 잡았다.

관이 무너지면 섬마을은 가치를 잃는다. 자기 땅이고 법적 제한이 없다고 해서 주변을 생각하지 않고 몇 층이나 올리는 것은 옳지 않다. 마을공동체가 나서서 마을 규칙으로 조정안을 만들어야 할 부분이다. 섬 관광을 꽤 하는 지자체라면 '섬마을 경관조례'라도 만들어야 한다. 반대로, 행정이 부득이한 경우가 아니라면 획일적으로 색을 통일하고 강요하는 것도 바람직해 보이지는 않는다.

섬에서는 시설물을 아무리 아름답게 만들어도 수백 년 터를 잡고 살아온 섬 사람들의 섬살이만큼 가치 있는 것이 없다. 이를 잘 보여주는 것이 섬마을의 골목길이다. 삶이 켜켜이 쌓여 있다. 이런 흔적을 읽는데 벽화가 방해가 되기도 한다. 섬마을 가꾸기를 시도하면서 가장 쉽게 추진하는 사업이 벽화 그리기다. 이젠 가는 곳마다 벽화가 있어 오히려 공해에 가깝다. 초양도나 늑도 어민들은 일찍부터 바다에 의지해

초양도에서 본 늑도대교의 모습이다. 남해군과 사천시를 연결하는 다리는 창선대교, 늑도대교 외에 초양대교, 삼천포대교 등이 늑도, 초양도, 모개섬을 징검다리 삼아 놓였다. 서로 다른 모양을 하고 있는 다리백화점이라는 별칭을 얻기도 했다. 2006년 '한국의 아름다운 길 100선'에 선정되었다.

살았다. 대표 어종으로 볼락, 장어, 노래미 등이 있으며, 땅을 일궈 마늘, 고구마, 콩, 양파를 수확한다.

　'창선-삼천포대교'로 이어진 길은 2006년 '한국의 아름다운 길 100선'에 선정되었다. 이 길은 사천시와 창선도 사이에 있는 모개섬, 초양섬, 늑도를 연결하는 총 3.4킬로미터 다리다. 이곳에는 삼천포대교, 초양대교, 늑도대교, 창선대교, 엉개교와 2개의 접속교 등 총 7개 다리가 사천시와 남해군을 연결하고 있다. 다리는 각기 다른 모양을 하고 있어 교량박물관, 다리백화점이라는 별칭도 붙었다. 삼천포 케이블카는 삼천포시와 초양도를 잇고 있다. 그리고 초양도는 늑도와 연도교로 이어져 있다. 신수도를 비롯해 늑도, 초양도, 신도, 마도, 저도와 무인도까지 모두 다도해해상국립공원이다.

개황 | 사천 초양도

일반현황

위치 | 경상남도 사천시 늑도동
면적 | 0.074km²
가구수 |
인구(명) |
교통 | 삼천포버스터미널-(106번 버스)-초양 정류장
특산물 |

변화 자료

구분	1985	1995	2011
주소	경남 삼천포시 늑도동	경남 사천시 동서동	경남 사천시 동서동
면적(km²)	0.105	0.074	0.074
인구(명)	178(84+94)	94(47+47)	98(53+45)
가구수	34	28	40
공공기관	어촌계 1		
학교	초등분교 1		
급수시설	우물 4개소	간이상수도 1개소	광역상수도 40가구
전력시설	한전계통 34가구	한전계통 28가구	한전계통 40가구
의료시설			
어선(척, 동력선+무동력선)	31(20+11)	23(20+3)	11(11+0)

※ 섬의 개황 자료 또는 변화 자료를 통계 데이터베이스에서 확인할 수 없는 경우 부득이하게 비워두었음을 알려드립니다.

23

늑도는 한중일 무역항이었다
사천 늑도

초양도를 지나 늑도에 내려섰다. 두 섬마을은 물길을 사이에 두고 마주 보고 있다. 2천 년 전 이 길로 한·중·일 배들이 오갔을 것이다. 지금은 낚싯배만 무시로 오간다. 선창에는 낚시꾼에게 숙박하지 말라는 경고문이 세워져 있지만 경고가 무색하게 텐트가 쳐져 있고, 캠핑카도 몇 대 주차중이다.

섬의 생김이 말의 굴레처럼 생겨 '굴레섬'이라 했다가 한자 이름으로 늑도(勒島)라고 했다. 섬은 작지만 큰 섬산과 작은 섬산으로 이어져 있다. 늑도는 구라도라 불렀다. 경상남도 사천시 늑도동에 속하는 섬이다. 삼천포와 창선도 사이에서 초양도와 함께 창선도와 사천시를 연결하는 교각 역할을 하는 섬이다. 늑도 외에도 신도, 초양도와 몇 개의 무인도를 포함한다. 1970년대 초반까지 220여 가구 1,300여 명이 굴과 바지락 양식을 하고 미역을 채취하며 연간 30만 원에서 200여만 원의 소득을 올리는 전형적인 어촌이었다. 1970년대 초반 전기와 전화가 들어와 일찍 TV를 시청할 수 있었던 섬이다.

교역 중심지 늑도
작은 섬 늑도가 주목을 받은 것은 놀랍게도 선사시대 유물 덕분이다. 선사시대 야외 박물관이라 할 만큼 다양하고 많은 유물이 발굴되었다.

작은 섬이 온통 선사시대 유적이다. 1979년 7월 유물이 발견되어 여러 차례 정밀지표조사를 했다. 그리고 1980년대에 두 차례, 2000년에 한 차례 발굴 조사를 실시했다. 발굴 결과 1차와 2차에 걸쳐 옹관묘 35기, 토광묘 38기, 석관 1기 등 유물 74기를 확인했고, 원형 주거지 1동을 조사했다. 그리고 밀 180톨, 보리 4톨, 쌀 6톨이 수습되었다. 그리고 2003년 6월 주민들이 생활하는 일부 지역을 제외하고 섬 전체를 국가사적지로 지정하였다.

늑도에서 발견된 유물 중에 낙랑 토기, 붉은 칠을 한 야요이식 토기도 있었다. 또 인골에서는 일본에서 유행한 발치 흔적도 확인되었다. 그뿐이 아니다. 중국 화폐 반량전과 편상철부, 두 점이 발견되었다. 이것들은 무역품으로 변한·진한 지역에서 만들어진 것이다. 늑도 앞 뱃길은 옛날 낙랑에서 해안선으로 따라 구야도(가야)를 지나 대마도로 이어지는 고대 무역로였다. 고대 철기문화가 이동한 길이다. 4~5세기 철전이 일본 오이타현 고분에서 발견되었다. 늑도에서 발견된 것과 관련이 깊다. 일본에서는 6세기 중반 철을 생산했다. 변한과 진한에서 가져온 철은 낙랑과 대방으로, 이키섬과 규슈로 이어졌다.

큰 섬산 북동쪽과 북서쪽 경사면에서 구각층과 이장유구가 발견되었고, 북쪽 평탄면에서 주거지가 발견되었다. 저지대에서는 패각층과 매장유구가 있어, 상부 평탄면은 주거공간, 해안은 폐기장 및 묘역으로 분리하였음을 알 수 있다. 철기시대에서 원삼국시대에 걸친 유적으로 조개무지, 집터, 무덤 등이 발굴되었다. 창고와 망루가 있고 온돌이 설치된 집터, 유아용 독널무덤과 성인용 널무덤도 확인되었고 널무덤에는 개도 함께 묻었다.

패총에서 출토된 토기는 덧띠토기 계통이 중심을 이루고, 일본 야요이시대의 토기와 낙랑계 토기도 보이며 와질토기들도 많다. 석기로는

늑도는 작지만 결코 작지 않은 섬이다. 지금은 어장배와 낚싯배가 오가지만 고대에는 무역선이 오갔던 요충지였다. 한·중·일 무역선이 오갔던 바다였다. 고대 무역로로 철기 문화가 이 바닷길을 따라 일본으로 전해진 것으로 알려져 있다.

간돌칼과 돌살촉, 철기로는 낫과 손칼 이외 토제방추차, 어망추, 돌낫 등이 발견되었다. 이 밖에 골각기와 옥으로 만든 장신구, 중국 동전, 화살촉 등이 출토되었다.

늑도는 2,000년 전 동아시아 국제무역항이었다. 이 작은 섬에서 발굴된 유물로 중국과 일본의 교류를 확인할 수 있다. 특히 다양한 모습의 인골들로 당시 생활 모습을 알 수 있다. 인골로 보아 모두 10대 후반에서 20대의 젊은 연령이다. 주거지역 무덤과 패총터에서 발견되었다. 산성은 뼈를 빨리 삭게 하는데 조개껍데기의 염기성으로 뼈가 완벽하게 보전될 수 있었다. 토광묘와 옹관묘는 철기시대 무덤들이다. 이 시기에 신전장이 보편화되는데, 예전에는 시신을 옆으로 눕히고 잠잘 때

초양도에서 바라본 특도의 모습이다. 늑도 뒤로 보이는 섬이 마도다. 멸치가 많이 찾는 섬이라 멸치를 따라온 농어 같은 고기를 낚는다.

모습인 굴장으로 장례를 치렀다. 왜 구부렸을까. 죽음을 두려워해서 태어날 때 모습으로, 자연으로 돌아가는 모습을 했는지도 모르겠다. 일본에서도 굴장이 발견되었다. 신석기에 해당하는 죠몬시대의 무덤이다.

늑도의 인골에서 보이는 발치 풍습은 일본에서 흔히 볼 수 있는 모습이다. 대만, 중국 등 동아시아에서 발견되기도 했다. 매장풍습과 주거공간에서도 남방계와 북방계가 혼합된 다양한 모습이 함께 발견되었다. 청동으로 만든 동전이 발굴되었는데, 가운데 네모난 구멍에 '반량'이라는 글씨가 있다. 우리나라에서 발견된 가장 오래된 화폐다. 기원전 175년에 만들어진 화폐다. 중국 화폐다. 늑도가 교역 거점이었을 것이다. 이 화폐는 한반도 남해안에서 일본 규슈지역까지 확인되었다.

무역의 중심지답게 일본 야요이 시대 토기, 낙랑계 토기 등이 보인다. 그리고 중국 동전과 어망추 등도 확인할 수 있다. 모두 교류를 확인할 수 있는 유물들이다. 패총 등에서 확인된 유물로 미루어 늑도는 낙랑과 일본을 상대로 무역을 했던 것으로 파악하고 있다.

늑도의 교역활동을 토기에서도 확인할 수 있다. 발굴 토기 대부분이 입구에 띠를 두른 점토띠토기이다. 색다른 중국 문화의 영향을 받은 낙랑토기가 발견되었다. 한반도에서 드물다. 일본의 야요이식 토기도 발견되었다. 삼천포, 고성, 김해, 부산에서 확인되는 것들이다. 동아시아 삼국의 문물이 확인된 곳이다. 물때를 기다리거나 상인을 기다리며 묵었을 것이다. 물길을 이용한 문화이동 해상 루트다. 서해에 부안 죽막동, 남해안에 사천 늑도가 있다.

장어잡이 선주들이 늑도를 찾는다

삼천포는 붕장어가 유명하다. 민물장어는 치어를 잡아 양만장에서 양식을 하지만 붕장어는 오롯이 바다에서 자란다. 붕장어는 조류 흐름이 빠르고 모래갯벌이 발달한 곳에서 서식한다. 삼천포와 창선도 사이에는 늑도를 비롯해 저도, 마도, 신도, 초양도, 신수도 등 섬들이 있고, 밖으로는 사량도와 통영의 바깥 섬들이 모여 있는 남해의 다도해다. 붕장어가 서식하기에 적절한 환경이다. 붕장어는 모래 속에 몸을 숨긴 채 낮 시간을 보내고 밤에는 활동하며 먹이를 찾는다. 어민들은 주로

늑도의 항로표지 등대로 가는 길에 그려진 트릭아트다. 평면인 시멘트길에 입체감을 표현한 착시기법의 그림이다. 분홍색 상괭이가 독특하다. 2018년 삼천포 앞바다에서 발견된 분홍색 상괭이를 모델로 그린 것이다. 상괭이는 물범, 고래 등과 함께 우리 바다에서 볼 수 있는 포유류다. 멸치 등 작은 물고기를 좋아한다. 서해와 남해가 주요 서식지이며 새우나 멸치가 많은 봄철부터 여름 사이에 많이 나타난다. 《동의보감》에는 물가치, 《난호어목지》에는 슈욱, 《자산어보》에는 상광어라 했다.

통발과 주낙을 이용해서 붕장어를 잡는다. 삼천포가 붕장어로 유명한 것은 이러한 환경뿐만이 아니라 일제 강점기 삼천포항에 일본인들이 많이 거주하며 '아나고'를 즐겨 먹었기 때문이기도 하다. 그 영향이 진주까지 이어져 진주성 주변에 장어집이 자리를 잡았다. 삼천포와 진주는 가깝고 남강으로 이어지는 물길이 바다와 이어져 있다.

붕장어는 계절의 영향을 받지 않고 잡힌다. 그래도 여름이 좋다. 여름은 붕장어가 산란을 앞둔 시기라 살이 오르고 가장 고소할 때다. 삼천포와 실안마을 일대에는 붕장어 맛집들이 제법 모여 있다. 늑도는 삼천포 일대의 장어잡이 배들이 많이 찾는다. 주민들이 손질해놓은 장어 주낙을 가지고 조업을 나가기 위해서다. 마을 앞이고 집 앞이고 빈 터마다 장어를 잡는 주낙 틀이 쌓여 있다. 일찍부터 장어잡이를 해서인지 주낙 정리가 잘 되어 있다. 한 틀을 정리하는 데 5천 원에서 6천 원 받는 것이 섬마을 노인들이나 주민들의 소득원이다. 주민들이 갈무리해놓은 장어 주낙은 10톤 규모의 근해어선이 제주도나 흑산도 근해까지 나가서 붕장어잡이를 할 때 쓰인다.

주민들은 섬 주변에서 문어, 주꾸미, 노래미를 잡는다. 최근에는 낚시꾼들의 등쌀에 문어나 주꾸미를 잡기 힘들다. 철을 가리지 않고 한 배에 10명에서 20명씩 태우고 신수도, 늑도, 저도 사이에서 조업을 한다. 많을 때는 100여 척이 조업에 나선다. 이들이 문어를 주꾸미만 한 작은 크기인데도 잡아내니까 바다에 고기가 없다.

다리가 놓이고 섬 주민들이 오가는 것이 편리해졌지만 외지인들도 무시로 들어온다. 그냥 들어오는 것이 아니라 선착장을 마당 삼아 텐트를 치고 차박을 하고 캠핑카를 가지고 들어와 밤새 술 마시고 소리를 지른다. 그리고 낚시를 하다 쓰레기를 버리고 간다. 마을 주민들 중에도 반은 외지인들이다. 어촌계에 특별한 제한이 없어 섬에 들어오면 가입할 수 있고 갯바위에서 굴 정도는 깔 수 있다.

앞마을에서 뒤쪽으로 넘어가면 그곳에도 작은 포구가 있는데, 외지인들이 들어와 살고 있다. 배를 정박하기에 좋은 섬이다. 예전에 늑도에는 죽방렴이 학섬 양쪽으로 2개, 초양도 사이에 1개, 늑도 북쪽에 1개가 있었다. 이 중 늑도 북쪽에 있는 것만 남아 있다.

개황 | 사천 늑도

일반현황

위치 | 경상남도 사천시 늑도동
면적 | 0.32km^2
가구수 | 95
인구(명) | 163
교통 | 사천–삼천포터미널에서 106번, 194번 버스 이용
특산물 | 멸치, 농어

변화 자료

구분	1985	1995	2011
주소	경남 삼천포시 늑도동	경남 사천시 동서동	경남 사천시 동서동
면적(km²)	0.321	0.322	0.500
인구(명)	604(313+291)	442(207+235)	180(78+102)
가구수	132	122	90
공공기관	면사무소 1	경찰관서 분소 1	
학교	초등학교 1	초등학교 1, 유치원 1	
급수시설	우물 11개소	간이상수도 1개소, 우물 11개소	광역상수도 90가구
전력시설	한전계통 132가구	한전계통 122가구	한전계통 90가구
의료시설			
어선(척, 동력선+무동력선)	69(45+24)	75(71+4)	52(52+0)

※ 섬의 개황 자료 또는 변화 자료를 통계 데이터베이스에서 확인할 수 없는 경우 부득이하게 비워두었음
을 알려드립니다.

24

오래된 미래,
어업유산 죽방렴
사천 마도

가을로 가는 길목, 삼천포 앞바다 사천만에 셀 수 없을 만큼 많은 배가
떴다. 수백 척은 되어 보인다. 신수도에서 마도에 이르는 길목이다. 이
바다를 주민들은 '강지바다'라고 한다. 배마다 적게는 대여섯 명에서
10여 명에 이르는 사람들이 타고 낚싯대를 드리우고 있다. 지역 주민
이나 어민이 아니고 낚시꾼이다. 물고기 잡는 일을 업으로 하는 사람
을 '어민' 혹은 '어부'라고 한다. 반대로 취미로 낚싯대를 가지고 고기잡
이를 하는 사람을 '낚시꾼'이라 부른다. 간혹 이 정의가 무색할 때가 있
다. 바다에 어민보다 낚시꾼이 더 많다면, 어민보다 물고기를 더 많이
잡는 사람이 있다면 어떻게 될까. 한두 번이 아니라 매주 혹은 정기적
으로 반복하고, 아주 일부겠지만 잡은 물고기를 판매한다면 어떻게 될
까. 사전의 정의를 바꾸어야 할지도 모르겠다. 낚싯배는 가끔 굉음을
내며 다른 곳으로 이동한다. 마도, 저도, 신도를 오가는 도선장인 박씨
가 급하게 뱃고동을 울렸다. 낚싯배가 마도에서 도선 앞으로 마주 오
며 질주하다 가로질러 신수도 방향으로 향한다. 바다의 폭주족이다.

고향의 크기는 마음에 달렸다
성능 좋은 낚싯배가 지나자 도선이 몸살을 하다 진정한다. 이른 성묘
와 벌초를 겸해 배에 오른 노부부와 아들, 손자가 뒤뚱이며 난간을 붙

섬은 바다를 보아야 한다. 작은 섬에 사람들이 모여 살 수 있는 것은 바다나 갯벌이 풍요롭기 때문이다. 마도, 저도 같은 작은 섬에서 섬살이가 가능한 것은 죽방렴이나 통발로 생계를 이어갈 수 있는 바다 덕분이었다. 게다가 가까운 곳에 삼천포 어시장이 있어 매일매일 바다가 내준 것들을 팔 수 있었다.

잡고 자리에 앉았다. 신도에 검침원과 할머니 한 분을 내려놓고 배는 곧바로 저도로 향했다. 세 섬 중 중간에 위치한 마도는 도선의 종착역이다. 이곳에서 쉬었다가 다시 저도와 신도를 거쳐 삼천포로 향한다. 그렇게 하루에 네 차례 도선이 오간다. 단, 주말에는 마지막 시간 배를 운항하지 않는다.

　"아이고, 매년 빼먹지 않고 오시네." 선창에서 한 노인이 배에서 막 내린 또 다른 노인을 잡고 반갑게 인사한다. 추석을 맞아 성묘와 벌초를 겸해서 고향을 찾아온 사람을 맞는 인사다. 손자는 배를 처음 탔다며 신이 났고, 아들은 술과 과일이 든 배낭을 메었다. 노인은 허리를 뒤로 젖혀야 일어설 수 있는 할머니와 함께 의자에 앉아서 신도를 돌아 죽방렴을 지나 마도가 가까워지자 물끄러미 섬을 바라본다. 고향은 마

마도는 신도나 저도에 비해서 크지만 이웃한 신수도에 비해서 작고, 사량도에 비해서는 아주 작다. 그래도 인근 어장이 좋고 삼천포항이 가까운 덕분에 섬살이를 이어갈 수 있었다. 배를 접안할 수 있는 포구도 좋아 머무는 사람이 많았다.

을이나 섬의 크기로 평가될 수 없다. 현재는 30여 가구 60여 명이 살고 있지만 한때 500여 명이 살았다. 초등학생만 120여 명이 되던 시절도 있었다. 신도와 저도의 학교는 일찍 폐교되었고, 마도의 학교는 2018년 대방초등학교로 학구가 변경되면서 2019년 폐교되었다. 당시까지 마도분교는 대방초등학교 분교장으로 학생이 5명이고 교직원이 5명 근무하는 농어촌 소규모 학교였다. 그런데 소규모 학교 적정규모화를 위한 마도분교장 통폐합 추진 과정에서 재학 중인 학생 5명이 주소지만 이전하고 실제로는 사천시에 살면서 배를 타고 통학하는 사실이 확인되었다. 2019년부터 2024년까지 취학예정자가 한 명도 없는 것으로 조사되기도 했다. 마도분교는 1946년 9월 공립국민학교로 설립 인가받은 뒤 1982년 실안국민학교 마도분교로, 1999년 대방초등학교

마도분교는 1946년 9월 공립국민학교로 설립인가를 받은 뒤, 1982년 실안국민학교 마도분교로, 1999년 대방초등학교 마도분교장으로 이어져 480여 명의 졸업생을 방출했다. 그리고 2019년 학생 수 감소와 통학 안전 문제로 문을 닫았다. 폐교는 사천시가 매입해 주민소득사업을 위한 시설 투자를 하고 국가지원 사업을 유치할 계획이다.

마도분교로 바뀌었다. 그리고 480여 명의 졸업생을 배출하고 2019년 3월 폐교되었다. 섬마을 인구가 감소하고 학교가 문을 닫더라도, 아무리 섬이 작더라도 고향이 주는 느낌은 같다.

오래된 미래, 죽방렴

배를 타고 마도로 들어오다 보면 섬과 섬 사이에 V자형으로 만들어진 살을 볼 수 있다. 주민들은 '발'이라 부르고, 공식 명칭은 '죽방렴'으로 통한다. 전통어업의 하나로 어살의 일종이다. 어살은 돌을 쌓아 물길을 막아 물고기를 잡는 '석방렴', 나무로 기둥을 세우고 발을 대어 물고기를 잡는 '방렴', 갯골이나 물길에 자루그물을 매달아 물고기를 잡는 '주벅' 등이 있다. 방렴 중에 대나무로 발을 만드는 것이 죽방렴이다. 마도와 딸린 섬인 뚱섬(두둥도) 사이에 2개, 뚱섬 남서쪽에 1개가 있고, 신도와 저도에 각 2개가 있다. 또 이웃한 실안 해안을 따라 6개 죽방렴이 있고, 신수도 주변에 3개, 삼천포 앞에 1개, 늑도에 1개가 있다. 결국 사천시에 모두 19개의 죽방렴이 있다.(사천시는 죽방렴이 21개 있다고 한다.) 지족해협에 있는 21개까지 합해 경상남도에 죽방렴이 모두 40개가 있는 셈이다.

지족해협 죽방렴은 명승이라는 문화재로 지정되었다. 뿐만 아니라 국가중요어업유산으로 등재되었고, 세계농업유산으로 신청하려는 준비도 하고 있다. 400여 년의 역사를 자랑하는 죽방렴이다. 여기에 비하면 삼천포 일대의 죽방렴은 단순한 멸치잡이 이상의 가치 부여를 하지 못하고 있다. 지족해협의 죽방렴은 창선도와 남해 사이 '손도'라는 곳에 몰려 있다. 삼천포 죽방렴은 창선도와 삼천포 사이에 있는 마도, 신도, 저도 섬 사이에 설치되어 있다.

마도 주변에 있는 작은 섬 박도나 두응도는 섬 주민들에게 꼭 필요한 무인도다. 섬 사이 갯골로 흐르는 물살의 세기와 방향이 죽방렴을 설치하기에 최적의 환경을 만들기 때문이다. 또 주변 갯바위는 조간대 생물들의 서식처이자 어민들의 반찬 창고이기도 했다. 그곳을 찾아 멸치나 전갱이, 갈치가 따라온다.

섬마을은 여전히 슬레이트가 지붕을 덮고 있다. 도심에서는 찾기 어렵고, 농촌에서도 행정이 지원금을 마련해 철거 처리하고 있다. 슬레이트는 가성비가 좋은 자재로 창고는 물론 주택에도 한때 많이 사용했다. 하지만 위험물질인 석면이 검출되면서 사용이 금지되어 있다. 기존에 사용하던 것도 철거를 권장하며 지원하고 있다.

　물살에 센 물목에 나무 기둥을 세우고 대나무나 참나무 가지로 가로 댄다. 이를 띠라고 하며, 띠를 댄 양쪽 날개를 '가지'라고 한다. 물고기가 들어가면 나올 수 없는 길목은 '사목'이라 하며 그 안쪽에 '발통'을 설치한다. 이렇게 가지와 발통을 설치해 썰물에 가지를 따라 들어온 물고기를 발통에 가두어 잡는 어법이다. 죽방렴이라 부르는 이유다. 배에서 만난 노인에게 죽방렴을 가리키며 이름을 물으니 주저 없이 '발'이라 답한다. 가지인 V자 안으로 썰물이 흘러오면서 입을 벌리어 멸치를 가두어 잡는다.

　죽방렴에 물고기가 가장 많이 드는 물때는 일곱무날(그믐과 초하루)부터 열한무날(음력 4,5일과 19,20일)까지로 이때를 '질물'이라 한다. 하루에 낮물과 밤물 등 2회에 걸쳐 물고기를 잡는다. 이를 '발본다'고 한다. 요즘은 발통 안에 든 쓰레기를 처리하기 위해 무시로 들락거린다고 한다.

죽방렴과 죽방렴 사이에는 낚시꾼이 탄 배들이 무시로 오간다. 이런 판에 멸치가 들어갈까 싶다. 저도는 아예 섬을 유어장으로 바꾸었다. 그래서 섬에 들어와 낚시를 하려면 한 사람에 배삯 포함 1만 5천 원을 내야 한다. 어찌 보면 현명한 조처다. 불쑥 섬에 들어와 방파제에 앉아 낚시하는 것을 막을 수 있고, 쓰레기도 상대적으로 적다. 마도에서도 유어장을 검토하고 있다. 섬 중에는 이런 문제로 고민하는 곳이 많다. 낚시꾼들은 권리를 앞세워 주장을 하지만 의무도 있다. 이런 요구를 하려면 무엇보다 섬 주민들이 자신들의 섬을 가꾸고 만드는 노력이 전제되어야 한다.

갈방아소리가 그립다

작은 섬 마도가 알려진 것은 '갈방아소리'가 무형문화재로 지정되면서다. 전어잡이와 관련된 어로 노동요다. 나일론 그물이 나오기 전에는 면사로 그물을 만들어 물고기를 잡았다. 나일론 그물과 달리 면사 그물은 질기지 않아 한 철을 사용하기도 버거웠다. 그래서 그물에 '갈'을 먹였다. 갈은 떡갈나무나 소나무 껍질, 풋감 속에 있는 떫은 성분, 즉 탄닌이다. 갈방아소리는 이렇게 나무껍질이나 풋감을 찧어서 물을 만들어낼 때 부르는 노래다. 전어는 떼를 지어 이동하며 민첩하기 때문에 전어그물은 폭과 길이가 다른 그물에 비해서 크고 길었다. 갈을 먹이는 데 필요한 양이 엄청나 여성들이 감당하지 못하고 남자 장정 네댓 명이 서너 시간 방아를 찧어야 했다. 이때 불렀던 노래가 '마도갈방아소리'이다. 나일론이 등장하고 그물이 공장에서 만들어지면서 갈방아소리는 현장에서 사라졌다. 대신 '마도갈방아보존회'가 만들어져 연희로 전승되고 있다. 소리의 첫째 마당은 갈방아 찧는 소리, 둘째 마당은 갈을 퍼서 담는 소리와 그물을 넣고 내는 소리, 셋째 마당은 배고사로 남해안 별신굿의 일부분이며, 넷째 마당은 노를 저어가는 놋소리와 그물을 당기는 사리소리, 그물로 고기를 퍼 담으면서 부르는 가래소리로 되어 있다. 다섯째 마당은 만선에 대한 감사와 조상을 기리는 칭칭이 소리로 이루어져 있다. 이 중 두 번째 마당 사설이다.

얼씨구나 갈을 퍼거라 에야디야 갈방아야 / 우리네 선원들 잘도 한다 에야디야 갈방아야 / 이 일을 끝내고 놀고 놀자 에야디야 갈방아야 / 업고나 놀자 이고나 놀자 에야디야 갈방아야 / 놀다 보니 님 생각 난다 에야디야 갈방아야 / 갈 퍼보자 갈 퍼보자 에야디야 갈방아야

어이야차 디야차 갈 퍼보자 에야디야 갈방아야 / 그물을 살펴서 그물을 살펴서 에야디야 갈방아야 / 춤도 추고 놀아나 보자 에야디야 갈방아야 / 놀고 보자 놀고 보자 에야디야 갈방아야 / 아니 놀고 무엇하리 에야디야 갈방아야 / 잘도 간다 잘도 간다 에야디야 갈방아야 / 갈 먹이러 들어간다 에야디야 갈방아야 / 얼싸 좋구나 내 동사야 에야디야 갈방아야

개황 | 사천 마도

위치 | 경상남도 사천시 마도동
면적 | 0.15km^2
가구수 | 46
인구(명) | 82
교통 | 사천–삼천포터미널에서 105번 버스 이용
특산물 | 전어, 멸치, 노래미, 굴

변화 자료

구분	1985	1995	2011
주소	경남 삼천포시 실마동	경남 사천시 동서동	경남 사천시 동서동
면적(km^2)	0.112	0.145	0.145
인구(명)	276(141+135)	167(87+80)	73(33+40)
가구수	54	48	32
공공기관	어촌계 1		
학교	초등분교 1	초등분교 1	초등분교 1
급수시설	우물 5개소	간이상수도 1개소	간이상수도 1개소
전력시설	한전계통 54가구	한전계통 48가구	한전계통 32가구
의료시설			
어선(척, 동력선+무동력선)	35(28+7)	29(26+3)	49(49+0)

※ 섬의 개황 자료 또는 변화 자료를 통계 데이터베이스에서 확인할 수 없는 경우 부득이하게 비워두었음을 알려드립니다.

25

그물을 놓는
징검다리

사천 저도

삼천포에서 섬으로 가는 배는 사량도와 수우도로 가는 배, 신수도로
가는 배, 신도·마도·저도로 가는 배 등 세 종류로 나뉜다. 이 중 사량도
와 수우도는 통영시에 속하는 섬이고 나머지는 사천시에 속한다. 저도
는 신도, 마도 등 삼형제 섬 중에 가장 북쪽에 있어 시간이 제일 많이
걸린다. 그래 봤자 30분 이내의 거리다. 다른 섬에 비해 시간이 많이 걸
리지만 육지와 가장 가까이 있는 섬이다. 여행객들이나 낚시객들이 가
장 많이 찾는 섬이기도 하다. 마을도선을 타지 않고 노을길로 유명한
실안마을에서 700여 미터 떨어져 있어 낚싯배를 이용하면 10분도 걸
리지 않는 거리에 있다. 노을이 질 때 저도를 배경으로 사진을 찍으려
는 사람들이 실안마을 노을길을 많이 찾는다.

저도는 사천시 마도동에 위치한 섬이다. 해안선의 길이가 1.2킬로미
터에 불과한 작은 섬이다. 모양이 닭 형국이라 닭섬, 딱섬이 되었다는
설과 닥나무가 많아 딱섬이라 했다는 설이 있다. 한자로 닥나무섬이라
는 뜻으로 저도(楮島)라고 표기한다. 조선 후기 《해동지도》,《대동지지》
에도 저도라고 기록되어 있다.

삼천포에서 출발하는 정기도선 '마도호' 외에 낚시와 민박을 원하는
사람들을 위해 실안에서 저도로 오가는 배가 있다. 그 거리가 불과 700
미터에 불과하다. 이 배는 수시로 오가기 때문에 저도를 오가는 데 불

편함이 없다. 연락만 하면 배를 탈 수 있다. 그만큼 저도를 오가는 사람들이 많다. 섬에 있는 민박집이 언덕 위 하얀 집처럼 아름답다.

광포만으로 들어가는 길목에 작은 신도와 마도와 저도가 있다. 이 중 신도와 저도는 아주 작은 섬이다. 저도는 한려해상국립공원에 속한다. 섬은 해식애가 발달했고 작지만 숲이 좋다. 물고기가 좋아하는 섬이다. 섬 전체가 유어장이라 섬에서 낚시를 하려면 적지만 비용을 지불해야 한다. 야박하다고 할지 모르지만 필요하다. 흔적도 없이 잘 정리한다고 해도 청소를 해야 한다. 청소 비용을 지불하는 셈이다. 아무 때나 무시로 들어와 낚시를 하는 섬이 아니다. 물론 비용을 지불하면 아무 때나 와도 된다.

죽방렴은 현존하는 가장 오래된 전통 어법이며, 어가의 생계를 책임지는 주업이다. 유물이나 유적이 아니라 실제 들고 나는 조류를 이용해 멸치를 잡는 어업이다. 최근에는 경관적 가치와 체험 어장 등으로 주목을 받고 있다. 사천시 실안해안도로에서 남해로 지는 노을을 보자니 저도에 걸린 해와 죽방렴이 최고의 경관을 선사한다. 이 모습을 카메라에 담으려는 사람들이 많이 찾는 곳이다.

작은 섬에 꼭 필요한 것이 무엇일까. 식수, 전기, 배만이 아니다. 요즘 꼭 필요한 것 중 하나가 인터넷 같은 통신환경이다. 여행객들뿐만 아니라 섬 주민들의 일상도 스마트환경에 포섭되어 있다. 그래서 섬 정책의 하나로 쓰레기 제로섬과 함께 스마트 섬을 추진하기도 한다. 또 경관을 해치는 철탑 대신에 태양광으로 대신하는 섬도 생겨나고 있다. 이를 통해 섬의 가치를 높이고 관광자원으로 활용하려는 목적도 있다.

죽방렴에서 잡은 멸치는 곧바로 멸치를 삶는 막으로 옮겨져 삶아 건조한다. 어장과 가공시설 사이의 거리가 매우 짧다. 저도는 5분도 걸리지 않는다. 그만큼 신선도가 좋다. 죽방렴으로 잡은 멸치는 그물로 잡은 것에 비해 스트레스를 덜 받고, 가공까지 걸리는 시간도 짧아 소비자들에게 최고의 멸치라는 평가를 받고 있다.

섬 동방파제 앞 잔교를 유어장으로 허가를 내서 입도할 때 승선비와 함께 유어장 사용비를 내고 있다. 봄에는 감성돔, 볼락, 넙치가 많이 잡히고, 가을에는 감성돔과 학꽁치가 잘 잡힌다. 겨울에도 볼락과 노래미를 잡기 위해 낚시객들이 들어온다. 손맛을 느낄 수 있을 만큼 낚시가 잘된다는 의미다.

이곳 조류는 진도 조도나 울돌목 다음으로 빠르다고 알려져 있다. 삼천포와 창선도 사이 물목이 좁아서다. 게다가 작은 섬이 그 사이에 있으니 드나드는 물은 얼마나 빠르겠는가. 이렇게 빠르면 물고기들이 섬 가장자리를 따라 이동하며 먹이활동을 한다. 또 유영을 즐기기도 한다. 낚시가 잘되는 이유다. 일찍부터 섬 주민들은 그 물목에 죽방렴을 놓아 섬살이를 유지했다.

이곳에도 죽방렴이 있다. 실안과 저도 사이에 4개의 죽방렴과 저도와 마도 사이에 1개의 죽방렴이 있다. 남해 노량으로 이어지는 물길로 조류가 빠르고 강진만과 광포만의 아늑한 어류 서식지가 있어 회유성 어류들이 오가는 길목이다. 이곳에 죽방렴을 설치해 멸치를 잡고 있다. 섬에서 직접 삶아 건조한 죽방멸치는 값이 비싸고 인기다.

멸치와 함께 저도 소득원으로 꼽히는 것이 바지락이다. 죽방렴은 운영하는 소수 어가의 소득원이지만 바지락은 마을 전체 주민의 소득원이다. 주민들이 직접 바지락을 채취하기도 하지만 최근에는 형망을 이용해 바지락을 파서 수집상에게 팔고 있다. 수집상은 바지락을 수집해 알을 까서 다시 상인들이나 식당에 공급한다. 삼천포 시장에서도 저도 바지락은 으뜸으로 꼽힌다.

최근 저도에는 펜션이 만들어져 낚시객뿐만이 아니라 여행객들에게도 인기다. 세 섬 중에서는 여행객이 가장 많이 찾는 섬이다. 특히 1998년 문을 닫은 학교를 펜션으로 만들어 마을에서 운영하고 있다. 실안에서 노을이 질 때 저도와 죽방렴을 배경으로 멋진 경관이 펼쳐져 사진을 좋아하는 사람들이 많이 찾는다. 운이 좋은 날은 막 삶은 멸치들 사이에서 이방인인 꼴뚜기를 맛볼 수 있다. 저도를 방문한 여행객이 누릴 수 있는 덤이다. 섬에서 잡아 섬에서 말린 멸치를 구입하는 것도 좋다.

일반현황

위치 | 경상남도 사천시 마도동
면적 | 0.038km²
가구수 | 26
인구(명) | 54
교통 | 사천-삼천포터미널에서 105번 버스 이용
특산물 | 바지락, 멸치

변화 자료

구분	1985	1995	2011
주소	경남 삼천포시 실마동	경남 사천시 동서동	경남 사천시 동서동
면적(km²)	0.035	0.038	0.043
인구(명)	90(53+37)	77(43+34)	74(30+44)
가구수	13	18	35
공공기관			
학교		초등분교 1	
급수시설	우물 3개소	간이상수도 1개소	간이상수도 1개소
전력시설	자가발전 1대	한전계통 18가구	한전계통 35가구
의료시설			
어선(척, 동력선+무동력선)	9(7+2)	14(13+1)	18(19+0)

※ 섬의 개황 자료 또는 변화 자료를 통계 데이터베이스에서 확인할 수 없는 경우 부득이하게 비워두었음을 알려드립니다.

26

잠깐 쉬어갈게요
사천 신도

삼천포 도선 선착장에서 출발한 배가 가장 먼저 닿는 곳이 신도다. 삼천포항에서 해안을 따라 유람선 타는 곳으로 이동하다 보면, 신수도 차도선여객선터미널이 나오고 조금 더 가면 도선 선착장에 닿는다. 신도에 가는 사람이 없으면 곧바로 마도로 가기 때문에 미리 이야기를 해놓는 것이 좋다.

신도는 사천시 늑도동에 속하는 유인도로, 다리가 놓인 늑도, 초양도와는 달리 배를 타고 가야 한다. 해안선이 1킬로미터 남짓밖에 되지 않는 작은 섬이다. 게다가 섬의 모양도 굴곡이 적은 타원형이라 갯벌도 없다. 섬은 작고 물이 좋지 않으니 논농사도 없다. 갯밭도 없고 벼 심을 논도 없이 겨우 텃밭 정도가 전부다. 다행이라면 어장이 쓸 만하다는 것이다. 섬의 남과 북에 죽방렴 2틀이 자리를 잡았다.

방파제에 배가 닿자 할머니 한 분이 작은 시장용 손수레를 끌고 내렸다. 지척인 마을까지 수레를 끌고 걷는 것도 버거워 보인다. 섬 한가운데 철탑이 우뚝 서 있다. 삼천포와 창선도를 잇는 다리가 완공되고 그 길이 '아름다운 길'로 선정되면서 신도에도 체험마을 계획이 만들어지기도 했다. 찾아가고 싶은 섬으로 만들어 주민 소득을 높이고 주민들이 떠나는 것을 막을 뿐만 아니라 오히려 사람들이 섬에 들어오도록 만들겠다는 계획이었다. 한 걸음 더 나아가 늑도에서 신도로, 신도

신도는 사천시 늑도동에 속한 섬 중에서 가장 작은 유인도다. 늑도동은 유인도인 늑도, 초양도, 신도 등과 무인도인 학섬으로 이루어져 있다. 펜션을 찾는 사람들이나 낚시객들이 즐겨 찾는 저도나 마도와 달리 주민 외에는 오가는 사람이 거의 없는 한적한 섬이다. 오히려 조용하게 머물 수 있는 섬이다.

에서 두응도와 마도와 저도를 경유해 노을이 아름다운 실안마을로 이어지는 도보용 출렁다리를 계획하기도 했다. 물론 이 계획은 그저 아이디어로 논의되었을 뿐 실행되지 못했다. 예산도 기술도 만만치 않지만, 더 중요한 것은 섬이 해상국립공원 구역에 속한다는 점이다. 대신에 '사천바다케이블카'가 설치되었다. 케이블카는 밧줄을 이용해 지면 또는 공중으로 사람이나 물건을 이동시키는 운송수단을 말한다. 사천바다케이블카는 산과 바다와 섬을 연결한다. 우리나라에는 목포·여수·송도·삼척·부산·제부도·명량의 해상케이블카가 운행 중이다.

신도는 나지막한 언덕이다. 힐링아일랜드 계획 등 섬 개발 계획이 추진되기도 했지만, 이런 계획이 논의되기 전에 외지인의 섬이 되는 경우가 대부분이다. 정보에 빠른 사람들이 수단과 방법을 가리지 않고

섬은 작지만 섬의 남쪽과 북쪽 해안에 두 개의 죽방렴이 설치되어 있다. 모두 물이 들었다가 나갈 때 멸치 같은 어류를 가두어 잡는다. 작은 섬에 죽방렴이 두 통이면 잡고 삶고 건조하는 일에 주민들이 모두 참여해야 했다. 하지만 죽방렴을 제 섬 주민들이 아니라 외지 사람들이 운영하며, 섬 주민들도 고령이라 일할 사람도 없다. 멸치도 옛날처럼 연안으로 많이 들지 않는다.

매입을 하는 탓이다. 주민들의 땅은 사는 집과 조상을 모신 묘지 정도만 남는다. 개발 이익은 말할 것도 없이 섬을 지키는 주민들의 몫이 아니다. 다행인지 불행인지 신도의 운명을 바꿀 계획은 이루어지지 않았지만 작은 둘레길이 만들어졌다. 어느 쪽으로 가든 바다만 보이는 길이다.

　남해 창선도와 사천시 사이에 있는 늑도와 초양도는 다리로 연결되어 있고, 신도·마도·저도는 마치 징검다리처럼 놓여 있다. 신도와 마도와 저도는 배를 타고 가야 한다. 마도는 섬이 비교적 커서 드나드는 사람이 제법 많고, 저도는 민박과 낚시를 즐기는 사람이 많이 찾는 섬이다. 이에 비하면 신도는 정말 한적한 섬이다. 여행객도 잘 찾지 않는다.

한때 20여 가구가 살았던 섬이며, 분교도 있었다. 섬 남쪽과 동쪽으로 집들이 모여 있다. 삼천포 시장에 들렀다 오는 할머니와 함께 배에서 내렸다. 할아버지 점심이 걱정이라며 종종걸음인데 몸이 마음처럼 움직이질 않는다. 시장바구니를 들고 배에서 내려 할머니를 따라갔다. 할아버지는 벌써 마을 앞에 나와서 할머니를 기다리고 있었다. 섬에는 이렇게 노부부가 함께 사는 집이 없다. 할머니만 남아 있거나 빈집만 덩그러니 남은 경우가 많다.

섬을 한 바퀴 도는 데 몇 분 걸리지 않는다. 한참 해찰을 해도 반 시간이면 충분하다. 가끔 낚시가방을 들고 들어오는 사람들이 있지만 이들도 손맛보다는 시간을 즐기는 사람들이다. 정말 낚시를 즐긴다면 배낚시를 하거나 이웃 섬인 저도를 택했을 것이다. 조용하게 앉아 무료함을 즐기려는 사람에게는 신도가 좋다.

누가 다녀갔을까. 마을 뒤 당산나무에 막걸리 한 병이 놓여 있다. 한동안 오가는 사람이 없었는지 길도 묵었을 터인데 섬에 들러 당산나무의 안부까지 묻는 사람이 누구였을까. 저 느티나무는 마을 앞 선창과 다리를 보면서 무슨 생각을 했을까. 틀림없이 뭍으로 나간 주민들이 건강하게 잘살기를 기원했을 것이다. 그들 중 한 명이 다녀간 것이 틀림없다.

섬 서남쪽 끝머리에 죽방렴이 있다. 늑도와 마도 사이에 있으며 늑도와 가깝다. 세 섬 중에 가장 남쪽에 위치한 섬이다. 골목마다 작은 통을 처마 밑에 두고 빗물을 받아 허드렛물로 사용하고 있다. 신도와 마도 사이에 있는 작은 두웅도에 기대어 남쪽으로 한 개, 북쪽으로 두 개의 죽방렴이 자리해 있다. 이렇게 작은 섬과 섬 사이에서 조류와 물길을 이용해 멸치와 물고기를 잡고 있다.

개황 | 사천 신도

일반현황

위치 | 경상남도 사천시 늑도동
면적 | 0.056km^2
가구수 | 16
인구(명) | 25
교통 | 사천-삼천포항 선착장에서 배편 이용
특산물 | 멸치

변화 자료

구분	1985	1995	2011
주소	경남 삼천포시 늑도동	경남 사천시 동서동	경남 사천시 동서동
면적(km^2)	0.066	0.056	0.056
인구(명)	123(62+61)	80(41+39)	97(45+52)
가구수	28	22	40
공공기관			
학교	초등분교 1	초등분교 1	
급수시설	우물 3개소	간이상수도 1개소	광역상수도 40가구
전력시설	한전계통 28가구	한전계통 22가구	한전계통 40가구
의료시설			
어선(척, 동력선+무동력선)	22(15+7)	14(12+2)	19(19+0)

※ 섬의 개황 자료 또는 변화 자료를 통계 데이터베이스에서 확인할 수 없는 경우 부득이하게 비워두었음을 알려드립니다.

27

발전도 좋지만
바다와 갯벌은 지켜야
사천 비토리(비토섬, 솔섬, 진도, 별학도, 월등도)

다리를 건너 솔섬으로 들어서자 먼저 반기는 것이 펜션이다. 사천시 서포면에서도 찾기 어려운 카페도 여럿이다. 물이 빠진 갯벌은 시꺼멓게 온통 굴 양식장인데 섬에는 주민들이 보이지 않고 도심보다 세련된 카페와 집들이 즐비하다. 불과 몇 년 사이에 어떻게 이렇게나 바뀔 수 있었는지 믿어지지 않았다. 어떻게 받아들여야 할지 혼란스러울 정도다. 모든 어촌이 이렇게 바뀔 수는 없지만 어촌의 변신에 방향을 설정하는 시금석은 될 것 같다.

다섯 개 유인도로 이루어진 섬마을
비토섬은 남해 강진만과 사천 광포만이 만나는 곳에 자리한 섬이다. 강진만은 남해군의 남해읍, 설천면, 창선도 사이에 있는 내만이며, 광포만은 사천시 서포면, 금남면에 둘러싸인 내만이다. 이곳은 지족해협, 삼천포해협, 노량해협을 통해 바닷물이 드나들며 남해안에서 갯벌이 가장 발달한 곳이다. 비토리는 연도교로 이어진 솔섬 외에 주변에 별학도·진도·월등도 같은 사람이 사는 작은 섬과 토끼섬·거북섬·목섬·굴섬 같은 무인도가 있다. 실제로 섬에 거주하는 가구는 별학도와 진도에 각 한 가구, 월등도에 네 가구가 있다. 진도는 배를 타야 갈 수 있지만 별학도는 해양낚시공원을 조성하면서 보행교가 만들어졌고, 월

332

비토리의 5개 섬 중에서 '비토해양낚시공원'이 있는 별학도 앞에는 해양펜션이 있다. 낚시와 함께 머물 수 있는 곳이다. 비토리는 솔섬에 오토캠핑장이 조성되어 있고, 비토섬에 비토빌체험학교 캠핑장 등이 조성되어 있다. 또 풀빌라펜션들이 있어 여행객들이 많이 찾는 섬이다.

등도는 물이 빠지면 걸어서 가거나 차를 가지고 들어갈 수 있다. 비토 섬이 무한한 잠재력을 가지고 있는 것은 주변에 이런 작은 섬이 있기 때문이다.

마을로는 거북교를 건너 만나는 마을인 상촌, 중촌이 있으며, 해양낚 시공원과 위판장이 있는 낙지포, 월등도 가는 길목에 있는 하봉이 있 다. 이렇게 많은 유인도를 가지고 있는 마을이 있을까 싶다.

바다 자원으로 보면 그 가치는 더욱 커진다. 세 곳의 바닷길을 통해 바닷물이 드나들지만 내만은 작은 섬과 무인도가 있으며 굴곡도가 높 은 해안 덕분에 갯벌이 발달했다. 게다가 수심이 깊은 곳도 꽤 있다. 모 자반, 미역, 톳 등 해초류도 많이 자란다. 갯벌은 펄, 모래, 혼합, 암반까 지 모습이 다양하다.

비토섬 갯벌은 '사천 8경'의 하나다. 차를 타고 드라이브를 하면서 곳곳에 멈춰 갯벌과 섬을 볼 수 있으며, 바닷가를 따라 산책할 수도 있다. '토끼와 거북이 길'로 불리는 길을 따라 걸어보자. 거북이의 우직함이나 토끼의 지혜가 솟는 길이다. 솔섬이나 비토섬의 럭셔리한 펜션의 번잡함을 피하고 싶다면 월등도나 진도로 가보는 것도 좋다. 진도는 뱃길이 없으니 주민들의 도움을 받아야 한다.

남해안 최고의 갯마을

비토섬은 사천에서뿐만 아니라 남해안에서 가장 넓고 좋은 갯벌을 가지고 있다. 오래전에 갯잔디를 조사하기 위해 간 적이 있다. 갯잔디가 군락을 이루는 너른 갯벌과 자연해안선이 특징이다. 황조롱이, 원앙, 검은머리물떼새, 붉은배새매, 알락꼬리마도요, 아비 같은 물새들이 많이 찾는다. 또 대추귀고둥을 비롯한 많은 고둥과 게가 있으며, 수달과 삵도 서식한다. 주목해야 할 곳은 비토섬과 솔섬을 잇는 다리다. 애초이 다리는 제방형으로 만들어졌다가 주민들의 요구와 정부의 갯벌 복원 정책으로 바닷물이 통하는 다리로 바뀌었다. 그 결과 굴 양식을 비롯해 해양생태계에도 큰 영향을 주었다.

비토리는 어느 마을이든 입구에 굴막이 있다. 겨울에 굴을 까는 작업장이며 때로는 가게로 변신한다. 다리가 연결되었고, 해양낚시공원과 캠핑장이 문을 열면서 여행객들이 많이 찾고 있다. 그 덕에 길거리 굴막에서 판매하는 깐 굴 수입이 만만치 않다. 어떤 어머니는 해삼, 살조개, 코끼리조개 같은 해산물뿐만 아니라 파, 봄동 같은 채소도 같이 들고 나왔다. 관광버스에서 내린 어머니들이 먼저 굴을 보고 반긴다. 한두 알 먹어보고 지갑을 연다. 옆에 있는 어머니가 내 것도 좀 사달라며 성화다. 그야말로 마을 장터다.

개발과 발전, 그 딜레마

"아따, 잘해놨네. 잘해놨어."

전라도 어촌에서 온 모양이다. 어머니들이 연신 감탄한다. 노부부가 휴대폰을 꺼내 사진을 찍느라 부산하다. 멀리 창선도와 남해도 그리고 사천시가 한눈에 들어오는 곳이다. 사천시는 해양레저 관광과 어민 소득 증대를 위해 국도비와 시비 50억 원을 투자해 2015년 '비토해양낚시공원'을 조성했다. 공원은 바다 위를 걷는 다리 보행교 228미터, 산책로, 낚시터 2개소, 해상펜션 4동, 정자, 어린이 놀이터 등으로 이루어져 있다. 건전한 낚시문화를 정착하기 위해 '혼합밑밥 사용 금지'를 시도하고 있다. 낚시공원은 우여곡절 끝에 마을 어촌계에서 위탁을 받아 운영하고 있다. 낚시를 하지 않고 해상펜션을 이용하지 않아도, 보행교와 산책로를 걷기 위해서는 약간의 입장료를 내야 한다. 그게 해양낚시공원 입장료다. 바다 위에 쇠기둥을 세워 만든 시설로 마뜩하지 않지만 찾는 사람들은 나름대로 만족하는 분위기다. 낚싯대를 들고 들어오는 사람도 한둘 눈에 띈다. 이미 낚시터에서는 열댓 명이 낚시를 즐기고 있었다.

비토리 별학도에는 해양낚시시공원이 조성되어 있다. 낚시를 하려는 사람도 찾지만, 해안이나 데크 길을 걷기 위해서 방문하는 사람들도 있다. 별학도는 학이 날아가는 형상, 벼락을 맞은 섬, 벼랑(절벽끝) 등이 한자로 바뀌면서 생겨난 것이라는 다양한 유래가 있다.

　별학도는 원래 두 가구가 거주하는 유인도였다. 지금은 오씨 부부만 섬을 지키고 있다. 부부는 별학도를 지키며 굴 양식을 하고 밭을 일궈 다섯 자식을 키웠다. 직장에 다니는 아들이 주말을 맞아 섬에 들어와 밭을 일구고 있었다. 씨앗을 뿌릴 예정이다. 작은 민박도 운영한다. 별학도는 '벼락 맞은 섬'이라고 해서 붙은 이름인 벼락도에서 비롯되었다는 설이 있다. 섬은 비토리 낙지포와 마주한 곳을 제외하고는 모두 벼랑으로 이루어져 있다. 해양낚시공원은 섬의 남쪽 창선도 방향으로 조성되어 있다. 10여 명이 낚시를 즐기는데, 배가 해상펜션으로 손님을 나르고 있다.

　주말이라 산책로와 보행교를 걷는 사람도 제법 많이 눈에 띈다. 해양낚시공원만 그런 것이 아니다. 사천시에서 직접 운영하는 비토여가 캠프장을 찾는 사람들도 늘고 있다. 캠프장은 스토리하우스와 글램핑장으로 이루어져 있고 모두 바다를 조망할 수 있도록 설치되어 있다. 지금도 섬 곳곳에서 펜션이나 카페 같은 시설물을 짓는 공사가 진행되고 있다. 이런 추세라면 월등도나 진도 같은 인근에 있는 섬으로 확산되는 것도 시간문제일 듯하다.

물 나면 차 다니고, 물 들면 배 다니고

월등도로 가는 길, 비토섬 동쪽 끝에 있는 마을이 하봉마을이다. 도로 끝에 이르면 토끼와 거북을 만날 수 있다. 왼쪽으로 내려가면 월등도로 가는 길이고, 오른쪽으로 내려가면 하봉마을 선창이다. 선창에서 보면 광포만이 펼쳐진다. 비토섬에서 시작된 토끼 이야기는 월등도에서 마무리된다. 판소리 〈수궁가〉에 나오는 '남해 용궁'을 놓고 볼 때 비토섬 일대가 그 배경이라는 해석이다. 별주부전의 스토리를 이렇게 풀고 있다. 토끼 부부가 비토섬에 살고 있었다. 중병을 앓고 있던 수궁의 용왕은 토끼 간이 특효약이라는 이야기를 듣고 별주부를 뭍으로 보냈다. 섬에 도착한 별주부는 감언이설로 토끼를 데리고 용궁에 도착했다. 자기의 목숨이 위태롭다는 것을 안 토끼는 '달이 커지는 선보름 15일에 월등도 계수나무에 간을 걸어두고 다닌다'는 거짓말로 별주부를 속이고 용궁에서 빠져나와 월등도에 도착했다. 그런데 토끼는 너무 기쁜 나머지 달빛에 반사된 섬을 월등도로 알고 뛰어내려 바다에 빠져 죽었다. 토끼를 놓친 거북이도 용궁으로 돌아가지 못하고 굶어 죽었다. 그리하여 월등도 좌우로 토끼섬과 거북섬이 있다. 토끼를 기다리던 아내가 벼랑에서 떨어져 죽어 목섬이 생겨났다. 그리고 월등도는 토끼가 용궁에서 돌아와 당도한 섬이라 붙여진 이름이라고 한다. 비토섬에 전해지는 '별주부전'의 내용이다.

하봉 선착장에서 한 시간여 기다렸다 물이 빠진 후에야 섬에 들어갈 수 있었다. 차를 가지고 들어간 사람들은 5분도 되지 않아 돌아 나왔다. 토끼섬으로 가는 길을 보행교로 만들어놓았지만 오가는 사람은 거의 없다. 월등도에는 네 가구가 살고 있다. 그중 인기척이 있는 가구는 두 가구뿐이다. 굴막에서 굴을 까던 어머니는 다리가 놓이지 않는 이상 월등도가 다른 섬처럼 발전하기는 어려울 것이라고 대답했다. 선착장도 있고 굴 양식을 할 수 있는 어장도 좋다. 별학도가 수심이 깊고 물색도 좋지만 월등도는 물이 빠지면 섬이 온통 갯벌로 둘러싸인다. 잠깐 열리는 시간에 맞춰야 섬에 오갈 수 있기에 주민들도 불편하다. 비토섬과 솔섬과 별학도는 크게 변하고 있지만 정작 별주부전의 중심인 월등도는 섬 안의 작은 섬으로 조용하다.

　섬은 바뀌고 있지만 섬 사람들은 여전히 조개를 캐고 굴을 까서 생활하고 있다. 펜션이나 카페는 다른 섬과 마찬가지로 외지 자본이 들

월등도는 섬 안에 있는 작은 섬이다. 바닷물이 빠져야 건너갈 수 있는 섬으로 온통 갯벌로 둘러싸여 있다. 월등도에는 지자체가 운영하는 캠핑장이 있고, 좌우에 작은 거북섬과 토끼섬이 있다.

어와 만들어진 것들이다. 다행이라면 낚시공원과 캠핑장을 사천시가 투자했다는 점이라고 해야 하나. 어쨌든 조용한 섬을 찾는 사람들이 늘어 굴을 판매하는데, 겨울철에는 굴구이도 인기다. 체험과 휴식을 위해 섬을 찾는 사람이 늘었다. 하지만 안타깝게도 땅을 가진 사람들 대부분이 외지인이다. 다리를 놓고 개발을 하는 목적이 섬 주민들의 삶의 질을 높이기 위해서라는 말이 무색하다. 펜션 앞 갯벌에 걸대식 굴 양식이 있어 그나마 바다는 아직까지 주민들 생계의 터전이다. 이것도 야금야금 체험장으로 내놓아야 할지도 모른다. 매년 4월에 '서포면 별주부전축제'를 개최한다. 비토섬의 바다와 갯벌은 아직 건강하다. 그 갯벌에 굴, 바지락, 감태가 지천이고, 가을철에는 전어도 많이 잡힌다. 섬을 개발하고 바다도 지켜야 하는 두 마리 토끼를 '토끼섬'에서 어떻게 잡을지 기대와 걱정이 교차한다.

희망의 섬, 절망의 땅

비토섬 동쪽 끝에 있는 하봉마을, 도로 끝에 이르면 토끼와 거북을 만날 수 있다. 왼쪽으로 내려가면 월등도로 가는 길이고, 오른쪽으로 내려가면 하봉마을 선창이다. 선창에서 보면 사천시와 삼천포가 한눈에 들어온다. 광포만이다. 그 사이로 노을이 아름다운 해안도로 '실안'이 있다. 사천대교가 놓이기 전에는 사천시에서 비토섬으로 들어오려면 축동과 곤양으로 돌아서 다시 배를 타야 했다. 바닷길로는 10리지만 육로로는 30리에 이른다. 실안과 비토섬 사이에 아픈 사연이 묻혀 있다.

광복 후 실안에는 영복원이라는 시설이 있었다. 한센인 집단정착촌(당시는 '나환자수용소'로 불렸다.)인 영복원은 1949년 실안에 세워졌다. 주로 전라남도 소록도나 여수 애양원에서 완치된 사람들이 모여들

비토초등학교는 1946년 3월 비토공립학교로 개교하여 1999년 3월 서포초등학교 비토분교장으로 폐교되었다. 모두 51회 졸업생 921명을 배출했다. 폐교 후 비토초등학교를 리모델링하여 어촌체험마을 휴양시설로 운영 중이다.

었다. 당시 완치된 사람들은 새로운 거처로 옮겨야 했다. 소록도나 애양원은 원생들이 넘쳐났기 때문이다. 다른 시설과 마찬가지로 영복원도 한국전쟁 중에 피난 온 한센인들이 급증하면서 1957년에는 300명에 이르렀다. 거주자가 늘면서 더는 구호품으로 생활하기가 어려워졌다. 새로운 생계 터전을 마련해야 하는 영복원이나 한센인이 주목한곳이 비토섬이었다. 이곳은 일제 강점기 일본인이 소유했던 과수원과 농장이 귀속 임야로 있어 임차가 가능했기 때문이다. 또 당시 정부에서는 귀속 임야의 임차를 긍정적으로 검토했다. 정착촌을 만들어 거주하는 것이 정부나 한센인들에게 더 나을 것이라고 판단했다. 농림부장관의 귀속 임야 임대 방침에 따라 비토섬 귀속 임야 22정보의 임차를 진행했다.

　사천 실안 영복원에 있던 한센인들은 농사지을 땅을 마련하기 위해 개척단을 만들어 비토리섬으로 건너가 개간을 시작했다. 과거에 과수원에다 농장까지 했던 곳이라 땅도 좋고 개간도 생각만큼 어렵지 않았다. 머지않아 고구마나 보리를 심을 수 있을 것이라고 생각했다. 영복원의 한센인들에게 비토섬은 희망의 땅이었다.

그런데 사정이 생각처럼 녹록지 않았다. 비토섬에 사는 120여 호 800여 주민들은 한센인이 들어와 농사를 짓고 집단 거주하는 것을 아주 못마땅하게 생각했다. 이유는 크게 두 가지였다. 아무리 그 땅이 정부 땅이라고 해도 '문둥병은 전염된다'는 믿음이 강해 같은 섬에 살 수 없었고, 또 섬에서 나는 농산물과 수산물을 누가 사 먹겠느냐는 것이다. 한센인들이 개간을 하는 장소는 비토섬 주민들이 사는 마을과 떨어진 하봉마을로, 섬 안의 섬과 같았다. 문제는 하봉마을 앞 갯벌이 비

섬마을에서 포구의 역할은 중요하다. 육지에서 온 버스가 닿는 승강장이자 집 앞 주차장이자 때로는 물건이 거래되는 시장이 되기도 한다. 서해나 남해의 갯벌이 발달한 어촌이나 섬마을은 좋은 포구를 찾아 자리를 잡기도 한다. 갯벌로 둘러싸인 비토리섬에 다행스럽게 물이 빠져도 배를 접안하고 바다로 나갈 수 있는 포구가 있다. 그래서 겨울 갯벌에서 채취한 굴을 배에 실어 옮길 수 있다.

갯벌이 발달한 비토섬에서 해양낚시공원인 별학도로 가는 길목에서 겨울철이면 주민들이 직접 양식한 굴을 구입할 수 있다. 물속에 양식하는 굴과 달리 갯벌에서 자라는 굴은 6시간씩 먹이활동과 햇빛 노출을 번갈아 한다. 이 덕에 알굴이 단단하고 향이 진하다. 생굴로 먹어도 좋고, 굴젓으로도 좋다.

토리 큰 마을에서 떨어져 있지만 영복원이 임차해 개간하려는 땅 앞 갯벌은 1952년 중앙수산시험장에서 비토섬 굴 양식 시험 장소로 선정해 국고를 지원하는 곳이었다.

소록도 옆에 오마도 간척지를 만들어 한센인들의 정착촌을 만들겠다는 것과 같은 맥락이었다. 본격적으로 한센인들이 이주하여 산을 개간하자 주민들은 돌과 대나무 등을 가지고 습격하여 27명을 죽였다. 이 사건은 진실이 밝혀지지 않은 채, 폭력 과정과 피해만 조사하고 60여 년이 지났다. 국가인권위원회가 2005년 조사해 발표한 '한센인 인권 실태조사' 보고서의 내용은 다음과 같다.

1957년 8월, 삼천포 영복원에 살던 한센인들이 농토를 확보하기 위하여 사천 서포면의 비토섬으로 건너가 개간하던 중, 비토리 및 서포면 주민들과 충돌하여 환자들이 집단으로 학살된 사건이다. 주민들은 한센인들이 철수 약속을 이행하지 않아서 발생한 사건이라고 주장하고 한센인들은 철수 준비를 하던 상황에서 기습적인 공격을 받았다고 주장한다. 몇 차례의 협상과 갈등이 반복되는 가운데, 1957년 8월 28일, 주민 약 1백여 명에 의해 나병 경력자 30여 명이 살해되고 수십 명이 부상당했다.

이후에도 2007년 10월 '한센인피해사건의 진상규명 및 피해자 생활 지원 등에 관한 법률'에 의해 '한센인피해사건 진상규명위원회'가 설치되어 2013년 전국의 피해 사건을 조사하기도 했다. 이때 비토리 사건도 함께 조사되었다. 지금은 여름휴양지로 바뀌고 있다. 다리가 놓이면서 접근성이 좋아지자 캠핑장과 낚시터 등을 개장했다. 영복원 뒷산에 올라 바다를 보면 손에 잡힐 듯 비토섬이 다가온다.

비토섬은 바다에 떠 있는 것이 아니라 갯벌에 솟아 있다. 별학도와 이어지는 바다를 제외하면 온통 갯벌로 이루어져 있다. 그래서 하루에 두 번 갯벌 위로 바닷길이 열린다. 겨울철에는 그 갯벌에서 자라는 굴과 감태가 특산물이다. 봄 낙지와 바지락도 좋다. 동해나 제주와 다른 섬과 갯벌이 어우러진 남해의 경관을 보는 시선이 필요하다.

개황 | 사천 비토섬

일반현황

위치 | 경상남도 사천시 서포면
면적 | 2.62km²
가구수 | 176
인구(명) | 321
교통 | 사천버스터미널-(110번 버스)-시청광장-(160번 버스)-서포삼거리-(380번 버스)-세곡
정류장
특산물 | 고구마, 콩, 굴, 피조개

변화 자료

구분	1985	1995	2011
주소	경남 사천군 서포면 비토리		경남 사천시 서포면 비토리
면적(km²)	3.187		2.623
인구(명)	617(287+330)		351(173+178)
가구수	132		156
공공기관			
학교	초등학교 1		
급수시설	간이상수도 개소, 우물 11개소		광역상수도 16가구
전력시설	한전계통 132가구		한전계통 156가구
의료시설			보건진료소 1
어선(척, 동력 선+무동력선)	21(14+7)		66(53+13)

※ 섬의 개황 자료 또는 변화 자료를 통계 데이터베이스에서 확인할 수 없는 경우 부득이하게 비워두었음
을 알려드립니다.

일반현황

위치 | 경상남도 사천시 서포면
면적 | 0.15km²
가구수 | 1
인구(명) | 1
교통 | 사천–바토리 선착장에서 배편 이용
특산물 |

변화 자료

구분	1985	1995	2011
주소	경남 사천군 서포면 비토리	경남 사천시 서포면 비토리	경남 사천시 서포면 비토리
면적(km²)	0.153	0.151	0.151
인구(명)	15(7+8)	7(3+4)	3(2+1)
가구수	5	4	1
공공기관			
학교			
급수시설	우물 1개소	간이상수도 1개소	간이상수도 1개소
전력시설	한전계통 5가구	한전계통 4가구	한전계통 1가구
의료시설			
어선(척, 동력선+무동력선)	5(3+2)	7(3+4)	1(1+0)

※ 섬의 개황 자료 또는 변화 자료를 통계 데이터베이스에서 확인할 수 없는 경우 부득이하게 비워두었음을 알려드립니다.

개황 | 사천 별학도

일반현황

위치 | 경상남도 사천시 서포면
면적 | 0.025km²
가구수 | 1
인구(명) | 2
교통 | 사천버스터미널–(110번 버스)–시청광장–(160번 버스)–서포삼거리–(380번 버스)–낙지포
정류장
특산물 |

변화 자료

구분	1985	1995	2011
주소	경남 사천군 서포면 비토리	경남 사천시 서포면 비토리	경남 사천시 서포면 비토리
면적(km²)	0.025	0.025	0.025
인구(명)	4(1+3)	2(1+1)	2(1+1)
가구수	1	1	1
공공기관			
학교			
급수시설	우물 1개소	우물 1개소	광역상수도 1가구
전력시설	한전계통 1가구	한전계통 1가구	한전계통 1가구
의료시설			
어선(척, 동력선+무동력선)	1(1+0)	2(1+1)	1(1+0)

※ 섬의 개황 자료 또는 변화 자료를 통계 데이터베이스에서 확인할 수 없는 경우 부득이하게 비워두었음
을 알려드립니다.

개황 | 사천 월등도

위치 | 경상남도 사천시 서포면
면적 | 0.1km^2
가구수 | 5
인구(명) | 10
교통 | 사천−비토섬 하봉마을에서 바닷길이 열리면 차량으로 진입
특산물 |

변화 자료

구분	1985	1995	2011
주소	경남 사천군 서포면 비토리	경남 사천시 서포면 비토리	경남 사천시 서포면 비토리
면적(km^2)	0.110	0.097	0.097
인구(명)	17(9+8)	10(4+6)	7(2+5)
가구수	5	5	4
공공기관			
학교			
급수시설	우물 2개소	간이상수도 1개소	간이상수도 1개소
전력시설	한전계통5가구	한전계통 5가구	한전계통 4가구
의료시설			
어선(척, 동력선+무동력선)	7(3+4)	4(1+3)	9(9+0)

※ 섬의 개황 자료 또는 변화 자료를 통계 데이터베이스에서 확인할 수 없는 경우 부득이하게 비워두었음을 알려드립니다.

남
해

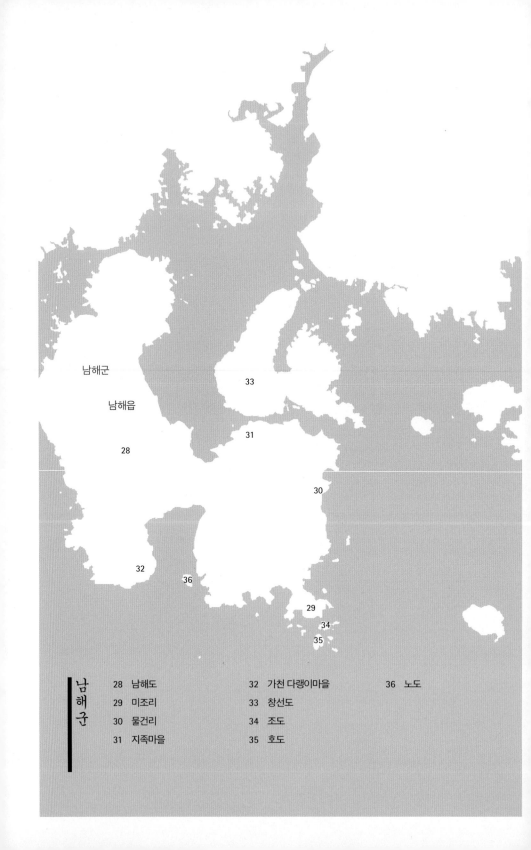

남해군

남해읍

33

31

28

30

32

36

29

34

35

28

남해를 보면
시인이 되고 싶다
남해 남해도

남해 금산 푸른 하늘가에 나 혼자 있었네

남해 금산 푸른 바닷물 속에 나 혼자 잠기네

– 이성복 시 '남해 금산' 중에서

어둠이 채 가시기 전에 겨우 길을 찾아낼 수 있을 이른 새벽, 금산에 오르며 시 한 편이 떠올랐다. 붉은 기운이 차가운 기운을 밀어내며 올라온다. 날이 밝았다.

남해도는 더 이상 섬이라 부르기가 민망하다. 우리나라에서 가장 먼저 연륙교가 만들어졌다. 1973년의 일이다. 그 무렵 남해대교는 경주 불국사나 석굴암과 함께 반드시 가야 하는 수학여행의 필수 코스였고, 마을이나 계모임에서 봄나들이나 단풍놀이에도 빠지지 않는 장소였다. 아마도 빛바랜 앨범을 뒤져보면 아버지나 할아버지가 남해에서 찍은 사진이 한 장은 있을 것이다. 최근 새로운 다리가 하나 더 만들어졌다. 남해대교와 달리 이름을 '노량대교'라 붙였다. 남해군에는 노도, 조도, 호도 등 유인도 3개와 무인도 72개가 있다.(미조면 19개, 설천면 11개, 창선면 10개, 상주면 9개, 고현만 9개, 남면 8개, 서면 4개, 삼동면 3개, 남해읍 1개, 이동면 1개)

남해도를 대표하는 명산 망운산은 봄철 철쭉이 필 때 오르면 좋다. 광양만이 한 눈에 들어온다. 역사적으로 임진왜란의 종식을 가져온 노량해전도 순천왜성이 있는 광양만에서 시작되었다. 섬진강이 긴 여정을 마무리하며 광양과 하동이 마주하는 바다에 이른다. 그곳이 광양만이다. 광양만은 광양을 포함해 하동, 순천, 여수, 남해와 접한다.

나의 죽음을 알리지 마라

남해의 명산 망운산에서 보면 노량과 광양만이 한눈에 들어온다. 여수의 묘도, 장도, 송도와 광양의 금호도, 태인도 그리고 하동의 유일한 섬 대도를 품었던 내만이다. 내만 안쪽 순천시 해룡면 신성리에 도요토미 히데요시의 사위 고니시 유키나가가 쌓은 순천왜성이 있다. 남해안 가장 서쪽에 있는 왜성이다. 순천왜성은 남해왜성, 사천왜성, 고성왜성, 창원왜성, 양산왜성, 울산왜성 등으로 연결되는 요충지였다. 왜교성 또는 순천성이라고 불리는데 정유재란 때 고니시 유키나가, 우키타 히데이에, 도도 다카토라가 축조했다. 이후 고니시 유키나가가 1만 3천여 병력을 주둔시키며 조·명 연합군과 두 차례 격전을 펼친 곳이다.

상주 금양마을에서 본 남해 금산 암봉 모습이다. 이성계가 100일을 기도한 끝에 조선왕조를 개국한 보답으로 산을 비단으로 덮었다 해서 금산이라 불렀다고 전한다. 금산 보리암에서 본 앵강만과 아침 해가 아름답다.

다음은 무술년 10월 17일《난중일기》중 '무술일기'의 내용이다.

어제 복병장 발포만호 소계남과 당진포만호 조효열 등은 왜의 배 한 척이 군량을 가득 싣고 남해에서 바다를 건너는 것을 보고 한산도 앞바다까지 추격했다. 왜적은 언덕을 따라 육지로 올라가 달아났고, 포획한 왜선과 군량은 명나라 군사에게 빼앗기고 빈손으로 와서 보고했다.

이순신이 죽기 전날 쓴 일기이다. 수륙작전을 병행하면서 식량 보급을 차단하고 고니시 유키나가가 바다에 나오도록 유도해 최후의 격전을 펼치려는 것이 이순신의 전략이었다. 반면에 왜군은 명나라와 접촉해 퇴로를 만들어줄 것을 요청했다. 전쟁을 빨리 마치고 돌아가길 원하는 명나라 군사의 바람과 통했던 것이다. 하지만 이순신은 왜군을 절대 살려서 보낼 수 없었다. 도요토미 히데요시의 사망과 명량대첩 이후 남해안 해상제해권의 상실로 보급로가 차단되고, 행주산성 등 육지에서 패배한 왜군은 철군을 결정하고 순천·사천·울산의 왜성으로 집결해 철수를 준비 중이었다.

사천·고성·남해의 왜성에서 일본군 고니시 유키나가를 지원하기 위해 11월 18일 일본의 수군 6만과 함선 500여 척이 노량으로 향했다. 그리고 이튿날 새벽 관음포에서 조·명 연합군과 네 시간에 걸친 대격전을 벌였다. 패색이 짙어지자 고니시 유키나가는 퇴각하여 부산을 통해 일본으로 빠져나갔다. 일본에서는 임진왜란의 패배 원인을 조선 의병봉기, 수군 우세, 명나라 지원으로 꼽는다.

남해군 주변 바다에는 수많은 갯바위들이 있다. 갯바위 주변은 좋은 어장이 형성되어 어민들이 좋아하는 조업 장소이며, 배낚시나 갯바위낚시를 즐기는 낚시인들이 즐겨 찾는 장소. 다도해가 특징인 남해를 대표하는 어종인 멸치는 갈치, 농어, 고등어 등이 좋아하는 어류다. 이들이 제철에 회유해 찾는 곳이 갯바위 주변이다. 갯바위에는 해조류가 붙어 자라고, 어류는 그곳에 머물며 산란하고 치어들이 자란다.

조선을 침략한 일본은 육상전에 대비했고, 일본의 침략을 받은 조선은 해전에 관심이 없었다. 일본의 잘못된 판단과 조선의 육지 중심 사고 사이에 이순신이 있어 아이러니하게 조선을 구할 수 있었다. 조선 조정에서는 심지어 '바다에서 싸우지 말고 지는 척하면서 육지로 유인해 기병으로 공격'할 계획을 세우기도 했다. 이순신이 현지에서 전란에 대비하자 선조는 수군 해체를 명령하기까지 했다. 이순신이 조정의 명령을 거부하며 수륙양군이 필요하다는 주장으로 전라도 수군을 이끈 것도 천만다행이었다. 정유재란으로 칠천량전투에서 우리 수군이 전멸하자 선조는 또 수군을 해체하고 육지에서 싸우라고 지시하지만, 이순신은 "신에게는 아직 12척의 배가 있습니다.(尙有十二隻 微臣不死, 아직 12척의 배가 있고 미천한 신도 살아 있습니다.)"라는 유명한 말을 남겼다. 병사를 잃고 전함을 잃은 이순신이 다시 바다로 가기로 결정한 것은 조정보다는 백성의 부름 때문이었는지도 모른다.

남해군은 하동군과 노량을 사이에 두고 있다. 명량과 함께 노량은 임진왜란과 정유재란의 전환점을 마련한 바다다. 노량진은 경남 하동군 금남면 노량리와 남해군 설천면 노량마을을 연결하는 나루다. 1973년 남해대교가 개통되면서 나루의 기능을 잃었다. 최근에는 새로운 다리 '노량대교'가 만들어졌다. 이 물목은 경상도와 전라도를 잇는 길목이다. 또 전라좌수영과 경상우수영의 경계이기도 하다. 원균이 칠천량에서 패배한 후 이곳에 머물렀다.

노량대교를 건너면 곧 만나는 곳이 관음포다. 그곳에 충무공 이순신의 전몰 유허가 있다. 1598년 가을 충무공은 노량해전을 승리로 이끌고 배 위에서 눈을 감았다. 그의 죽음을 둘러싸고 많은 이야기와 해석이 이루어지고 있다. 또 육지에서 싸웠던 의병 김덕령, 곽재우의 죽음이나 은신도 같은 맥락에서 재해석하기도 한다.

선소마을의 남해왜성이나 장량상동정마애비 그리고 용문사, 화방사 등 호국사찰이라는 이름들도 임진왜란과 깊은 관련이 있는 남해의 유적들이다. 이순신의 유해는 이락사를 거쳐 이곳 충렬사로 옮기고 사흘이 지난 뒤 전남 완도군 고금도로 모셨다. 그리고 1599년 2월 충남 아산 빙항산으로 모셨다가 1614년 아산 음봉면 어라산에 묻혔다. 그의 시신이 아산 선영으로 떠나고 사당이 지어졌다. 그가 죽고 30여 년이 지난 뒤였다. 충무공이라는 시호를 받기 전이다. 우리나라에서 충무공이라는 시호를 받은 장군이 19명 있다고 한다. 이순신은 인조로부터 충무공의 시호를 받았다. 그보다 앞서 남해현령 이정건이 충렬사 앞에 '충민공비'라는 비석을 세웠다. 그리고 맞은편에 충무공비가 세워졌다. 사당 뒤에 가묘가 있다.

충무공을 모셔놓은 곳이 이락사라는 사당이다. 정확한 이름은 '관음포 이충무공 전몰유허'라는 사당이다. 남해 주민들은 이순신이 떨어져 죽은 바다라는 의미로 '이락파(李落波)'라 부른다. 마지막 싸움의 장소가 한눈에 내려다보이는 곳이다. 입구에 커다란 돌기둥이 세워져 있는데, '전방급신물언아사(戰方急 愼勿言我死)'라는 여덟 자의 한문 유언이 새겨져 있다. 분명 이순신은 '전쟁이 급하지 삼가 내가 죽었다는 말을 하지 말라'고 말했을 것이다. 그 옆에 최근 거북선 모양을 한 3D 영상관이 지어졌다.

남해에도 갯벌이 있다

갯벌이 가장 많은 지자체는 신안군이다. 신안군에 있는 갯벌이 운동장만 하다면 남해군에 있는 갯벌은 손바닥만 하다고 해도 지나치지 않다. 그럼에도 해양생태 교육의 공간으로 갯벌을 가장 잘 이용하는 지자체가 남해군이다. 초기 갯벌학교를 만들어 생태교육을 시작한 곳이

섬이 그렇듯이 남해도 논이 귀하다. 산비탈에 돌을 쌓아 다랭이논을 만들고, 바닷가에 담을 쌓아 파도와 물길을 막아 논을 만들기도 했다. 그리고 큰 산과 계곡에서 흘러내린 물을 받아 농사를 지었다.

남해의 갯벌생태학교였다. 남해군 설천면 진목리에 위치한 폐교를 활용한 학교였다. 강진만을 끼고 있으며, 주변에 문항리어촌체험마을, 지족어촌체험마을, 신흥해바리마을 등이 어촌관광 프로그램을 운영하고 있다. 이곳 갯벌생태학교는 '생명의 모심과 평화의 나눔'을 모토로 2000년대 초반에만 해도 국내 유일한 갯벌생태학교였다.

그때도 그랬지만 지금도 갯벌생태관광이라는 이름으로 체험교육을 하는 곳은 많지만 갯벌생태교육을 전문으로 하는 학교는 없다. 심지어 전국에 습지보호구역이 10여 군데 만들어졌지만 갯벌생태교육을 하는 곳은 없다.

남해의 강진만 갯벌은 경남 갯벌의 28퍼센트를 차지한다. 사천지역과 창원지역 등 진해만의 일부 갯벌이 있기는 하지만 강진만처럼 생태교육을 하기 좋은 곳도 드물다. 하지만 아쉽게 갯벌생태학교는 지속되지 못했다. 대신에 갯벌체험관광이 더욱 활발해지고 있다.

그중 하나가 문항갯벌체험마을이다. 옛날에는 '구룡포'라 불렸던 마을로, 70여 가구에 150여 명이 살고 있다. 마을어장을 유어장으로 활용해 갯벌체험을 하고 있다. 이곳 갯벌에서는 바지락, 굴, 쏙, 우럭조개(코끼리조개), 낙지 등이 많이 잡히며, 체험은 바지락 채취와 쏙 잡기를 중심으로 이루어지고 있다. 가장 인기 있는 체험은 쏙 잡기 체험이다. 쏙은 갯가재라 부르는 해양무척추동물이다. 서해, 남해, 동해 남부 연안에 서식하며 단단한 모래진흙갯벌에서 서식한다. 주로 새우류, 조개류, 어류 등을 포식하는 연안생태계의 최상위 포식자다. 어민들은 쏙이 번식하면 바지락이 사라진다고 생각한다. 식용으로 된장국을 끓이거나 장을 담거나 튀김으로도 이용한다. 여름에서 가을까지 맛이 가장 좋다.

쏙잡이를 하려면 괭이, 붓, 된장이 필요하다. 마을 주민들이 쏙 잡는 것을 살펴보았다. 먼저 갯벌에서 구멍이 뚫려 있는 곳을 찾아 60센티미터 내외의 지름에 10센티미터 내외의 깊이로 구덩이를 파낸다. 물이 적당하게 고이면 된장을 풀어 바가지로 구멍에 뿌린다. 그리고 구멍에 붓을 집어넣고 밀당을 시작한다. 그러다 보면 붓이 움직이면서 쏙이 올라온다. 쏙이 붓의 공격을 받아 구멍 밖으로 올라오는 것이다. 이때 조심스럽게 붓을 끌어올리면서 따라오는 쏙을 잡아낸다. 똑같은 방법으로 쏙을 잡는 것을 일본의 이사하야갯벌에서 보고서 깜짝 놀란 적이 있다. 남해도 서쪽 정포마을 갯벌에서도 쏙을 잡는 모습을 보았다. 문항리에서는 이 외에도 물때에 맞춰 가끔 개막이(갯벌에 그물을 쳐두었다가 썰물 때 고기를 잡는다.) 고기잡이체험, 겨울에는 돌굴따기체험 등을 한다. 갯벌에는 상장도와 하장도 두 개의 무인도가 있는데, 바닷물이 빠지면 걸어갈 수 있다.

문항리 구룡마을에 '돌발'이라 부르는 석방렴이 많았다. 특히 상장도 주변에 모두 5개, 하장도에 1개 그리고 선착장 주변에 2개와 도래섬으로 가는 해안에 4개 등 모두 12개의 독살이 확인되었다. 이 중 상장도 입구 '진목섬 유씨 돌발'은 복원해서 전시하고 있다. 상장도와 하장도를 마을에서는 '진목섬'이라 부른다.

어촌체험마을로 지족마을(삼동), 문항마을(설천), 냉천마을(창선), 은점(삼동), 유포마을(서면), 항도마을(미조), 이어마을(고현), 설리마을(미조)이 있다.

남해의 명산, 망운산에 오르다

남해 답사의 마지막을 망운산으로 잡았다. 언제부턴가 섬 답사의 마지막은 섬에서 가장 높은 산을 오르는 것이 되었다. 제주도, 진도, 통영도 그랬다. 바다 마을을 찾아 해안을 돌고 계곡을 따라 가끔 안으로 들락거리며 섬살이의 흔적을 찾아왔다. 그리고 섬의 가장 높은 봉우리에 올라 살피는 일로 마무리해왔다.

창선도의 대방산에 올랐고 남해의 망운산에 올랐다. 보리암으로 유명한 금산은 몇 차례 올랐지만 망운산은 처음이다. 화방사 입구에 차를 두고 등산을 시작했다. 임도를 따라 중턱까지 차로 올라가는 쉬운 길이 있었지만 불편한 길을 택한 것은 걸으면서 남해 답사를 정리하고 싶어서였는지 모르겠다.

주차장에는 이미 많은 차들이 자리를 잡았다. 특히 철쭉이 필 무렵이면 망운산에 오르는 사람이 많다. 정상에 이르는 철쭉 군락지가 화려하다. 망운산에 오르는 길은 화방사에서 출발하는 길 외에 오동마을, 신기마을, 서상마을, 현촌마을에서도 오를 수 있다. 임진왜란 때 화마에 휩싸였던 화방사다. 한동안 이순신 장군의 제사를 올려 호국사찰이라고도 한다. 사찰을 뒤로하고 참나무와 소사나무의 군락지를 지나면 오동마을과 정상으로 가는 갈림길이 나온다. 그곳에서 잠시 호흡을 가다듬고 망운암으로 가는 길로 들어선다. 그 길로 정상을 향해 잠깐 오르면 철쭉 군락지에 이른다. 이곳까지 차를 가지고 임도를 따라 올라오는 사람도 많다. 그 길은 노구마을까지 이어진다.

임도로 올라서자마자 탄성이 터져 나왔다. 앞선 사람들이 모두 휴대전화와 카메라를 꺼내 사진을 찍느라 정신없다. 전망대에 오른 사람들의 탄성도 들린다. 활짝 핀 철쭉 군락지 뒤로 광양만과 노량, 그 사이로 갈사만이 펼쳐져 있다. 광양제철이 지척이다. 사천 방향으로 각산과 와룡산도 모습을 드러냈다. 이곳에서 지리산 천왕봉도 조망할 수 있다. 섬에 있는 산 중에서 한라산 다음으로 높은 산이 망운산이다.

철쭉 군락지를 헤치고 잠시 오르면 정상에 이른다. 남해에 비가 오지 않으면 기우제를 지냈다는 곳이다. 정상과 가까운 연대봉에는 봉수

망운산은 남해를 대표하는 산이며, 섬에 있는 산 중에서 한라산 다음으로 높다.

가 있었다. 그래도 비가 오지 않으면 세존도까지 나가서 기우제를 지냈다고 한다.

정상에서는 광양의 백운산, 억불봉, 구례 노고단, 반야봉, 삼도봉, 영산봉, 천황봉의 능선을 확인할 수 있다. 가까운 곳은 금오산이다.

창선도 방향으로 고개를 돌리면 남해읍과 강진만이 한눈에 들어온다. 남해도와 창선도를 잇는 다리와 죽방렴도 볼 수 있다. 오른쪽으로 고개를 돌리면 금산, 호구산, 설흘산, 응봉산 등 남해의 명산들이 펼쳐져 있다.

●── 남해에는 왜 밥무덤이 많을까

남해에는 마을 입구나 마을 숲 등에 '밥무덤'이 있다. 밥구덩이, 밥구덕, 밥꾸디, 밥돌 등으로 불리는데, 밥과 무덤의 합성이다. 밥을 구덩이에 넣어서 붙여진 이름이다. 밥을 구덩이에 집어넣고 돌로 눌러 놓아 밥돌이라 하기도 했다. 일부 지역에서는 흙무덤, 흙무더기라고도 한다.

남해 물건리는 느티나무 아래에, 가천마을은 3층으로 제단을 쌓아서 밥을 묻었다. 상주 대량마을은 마을 한가운데 원형의 돌담을 쌓아서, 창선 오룡마을은 회관 마당에 상자형 흙무더기를 만들어 밥을 묻었다.

흥미로운 것은 밥무덤은 삽이나 괭이를 이용하지 않고 도끼를 이용한다. 농사를 지을 때 사용하는 괭이보다 나무를 자르는 도끼가 깨끗하고 날이 날카로워 잡귀잡신이 오지 못한다고 믿었기 때문이다. 구덩이를 파고 황토를 넣은 뒤 밥을 넣고 황토로 덮고 덮개돌로 누른다.

그럼 왜 밥을 묻었을까. 벼농사가 어려운 섬에서 쌀밥을 귀한 음식으로 여겼기 때문이라고 한다. 땅신(지모신)에게 밥을 드려 풍요를 기원하는 것이다. 또 마을 사방에 밥을 묻어 생명의 근원인 밥의 힘으로 부정한 것이 마을로 들어오는 것을 막기도 했다.

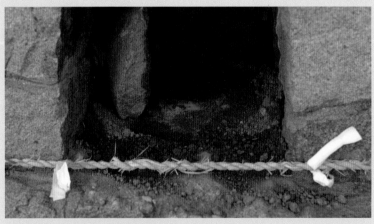

밥무덤을 만들 때는 삽이나 괭이가 아니라 도끼를 사용한다. 도끼가 날카롭고 깨끗하여 잡귀잡신이 두려워한다고 믿기 때문이다. 쌀이 귀한 시절에 땅신에게 풍년을 기원하고, 밥의 힘으로 잡신들이 마을로 들어오는 것을 막으려 했다. 밥무덤이 남해군에 집중해서 나타나는 것이 특징이다.(남해 가천마을 밥무덤)

남해 옥천마을 밥무덤

남해 금양마을 밥무덤

밥무덤은 당산제를 지낸 후 인근에 묻거나, 밥무덤에 제물을 차리고 제를 지낸 후 묻거나, 당산에 제를 드린 후 밥무덤에도 간단하게 제를 올린 후 묻기도 한다. 밥무덤을 정갈하게 하기 위해 소금을 뿌리거나, 풍농을 기원하는 목화씨나 오곡을 뿌리기도 했다. 이러한 밥무덤이 전하는 곳은 남해도, 창선도, 신수도, 초양도, 마도, 늑도 등이다.

개황 | 남해 남해도

일반현황

위치 | 경상남도 남해군
면적 | 301km^2
가구수 | 19,406
인구(명) | 35,259
교통 | 남해시외버스터미널에서 하차
특산물 | 시금치, 마늘,전복, 갈치, 한우

변화 자료

구분	1985	1995	2011
주소			경남 남해군
면적(km^2)			301.62
인구(명)			43,255 (20,752+22,503)
가구수			19,554
공공기관			
학교			고등학교 5, 중학교 10, 초등학교 12, 유치원 11, 보육시설 14
급수시설			지방상수도 8개소, 간이상수도 132개소, 우물 5,210개소
전력시설			한전계통 19,554가구
의료시설			병원 22, 보건소 1, 보건지소 8, 보건진료소 9
어선(척, 동력 선+무동력선)			1,606(1,581+25)

※ 섬의 개황 자료 또는 변화 자료를 통계 데이터베이스에서 확인할 수 없는 경우 부득이하게 비워두었음
을 알려드립니다.

비릿한 멸치가
그리운 날
남해 미조리

우리나라에서 멸치축제가 열리는 포구는 부산 대변항과 남해 미조항이다. 이곳에서는 봄철에 멸치 터는 모습을 종종 볼 수 있다. 미조항에서는 축제 기간에 여행객이 볼 수 있도록 북항 포구에서 실제로 멸치털이를 한다. 평소에는 남항 후미진 바다에서 멸치를 털기에 직접 보기 어려운 광경이다. '어야라 차이야, 어야라 차이야' 소리에 맞춰 그물을 털면 멸치가 하늘로 날아올랐다가 떨어진다. 멸치는 유자망 그물에 걸려 배 위로 올라와 하늘을 날아야 비로소 젓갈이 되어 밥상에 오른다.

미조리는 남해도의 최남단에 있는 포구로 남항과 북항으로 나누어져 있다. 북항에는 천연기념물 무인도인 미조도가 있으며, 남항에는 수협 위판장이 있다. 미조리는 남해군에서 섬이 가장 많은 마을이다. 모두 260여 가구에 360여 명이 살고 있다. 미조리는 조도와 호도 등 유인도 2개와 미조도, 애도, 사도 등 무인도 16개를 포함한다. 남항 앞에 있으며 누에섬이라 불리는 미조도는 동백나무, 잣나무, 해송 등이 어우러져 있다. 마을 앞에 있는 방풍림도 천연기념물로 후박나무, 육박나무, 생달나무, 감탕나무, 도나무, 사스레피나무, 광나무, 모실깃밥나무 같은 상록수와 느티나무, 팽나무가 있고 그 아래 조록싸리, 보리수, 붉나무, 쥐똥나무, 작살나무, 예덕나무 같은 활엽수가 울창하다.

고려 말이나 조선 초에 섬이나 어촌 사람들의 걱정, 조정의 골칫거리는 왜구였다. 예나 지금이나 국가가 문제를 해결하지 않으면 백성들은 신을 불러낸다. 임경업, 최영, 관우 같은 장군을 마을 신으로 모신 것이 그 사례다. 이들을 마을 신으로 모시고 풍어와 안녕을 기원하기도 했다. 지역유지들도 유교적 공간을 조성하여 국가의 안녕을 기원하기도 했다. 특히 최영 장군이 권력에 의해 억울한 죽임을 당한 불운한 인간이라는 인식이 백성들 사이에 공감을 얻어 무속인들은 최영 장군을 주신으로 모시기도 했다. 미조리 나들목 무민사에 최영 장군을 모신 사당이 있다.

장군은 어떻게 마을 신이 되었을까

미조리 나들목에 무민사라는 사당이 있다. 처음에는 바닷가에 있는 절이려니 생각했다. 최영(崔瑩)을 배향하는 사당이다. 일명 장군당이라고도 하는데, 신상(神像)같이 그려진 장군의 화상이 봉안된 데에서 연유한다.

어찌하여 최영은 남해도 끝 포구에서 마을 신으로 자리를 잡았을까. 1358년 왜구가 출몰하자 그는 양광도(경기도 일대)와 전라도의 체복사가 되어 서해와 남해의 왜구를 격파한다. 체복사는 고려시대 공민왕과 우왕 연간에 왜구가 침입한 지역의 민정을 살피고 출정군을 감독하면서 지방관을 관리하는 역할도 했다. 당시 최고 벼슬에 오른 최영 장군은 요동정벌을 계획한다. 장군이 직접 팔도도통사를 맡았고, 우군통사는 이성계가, 좌군통사는 조민수가 맡았다. 3만의 군사를 이끌고 원정에 나섰지만 이성계가 좌군통사를 회유하여 위화도에서 회군한 후 고려를 멸하고 조선을 건국한다. 고려 왕조를 지키려 했던 최영은 이성계의 손에 죽는다. 그는 죽었지만 남해안 곳곳에서는 그를 마을 신으로 모시고 마을의 안녕과 풍어를 기원하고 있다.

약 500년 전, 미조진 첨사의 꿈에 백발의 노인이 나타나 '최영 장군의 영정과 칼이 바닷가에 있으니 잘 모시라'고 했다. 깜짝 놀라 일어난 첨사는 바닷가에서 영정과 칼을 발견해 잘 모셨다. 예전에는 미조진에서 제사를 주관했으나, 1950년경 이 지역의 유지들로 구성된 고적보존회가 허물어진 사우를 중수하고, 해마다 섣달그믐날과 8월 보름날 두 차례 제향을 지내고 있다. 비록 정적으로 쳐냈지만 최영을 인정했던 태조도 최영의 넋을 위로하기 위해 '무민'이라 시호를 내렸다.

한편, 남해도의 명산인 금산에는 태조가 조선을 건국하기 위해 100일 동안 치성을 드린 기도처가 있다. 역사는 참 아이러니하다. 그렇게 함께 왜구를 물리치고, 요동 정벌에 나섰던 고려 말 두 장군은 남해에서 다시 다른 일로 조우해 여행객들을 맞고 있다.

최영 장군을 모신 곳은 통영 사량도, 통영 미륵도, 제주도 추자도, 부산 감만동에도 있다. 특히 부산의 감만동 사당은 이름도 무민사다. 최영 장군이 감만포에서 왜구를 격파하자 마을 사람들이 그를 마을 수호신으로 모시고 공덕을 기렸다고 한다. 왜구의 피해가 그만큼 컸다는 이야기이다. 일제 강점기 일본인들이 불태우자, 광복 후 터에 향을 올리다가 1968년 다시 지었다. 많은 무속인들이 삼국지의 관우처럼 최영을 호명해 신으로 모신다.

멸치쌈밥에서 멸치 젓갈까지

남해를 상징하는 특산물은 땅에서는 마늘과 고사리요, 바다에서는 멸치다. 우리나라의 멸치는 어법에 따라 낭장멸치, 죽방멸치, 정치망멸치, 유자망멸치 등이 있다. 또 크기에 따라 소멸, 중멸, 대멸로 나누기도 한다. 남해의 멸치는 정치망멸치와 죽방멸치가 유명하며 유자망멸치는 기장에 미치지 못한다. 남해의 미조항과 부산의 대변항에서는 봄철이면 멸치축제가 펼쳐진다. 김장용 젓갈을 구하려는 손끝 매운 분들은 봄나들이로 이곳을 찾는다.

'어야라 차이야, 어야라 차이야' 소리에 맞춰 멸치가 하늘로 날아올랐다가 내려온다. 남해 미조리 방조제 근처에 10여 척의 배들이 선상에서 멸치털이를 하는 중이다. 봄이면 벌어지는 풍경이다. 이렇게 하늘을 날고 나면 소금을 만나 젓갈이 된다. 이와 달리 그물에 갇혀 잡히는 멸치는 쌈밥으로 좋다. 유자망에 꽂힌 멸치는 터는 과정에서 멸치 머리와 내장이 빠져나가기도 해서 젓갈로 담그기 좋다. 정치망에 갇혀 잡힌 멸치는 머리는 물론 은빛 비늘마저 오롯이 남아 있어 쌈밥이나 구이로 좋다. 이렇게 봄철에 잡힌 대멸은 잡히는 방법에 따라 운명이 달라진다.

미조도 옆에도 멸치를 잡는 커다란 정치망이 설치되어 있다. 남해의 바다 마을에서는 정치망의 크기나 위치가 부를 가늠하는 척도가 되기도 한다. 농사지을 땅이 적고 지금처럼 교통이 불편했던 시절에 돈은 오롯이 바다에서만 얻을 수 있었다. 정치망 하나를 운영하려면 네댓 명의 장정이 있어야 하고, 뭍에서는 멸치를 삶고 말린 후 선별해서 상자에 담는 사람도 있어야 한다. 즉 손이 많이 필요하다. 지금은 선별작업과 건조작업을 기계에 의존한다. 그래도 적잖은 사람이 필요하다.

아침부터 멸치털이를 시작해 오후에 마무리되었다. 상자에 가득 담

멸치는 남해안을 대표하는 어류이다. 부산, 거제, 통영, 남해, 여수 일대의 바다에는 멸치를 잡으려는 그물과 어선들이 가득하다. 남해 미조는 유자망을 이용해 멸치를 잡는다. 봄철에는 멸치축제를 개최하며, 미조항에서는 멸치털이를 하는 선원들의 모습을 곧잘 볼 수 있다. 축제 기간에는 포구에서 멸치털이를 하여 일반인이 쉽게 볼 수 있는 자리를 마련하기도 한다.

은 멸치가 위판장으로 올라온다. 경매가 시작되고 뒤쪽에서는 싱싱한 멸치를 구입해 바로 소금에 버무려 판매한다. 두 눈으로 멸치를 확인하고 소금도 살핀 후 버무려 달라는 주문을 한다. 이렇게 일을 마치면 인근 식당에서 새콤달콤한 멸치회나 멸치쌈밥으로 늦은 점심을 해결한다. 멸치쌈밥에 보리밥은 주린 배를 채우던 봄철 별식이었다. 봄철에 올라온 고사리나 겨우내 갈무리해둔 시래기를 넣고 한 솥 조리한 쌈밥은 보리밥을 넘기는 데 더없이 좋았다.

아름다운 자동차길 '물미해안도로'

전국에 빼어난 해안도로가 많다. 서해에는 노을이 아름답고 칠산바다를 곁에 두고 달리는 백수해안도로가, 동해에는 물이 들 듯 짙푸른 파도가 부서지는 바다와 하얀 모래와 갯바위와 석호를 들락날락하며 달리는 헌화로가 있다. 그리고 남해에는 남해도의 미조항에서 물건리항까지 이어지는 물미해안도로가 있다.

물미해안도로는 35.2킬로미터에 이르는 자동차도로다. 물건항에서 미조항에 이르는 길이라 '물미해안도로'라 했다. 그 길 위에 초전마을, 항도마을, 대지포, 은점마을, 독일마을, 물건리 등 아름다운 남해의 어촌이 자리한다.

이 길 외에도 창선도에서 사천에 이르는 다리, 명승 가천다랭이논을 보면서 달리는 남면해안도로도 아름답다. 물미해안도로는 봄에도 좋지만 가을에 단풍과 함께 달리면 더욱 좋다. 곳곳에 숙박시설과 식당이 있다. 한려해상 쪽빛바다와 숨박꼭질하듯 달릴 수 있으니 즐겁다.

국도3호선은 남해 미조에서 거창, 김천, 상주, 문경, 충주, 이천, 성남, 서울, 의정부, 연천, 철원까지 한반도의 중앙을 관통하는 국도다. 그 출발점이 남해군 미조면 초전마을이다. 영남지역 선비들이 과거를 보기 위해 지나야 했던 문경새재를 포함한 길이다. 특히 남해도 미조에서 창선도를 지나 사천까지 이어지는 해안길은 최고의 자동차 드라이브길로 평가받고 있다.

미조항의 봄 멸치는 젓갈을 담기 좋다. 유자망을 이용해 잡은 멸치는 멸치털이 과정에서 천일염과 버무려 젓갈을 담기 좋은 상태로 바뀐다. 겨울 김장용 젓갈을 준비하려는 주부들이 봄철에 남해 여행에 나섰다가 들러 가는 곳이기도 하다. 직접 산지에서 원하는 멸치로 젓갈을 담가주기 때문에 신선하고 믿을 수 있다. 멸치쌈밥과 멸치회 등을 즐길 수도 있다.

　　국토교통부가 선정한 매력적인 남해안 해안경관도로 15선 중에 남해도에만 남면해안도로, 동대만해안도로 그리고 물미해안도로까지 세 곳이 있다. 지금껏 여러 해안도로를 달려보았는데, 경관은 아름답지만 어촌의 정취가 물씬 나는 곳은 드물었다. 물미해안도로는 어촌, 포구, 바다, 만까지 고루 갖춘 어촌해안경관의 끝판이다.

　　미조항에서 배를 타면 10여 분 이내에 새섬과 호랑이섬에 갈 수 있다. 경남이 추진 중인 '살고 싶은 섬' 사업을 추진하고 있는 섬이다. 조도라 부르는 새섬은 민간 자본을 유치해 숙박시설을 짓고 힐링섬을 추진 중이다. 새섬은 낚시객들이 많이 찾는 섬으로, 폐교를 숙박과 식당을 겸한 체류형 섬으로 계획 중이다. 미조항은 강원도 원주까지 이어지는 19번 국도의 종점이다.

밤배, 그 바다로 멸치가 든다

검은빛 바다 위를 밤배 저 밤배 무섭지도 않나봐.
… 끝없이 끝없이 자꾸만 가면 … 조그만 밤배야.

강천산이었던가, 채석강이었던가. 기억이 가물가물하다. 여름이었
다. 동아리 MT였다. 기타를 잘 치는 부산 출신의 선배 주변에 모여서
술을 마시며 노래를 불렀다. 꺼져가는 모닥불이 새벽이 머지않았다는
것을 알렸다. 1980년대 〈밤배〉는 모임의 마무리를 장식하는 애창곡이
었다. 그 노래가 앵강만의 상주해수욕장에서 만들어졌다는 것을 안 것
은 무려 20여 년이 흐른 뒤였다.

'둘다섯'이 불렀던 〈밤배〉는 보리암에서 하루를 묵으면서 앵강만으
로 떠가는 작은 불빛 하나를 보고 흥얼거리며 메모했던 것이 계기가
되어 만들어진 노래란다. 마치 포르투갈의 파두 '검은돛배'와 비교하면
지나친 것일까. '검은돛배'는 어민들의 운명과 같은 노래라고 했다. 〈밤
배〉는 초등학교 정규교과서에 실리기도 했다. 선배가 기타 치는 모습
을 보고서 다음 날 모아놓은 용돈을 털어 세고비아 기타를 구입했다.
그때 처음 코드라는 것을 잡고 연습하던 노래도 밤배였다.

금산 보리암에 올라 솟아오르는 해를 보고 내려왔다. 그리고 밤배는
아니지만 그곳에서 배를 타고 멸치 잡는 어장으로 향했다. 몇 달 전 우
연히 앵강만 용소마을에서 멸치 잡는 부자를 만났었다. 그때 멸치 잡
는 어장에 가고 싶다며 부탁했었다. 아버지가 해왔던 정치망을 아들이
이어받아 멸치잡이를 하고 있었다. 아버지는 멸막에서 멸치를 삶고 아
들은 어장에서 외국인 노동자들과 그물을 털었다. 첫날은 이미 멸치를
잡고 난 뒤라 어장에 갈 수 없었다. 며칠 후 다시 찾았다. 그리고 어장

남해의 앵강만은 남해도의 남쪽 남면과 상주면 사이에 있는 내만이다. 만의 입구에 서포 김만중이 유배되었던 노도가 있다.(사진 왼쪽 위의 섬) 앵강만 안쪽에는 앵강다숲마을로 알려진 신전마을이 있고, 앞에는 상주해수욕장이 있다. 그곳에는 1980년대 포크듀오 '둘다섯'의 인기 곡인 〈밤배〉가 탄생한 곳이라는 기념비가 서 있다. 보리암에서 하룻밤을 머물며 앵강만에 떠 있는 작은 불빛 하나를 보고 만든 노래라고 한다.

까지 동행할 수 있었다.

　동티모르와 베트남에서 온 여섯 명의 외국인 노동자들이 없다면 멸치잡이에 나설 수 없는 형편이다. 아버지의 어장을 물려받은 아들은 이들과 친구처럼 다정하다. 정치망 멸치는 죽방렴 다음으로 높은 값을 받는다. 심지어 죽방멸치로 둔갑해 팔릴 만큼 품질이 좋다. 죽방렴과 마찬가지로 어장이 멸막에서 가까운 곳에 위치해 신선한 상태로 가공할 수 있기 때문이다. 게다가 멸치를 잡을 때 은빛 비늘이 손상되지 않고 그대로 뭍으로 올라온다.

　그물에는 멸치만 드는 것이 아니다. 멸치를 먹기 위해 들어온 갈치, 망상어, 꼴뚜기도 있다. 길을 잃은 성대도 한 마리 들어왔다. 아버지가 멸치를 삶는 동안 어머니는 잡어를 손질해 햇볕에 말리셨다. 멸치가 주인공이니 제아무리 고급 생선이 잡혀도 멸치어장에서는 잡어에 불과하다.

앵강만에서 꼭 살펴야 할 곳이 신전리마을 숲이다. 방풍림이 물건리에만 있는 것이 아니다. 남해의 바다 마을은 크든 작든 바람을 막는 방풍림이 마을 경관의 일부이다. 앵강다숲이라 한다. 금산에서 내려다보면 앵강만과 함께 앵강다숲이 잘 어울린다. 안쪽으로는 마을만이 아니라 논과 밭을 살피고 밖으로는 섬으로 드는 갯바람을 막아준다. 여름에는 시원한 그늘을 주고 가을에는 꽃무릇이 아름답다.

앵강만을 조망할 수 있는 금산은 망운산과 함께 남해를 대표하는 명산이다. 두모계곡, 복곡저수지, 상주해수욕장에서 출발할 수 있다. 금산 정상에 오르면 두미도, 노대도, 욕지도 같은 통영의 밖섬들이 한눈에 들어온다. 한려해상국립공원에 속하는 곳이다.

30

사람도 살리고
물고기도 살리는 숲
남해 물건리

봄철에 물건리에 가는 것은 방조어부림 이팝나무를 보기 위해서다. 여름이면 숲 그늘과 바다가 그립고, 가을이면 멋지게 물든 마을 숲 단풍을 보려고 찾는다. 겨울에 그곳을 가는 것은 고즈넉한 겨울 숲과 바다 소리를 듣기 위해서다. 어부림만으로도 물건리에 가야 하는 이유가 된다.

　물건리는 경상남도 남해군 삼동면에 위치하며, 물건마을, 은점마을, 대지포, 독일마을이 있다. 이 중 물건마을이 가장 큰 자연 마을이다. 마을에는 남해 바다가 펼쳐져 있고 뒤로는 산자락이 병풍처럼 둘러싸고 있다. 물건마을은 다시 큰마을, 윗마을, 고랑마을, 양지마을로 나누어져 있다. 임진왜란 이후 전주 이씨가 들어오면서 마을을 이루었다. 일제 강점기에는 면사무소가 위치할 정도로 번성하기도 했다. 한때 물건마을은 430호에 이를 정도로 큰 마을이었지만 지금은 250여 호에 500여 명이 살고 있다. 남해대교가 만들어지기 전, 남해군 사람들은 밖으로 나갈 때 삼천포를 거쳐 통영으로 오갔다. 1950년대 부산, 통영, 삼천포, 여수를 오가는 여객선이 있었다. 그래서 부산에서 학교를 다닌 사람이 많다.

물건리 보물 1호, '방조어부림'
물건리 방조어부림에는 여러 종류의 나무가 있다. 팽나무, 느티나무,

후박나무, 푸조나무, 이팝나무, 상수리나무, 말채나무, 참느릅나무, 무환자나무 등 고목들이 해안을 따라 펼쳐져 있다. 큰 나무 아래는 때죽나무, 구지뽕나무, 모감주나무, 생강나무, 쥐똥나무, 누리장나무, 예덕나무 등이 자란다. 그리고 바닥에는 송악, 마삭줄, 댕댕이덩굴, 청미래, 복분자 등 덩굴식물류가 있다.

길이만 1,500미터, 폭이 30미터로, 370년 전 이씨가 마을에 정착하면서 조성한 숲이라고 한다. 그런데 고목 중에는 수령이 500년이 된 것도 있다. 사람이 조성했지만 오랜 시간 잘 보전되어 자연천이가 이루어진 보기 드문 마을 숲이자 정원이다. 천연기념물 제150호다. 태풍을 막고, 바닷물이 바람에 날려 마을과 농작물로 드는 것을 막기 위해 조성했다. 그런데 사람만 위한 것이 아니었다. 그늘을 좋아하는 물고기

독일인마을에서 본 물건리 방조어부림(봄), 어부림과 마을 사이에 만들어진 습지는 쉽게 논으로 만들 수 있었다. 그 뒤로 마을이 자리를 잡았다. 남해 바닷가 경관은 이렇게 자연이 연출하고 인간이 주연을 한 합작품이다.

에게 좋은 서식지를 제공하는 역할까지 하고 있다. 오래된 바닷가 마을에서 방풍림을 곧잘 만날 수 있다. 규모나 역할에서 물건마을 숲을 앞설 곳이 없다. 사람도 살리고 물고기도 살리는 마을 숲이라니, 그래서 '방조어부림'이다. 어느 해인가 남해안에 큰 태풍이 닥쳤는데 인근 마을은 큰 피해를 입었지만 물건리만은 피해를 입지 않았다고 한다. 방파제가 있기도 했지만 주민들은 어부림이 마을을 지켜줬다고 믿고 있다.

일제 강점기에 큰 태풍이 왔을 때도 물건리는 오롯이 지켜졌다. 어느 해는 먹고살기 힘들어 마을 숲 일부를 벌채해 세금을 냈다가 마을에 큰 화재가 발생하기도 했고, 어느 해는 폭풍우로 엄청난 피해를 입기도 했다고 한다. 보통 마을 숲을 건드리면 최소 반신불수요, 최대 삼

물건 방조어부림에 가을이 내려앉았다. 이곳 상록수림이 발달하여 바다와 함께 어우러져 겨울로 가는 길목을 느낄 수 있다. 다도해의 섬과 제주도가 있지만 한반도의 가을은 설악산에서 시작해 남해도에서 끝이 난다. 물건 방조어부림을 채웠던 가을 단풍이 지고 나면 겨울로 접어들고 물고기는 따뜻한 곳으로 터전을 옮기고 어부도 휴식기를 갖는다. 그사이에도 바다는 쉬지 않고 미역과 김과 톳을 키워낸다.

대가 피해를 받는다고 한다. 그만큼 마을 숲을 소중하게 여겼다. 그런데 물건리 마을 숲은 그 피해가 고스란히 마을 전체에 미친다. 오죽했으면 '숲을 건드리면 마을이 망한다'는 말이 생겼을까. 실제 숲을 훼손하면 마을에서 벌금을 부과하는 규칙을 만들기도 했다. 자연고사하거나 태풍으로 쓰러진 나무라도 집 안에 들이지 않았다. 지금까지 방조어부림이 잘 보전될 수 있었던 이유다. 방조어부림을 잘 보전한 덕분에 환경부 지정 '자연생태우수마을', 해양수산부 지정 '아름다운 어촌마을', 행정자치부 지정 '살기 좋은 지역 만들기', 산림청 지정 '아름다운 마을 숲' 등으로 지정되었다. 그뿐인가, 〈맨발의 기봉이〉, 〈인어 이야기〉 같은 영화와 드라마의 배경이 되기도 했다.

어부림은 마을 신이 되고

해마다 섣달이면 동제를, 10월이면 풍어제를 위한 제상이 마을 숲 아래 마련된다. 물건마을의 동제 제당은 할배당산, 할매당산, 동천고개밥무덤, 은점고개밥무덤 등이다. 이곳에 황토를 놓고 금줄을 친 다음 제를 지낸다. 옛날처럼 성대하지는 않지만 끊어지지 않고 있다. 고령화와 주민들 외면 속에 사라질 위기도 있었지만 경상남도의 지원으로 다시 활기를 띠고 있다. 제당 중 하당인 할매당산은 방조어부림 중앙에 있다. 할매당산에도 금줄이 쳐져 있고 느티나무 밑에는 밥무덤이 있다.

밥무덤은 밥구덕, 밥꾸디, 밥돌이라고도 한다. 경남 지역에서 많이 볼 수 있는 의례다. 동제를 지낸 후 제상에 진설된 밥을 한지에 싸서 묻는 풍습이다. 최근 동제를 예전처럼 지내기 어려워지자 제사를 간소하게 지내면서 밥만 묻기도 한다. 그래서 밥무덤을 신체로 모시기도 한다. 이 경우는 돌탑, 석탑, 시멘트로 구조물 등을 만들어 밥을 묻는 형태로 바뀌었다.

물건마을 살림살이 : 마늘과 멸치액젓

마을로 내려가는 길이다. 차도 내려오고 마을 사람들도 여행객들도 무시로 다니는 길이다. 안방과 길이 벽 하나로 나누어져 있을 뿐이다. 좁은 골목길이었다. 어부림까지 내려오는 길에 두 가지 풍경이 눈에 들어왔다. 하나는 마늘밭이다. 분명 집터였다. 5월 중순이라 마늘을 수확하기는 이른데, 마늘종이 아니라 마늘을 뽑는 어머니를 만났다.

"왜, 벌써 마늘을 뽑으세요?"

"장마 오기 전에 뽑으려고 좀 일찍 심었어요."

남해도는 마늘로 유명하다. 마늘박물관이 있고, 마늘축제도 열리고 있다. 마늘은 우리나라 어디에 가도 있다. 하지만 마늘을 주제로 박물관을 만들어 연구·자료 수집·종자 개선·품질 향상·판매까지 하는 곳은 '남해'뿐이다. 독일마을 아래 텃밭에도, 쌀농사를 짓던 어부림 인근 논에도 마늘을 심었다. 마늘은 시금치와 함께 명실공히 남해를 대표하는 환금작물이다.

또 다른 하나는 액젓이다. 물건리의 중요 소득원 중 하나가 마른멸치와 멸치액젓이다. 물건리에는 집집마다 몇 개씩 멸치액젓 통이 있었다. 그 멸치통을 모아서 마을기업을 만들었다. 그래서 통마다 이름표가 붙어 있다. 따로 또 같이, 깨끗하게 보관하고, 어부림으로 브랜딩하고 홍보한다. 마을기업이 가야 할 길이다. 어부림 멸치액젓은 어간장이다. 슬로푸드다. 서늘한 곳에 보관하고, 흰곰팡이(갯뜸팡)가 피면 걷어내고 먹어도 괜찮다. 너무 짜면 소주를 약간 부으면 된다.

멸치만 있는 것이 아니다. 물건리는 멸치잡이보다는 호망을 이용한 겨울철 대구잡이를 비롯해 도다리, 낭태, 백조기, 갑오징어, 서대, 전갱이 등을 잡는다. 정치망에는 멸치 외에도 삼치, 방어, 고등어가 멸치를 따라 들어온다. 장어, 물메기, 게 등 통발도 이루어지고 있다. 멀리 갈

것도 없었다. 어부림 앞에서 조업을 했다.

　주변 어장이 좋고, 지척에 삼천포 어시장이 있어 일본인이 들어와 권현망이나 정치망을 이용해 멸치잡이를 하기도 했다. 초기 어장은 이들의 영향을 많이 받았다. 잡은 생선들은 선어로 삼천포 어시장에 팔았다. 물건리는 한국전쟁 후 먹고살기 어렵던 시절에 어장이 좋고 일자리를 구하기 좋아 사람들이 많이 들어왔다. 남해 사람들에게 '돈곳'으로 소문났고, '용꿈을 세 번 꿔야 물건리 총각과 결혼할 수 있다'는 우스갯소리도 있었다. 물건리에서는 권현망(1), 유자망(5), 양조망(3), 정치망(3), 호망(16) 등으로 고기잡이를 하고 있다.

　방파제가 만들어지기 전에는 대부분 어장이 어항 안에서 이루어졌다. 그만큼 연안으로 물고기가 많이 들어왔다. 어부림이 큰 역할을 한 것이다. 대신에 태풍과 높은 파도로 종종 논밭이 잠기고 마을도 피해

남해군의 특산물 중에 하나가 남해 바다에서 잡은 멸치를 이용해 만든 건멸치와 멸치액젓이다. 물건리에서도 주민소득사업의 하나로 멸치액젓을 생산해 팔고 있다. 미조에서는 유자망으로 멸치를 잡지만 대부분 남해 지역 어민들은 정치망으로 멸치를 잡는다. 정치망으로 잡은 멸치는 죽방렴 멸치처럼 멸치 선도가 좋아 비싼 값에 팔린다. 남해 멸치액젓이 좋은 이유이기도 하다.

를 입었다. 어부림만으로는 역부족이었다. 그래서 만든 것이 방파제다. 물건방파제는 태풍 피해를 어느 정도 막았지만 갯가로 들어오는 어류의 길도 막았다. 대신 안전해 해수욕은 물론 요트, 카누 등 비롯해 해양 레저활동 공간으로 변신하고 있다.

희망과 그리움으로 마련한 보금자리 '독일마을'

남해를 그렇게 오갔지만 한 번도 독일마을에 머무른 적이 없다. 삶이 덕지덕지 붙은 물건마을을 두고 독일마을에서 머무를 이유가 없었다. 이번에는 마음먹고 독일마을 문을 두드렸다. 독일마을을 궁금해하는 딸 때문이다. 방송의 힘이 컸다. 솔직히 나도 궁금했다. 독일 맥주와 소시지를 제공한다는 주인장의 후덕한 인심도 집을 결정하는 데 한몫을 했다.

독일마을로 올라가는 길, 차들이 거북이 걸음이다. 걸어가는 사람보다 더 느리다. 독일마을에 머무르는 사람보다 주변에 커피숍, 맥주집 그리고 원예예술촌과 파독박물관을 찾는 사람이 더 많다. 주말이면 진입이 불가능할 정도란다. 옛날 물건리 사람들이 농사를 짓던 중산간 마을까지 카페가 들어서고 펜션 같은 숙박시설이 만들어졌다. 물론 대부분 외지인들이 들어왔다. 독일마을은 물건마을과 봉화마을의 임야에 조성했으며, 삼동면 물건리에 속한다.

독일마을은 독일로 이민 간 간호사와 광부들의 정착촌을 만드는 일에서 시작되었다. 1960년대 중반부터 10여 년간 우리나라 간호사와 광부들이 서독으로 파견되었다. 당시 서독 경기는 호황으로 노동력이 부족했다. 특히 자국민들이 기피하는 광부와 간호사의 수요가 급증했다. 이에 그리스인, 터키인 등 제3세계에서 인력을 받아들였다. 처음으로 파독 광부를 모집하는 광고(〈동아일보〉, 1963. 8. 31.)를 "경쟁 5대 1,

바다에서 본 물건리 방조어부림(여름), 여름철이면 어부림은 주민은 물론 여행객들의 피서지로 바뀐다. 숲 아래 서늘한 그늘은 주민들이 차지하고, 바다는 여행객들의 물놀이장이다. 더불어 숲을 지킬 수 있으면 좋겠다.

20대, 고졸만 50퍼센트"라고 적은 것을 보면 당시 상황을 엿볼 수 있다. 대학졸업생도 꽤 응시했다. 모두 7천 9백여 명이 파견되었다. 간호사는 광부보다 앞선 1950년대 말 파견이 시작되어 1970년대 중반까지 1만1천여 명이 파견되었다. 간호 업무에 간병 업무까지 노동강도가 센 업무를 수행한 파견간호사를 두고 '로투스 불르메'라 했다. '동양에서 온 연꽃'이라는 의미다. 성실하고 친절한 한국인 간호사를 부르는 별칭이다. 광부들 중에 상당수는 간호사와 결혼하기도 했다. 간호사는 계약연장이 쉬운 탓에 독일에 계속 머무를 수 있었기 때문이다. 취업도 어려운 고국보다 자유로운 독일에 체류하기를 원했다. 파독 광부와 간호사 중 계약이 만료되어 귀국한 경우는 약 40퍼센트 정도였다. 40퍼센트는 독일에 잔류하고 나머지는 제3국으로 이민했다.

1990년대 지방자치제가 실시되면서 독일마을 조성이 시작되었다. 독일에 거주하는 간호사와 광부 들에게 몇 차례 사업설명회를 거쳐 우여곡절 끝에 2002년 문을 열었다. 지금은 독일마을 34가구 중 27가구가 민박을 하고 있다. 이들은 독일에서 나오는 연금과 민박 수익으로 생활하고 있다. 남해 관광에 독일마을이 큰 역할을 하면서 앵강만이 내려다보이는 호구산 자락 용소지구에 '미국마을'을 조성했고, 일본마을도 계획 중이다.

물건리 방조어부림은 생태숲이자 힐링 공간으로, 항구는 해양레저 공간으로 변신 중이다. 감소하던 인구와 가구 수도 멈추거나 늘고 있다. 살기 좋은 어촌 마을로 알려지면서다. 독일마을 유치도 큰 역할을 했지만 가장 큰 자원은 역시 방조어부림이다. 잘 가꾼 마을 숲은 태풍과 파도만 막는 역할을 한 것이 아니다. 물고기뿐만 아니라 사람을 부르고 고향을 떠난 자식들을 불러들이며, 지속 가능한 어촌의 희망을 주고 있다.

31

물고기를
기다려서 잡는다
남해 지족마을

지족마을은 경상남도 남해군 삼동면에 속한 어촌 마을이다. 가장 먼저 생긴 본 마을(지족마을)과 애목(와현) 등 세 개의 자연 마을로 이루어져 있다. 이 마을의 상징은 죽방렴이다. 우리나라에 모두 44개의 죽방렴이 있으며, 그중 23개가 지족마을 손도에 있다. 손도는 창선도와 남해도 사이 좁은 해협을 말하며, 지족해협이라고 한다. 이곳 죽방렴은 가장 오래된 현존하는 정치망이다. 비록 외형은 조금씩 성형하고 진화했지만 그 뿌리는 변함없다.

죽방렴은 2010년 '명승'으로 문화재 지정을 받았고, 2016년 '국가중요어업유산'으로 등재되었다. 지족마을은 죽방렴 외에 바지락, 굴, 개불 그리고 자연산 미역까지 수산물이 풍부한 곳이다. 최근에는 낚시와 갯벌체험이 인기를 얻고, 여름철에는 피서객까지 찾아오는 덕에 남해 최고의 관광지로 주목받고 있다. 농산물로는 해풍을 맞으며 자란 마늘과 유자가 유명하다.

죽방렴의 역사를 바로 알자

죽방렴이라는 명칭은 광복 후에 등장한다. 오래된 기록에는 '방렴'이라 했다. 갯벌이 발달하지 않아 기둥을 세우기 어려운 남해안 좁은 물목이나 섬과 섬 사이에서 빠른 조류를 이용해 물고기를 잡는 어법이다.

죽방렴은 크게 발창부와 발통부로 구분한다. 어군을 유인하는 부분이 발창부라면 발통부는 어군을 가두는 부분이다. 발통부에 들어온 멸치는 미리 안에 쳐둔 그물을 잡아낸다. 발통부에 들어간 멸치는 유자망이나 낭장망처럼 스트레스를 받거나 상할 염려가 없다. 한번 들어온 멸치는 빠져나가지 못하고 통 안에서 유영을 하며 머문다. 최근에는 일할 사람이 부족하고 고령화되면서 발통부의 그물을 자동으로 양망하는 기계를 설치하기도 한다.

서해안처럼 갯벌이 발달해 있지 않으니 기둥을 박을 수 없어 기둥에 무거운 돌이나 돌을 담은 가마니를 묶어 닻처럼 가라앉혀 발을 묶었다. 이를 방렴이라 했다.

죽방렴이라는 말은 방렴으로 멸치를 잡기 위해 대나무 발[죽렴(竹簾)]을 이용하면서 생겨났다. 개항 후 멸치를 많이 소비하는 일본인들의 수요가 한몫했다. 방렴으로는 어떤 물고기를 잡았을까. 조선 후기 자료를 보면 청어, 대구 등을 잡았다. 멸치에 큰 관심이 없었다. 큰 고기를 잡기에 어울리는 발로 싸리나무나 대나무 가지를 성기게 엮어 사용했다. 이를 '섶'이라고도 했다. 《경상도속찬지리지》〈남해현조〉에는 '방전(防箭)'이라 했다. 방은 '막는다'는 말이고, 전은 '살'을 의미한다. 방렴을 '어살'이나 '어사리'라고 한 이유다. 주민들은 죽방렴이라 하지 않

지구상에 현재에도 여전히 제 역할을 다하는 400여 년 된 전통 어구가 있을까. 그것도 생계를 오롯이 책임지는 어구 어법이라면 더 말할 필요가 없다. 명승과 국가중요어업유산으로 지정된 죽방렴이다. 썰물에 조류를 따라 들어온 멸치를 가두어 잡는다. 지금은 남해군과 사천시에 40여 통이 남아 있지만 과거에는 여수, 진도 지역에서도 비슷한 어구로 멸치를 잡기도 했다.

고 '발'이라 하고, 그 일을 하는 사람을 '발쟁이'라고 한다. 멸치를 삶는 막을 '발막'이라 했다. 같은 기록에 '방전에서 석수어, 홍어, 문어가 산출된다'고 했다. 어살은 살, 독살(돌발, 돌살), 방렴, 죽방렴을 포괄한다.

죽방렴은 우리나라에 44기가 있다. 그중 23기는 경남 남해군 삼동면과 창선면 사이 '손도'라 부르는 지족해협에 위치해 있다. 나머지 21기는 사천시 실안해안과 마도, 늑도 사이에 있다. 죽방렴이 남해와 사천에만 있었던 것은 아니었다. 불과 몇십 년 전까지 여수, 진도에서도 확인되었다. 죽방렴의 원조 격인 방렴은 서남해는 물론 서해에서도 확인되며, 건간망이나 개막이도 같은 어법이었다.

죽방렴은 과학이다

죽방렴은 과학이다. 우선 발통을 보자. 둥글게 만든 발통 안쪽에는 대나무를 쪼개 미끄러운 겉대가 통 안쪽을 향하도록 촘촘하게 덧댔다. 물이 빠져나가지만 물고기는 비늘이 상하지 않고 빠져나갈 수 없도록 만들었다. 게다가 '쐐발'은 자동으로 썰물에 열리고 밀물에 닫히도록 만들었다.

양쪽 날개 기둥(고정목), 발통 근처 고기를 유도하는 사목, 기둥과 기둥을 연결하는 활목(띠목) 사이로 바닷물이 빠르게 흐르면서 수막이 형성되어 크게 벌린 날개 안으로 들어온 고기는 발통으로 빨려 들어갈 수밖에 없다.

더 감탄할 수밖에 없는 것은 날개 기둥을 80센티미터 간격으로 설치하지만 발통 부근 사목에는 30센티미터 간격으로 좁게 박아 조류 흐름을 더욱 빠르게 하면서 들어온 물고기가 날개 밖으로 빠져나가지 못하도록 했다는 점이다. 물고기가 블랙홀에 빨려가듯 발통에 갇히도록 했다. 또 구멍을 뚫어 기둥을 세운 다음 주변에 돌과 사석을 쌓아놓으면 모래가 흘러와 사이에 쌓이면서 자연스럽게 기둥을 고정한다.

또 발통 안에 돌을 넣어 바닥을 평평하게 만들고 썰물에 수심이 어른 키를 넘지 않도록 함으로써 안쪽에서 고기를 그물로 건져낼 수 있도록 했다.

왜 죽방멸치가 최고인가

죽방렴은 적당한 수심과 조수간만의 차이와 빠른 물살 등이 갖춰져야 설치할 수 있다. 지족해협은 간만의 차이가 3.6미터, 조류 속도 평균 1.2노트(약 15킬로미터), 수심 10미터로, 물길이 좁고 조류가 빠르다.

죽방렴은 조류가 거세고 물고기가 많이 지나는 길목에 설치하는 함정 어구의 하나다. 따라서 섬과 섬 사이나 섬과 연안의 좁은 해협이 설치하기에 좋은 곳이다. 또 조류와 물때를 이용해 발통 안으로 들어온 어군만 기다려 잡는 자연친화적인 적정 어업이다. 현존하는 죽방렴은 남해도와 창선도 사이의 지족해협이나 사천시와 창선도 섬과 섬 사이에 남아 있다.

남해도와 창선도 사이 지족해협은 수로가 좁고 조류가 빠르다. 그곳에 20여 기의 죽방렴이 설치되어 있다. 최근에는 경관적 가치가 높은 평가를 받아 명승과 함께 다양한 영상 자료로 주목을 받고 있으며, 남해를 상징하는 랜드마크 역할도 하고 있다. 또 어촌과 어장 체험은 물론 해양생태교육장으로 활용도 가능하다.

죽방렴으로 멸치를 잡는 원리는 간단하다. 우선 죽방렴은 조류가 흐르는 방향으로 설치하되 썰물이 날개로 들어오도록 설치한다. 밀물을 따라 몰려온 멸치, 전갱이, 병어 같은 고기들이 썰물에 죽방렴 날개에 막혀 발통으로 들어와 빠져나가지 못한다. 발쟁이는 봄부터 가을까지 하루에 두 번씩 발통에 들어온 고기를 쪽바가지나 그물로 건져낸다.

죽방렴과 멸치 삶는 막까지는 멀어도 10분이 걸리지 않는다. 그만큼 신선한 멸치를 빠르게 삶아 내놓을 수 있다. 그뿐만 아니다. 멸치가 상처나 스트레스를 받지 않고 은백색의 원형 그대로 잡히기 때문에 품질이 좋다. 멸치를 잡는 방법은 권현망, 유자망, 낭장망, 정치망, 죽방렴 등이 있다. 그중 죽방렴 멸치가 가장 비싸고 맛이 좋다.

죽방렴의 조업은 사리 물때에 이루어진다. 물이 불어나고 조류가 세지기 시작하는 너물부터다. 이때를 '산물'이라 한다. 그리고 물이 가장 많은 일곱물 '한시'와 여덟물, 아홉물, 열물인 '사리'가 가장 좋다. 봄에 잡는 대멸은 젓갈용으로 쓰이고, 오뉴월에 잡히는 소멸과 칠월 이후 잡히는 중멸의 값이 좋다.

죽방렴, 유산가치를 공유하는 노력 절실

죽방렴은 날개부와 발통부로 나누고, 발통부는 발통, 쐐발, 사목으로 이루어져 있다. 물고기를 유인하는 날개는 V자형으로 썰물이 들어오는 방향으로 열려 있다. 발통은 둥근 원통이거나 사각형이다. 발통에는 멸치만 드는 것이 아니라 온갖 부유물 쓰레기도 함께 들어온다. 평소에도 틈나는 대로 발통에 든 쓰레기를 제거해야 한다. 발통에는 별도로 주인이 드나들 수 있는 출입구가 있다.

평소에는 자물쇠를 채워 놓는다. 쓰레기를 걷어낸 뒤에 후릿그물로 멸치를 모은 다음 쪽대로 담아낸다. 사각 임통 중에는 그물이 설치된 것이 있어서 들망처럼 걷어내기도 한다. 마을 노인들의 이야기를 들으면 옛날에는 후릿그물 없이 그냥 쪽대를 퍼올릴 정도로 멸치가 많이 들었는데, 한 물때에 세 차례씩 배로 운반할 정도로 양이 많았다고 한다.

지금은 그 양이 크게 줄었다. 멸치가 산란하기 위해 들어오는 양이 줄었고, 남해 곳곳에 대형 정치망 그물이 설치되었으며, 대형 선박이 먼바다까지 쫓아가 잡는 탓이다. 여기에 댐이 만들어지면서 지족해협으로 들어오는 해수가 감소되어 조류 흐름이 약화된 것도 이유다. 제철소와 화력발전소 등 공장이 들어선 이후 발생하는 수온 상승과 오염도 또 다른 이유로 지적되고 있다.

최근 마을에서 죽방렴 체험장을 운영하고 있다. 운영이 어려운 죽방렴을 마을 어촌계에서 구입해 직접 발통 안으로 들어가 물고기를 잡는 체험교육을 시작했다. 뿐만 아니라 국가중요어업유산으로 지정된 죽방렴을 세계농업유산으로 지정하기 위한 준비를 하고 있다.

농업유산과 어업유산을 통합한 세계중요농업유산(GIAHS)에 우리나라 어업유산은 아직 없다. '청산도 구들장논', '제주 밭담', '금산 인삼 농업', '하동 전통차 농업'이 세계중요농업유산으로 등록되어 있다.

지족해협으로 드는 멸치는 줄고, 멸치잡이 주민들은 나이 들고 있다. 지속 가능한 어촌을 위해 바다자원 회복도 시급하지만 에코뮤지엄 죽방렴의 가치를 공유하고 지속할 방안도 모색해야 한다. 당장 소득을 올리는 체험도 중요하지만 죽방렴의 유산가치를 주민과 소비자 그리고 여행객이 공유하는 방안이 모색되어야 한다.

●— 멸치쌈밥 그리고 시금치와 마늘

눈부시게 푸르른 봄날이다. 바다는 윤슬로 보석을 뿌려놓은 것 같다. 지족해협을 지나 화천(꽃내)을 거쳐 물건리에 이르렀다. 차들이 속도가 느려졌다. 굉음을 울리는 오토바이들이 줄지어 질주한다. 생각해보니 저들의 질주 본능과 오토바이의 속성에 가장 잘 맞는 곳이 남해일 것 같다. 물론 소음과 일부 무분별한 폭주와 교통방해에 일반 여행객은 불편하다. 물건리에서 미조까지 이어지는 길은 남해도의 바다 풍경 중에 백미다.

금평마을에 이르러 차를 멈췄다. 더는 달릴 수 없었다. 한참 넋을 잃고 바다를 보다 마늘종을 뽑는 어머니에게 시선이 멈췄다. 그리고 "셋째가 마늘종으로 만든 반찬을 아주 좋아해요."라는 아내의 말이 불현듯 떠올랐다.

"어머니, 그것 팔 수 있나요? 앞에 있는 것, 전부 주세요."

많은 양은 아니지만 그래도 적지 않았다. 매일 뽑아서 시장에 내기 때문에 가격도 금방 흥정이 되었다. 그리고 앉아서 잠깐이지만 이런저런 이야기를 나누었다. 마을이 너무 예쁘다는 말에 사람들이 모두 그렇게 이야기한다고 했다. 외부에서 들어온 사람들이 있느냐고 물었더니, 고개를 흔들었다. 없다는 이야기가 아니라 '마을에 도움이 하나도 되지 않는다'는 말을 힘주어 덧붙였다. 옛날에 들어온 사람들은 어장배가 들어오면 생선도 사가고 주문도 하고 그랬단다. 요즘은 집(혹은 펜션)을 지어서 사는데 문을 꼭 닫고 얼굴 보기가 힘들단다. 마을과는 단절이다. 대신에 차를 가지고 선착장이나 빈터에 텐트를 치고 노는 사람들이 늘었다. 동네 사람들이 꼭 쓰레기를 치우고 가라고 신신당부를 하지만, 떠난 자리에는 쓰레기가 가득 쌓여 있다. 그렇다고 갈 때까지 지켜보고 있을 수도 없는 노릇이다. 마을에서도 사람을 사서 쓰레기를 치워야 하니 불편함과 손실이 적지 않다는 이야기였다. 이 마을만 그럴까. 남해 바다 마을 곳곳이 똑같을 것이다. 주민들이 있는 마을이 이러할진대 인적이 없는 바닷가나 해수욕장 혹은 섬길 어느 숲속은 오죽할까 싶다.

남해를 여행할 때 꼭 맛보아야 할 음식이 멸치쌈밥이다. 자작하게 큰 멸치를 넣어 갖은 양념과 함께 조린 후 밥과 함께 상추에 싸서 먹는다. 남해군 지족리나 미조리가 산지와 가까운 곳이라 식당에서 쉽게 만날 수 있지만 찾는 사람이 많아지면서 남해군 대표 음식으로 자리를 잡았다.

32

배 한 척 없는
어촌마을
남해 가천 다랭이마을

"트랙터 한 번 지나가면 없것는디." "게으른 사람은 좋것네."

깎아지른 듯 절벽에 아슬아슬하게 매달린 논배미들을 보고 신안 갯사람들이 하는 말이다. 50여 명의 신안 지역 주민들이 새벽같이 배를 타고 나와 다시 버스를 타고 도착한 곳은 남해군 다랭이마을. 이들에게 바다는 새로울 것도 없다. 게다가 손바닥만 한 논배미들 사이에 옹기종기 모여 있는 50여 가구의 집들을 보면서 여기서 뭘 배우자는 것이냐는 빈정거림도 섞여 있다. 이를 아는지 모르는지 안내원의 안내는 남해대교를 건너면서 계속된다.

"옛날에 한 농부가 일을 하다가 논을 세어보니 한배미가 모자라 아무리 찾아도 없기에 포기하고 집에 가려고 삿갓을 들었더니 그 밑에 한배미가 있었다는 얘기가 있을 정도로 작은 삿갓배미에서 300평이 족히 넘는 큰 논까지 있는 다랭이논 마을입니다."

다랭이마을은 '농촌전통테마' 마을과 함께 생겨난 이름이다. 행정 이름은 가천(加川)마을이다. 전해오는 이름은 간천(間川)이었으나 고려 중엽부터 현재의 이름으로 불리고 있다. 마을을 사이에 두고 설흘산(소흘산, 망산)에서 내려오는 두 개의 하천이 있는데, '냇가 하나가 더해졌다'는 의미에서 가천이라고 했다고 전하기도 한다.

아무리 가물어도 물이 마르지 않는 이 하천은 참게가 살고 있을 정도로 깨끗하며, 모든 다랑논은 하천물에 의존하는 천수답이지만 농사를 짓지 못한 적은 없다.

농가 수 58호에 156헥타르의 면적, 논이 18헥타르, 밭이 24헥타르로 구성된 다랭이마을은 바닷가 옆에 옹기종기 모여 있지만 배는 한 척도 없다. 바닷가에 있는 농촌 마을, 정확히 표현하면 산촌 마을이다. '산중해변'이다. 민박집에서 만난 70세 할머니는 아버지가 정해준 신랑이 하필이면 '가천' 사람이라 너무 싫었다고 한다. 가마를 타고 고개를 넘어 마을로 들어가는데 가마가 하늘을 향해 물구나무를 서듯 했다고 한다. 가파른 언덕에 마을이 있기 때문이다.

명승으로 지정된 가천마을 다랑논의 지속을 위협하는 것은 벼농사를 계속할 수 없다는 것이다. 벼농사 대신 밭농사나 경관작물이 심어진다면 다랑논의 시스템은 붕괴된다. 하지만 고령화와 인력 부족, 대규모 벼농사와 비교해 가격경쟁력이 없는 농사를 지속하기는 어렵다. 게다가 가천마을이 널리 알려지면서 다랑논 주변에 펜션과 카페 개발이 진행되고 있는 것도 위협 요인이다.

마을 어느 골목에서나 바다를 한눈에 내려다볼 수 있고 해가 뜨는 것을 볼 수 있는 것도 다랭이마을이 내세우는 자랑이다. 마을 앞바다가 태평양인 덕에 거칠 것이 없기 때문이다. 하지만 이것이 화근이기도 한다. 태평양에서 발원해 올라오는 태풍은 대부분 다랭이마을을 거치며 북상하기 때문이다.

지난 2002년 8월 말 남해안을 지나 동해안에 큰 타격을 입히고 빠져나간 태풍 루사도 그랬다. 당시 태풍은 1959년 태풍 사라 이후 신기록 경쟁이라도 하듯 모든 기록을 갱신하며 엄청난 피해를 안겼다. 문을 걸어 잠그지 않으면 안 될 정도로 직접 태풍을 맞는다. 태평양에서부터 거칠 것 없이 몰아치는 비바람을 막을 길이 없다. 특히 깎아지른 듯 가파른 곳에 다랑논들이 있어 태풍에 그대로 노출되고, 심지어는 옴팍

다랑논의 경관 가치는 심어놓은 벼가 누렇게 익어가는 가을에 있다. 도로를 따라 운전을 하다가도 이 모습을 보면 멈추지 않을 수 없다. 그렇게 입소문을 타고 남해군 설천면 가천마을이 알려졌다. 그리고 하나둘 사람들이 찾으면서 마을 안에 민박과 식당도 생겨났다. 외갓집 할머니와 할아버지가 반겨주듯이 마을을 안내하고 밥상을 차려주었다. 하지만 세월이 지나면서 다랭이마을도 변화에 직면했다.

한 곳에 들어선 집마저도 위태롭다.

일주일만 있으면 걷을 곡식들이 태풍 루사가 지나간 뒤 쭉정이로 변했고, 소먹이가 되고 말았다. 당시 피해가 너무 컸던지 보상이 제법 이루어졌다. 12개의 작은 다랑논 400여 평의 농사를 짓고 있는 김태권 어르신은 보상금으로 430만 원을 받았다. 농사짓는 것보다 백번 나았다. 그래서 주민들은 루사를 '효자태풍'이라 부르기도 했다.

김씨는 나이가 일흔넷이다. 그에게 소원이 있다면, 반듯하게 경지 정리된 논에서 농사를 짓는 것이란다. 그 나이에 무슨 농사냐고 할지 모르지만 그는 소도 7마리나 키우고 있고 얼마 전 운전면허를 따서 1톤 트럭도 운전한다. 수입증지를 붙일 곳이 없을 정도로 필기시험에서 고전한 그는 실기는 한 번에 통과해 며느리들의 부러움을 샀다. 아들이 축하한다고 중고 트럭을 하나 사주어 요긴하게 사용하고 있다.

그는 다랭이마을에서 제법 목이 좋은 곳에 땅 마지기가 있다. 불과 몇천 원, 잘해야 만 원대에도 거래되지 않던 땅들이 다랭이마을이 소문나면서 30만~50만 원까지 올랐다. 평생 다랑논밭에 소 쟁기질하고, 지게질하며 농사를 지었던 노인에게 꿈이 있었다. 경지 정리가 잘된 논에서 기계로 농사를 짓는 것이었다. 서너 마지기 논에 모내기하는 데 8~9일은 걸린다. 육지에서 정리된 논은 100여 마지기 모내기하는 데도 그렇게 걸리지 않는데 말이다.

그래서 혼자 생각으로 저 땅을 팔면 아이들에게 좀 보태주고 농사짓기 좋은 곳에다 논이라도 사두고 싶은 생각이 굴뚝같았다. 하지만 내가 마련한 땅이라고 어디 내 맘대로 할 수 있는가. 이제 다 큰 자식들과 의논도 해봐야 할 것 같고, 또 땅을 산 외지인이 그곳에 대형 펜션이라도 지어 이제 막 자리 잡으려는 마을 사업을 망치기라도 하면 어찌할지 걱정되었다. 그래서 좀 두고 보기로 결정했다.

다랭이마을이 알려지면서 많을 때는 수십 대의 차들이 한꺼번에 들어와 50여 호의 작은 마을을 민속촌 관광하듯 쑤시고 다니기도 했다. 한때 20대의 차가 한꺼번에 마을 주차장에 들어온 적도 있다. 많은 사람이 찾는 것을 탓할 일은 아니다. 얼마나 즐거운 일인가. 어디에 붙어 있는지 알지 못했던 작은 마을이 이렇게 유명해졌으니.

다만 농촌관광의 목적이 도시민들에게는 휴식과 체험이지만 농민들에게는 농산물 판매는 물론 지속 가능한 농업과 농촌이란 점을 생각한다면, 다랭이마을을 관광코스 돌아보듯 해서는 안 될 일이다. 이러한 관광객들이 밀물처럼 왔다가 썰물처럼 빠져나간 자리에는 쓰레기와 훼손된 농작물이 남는다. 민박을 하는 방문객들과 남쪽 바다에서 불어오는 봄바람을 맞으며 캐야 할 논두렁의 쑥들도 순식간에 사라졌다.

다랭이마을 농가들이 처음부터 민박을 원했던 것은 아니다. 남해군 농업기술센터의 설득과 주거 공간 개량 지원사업을 통해서 가능했던 것이다. 그렇다고 흔히 관광지의 민박이나 무늬만 체험을 내건 영업집과는 다르다. 시골에서 볼 수 있는 가정집 그대로다. 차이가 있다면 집 안에 좌변기를 설치한 화장실과 목욕탕, 깨끗하게 정리된 방에 에어컨이 전부다. 특별하게 더 꾸민 것도 없다. 방이고 마루고 마당이고 집 안 곳곳에 집주인의 삶이 그대로 녹아 있다. 차이라면 바로 이 점이 펜션이나 숙박업소와 다른 점이다. 물론 도시 생활에 익숙한 아이들은 씻고 자는 것이 편하지 않을 것이다. 방 안에 컴퓨터나 TV도 없다.

20여 년 전 처음 다랭이마을에서 숙박할 때 머물렀던 집이 '즐거운 집'이다. 당시 김태권 어르신은 할머니(당시 70세)와 함께 민박집을 운영하고 있었다. 할머니가 저녁 식사를 준비하는 동안 할아버지가 마을을 소개해주셨다. 몇 가구가 살고 있으며, 주로 어떤 농사를 짓고 있는지, 주변 볼거리는 뭐가 있는지, 그러다 자식 자랑도 빼놓지 않는다. 할

다랭이논에 농사를 지을 때는 땅심을 올리고 물을 관리하기 위해 거친 퇴비가 필요했다. 주민들은 설흘산 자락에서 풀을 베어 소도 먹이고 퇴비도 했다. 이제 쉽게 만들어진 퇴비를 구입하고, 비료를 사용할 수 있어 보기 힘든 모습이다.

아버지 이야기가 좀 길어지는구나 하는 순간 어느 틈에 할머니가 끼어든다. '시장하신데 그만하고 식사하게' 하라고. 할머니가 내온 반찬이 건강식이다. 더는 말이 필요 없다.

할머니가 해줄 수 있는 것이라곤 학생들이 오면 계란 프라이와 김, 여자들이 오면 수제비와 잡곡밥 등이 전부란다. 그래도 맛이 있다고 난리다. 이곳에는 선착장이 없고 배 한 척도 없어 갈치 한 마리라도 사려면 40리 길을 나가야 한다. 간혹 반찬거리를 사러 나가기도 하지만 다랑논밭, 설흘산 그리고 바다 갱번에서 직접 구한 것들이 반찬으로 올라왔다. 당시 우리 일행은 아홉 집의 민박집에 6명씩 배정되었다. 예약한 손님들의 차를 민박집 주인들이 마을 위 주차장에서 기다리고 있었다. 그곳에서 추진위원장이 간단하게 인사를 한 다음 민박집 주인과 만났다. 그 뒤 짐을 민박집에 내려두고 위원장이나 주민들의 안내로 마을을 돌아보는 프로그램이 이어졌다.

초기에는 다랭이마을 추진위원회를 통해 민박을 하는 경우 소득의 일부를 마을기금으로 적립하기도 했다. 개인적으로 민박집을 찾아온 경우를 제외하고 마을(추진위원회)을 통해서 들어올 때는 정해진 순번 대로 민박집을 배정받았다. 밥값과 식사 비용은 물론 모든 일을 회의를 통해서 결정했다.

33

고춧가루 서 말 먹고
물밑 30리 간다

남해 창선도

남해도를 거쳐 지족해협을 건넜다. 주민들은 '손도'라는 말을 즐겨 한다. '손'은 '작다'는 뜻의 '솔다'에서 비롯되었을 것으로 생각한다. '도'는 '물길'을 말한다. 그러니 '좁고 작은 물길'로 해석할 수 있다.

창선도는 마치 두 개의 섬을 붙여놓은 형국이다. 서쪽은 서대리와 동대리를 중심으로 강진만과 동대만 사이에 있으면서 삼천포와 다리로 연결되어 있으며, 남해읍과 바다를 사이에 두고 마주하고 있다. 서쪽 마을은 두 마을 외에 대벽·율도·광천·옥천·지족·당항·상신·상죽·당저리 등이 있다. 동대만 건너 동쪽은 통영시 사량도와 마주한다. 마을은 가인리·오용리·진동리·부윤리가 있다. 면사무소, 학교, 농협 같은 공공기관은 두 지역 가운데 위치해 있다.

창선도와 남해도를 연결하는 다리가 놓였다. 그리고 맞은편 삼천포와 세 개의 다리가 연결되고 나서 창선도는 육지가 되었다. 어떻게 달라졌을까. 동대만을 끼고 다리를 잇는 도로는 남해도와 삼천포를 오가는 차들로 만원이다. 반대로 강진만을 끼고 이어지는 서쪽으로는 비교적 차량 통행이 적다. 하지만 다리가 놓이기 전에 비하면 천지개벽할 만큼 바뀌었다. 펜션과 카페와 식당이 들어서고 이곳저곳 섬이 파헤쳐지는 것은 말할 것도 없다. 이씨가 가장 아쉬운 것은 마을의 변화란다. 이씨도 젊어서 객지생활을 하다 고향으로 돌아왔다. 옛날처럼 마을공

남해도의 많은 어촌마을은 썰물이 되면 배들이 갯벌 위로 올라온다. 물때에 맞춰 어장을 드나들기 위해서는 미리 배를 수심이 깊은 곳을 옮겨 놓아야 한다. 특히 창선면과 설천, 고현, 남해읍 사이 갯벌이 발달한 강진만의 어촌마을이 심하다. 대신에 이들 마을에서는 꼬막이나 굴 등 패류 양식이 발달했다.

동체의 따뜻한 정과 마을을 가꾸는 일에 관심이 많았다. 그런데 나이가 많기도 하지만 젊은 사람들이 마을 일을 함께하려고 하지 않는다. 나만 잘살면 된다는 식의 사고방식을 다리 탓으로만 돌릴 수는 없다. 하지만 불을 붙인 것만은 부인할 수 없을 것 같다.

삼천포와 남해도 사이에 다섯 개의 다리가 있다. 남해대교가 1973년 개통되었다. 그리고 30년이 지난 후 삼천포대교·초양대교·늑도대교·창선교·단항교 등 5개의 다리가 연결되었다.

《세종실록지리지》경상도 진주목 편에 소개된 창선도의 내용이다.

> 흥선도(興善島)는 본디 고려 유질 부곡(有疾部曲)인데, 뒤에 창선현
> (彰善縣)으로 고쳐서 진주(晉州) 임내(任內)에 붙였고, 충선왕(忠宣

王) 초에 왕의 혐명(嫌名)을 피하여 흥선(興善)으로 고쳤는데, 왜적
으로 인해 인물(人物)이 전망(全亡)한 까닭으로 지금은 직촌(直村)
을 삼았다. 수로(水路)로 10리이다.

창선도는 고려 현종 9년(1018년)에 현으로 승격되어 창선현으로 불
렸다. 그리고 충선왕(1308년)에 이르러 왕의 휘와 음이 비슷하다 하여
흥선으로 바뀌었다. 이후 현이 촌으로 강등되어 흥선도로 고쳐 진주목
의 직촌이 되었다. 고려 말 왜구의 잦은 침입에 피해도 심했고 사람이
살기 어려웠던 것이 이유였다. 하지만 농사를 짓는 사람들이 꾸준히
드나들었다. 조선시대 세종 5년(1423년) 흥선도는 다시 창선도로 개칭
되었다. 그리고 영조 41년(1765년)에 이르러 창선리와 적량리로 나뉘
었다가 광무 10년(1906년) 진주군에서 남해군으로 이속되었다. 간혹
동대리와 서대리가 있는 서쪽을 창선도, 적량리와 오용리가 있는 동쪽
을 흥선도라 부르기도 한다. 도로명도 창선로, 흥선로라 명명했다.

대방산에 오르다

산 정상에서 주민을 만나 인터뷰를 할 것이라고 생각하지도 못했다.
창선도의 가장 높은 산인 대방산에 오른 것은 남해도와 창선도 사이로
흐르는 손도물목을 보기 위해서다. 대방산으로 오르는 길은 여럿이다.
강진만에 접한 광천마을에서 오르는 길, 면사무소가 있는 옥천마을에
서 오르는 길, 죽방렴이 있는 지족에서 오르는 길 등이 있다. 등산할 목
적으로 창선도 단항마을에서 연태산, 속금산, 국사봉, 대방산, 지족삼
거리로 이어지는 주 능선을 타는 사람도 있다. 4월 중순부터 하순까지
많이 볼 수 있는 꽃이 각시붓꽃이다. 그리고 제비꽃, 미나리냉이, 양지
꽃, 금창초, 애기똥풀 등을 만날 수 있다. 그렇게 허리를 굽히고 꽃과 눈

대방산으로 오르는 길에 만난 국사당 터다. 마을과 주민들의 안녕을 지켜준다고 믿기 때문에 최근까지 제사를 지내기도 했다. 국사당은 국가에서 신을 모시고 매년 나라의 안녕을 기원하는 굿을 하는 굿당으로, 인왕산 국사당이 잘 알려진 곳이다. 조선시대에 서울만이 아니라 전국적으로 분포했고, 근현대에 이르러서는 해안과 도서 지역에 마을공동체 신앙으로 자리를 잡았다. 지금은 그 흔적만 남아 있다.

맞춤을 하다 보면 대방산 정상에 오른다.

처음으로 대방산 정상에 오른 날은 미세먼지 때문에 지족해협을 만끽하지 못했다. 대신에 산불관리를 하는 광천에 사는 주민 이영일 (1957년생)님을 만났다. 행운이었다. 그리고 약 한 시간에 걸쳐 창선도 이야기를 들었다.

그중 가장 인상적인 것이 '죽은 창선 사람 한 사람이 남해 열 사람을 이긴다'는 말이다. 그 전에도 '창선 사람들 고춧가루 서 말 먹고 물밑 30리를 간다'는 말은 들었다. 창선 사람들의 강인함과 억척스러움을 표현하는 말이다. 창선 사람 한 명이 살아 있는 남해 사람 열 명을 이긴다는 말은 들을 법한 말이다. 그런데 죽은 창선 사람 한 명이라니. 구전은 전하면서 점점 말이 과장되고 불어나는 속성이 있는 모양이다.

창선도는 삼천포 생활권이다. 남해군에 속하지만 남해의 정체성과는 거리가 있다. 당항에서 삼천포로 이어지는 뱃길이 있었고, 장배들이 사람은 물론 소를 싣고 오갔다. 다리가 놓였지만 여전히 창선도 사람들은 남해읍보다는 삼천포를 오간다. 남해도 본섬보다 다섯 배나 작은 섬이지만 체육대회나 면 단위 경쟁에서는 남해에 지지 않았다. 단결심이 강했다. 그렇게 생활하지 않으면 큰 섬과 배후에 뭍을 둔 삼천포 사이에서 살아남기 힘들었다. 역사적으로 보아도 남해도와 창선도는 걸어온 길이 다르다.

창선도는 목장이었다

우리나라 섬은 고려 말 조선 초에 목장으로 이용된 사례가 많다. 말은 옛날부터 군사·교통·농경·운반·교역의 중요한 수단이었다. 따라서 말을 키우고 관리하는 마정정책은 국가사업이었다. 당시 말은 방목을 했다. 겨울에도 따뜻하고, 목초가 풍부한 곳이 적지였다. 또 관리하기도 편리하고 농사를 짓거나 마을에 피해를 주지 않는 곳이어야 했다. 게다가 한양이나 말이 필요한 곳으로 운반하기도 편해야 한다. 남해안의 많은 섬들이 국영 목장으로 이용되었던 이유다.

《세종실록지리지》에 기록된 목장지를 보면 섬이거나 '곶'이라는 지명을 가진 곳이 많다. 포항 동을배곶, 울산 이길곶, 여수 백야곶 등이 있으며, 남해 대부분의 섬에 국영목장이 설치되었다. 곶은 바다로 뻗은 육지다. 이런 지형은 지구가 탄생한 후 오랜 지각변동을 거치고 파도와 바람을 견디면서 만들어졌다. 해식애가 발달해 따로 목책이 필요 없다. 뭍이나 너른 뭍으로 통하는 목만 관리하면 방목이 가능하다. 창선도에서 진동리, 특히 장포마을 일대가 그런 지형이다.

목장의 기본 구조는 방목지와 마집소다. 방목지는 목포지와 음수지, 마집소는 가옥, 마사지, 원장, 사장, 음수지, 적초장으로 이루어져 있다.

남해군 창선면 적량마을은 감목관의 목소가 있었던 창선 행정 치소와 함께 창선면에서 유서 깊은 마을이다. 적량은 창선면 동쪽 끝에 있는 마을로 세종 2년(1420년)에 성을 쌓아 경술국치 전까지 수군기지 역할을 한 곳이다. 적량진은 수군만호로 때로는 무관으로 최고 품계인 정3품 절충장군(折衝將軍)이 첨사(僉使)로 부임할 만큼 중요한 군사기지였다. 적량진성은 미조항진성, 평산진성과 함께 남해를 방어하는 대표 성곽이었다. 삼천포의 굴항보다 규모가 더 큰 굴항이 있었던 곳이다. 마을 앞 선창 옆에 1889년(고종 26년)에 세워진 절위장군 첨사 김정필 장군의 선정비가 있다.

그리고 목장 외곽에 목장성을 쌓아 말과 소를 보호하고 이탈을 막았다. 또 외부에서 말을 노리는 짐승의 침입을 막았다.

장포마을 인근 적량마을에는 미조항진성, 평산진성과 더불어 남해를 왜구 같은 적으로부터 방어하기 위한 적량진성이 설치된 곳이다. 세종 2년(1420년)에 축성되어 1910년 무렵까지 제 역할을 한 것으로 알려져 있다. 배를 수리하고 보관한 굴항(堀港)의 크기가 삼천포의 것보다 큰 것으로 알려져 있다.《세종실록지리지》《신증동국여지승람》《조선왕조실록》등에 그 기록이 남아 있다.《진주목읍지》에는 '진주 남쪽 1백 10리 적량면의 석성으로 둘레가 1,182척(553미터), 너비가 405척, 길이가 407척, 전선 1척, 병선 1척, 사후선 2척, 감관 1명이 있다. 노젓는 병사 145명, 사수 28명, 화포수 10명, 포수 34명 등 217명'이 주둔했다고 기록했다. 아쉽게 성곽의 대부분은 훼손되었고, 굴항은 농지로 개간되었다.

《경상도속찬지리지》진주목 목장 조에는 "주남흥선도목장주회육십일리 입방마 칠백삼십칠필수초무(州南興善島牧場周廻六十一里 入放馬 七百三十七疋水草茂)"라고 기록했다. 또《목장지도》(1678년) 진주목 편에 "이목장합장설장 홍선도 동서십리 마자웅병삼백오십이필 남북십오리 주회칠십리 재주남구십리 창선도 주회오십리 홍선도통장 二牧場合場設場 興善島 東西十里 馬雌雄並三百五十二匹 南北十五里 周廻七十里 在州南九十里 昌善島 周廻五十里 興善島通場"이라 했다.

이 기록에 보면 흥선목장 둘레가 약 24~28킬로미터에 이른다. 창선도 해안선이 약 30킬로미터에 이르므로, 섬 전체가 목장으로 이용되었을 것이다. 보유한 말을 보면 737필에서 352필까지 등장한다.《경국대전》에는 암말 100필과 수말 15필을 1군으로 해서 군두 1명, 군부 2명, 목자 4명을 배치했다.

기록에는 남해군에 흥선목장 외에 금산목장, 창선목장이 등장한다. 창선도에는 진주목에 속하는 홍선목장과 창선목장이 있었다. 홍선목장은 가인·요용·진동·부윤리 일대, 창선목장은 광천·옥천·지족 일대로 추정하고 있다. 골프장을 건설하면서 실시한 발굴 조사에서 장포마을 배후에서 목장성, 방목지, 마집소, 마사, 적초장, 원장, 사장, 음수지, 목자의 집 등 말 관련된 많은 유물이 확인되었다. 또 말의 숫자를 세기

창선면 단항마을 앞 소초도. 남해도와 창선도에서 사천만으로 이어지는 바다에 있는 작은 무인도다. 단항마을의 선창으로 드는 파도를 막아준다. 주변에 형성된 혼합갯벌은 바지락 같은 패류가 서식할 수 있는 환경을 만들기도 한다. 마을 앞에 있는 무인도는 마을의 가치나 바다의 생산성에 큰 영향을 준다. 사람이 머물지 않는 섬이라도 존재만으로 바다생태계뿐만이 아니라 경관의 가치 측면에서도 역할이 크다.

위한 S자형 담장열, 임시보관을 하던 타원형 담장열도 확인되었다. 그리고 인근 장군산에서 봉수대도 확인되었다. 흥선목장은 고려 12세기 전후에서 조선 고종 32년(1895년) 폐장될 때까지 지속된 것으로 추정하고 있다.

창선도의 지명을 보면 말과 관련이 많다. 창선에 질마산이 있으며, 옥천리에는 목초골·마제당지가, 상죽마을에는 감목관지·목장지·점마장이 있다. 광천에는 말덤벙, 신흥에 목마장, 연곡에 마안산과 질마재 등이 있다. 나이가 많은 주민들은 산 밑에 있는 마을 사이에 돌담이 있었고 말을 길렀다는 이야기를 전해주었다. 창선초등학교 자리에는 조선시대 창선목장 감목관이 있었다. 오용리에서 수산리로 넘어가는

흥선목장 고지도《목장지도》1678년 /《적량진지도》1872년
적량진은 창선도 적량마을에 세종 2년(1420년) 축성한 것으로 남해안으로 들어오는 왜구나 적들을 방
어하는 역할을 했다. 수군만호였지만 한때는 무관의 최고 지위인 절충장군 첨사가 부임하기도 했던 군사
적 요충지였다. 인근 장포마을과 함께 국영 목장인 창선목장이 설치되기도 했다.

도로 오른쪽 면민동산 자리에 12기의 비석이 세워져 있다. 대부분 감
목관의 영세불망비(永世不忘碑)들이다.

　말을 키우는 사람들이 사는 마을이 생기면서, 농사도 짓게 되었다.
국가의 역을 맡고 있기 때문에 조세감면은 당연한 일이고 제도도 그렇
게 만들어졌다. 하지만 현실은 그렇지 않았다. 창선면 상신리 도로 옆
에 '창선목도세견면정익환사적비'가 있다. 주인공인 정익환은 창선면
가인리 식포마을에서 태어나 무과에 급제하고 사천 선진진의 파견대
장으로 근무하기도 했다. 동학농민항쟁 직후 조정에서 밀린 세금을 독
촉하자 투옥도 불사한 7년에 걸친 저항으로 면제를 받은 것을 기려 세

운 비이다. 당시 말을 기르는 목민들에게 관유지는 면세 대상이었지만 삼정승 등 권력을 가진 세력들이 식읍지로 만들어 조세를 받았다. 게다가 면민들에게 조세를 거두어 상경한 관리가 백미를 가지고 잠적한 것도 조세를 받는 원인이 되었다.

이렇게 섬과 바다를 조망하는 말목장은 최근 골프장이나 숙박시설이 차지하고 있다. 말 대신 사람이 머무는 공간이 되었으니 어떻게 해석해야 할까.

왕후박나무와 공룡 화석지

창선도에는 천연기념물로 지정된 왕후박나무와 공룡 화석지가 있다. 왕후박나무는 창선면 대벽리에 있다. 1982년 천연기념물로 지정된 나무인데, 수령이 500여 년 된 것으로 추정한다. 줄기에서 10여 개의 가지가 뻗어 있다. 500여 년 전 늙은 부부가 큰 고기를 잡았는데 배 속에서 씨앗이 발견되었다. 그 씨앗을 심어서 자란 것이 왕후박나무라고 한다. 마을 주민들은 용왕님이 보내주신 씨앗으로 생각해서 매년 마을의 평안과 풍어를 기원하며 제를 지내기도 했다.

가인리 공룡 발자국 화석지는 주민의 신고로 알려졌다. 1997년 학계에 보고되었고 2008년 천연기념물로 지정되었다. 발자국의 주인공은 익룡, 대형 조식공룡(용각류), 두 발로 걸었던 초식공룡(조각류), 다양한 육식공룡(수각류) 등이다. 또 새 발자국, 거북이 발자국, 공룡 피부 자국, 뼈 화석 등도 확인되었다. 가장 주목을 받은 화석은 두발로 걷는 익룡 발자국으로 세계적으로 처음 보고된 것이다. 그래서 '해남이크누스 가인엔시스'라 명명했다. 이 발자국이 사람 발자국과 닮아서 공룡과 사람이 당시 공존하지 않았을까 상상하기도 했다. 또 세계에서 가장 작은 육식공룡 발자국(길이 1.1센티미터)도 확인되었다.

천연기념물 제299호로 지정된 남해 창선도 왕후박나무(남해군 창선면 단항리)
왕후박나무는 녹나무과의 늘푸른나무인 후박나무의 변종이다. 잎이 넓고 뿌리를 깊게 뻗는 성질이 있고
해안가에서 잘 자라 방풍림으로 심었다. 창선도 왕후박나무는 9미터 이상의 높이에 밑둥에서부터 10여
개의 가지가 갈라져 있는 것이 특징이다. 수령은 5백 년 이상으로 추정한다. 어느 노부부가 커다란 물고
기를 잡았는데 배 안에서 씨앗을 발견하고 심었다고 한다. 임진왜란 때 이순신 장군이 이 나무 밑에서 쉬
어 갔다고 한다. 마을에서 풍어를 기원하는 제사를 지내고 있다.

 아쉬운 것은 바닷가에서 그 발자국을 확인하기 어렵다는 점이다. 입
구에 모형을 만들어 놓았지만 이해하기 힘들다. 바닷가에 자리를 잡은
사찰을 끼고 숲속을 지나서 바닷가까지 가서 보았지만 겨우 용각류 발
자국 몇 개를 확인하는 정도였다. 아이들과 낚시를 나온 젊은 부부가
자리를 잡고 준비해 온 음식을 먹는 중이었다. 그들은 공룡 발자국에
는 관심도 없었다. 입구에 큼지막하게 안내판이 있지만 보지도 읽지도
않았다고 한다. 안내해주는 사람도 없다.

작지만 알찬 갯벌, 강진만과 동대만
창선도 서쪽에는 삼천포로 도선과 장배가 오갔던 단항·대벽·율도·광

남해군 창선면 한재로에서 만난 조탑이다. 조탑(造塔)은 마을 입구에 수구막이를 위해 돌을 쌓아 올려 만든 입석의 일종이다. 산간 지역에서 많이 발견되며 남해도의 경우도 해안마을보다는 내륙에서 확인되고 있다. 원형의 돌탑 위에 큰 돌을 세워 표식을 한다. 마을로 들어오는 액을 막고, 마을에서 나가는 복을 막아주는 역할을 한다고 믿는다. 지역에 따라 화재가 자주 발생하는 것을 막아준다고 믿기도 한다.

천·사포·신흥 마을 등이 있다. 단항과 대벽 마을은 물바지락 양식을 많이 하며, 광천은 새꼬막 양식을 한다. 바다 건너 남해읍과 마주하고 있으면 그 사이를 '강진만'이라 부른다.

강진만은 북쪽으로 진주와 접해 남강의 영향을 받으며, 동서로 노량과 삼천포, 남쪽으로 지족해협을 통해 바닷물이 들고 난다. 조류소통이 잘되고 갯벌생태계가 좋아 패류 양식이 활발한 곳이다.

왕후박나무로 유명한 단항마을에서는 봄철이면 형망을 이용해 물바지락을 채취한다. 10여 척의 배들이 조업하고 있다. 이에 반해 광천은 새꼬막이 유명하다. 고흥에서 종패를 가져다가 뿌려서 성패로 자라면 반대로 고흥에서 상인들이 구입해 간다. 강진만도 예전처럼 꼬막이 잘 자라지는 않지만 그래도 고흥보다는 나은 편이라고 한다.

가장 활발하게 관광과 접목해 마을 활성화를 꾀하는 곳이 신흥마을
이다. 남해에서는 가천의 다랭이마을과 함께 꽤 일찍 농촌관광을 시작
한 마을이다.

남해군 남면과 서면 그리고 최근에는 미조면에도 펜션과 카페가 많
이 늘었다. 남해의 어촌마을 정취가 물씬 나는 곳이 점점 사라지고 있
다. 창선도 강진만 바닷가에도 하나둘 집들이 지어지고 있다.

강진만에 비하면 동대만은 크기가 작고 수심도 낮다. 파도가 치면
집에 들어올 것 같다. 물론 그런 일은 없다. 논밭과 갯벌이 허리 높이
차이밖에 나지 않는다. 그곳에서 굴 양식을 하기도 하고 바지락을 캐
기도 한다. 사천과 남해를 오가는 차들이 이용하는 중심도로와 이어져
있으며 주민들이 이용하는 창선로와 만난다. 옛날에는 창선도 사람들
이 동대만에 기대어 살았다. 수산리·상신리·오용리 등은 창선도에서
도 너른 농지를 갖춘 마을이다. 게다가 바닷물이 빠지면 이용할 수 있

갯벌은 어민들에게 육지의 논밭처럼 식량을 제공하고 소득을 얻는 곳이지만 아이들에게는 더 없이 좋은
놀이터다. 남해에 있는 외할머니 집을 즐겨 찾는 이유가 갯벌이 있기 때문이다. 오늘은 고동을 주워 삶아
먹을 모양이다.

는 좋은 갯벌이 지척에 있었다. 파도와 태풍에도 안전한 곳이었다.

갯벌은 남해와 창선도 사이에도 있다. 오래전 해바리마을로 알려진 신흥마을에서 무안지역 습지보호지역 어민들과 갯벌체험을 한 적이 있다. 갯벌이 발달한 무안에서는 갯벌 생태 관광에 대해서 생각하지도 않을 때였다. 부윤리 구도마을 앞도 갯벌이 발달하여 일찍부터 유어장을 만들어 갯벌체험을 시작했다. 마을 앞에 있는 무인도가 구도다. 그 사이에서 아이들 몇 명과 젊은 어머니 둘이서 바지락을 캐고 있었다. 아이들은 붓대를 들고 쏙 잡기에 푹 빠져 있었다. 이곳이 고향인 어머니가 아이들을 데리고 놀러 왔다. 익숙한 솜씨로 갯벌을 파내고 된장을 푼 물을 뿌렸다. 그리고 구멍에 붓대를 집어넣었다. 쏙이 나올 때마다 아이들이 소리를 질렀다. 직접 잡아보겠다고 자리를 잡고 구멍에 붓대를 집어넣었다. 바지락도 제법 많이 캤다. 지금은 어촌체험마을을 운영하지 않는다. 고기 잡는 체험을 하겠다고 그물 대신 시멘트로 발라서 만들어놓은 구조물이 흉물스럽게 갯벌에 방치되어 있다. 초기 어촌체험의 흔적이자 현실이었다.

부윤마을을 지나면 장포항으로 이어진다. 그곳에는 골프장이 있다. 창선목장의 흔적이 확인된 곳이다. 하지만 들어갈 수 없다. 겨우 갈 수 있는 곳이 장포항에서 모상개해수욕장으로 이어지는 길까지다. 겨우 차가 한 대 들어갈 수 있는 좁은 길을 지나면 해수욕장이 펼쳐지고 펜션이 있다. 파란 바다와 모래밭에서 해수욕을 즐기는 사람들 옆으로는 푸른 잔디에서 골프를 치는 사람들이 있어 대조적이다. 과거에 주민들이 살았던 흔적들이 논과 밭 사이에 남아 있다. 통영에 속하는 수우도와 사랑도가 지척이다.

고사리밭 이것이 일 년 농사 아닌교

창선도는 사방이 갯벌로 둘러싸여 있지만 바다보다는 낮은 산에 의지해 살아간다. 특히 창선도 동쪽 가인리·오용리·진동리·부윤리는 바다도 바다지만 마을 앞뒤의 산과 도로변과 길가 밭 등이 온통 고사리밭이다. 4월부터 5월까지 두 달간 닷새 간격으로 고사리를 꺾어 삶아 말려서 소득을 올리고 있다.

햇볕이 좋은 4월 어느 날 적량마을 포구에서 고둥을 줍는 어머니 두 분을 만났다. 어제 하루 고사리를 꺾고 오늘은 쉬는 날이라 저녁 찬거리를 마련하는 중이라고 한다. 이 어머니들의 말투가 남해 말투가 아니다. 대구에서 고사리를 꺾는 일을 하러 온 어머니들이었다. 소개를 받아서 왔는데 너무 힘들어서 더는 못 할 것 같다며 혀를 내둘렀다. 산비탈에 오르며 고사리를 꺾는 일은 그래도 할 수 있는데 내려오는 것은 정말 힘들어 못하겠다고 했다. 좀처럼 일당을 말하지 않으려 했지만 이야기를 나누다 자연스럽게 입 밖으로 새어 나왔다. 하루에 8만 5천 원이란다. 노인정에서 자고 먹으며 일한다고 했다. 두 분 말고 더 있는데 모두 외국인이라고 했다. 주민들은 나이가 많아 일하기가 힘들어서 일당으로 사람을 사서 고사리를 꺾는다고 한다. 임야를 가지고 있는 사람이 나무를 베어내고 고사리가 잘 자랄 수 있도록 만들었다. 도로변도 잡목을 베어내고 고사리밭으로 만들었다. 이곳에도 태양광 시설이 있지만 다른 섬에 비해 규모가 작은 이유는 고사리밭으로 일궈 얻는 소득이 더 낫기 때문으로 보인다. 4월과 5월 두 달 정도 고사리를 꺾어 적게는 2천만~3천만 원에서 많게는 7천만~8천만 원까지 소득을 올린다고 한다. 어떤 농사로 이 정도 소득을 올릴 수 있겠는가.

창선도에서 고사리를 특화작목으로 재배한 것은 10여 년 전이다. 창선 고사리는 전국 고사리 생산량의 40퍼센트를 차지한다. 섬에서 해풍

창선도에서 고사리를 특화작목으로 재배한 것은 10여 년 전부터다. 창선 고사리는 전국 고사리 생산량의 40퍼센트에 이른다. 섬에서 해풍을 맞고 자라 식감과 향이 좋다.

을 맞고 자라 식감과 향이 좋다. 왕후박나무를 구경하다 만난 지역해설사가 창선 고사리는 청와대로 납품된다고 귀띔을 했다. 그동안 섬고사리라면 제주도만 생각했다. 심지어 봄철이면 제주도에 고사리를 꺾기 위해 한 달 살기를 하는 사람들이 있을 정도다. 흔히 '땅 주인은 있어도 고사리 주인은 없다'고 한다. 그런데 이제 사정이 좀 다르다. 너무 많은 사람이 몰려들고 전문으로 채취하는 사람이 등장하면서 문제가 되고 있다. 창선도의 개인 소유 산과 밭이 고사리밭으로 바뀌었다. 적량마을처럼 묵히던 다랑논이 고사리밭으로 재탄생한 곳도 많다. 산도 마찬가지다. 그래서 '돈산'이라고 부르기도 한다. 남해에는 고사리 외에 유자, 시금치, 멸치가 특산물이다. 남해 마늘과 창선 고사리는 지리적표시제에 등록되었다.

개황 | 남해 창선도

일반현황

위치 | 경상남도 남해군 창선면
면적 | 54.18km²
가구수 | 3,063
인구(명) | 5,290
교통 | 남해시외버스터미널–(농어촌040)–창선지족–(농어촌801)–곤유 정류장
특산물 | 고사리, 시금치

변화 자료

구분	1985	1995	2011
주소			경남 남해군 창선면
면적(km²)			54.211
인구(명)			6,073(2,847+3,226)
가구수			2,884
공공기관			면사무소 1, 지·파출소 2, 우체국 분국 1
학교			고등학교 1, 중학교 1, 초등학교 1, 유치원 1, 보육시설 2
급수시설			지방상수도 1개소, 간이상수도 21개소, 우물 1,507개소
전력시설			한전계통 2,884가구
의료시설			병원 3, 보건지소 1, 보건진료소 6
어선(척, 동력선+무동력선)			558(6+552)

※ 섬의 개황 자료 또는 변화 자료를 통계 데이터베이스에서 확인할 수 없는 경우 부득이하게 비워두었음을 알려드립니다.

416

34

물이나 실컷 쓰면
소원이 없다 안했나

남해 조도

남해에서 가장 많은 섬이 모여 있는 곳이 미조항 근처다. 조도와 호도 같은 유인도 외에 죽암도, 쌀섬, 목과도, 고도, 사도, 애도 같은 크고 작은 무인도 16여 개가 모여 있다. 전라남도 진도군 조도면에도 조도가 있다. 주변에 150여 개의 크고 작은 유·무인도가 마치 새떼가 내려앉은 것처럼 많이 모여 있어서 붙여진 이름이다. 새섬이라고도 한다. 통영에도 새섬이 있다. 학림도를 이르는 말이다. 주변에 많은 섬들이 군도를 이룬다.

남해군 미조면에 있는 미조항은 1971년 지정된 국가어항이다. 미륵이 도운 마을이라 붙여진 이름이다. 남해도 남쪽에 위치한 어업전진기지이며 아름다움까지 갖춘 미항이다. 물건리와 함께 남해를 대표하는 방풍림이 있다. 남해에서 가장 활발한 어항이며, 매일 싱싱한 수산물이 경매되는 곳이다. 남항과 북항이 있는 미조항은 미조섬이 모래가 쌓여 남해도와 연결되면서 만들어진 천연항이다. 미조항이 최고의 어항이자 미항으로 자리를 잡을 수 있었던 것은 순전히 조도라는 섬이 나들목에 자리를 잡고 있었기 때문이다. 조도나 호도로 가는 배를 타는 도선장이 있다.

세 번째 가는 길이다. 그런데 미조항에 도착하면 매번 아차 싶은 사실은 배를 타기 전에 들렀다 갈 화장실이 없다는 것이다. 눈치를 보면

조도로 들어가는 배는 미조항에서 탄다. 미조에서 출발해 조도와 호도를 순항하는 도선이다. 차를 가지고 갈 수는 없으며 사람만 탈 수 있다. 주민들뿐 아니라 낚시인들도 많이 이용하는 배다. 도선이지만 표를 구입할 때는 반드시 주민등록증을 지참해야 가능하다. 조도나 호도에서 나올 때는 배가 오래 머물지 않는다. 미조항에 조도행 시간표가 있으니 섬으로 들어갈 때 확인하는 것이 좋다.

서 수협건물을 이용하거나 한참 거리에 있는 면사무소까지 가야 한다. 주말이면 이마저 사용하기 어렵다. 선표를 파는 분에게 물어보니, 건너편에 있는 커피숍에서 커피 한잔 하고 이용하라고 한다. 배 안에 소변은 볼 수 있는 화장실이 있다고 해서 올라탔다. 그런데 화장실 안에 온갖 잡동사니를 가득 쌓아 놓았다. 고장이라고 쓰여 있지만 사용 금지로 느껴진다. 함께 탄 여행객 대부분은 낚시객이거나 가족들이다. 이들은 조도의 큰 마을에 많이 내린다.

　조도는 작은 섬과 큰 섬으로 나누어져 있다. 그 사이에 모래가 쌓인 육계사주(陸繫砂洲)가 형성되어 섬이 연결되었다. 여기에 기대어 매립으로 공간을 확장해 제방을 쌓아 건물을 지었다. 남쪽과 북쪽의 큰 섬과 작은 섬에 방파제를 쌓아 어항을 만들었다. 양쪽 어항의 거리는 배로 5분이면 닿는 거리다. 여행객보다 낚시객이 더 많이 오는 섬이다. 배가 닿자 어머니들이 단체로 올라온다. 목욕을 하려고, 머리를 하려고, 생필품을 사려고 등등 이유도 다양하다. 잠깐이면 다녀올 수 있고 배가 자주 다니기 때문에 부담이 없다. 조도에는 식당은 물론이고 슈퍼도 없다. 조만간 가게가 생길 것이라고 한다. 주민들에게 섬밥상을 요청할 것이 아니라면 식사는 미조에서 해결해야 한다. 다행히 보물섬이나 살고 싶은 섬 사업이 추진되면서 식당이 마련될 것 같다. 조도에 딸린 무인도는 고도(외섬), 박도(납도), 목과도, 작은목과도, 노루섬, 미도, 죽암도 등이 있다. 주변에 해조류가 잘 자라고 어류가 찾는 곳이라 어민들이나 낚시인들이 즐겨 찾는다.

마을 사람들은 큰 섬에 있는 마을을 '큰마을', 작은 섬에 있는 마을을 '작은마을'이라 부른다. 그런데 큰마을에 처음 방문했을 때는 한 가구만 머물고 있었다. 지금은 보물섬 사업을 시작하면서 몇 가구로 늘었다. 반면에 작은 섬에는 30여 가구가 마을을 이루며 생활하고 있다. 그런데 문을 닫은 학교는 큰 마을 바닷가에 있었다.

배를 타고 금산으로 소풍을 갔다

섬마을에서 학교는 단순한 교육기관이 아니다. 섬의 자존심이고 자랑이다. 그래서 재산이 있는 집에서는 땅을 내놓고, 주민들은 지게를 지고 삽과 괭이로 운동장을 만들고 건물을 지었다. 작은 섬에서는 이렇게 학교를 유치하고 짓는 일에 적극 나섰다. 조도의 큰마을 바닷가에서 만난 '미남초등학교(당시 국민학교)'가 이를 잘 말해준다.

남해군 삼동면 미조리(남해군 삼동면 미조리) 조도 강재선씨는 동리
무산아동의 전도를 가긍히 생각하고 동민과 협의한 결과 소화2년도

에 2백여원을 들여 강습소를 건축하고 기본재산 4백원까지 적립한 후 교육사업에 힘쓴 까닭으로 벌써 4회의 졸업을 내었으며 전기 강 씨는 자기 토지 약 2백평을 강습회에 기증하였다 한다.

〈동아일보〉(1933.5.17.)의 기사 내용이다. 이 기사에 따르면 조도에 1927년 강습소를 설치하였다. 조도의 큰 섬에 20호, 작은 섬에 30여 호가 살았다. 강씨가 기증한 땅에 학교를 짓기 위해 주민들은 매구를 치며 돈을 마련했다. 그리고 주민들은 지게로 돌을 나르고 삽과 괭이 로 땅을 고르며 학교를 세우기에 나섰다. 지금의 미남초등학교 자리 (미조면 미조리 875번지)에 1946년 9월 6년제 단 학급으로 인가를 받 았다. 그리고 그해 11월 상주초등학교에 근무하던 강재민 교사가 부임 해 미조공립초등학교 조도 분교장으로 개교하였다. 처음에는 학교 건 물이 없어 초가집에서 수업을 시작했다. 그리고 1949년 건물을 짓고 학생이 늘어나면서 1956년 11월 20일 조도분교장에서 미남초등학교 로 인가를 받았다. 또 1964년 3월 미남초등학교 호도분교장을, 1968 년에는 갈도분교장을 개교했다. 당시 남해군에 속했던 갈도는 1973년 7월 통영군으로 편입되었다. 하지만 1970년대에서 1980년대 상급학 교에 진학하고 일자리를 찾아 농어촌의 젊은 층이 도시로 이주하면서 인구가 급격하게 감소했다. 1965년 미남초등학교 학생은 84명에 교사 3명이었고, 1967년 미남초등학교 학생은 60명에 교사는 4명이었다. 호도분교에는 학생 35명에 교사가 4명이었다. 학생이 많을 때는 배를 타고 남해 금산으로 소풍을 다녀오기도 했다.

1983년 3월 미조초등학교 미남분교장으로 격하되고, 1990년대 학 생 수는 10명에 이르지 않을 정도로 줄었다. 1999년 2월 47회 졸업생 한 명을 끝으로 문을 닫았다. 호도분교도 1992년 9월 문을 닫았다.

물이나 실컷 쓰면 소원이 없다

작은 마을에 도착하자 먼저 반기는 것은 '상수도 준공기념비'이다. 섬 살이에서 물이 얼마나 소중한지를 한눈에 보여주는 증거다. "400여 년 이어져 온 조도 주민의 오랜 소원이 이루어져 기쁨이 하늘에 닿으므로 그 뜻을 영원히 보전하고자 합니다"라고 새겼다. 과장한 말이 아니다. 광역상수도가 조도와 호도에 들어온 것은 2009년이다. 변변한 개울 하나 없고 숲도 깊지 않아서 빗물에 의지해서 살았던 시간이었다. 물이 비치는 곳이면 우물을 파고, 물이 고이는 곳이면 갯바위든 어디든 찾아다녔다. 물이 나오는 샘에 양철통이나 동우를 놓고 매일 줄지어 기다리는 것이 다반사였다. 그래도 부족하면 배를 타고 미조는 물론 상주까지 물 동냥을 다녔다. 그러다가 1999년 해수담수화시설이 설치되었다. 바닷물을 식수로 바꾼다는 말이 그렇게 신기했다. 하지만 이것도 기술 미비로 염분을 완전히 제거하지 못해 식수를 해결하지 못했다.

돈을 물 쓰듯 한다는 말은 들었지만 물을 원하는 대로 사용하면 소원이 없겠다는 말은 흔치 않다. 물이 흔하다고 생각해서 그렇다. 최근에야 생수를 사 먹지만 지금도 나이 든 사람들은 물을 사 먹는 것을 이해하지 못한다. 그런데 빗물을 받아서 사용해야 하는 섬이나, 상수도가 들어오지 않아 지하수에 의지해야 하는 작은 섬은 물에 대한 그리움이 대단하다. 남해 큰 섬에서 작은 조도에 상수도가 연결된 것은 2009년이다. 400년의 물 걱정이 해결되었으니 어머니들에게 이보다 반가운 일은 없었을 것이다.

배를 타고 일을 보러 나가는 어머니들이 매일 머리에 동이를 이고 샘에서 물을 떠 날랐던 것이다. 샘이 마를 때는 뭍으로 물 동냥을 하러 나가야 했다. 어느 섬에서는 빨랫감을 모았다가 뭍으로 가져가 빨래를 했다는 어머니도 계셨다.

고령화가 심각한 섬에서 큰 논밭은 직접 관리하기 어렵다. 오히려 작은 텃밭이 요긴하다. 하지만 이것도 땅을 갈고 고랑을 파는 일은 경운기나 관리기의 힘을 빌려야 한다. 파종을 하고 모종을 심는 시기에 기계가 고장이라도 나면 서비스를 받는 것이 쉽지 않다. 몸이 아파 병원에 가는 것도 그렇지만 농기계가 고장이 나도 제때 서비스를 받기 어려운 곳이 섬이다.

전기는 1986년 5월 20일 들어왔다. 조도뿐만 아니라 호도, 노도 그리고 하동군 대도에 전기가 공급되었다. 그 전에는 호롱불을 켜고 살았다. 미조에서 큰 소주병(댓병)에 석유를 사서 집에다 두고 호롱불을 밝혔다. 그러다가 삼천포에서 발전기를 사고, 주민들이 직접 전봇대를 세워 전기를 쓰기도 했다. 이후 마을 주민들은 자기들의 어선 몇 척을 담보로 해서 스스로 발전기를 설치했다. 자가발전을 하기까지도 많은 시간이 흘렀다. 불과 1킬로미터 떨어진 미조의 화려한 불빛이 부럽기만 했다.

개발이 주민의 섬살이를 더 나아지게 할 수 있을까

마을은 작은 섬과 큰 섬 주변과 언덕 너머 큰 섬, 두 곳에 자리를 잡았다. 한때 100여 가구가 살았지만 지금은 실제 거주하는 사람이 40여 가구에도 미치지 않는다. 그래도 뭍과 가깝고 어장이 좋고 큰 섬과 옆 죽암도 사이에 가두리 양식장도 할 수 있어 다른 섬에 비해 인구 감소가 더딘 편이다.

봄 어장을 준비하느라 통발을 갈무리하는 가족들이 분주하다. 문어 단지도 차곡차곡 쌓아두었다. 통영과 남해가 그렇듯이 조도도 겨울 바다는 물메기다. 초봄까지는 털게를 잡고 봄부터 가을까지는 붕장어를 잡는다. 늦가을부터 봄까지는 낙지와 문어 등을 잡는다.

마을을 지나 작은 섬 뒤 언덕에 오르면 호도를 비롯해 작은 섬들이 한눈에 들어온다. 많은 사람이 섬에 살 때 일구었던 손바닥만 한 밭들들이 묵정밭이 되었다, 쉽게 오갈 수 있는 밭에서는 마늘이 잘 자라고 있다. 3월 초, 매화꽃이 활짝 피었다. 농기구 수리기사가 밭에 멈춰 있던 농기계를 손보고 있었다. 몇 가지 손을 보더니 전화를 한다. 다음 배로 부속품을 보내달라는 전화다. 자주 들어와 주민들의 농기계를 비롯해 이것저것을 수리해본 솜씨다.

해안을 따라 데크를 놓아 걸을 수 있게 했다. 몇 년 전 조도와 호도를 '다이어트 보물섬'으로 만들겠다는 계획이 발표되었다. 사업 내용을 보면 다이어트센터, 탐방로, 전망쉼터, 민간투자 숙박시설, 스카이워크, 명상원, 전망대, 민간투자 해양레포츠와 숙박시설을 계획했다. 늘 그렇지만 사업 결과는 걷는 길, 데크, 전망대로 남는다. 건물은 계획대로 사용되지 않는다. 주민들이 운영할 수 없는 프로그램이다. 민간에 위탁해도 사정은 마찬가지다.

큰 마을로 가는 길은 사람들이 다니지 않았지만 오가는 데 어려움은 없다. 그곳을 대도마을이라 부른다. 이름대로 '큰섬마을'이다. 사람은 적게 살지만 이름만큼은 사람이 많이 사는 작은섬마을을 능가한다. 이곳 주민들의 목소리가 컸는지, 아니면 작은섬마을 주민들의 배려인지

큰 섬에 있는 '미남초등학교'는 강습소가 있던 자리이다. 층층이 다랑논이었던 땅을 강씨가 내놓아 동네 사람들이 흙과 돌을 져 나르고 괭이와 삽으로 평지로 만들어 강습소를 만들었다. 그 자리에 1946년 미조공립초등학교 조도분교장으로 개교했다. 그리고 1956년 미남초등학교로 인가를 받았다. 선생님 두 분이 나누어 가르쳤다. 당시 학생들은 소풍은 배를 타고 미조로 나가 금산으로 갔다고 한다. 1999년 2월 마지막 졸업생 한 명을 끝으로 그해 9월 문을 닫았다.

학교도 이곳에 있었다. '미조초등학교 미남분교장' 교패가 교문에 남아 있지만 아이들 목소리는 사라진 지 오래다. 큰섬마을에는 10여 가구도 되지 않을 것 같다. 실제 사는 사람은 더 적을 것이다. 그래도 조도에서 유일하게 가두리 양식장을 할 수 있는 곳은 여기뿐이다. 큰 섬 선창 끝에서 보는 등대 같은 망산과 미조항도 볼 만하다. 바다에 떠 있는 섬을 품에 안을 듯이 팔을 벌리고 있다.

한두 가구만 남았던 큰섬마을에 최근 울긋불긋 화려한 숙박시설이 만들어지고 있다. 남해군이 민자유치 공모를 통해 유치한 보물섬 조성 사업이다. 몇 개의 건물이 완공되었다. 계획대로라면 숙박시설, 카페테리아, 문화화장실, 포토존 등이 만들어진다. 이 사업은 '남해 다이어트

조도에도 호도에도 남해를 대표하는 '바래길'의 일부인 '조도 바래길'이 만들어졌다. 조도 바래길은 작은 섬 선착장에서 시작하여 마을회관, 큰섬 선착장, 노랑비렁전망대, 도장게 전망대를 돌아 회관에 이르는 약 1시간 정도 소요되는 길이다.

보물섬 조성사업'과 함께 진행되고 있다. 이 사업이 주민들 삶의 질이나 소득사업에 어떻게 연결될지 알 수 없다. 미조항에서 5분이면 닿는 거리이니 편리한 숙박시설이 만들어지면 사람들이 많이 찾아올 것은 분명하다. 지금도 낚시객들이 빈번하게 찾고 있다. 반대로 작은 섬의 민박집이나 어촌계에서 운영하는 시설들은 외면당할 것이 불을 보듯 뻔하다. 소비자는 민간에서 비즈니스로 운영하는 시설과 마을공동체에서 운영하는 시설 중에 어디를 선택할까. 여기에 경남도가 2020년 '살고 싶은 섬 가꾸기' 사업 대상지로 조도와 호도를 두미도와 함께 선정하여 추진했다. 이 사업은 3년간 30억 원을 투입해 마을공동체 활성화와 주민 소득 증대를 도모하고 생태여행지를 만들어 주민들과 방문객이 머물고 싶은 섬으로 조성하는 사업이다. 이 사업을 통해 섬을 찾는 사람들이 걷고 머물 수 있는 기반 시설을 마련하겠다는 계획이었다. 이율배반이다. 행정에서는 얼마의 예산을 투자해 시설을 만들었다는 것을 치적으로 내세울지 모르지만 시설 운영과 주민들의 삶은 물론 섬의 생태계에도 긍정적이지만은 않을 것 같다. 돌아오는 길에 미조면 사무소 앞에서 바람에 흔들리는 10여 개의 현수막을 보았다. 모두 사업을 따고 예산을 확보했다는 홍보들이다. 그중에 보물섬도 살고 싶은 섬도 포함되어 있다.

어머니가 그렇게 원했던 물은 실컷 쓸 수 있게 되었다. 무슨 사업이라며 전문가라는 사람들이 오가더니 섬을 깎고 새 건물들이 들어서고 있다. 앞으로 계속될 것 같다. 요즘 조금 불편하다. 마냥 환영할 수 없는 노릇이다. 고기도 잡히지 않는데, 사람들이 드나들면서부터 눈살을 찌푸리게 하는 일이 너무 많다.

개황 | 남해 조도

일반현황

위치 | 경상남도 남해군 미조면 미조리
면적 | 0.33km²
가구수 | 34
인구(명) | 77
교통 | 남해군 미조면 선착장에서 배편 이용
특산물 | 마역, 톳, 전복, 멸치, 다시마, 대파

변화 자료

구분	1985	1995	2011
주소	경남 남해군 삼동면 미조리	경남 남해군 미조면 미조리	경남 남해군 미조면 미조리
면적(km²)	0.317	0.319	0.320
인구(명)	231(116+115)	151(84+67)	83(38+45)
가구수	44	44	35
공공기관			
학교	초등분교 1	초등분교 1	
급수시설	간이상수도 2개소	간이상수도 1개소, 우물 1개소	광역상수도 35가구
전력시설	자가발전 2대	한전계통 44가구	한전계통 35가구
의료시설			
어선(척, 동력선+무동력선)	39(31+8)	37(29+8)	26(-+-)

※ 섬의 개황 자료 또는 변화 자료를 통계 데이터베이스에서 확인할 수 없는 경우 부득이하게 비워두었음을 알려드립니다.

35

낚시꾼들의 천국
남해 호도

이제 섬은 주민들만의 공간이 아니다. 주민들보다 외지인들이 더 많은 섬 땅을 차지하고, 바다는 마을어장이라기보다는 낚시객이나 해양레저를 즐기는 사람들의 공간으로 바뀌고 있다. 바다 물색과 파도가 좋은 동해나 섬이 아름답고 수심이 좋은 거제·통영·남해에서 도드라진 현상이다. 특히 섬 주민들이 많지 않은 작은 섬은 더 빠르게 바뀌고 있다. 남해군 미조면 호도도 마찬가지다.

호도로 가는 길은 미조항에서 출발한다. 작지만 범섬, 호랑이 섬이다. 섬 모양이 호랑이가 앉아 있는 모습이라고 호도라 했다. 작은 섬일수록 이름은 크다. 《해동지지》를 보면 미조항진 남쪽 바다 조도와 애도(쑥섬) 사이에 표시되어 있다. 일제 강점기에는 해군기지로 이용했다고 한다. 호도의 해안은 온통 갯바위로 이루어져 있다. 수심이 깊고 섬 주변에서 휘돌아치는 파도로 해식애가 발달한 섬이다. 주변에 목과도, 고도 등 무인도를 제외하면 망망대해로 이어진다. 동쪽으로는 쓰시마 섬이 제주도보다 훨씬 가깝다.

해안은 해식애가 발달해 절벽을 이룬 곳이 많고, 갯바위에는 낚시를 하려는 사람이 많이 찾아온다. 섬에는 평평한 구릉에 평지가 있어 밭이 있고 마을이 자리를 잡았다. 뱃길은 조도를 들렀다 호도에 가거나, 호도를 들렀다 조도로 가거나 한다. 미조항에서 출발해 조도의 큰마을

남해는 돌문어가 유명하다. 동해 피문어와 달리 크기가 작지만 육질이 단단하다. 돌문어는 통발이나 단지를 이용해서 잡는데, 호도에서는 통발보다는 단지를 많이 이용한다. 옛날에는 토기를 구워 문어단지로 사용하기도 했다.

과 작은마을 그리고 호도를 오가는 뱃길이다.

호도 선착장에서 마을까지 오는 길은 가파르다. 모노레일이 있어 가스통이나 쌀처럼 무거운 짐을 운반할 때 사용한다. 섬 노인들이 겨울철에 불을 때지 않고 차가운 방에서 자는 일이 많다. 전기요금이나 기름값이 부담스러워서다. 모노레일을 만들어 이용하도록 했지만 전기요금이 부담스러워 이용을 꺼리는 것이 이해된다. 10여 가구만 생활하는 탓에 이용하는 사람들이 부담해도 10만 원에 이른다. 그래서 웬만한 일이 아니면 사용하지 않는다. 시설도 중요하지만 운영이 더 중요하다. 섬마을에 다녀보면 마을회관을 멋지게 잘 지어놓고 준공식 사진도 찍고 야단법석을 떨지만 몇 달 사용하다 기름값이며 전기세가 부담스러워 사용하지 않는 곳을 종종 볼 수 있다. 섬의 특성을 반영해 태양광 등 에너지 자립방안도 함께 모색되어야 한다.

한때 섬 주민들 소득향상을 위해 흑염소를 키우는 바람이 일었다. 작은 섬에서는 방목하기도 했다. 하지만 개체수가 늘어나고 관리되지 않는 염소가 생겨나면서 야생 염소로 변해 섬 생태계를 파괴하는 주범이 된 지역이 많다.

　호도가 종점인 경우에는 도선이 선착장에서 30여 분 머문다. 도선장이 보자가에 싼 물건을 노인에게 전해주고 낚싯대를 들고 나왔다. 잠시 머무르는 동안 손맛을 즐기려는 것 같다. 배는 한 척만 눈에 띈다.

　배에서 내려 가파른 길을 오르면 평지가 있어 마을이 자리해 있고, 주변에 농지도 제법 넓다. 호도는 10여 가구 20여 명이 거주하는 작은 섬이다. 실제로 인기척이 있는 집은 너덧 집에 불과했다. 이곳에도 학교가 있었다. 한 칸 교실로 이루어진 아담한 학교다. 문을 닫았지만 그 흔적이 잘 남아 있다. 심지어 '멸공만이 우리의 살길'이라는 붉은 글씨도 색이 바랜 채 남아 있다. 1970년대 20여 가구에 130여 명의 주민이 살았다. 그때 학생이 20여 명에 이르렀다. 통발을 손질하는 주민과 언덕 위에서 밭을 일구는 어머니, 고양이 한 마리를 만났다. 다행이라면 밖에 내건 솥에서 김이 모락모락 나고, 아궁이에서 연기가 피어오른다.

마음이 따뜻해졌다.

농사를 짓던 밭이 지금은 묵정밭이 되었다. 사람 발걸음이 뜸한 길은 칡과 넝쿨식물이 차지했다. 농사를 지어 지게에 지고, 머리에 이고 오가던 길들이다. 이게 어디 호도만의 사정이던가.

살고 싶은 섬이 되려면

최근 호도는 경남도에서 추진하는 '살고 싶은 섬'에 조도와 함께 선정되었다. 미조항에서 가깝지만 옆에 큰 섬 조도가 있어 늘 뒷전이었다. 마치 큰아들 때문에 작은아들이 옷도 물려 입고, 학교도 제때 못 가는 것처럼 조도는 큰아들, 호도는 작은아들이었다. 중앙에서든 지자체에서든 사업을 권역사업으로 포함해 가져와서 대부분 조도에 투자하고 호도에는 생색만 내는 정도에 그쳤다. 그래서 이번 '살고 싶은 섬' 사업도 큰 기대를 하지 않았다. 토굴을 채취한 주민의 이야기로는 이번에 어촌계에서 매입한 폐교를 숙박과 식당을 겸한 펜션으로 바꾸고, 주민들이 이용한 섬길을 복구해서 트레킹 길을 만들 계획이라고 한다. 또 전망대와 냉동창고도 갖출 것이라며 기대감을 보였다. 그렇게 마련된 시설을 운영할 사람이 있느냐, 운영될 만큼 사람이 오느냐는 물음에는 안 되면 임대를 주면 된다고 말끝을 흐렸다. 뾰족한 대안이 없는 터라 더는 이야기를 나눌 수 없었다.

마을 주민이 여름에는 무늬오징어가 선창으로 많이 들어온다며 알려준다. 봄철이면 마을 선창 갯바위에서 토굴을 채취한다. 마을 주민이 튼튼한 갈고리와 특별하게 제작한 도구를 이용해 토굴을 채취했다. 손바닥만 한 토굴은 섬진강 하구에서 주민들이 소득원으로 양식하는 강굴과 같다. 주민이 철근으로 만든 묵직한 갈고리로 가장자리를 찍어서 마주 붙은 껍데기를 벌리더니 익숙하게 칼로 관자를 잘라 열었다. 옆

호도나 조도에서 미조항까지는 거리는 불과 1킬로미터 남짓 되는 거리지만 전기나 광역상수도 시설이 들어오는 데는 수십 년의 세월이 흘러야 했다. 단지 섬이라는 이유 때문이다. 지금도 급한 일이 있으면 도선을 기다리기보다는 작은 배를 자가용처럼 타고 간다.

에서 이를 본 여행객이 따라 해보겠다고 나섰다. 여러 번 찍었지만 벌리지를 못했다. 손을 대야 할 부위가 따로 있단다. 그리고 칼을 넣어야 할 곳도 따로 있다. 힘으로 하는 것이 아니라 토굴의 생리와 구조를 알아야 가능한 것이다. 백합 조개를 회로 먹기 위해서 칼을 넣을 때도 그렇다.

이곳에서는 자연에서 서식하는 토굴을 채취한다. 3년 정도 되었다는 토굴을 한 바구니 채취해서 선창에서 맛을 보았다. 처음에는 짭짤하지만 시간이 지나면서 달콤하고 배릿한 바다 맛이 오랫동안 남는다.

거대한 바위 위에 흙이 쌓이면, 다시 그 위로 나무가 자라고 사람이 정착해 살 수 있다. 직접 파도의 영향을 받는 호도의 해안은 갯바위로 이루어져 있다. 바위 곳곳에 낚시객들이 자리를 잡고 있다. 바다에는 배를 탄 사람들이 낚시를 하는 모습과 간간이 주민들이 통발을 넣고 건지는 모습이 펼쳐진다. 남쪽 멀리 세존도가 보이고 서쪽으로는 여수의 소리도와 금오열도가 아련하다. 갯바위 위 해안의 나무를 베어내고 개간해 농사를 지었지만 지금은 묵정밭이 되었다. 간간이 염소들이 오간 흔적들이 남아 있지만 사람들이 오간 흔적을 찾기는 어렵다.

선착장 오른쪽 갯바위를 따라 걸을 수 있는 데크가 만들어졌다. 해안을 걷기 위해서라기보다는 낚시객들이 쉽게 오갈 수 있도록 만든 시설이다. 그 길을 따라가면 미륵바위가 있다. 섬 주민들이 어장에 나갈 때 안전과 풍어를 빌었던 바위라고 한다. 그리고 호도 주민들이 기억하는 놀이터였던 청널바위로 이어진다. 너른 바위가 펼쳐져 있어 목욕을 하고 소 풀을 뜯기며 모여 놀던 곳이다.

호도를 즐겨 찾는 사람은 낚시객들이다. 미조항부터 심상치 않다. 조도와 호도로 가는 낚시객들이 많은 탓이다. 주차할 곳이 없을 정도다.

호도의 바래길은 선착장에서 출발한다. 이어 호도 사람들이 어장에 나가며 풍어를 기원하는 미륵바위를 지나 마당바위를 거치고 그물의자, 사철나무군락지, 해안탐방로, 호도탐방센터, 마을 입구, 동백나무군락지를 지나 다시 선착장에 이른다. 2.1킬로미터의 거리에 약 1시간 정도 걸리는 길이다. 해안애가 발달한 해안이라 걷는 길을 조성하기 위해 나무 데크를 만들었다.

미조항에서 가깝고, 배도 자주 있는 편이다. 방파제에서도 곧잘 낚시를 한다. 갯바위 근처에서 감성돔, 뱅어돔, 전갱이, 갑오징어 등이 많이 잡힌다. 하루 종일 낚싯배가 오가는 섬이다.

그사이 선장도 숭어 두 마리를 잡았다. 숭어는 가숭어와 숭어로 구분한다. 가숭어를 참숭어, 밀치라고 한다. 눈에 노란 안경테를 끼고 있다. 숭어는 노란 안경테가 없다. 눈꺼풀이라 부르는 지방막이 발달해 잘 보지 못하기 때문에 쉽게 잡히는 것이라고 한다. 겨울에서 봄까지 맛이 있다. 보리가 올라올 때가 제철이라 해서 보리숭어라고도 한다. 선장이 잡은 숭어가 이 녀석이다. 맛이 좋은 철이다. 이런 철에 가숭어는 산을 앞두고 알을 담고 있어 맛이 떨어진다. 한 마리는 선창에서 통발을 손질하는 주민에게 주고 한 마리는 봉지에 담았다. 그리고 배는 주민 두 명을 태우고 조도 작은마을로 향했다.

개황 | 남해 호도

위치 | 경상남도 남해군 미조면 미조리
면적 | 0.139km^2
가구수 | 18
인구(명) | 27
교통 | 남해군 미조면 선착장에서 배편 이용
특산물 | 바지락, 도다리, 홍합, 문어

변화 자료

구분	1985	1995	2011
주소	경남 남해군 삼동면 미조리	경남남해군 미조면 미조리	경남 남해군 미조면 미조리
면적(km^2)	0.138	0.139	0.139
인구(명)	112(56+56)	43(23+20)	17(8+9)
가구수	19	13	9
공공기관			
학교	초등분교 1	초등분교 1	
급수시설	간이상수도 2개소	간이상수도 1개소	광역상수도 9가구
전력시설	자가발전 1대	한전계통 13가구	한전계통 9가구
의료시설			
어선(척, 동력선+무동력선)	18(11+7)	7(5+2)	2(2+0)

※ 섬의 개황 자료 또는 변화 자료를 통계 데이터베이스에서 확인할 수 없는 경우 부득이하게 비워두었음을 알려드립니다.

36

한여름 밤의 꿈일세

남해 노도

도신이 신창에 닿자 서너 척의 배가 흔들렸다. 마을에 유일한 고기잡이 배다. 선창은 공사 중이다. 커다란 조형물이 세워지고 그 안에 낯익은 인물이 갇혀 있다. 남해읍 유배문학관 앞에 앉아 있던 서포다. 서포가 유배로 머물렀던 섬이 해상국립공원에 속한 노도다. 표지판 옆에 "과거 인위적 간섭에 의해 훼손되었던 노도를 본래의 자연 숲으로 되돌리기 위한 복원사업을 시행하였습니다."라고 새겨져 있다.

척박한 섬, 풍요로운 바다

노도는 앵강만 입구에서 문지기 역할을 하는 섬이다. 밖으로는 거칠 것이 없는 바다로 이어져 있다. 앵강만이 남해 물고기의 산란장이자 서식처 역할을 할 수 있는 것은 노도가 있었기 때문이다. 드는 바람을 막고 물고기를 부르는 섬이다. 특히 정치망 멸치가 유명하다. 어떤 이는 정치망 멸치가 죽방렴 멸치보다 더 좋다고 한다. 정치망 중에서는 제일 큰 규모다. 규모만 큰 것이 아니라 어획량이 대단하다. 어족자원의 고갈과 해양생태계 보전을 위해 더는 허가를 내주지 않고 있다. 정치망은 위치와 어획량에 따라 값어치가 수억에 이른다. 남해 정치망은 규모가 커서 가족 노동으로 유지하기 어렵다. 적어도 10여 명이 있어야 제대로 운영할 수 있다. 많은 정치망이 베트남, 인도네시아 같은 동

서포는 탄생만큼이나 유배도 기구했다. 병자호란으로 아버지를 강화도에서 잃고, 배 위에서 태어나 '선생(船生)'이 어렸을 때 이름이 되었다. 벼슬길에 나서 홍문관 대제학까지 올랐지만 그 과정에서 세 차례 유배되었다. 평안도 선천의 유배에서 풀려난 지 불과 1년 2개월 만에 다시 세 번째 유배를 떠났다. 기사환국(1689년)으로 최남단 남해에 위리안치되었다. 그곳이 남해의 노도였다.

남아시아에서 온 노동자들에게 의지한다. 국가의 어장 축소 정책이나 보상 등이 쉽지 않은 이유다. 정치망 한 개만 있어도 노도 사람들이 먹고살았을 것이다. 배 안에서 만난 사무장이 들려준 이야기다.

섬에 두 개의 어장이 있지만 다른 마을 사람이 운영하고 있다. 남해에서 멸치 잡는 정치망은 자본이자 힘이다. 천혜의 어장을 가지고 있는 섬이지만 섬살이와 무관하다.

선생(船生), 바다로 가야 할 운명이다

마을을 지나 '노자니 할배'가 살았다는 초옥을 찾았다. 서포 김만중이 유배생활을 했던 곳이다. 산자락을 따라 동쪽으로 이어진 끝자락에 있

노도를 문학의 섬으로 알리겠다는 의도로 남해군이 만든 '사씨남정기원'이다. 과거에 허묘와 초옥만으로 유배지의 쓸쓸하고 고독한 느낌을 받았던 것에 비해 수많은 예산을 투자해 국립공원을 해제하면서 산자락을 파헤친 것이 아쉽다. 남해읍에는 우리나라 최고의 유배문학관이 세워져 있다.

다. 몇 년 전 초봄, 아늑한 산자락 동백숲에 묻힌 초옥을 보았다. 김만중은 광산 김씨다. 조선 중기를 대표하는 권문세도가이며, 서인의 적통을 잇고 있다. 아버지가 김익겸이며, 어머니 윤씨 부인은 서인의 우두머리 윤두수의 4대손이다. 병자호란 때 아버지 김익겸은 강화성을 지키다 함락되자 굴욕을 참지 못하고 남문에서 분신으로 생을 마감한다. 아들이 죽자 할머니 서씨도 죽음을 택했다.

어머니 윤씨는 이 소식을 듣고 얼마나 암담했을까. 다섯 살 어린 자식과 뱃속에 있는 아이가 먼저 생각났을 것이다. 쉽게 남편과 어머니를 따를 수는 없었으리라. 윤씨는 강화도를 떠날 결심을 했다. '배를 얻어 타면 살고, 얻지 못하면 물에 몸을 던질 것이다'라며 포구로 향했다. 다행히 배를 구하여 자식을 안고 피난길에 오른다. 그 배 위에서 태어

김만중이 집필한 《사씨남정기》와 《구운몽》의 출간본이다. 《사씨남정기》는 조선 숙종 때 쓴 한글 소설이며, 우리나라 최초의 가정 소설이다. 특히 숙종의 잘못을 양반가문의 처첩 간에 벌어지는 갈등으로 풍자한 작품이다. 《구운몽》은 한글로 쓴 고전 소설로 주인공이 현실에서 이루지 못한 꿈을 꿈속에서 실현하다 현실로 돌아와 한바탕 꿈의 허망함을 인식한다는 내용이다.

난 아이가 김만중이다. 어릴 적 '선생(船生)'이라 불렸던 이유란다. 《서포연보》에 나오는 글이다.

김만중은 유배지에서 어머니의 죽음을 들었다. 유복자였으니 배소(配所)에서 들은 모친상에 가슴이 미어졌을 것이다. "오늘 아침 어머님이 그립다는 말을 쓰려고 하니/ 글자가 되기도 전에 눈물이 이미 흥건하구나"라며 '어머니를 그리면서'라는 시를 썼다.

김만중은 1665년 정시문과에 장원급제해 벼슬길이 오른 후, 모두 세 차례 5년 동안 귀양살이를 했다. 마지막 유배지가 남해였다. 남해 노도에 들어와 《구운몽》과 《사씨남정기》를 쓰고 생을 마감했다. 《사씨남정기》가 당시 숙종에게 드리는 글이라면, 《구운몽》은 어머니에게 바치는 글이었다. 모두 한글 소설이다. 서포는 "자기 나라 말을 버려두고 남의 나라 말로 시문을 짓는다는 것은 앵무새가 사람의 말을 하는 것과 같다"고 했다. 가사문학의 백미라는 〈사미인곡〉이나 〈관동별곡〉을 두고 하는 말이다. 《사씨남정기》 이본이 80여 종에 이른다. 그만큼 많은 사람들에게 읽혔다.

소설로 말하라

서포가 남해로 유배를 와서 어떤 연유로 작은 섬 노도에 들었는지 알수 없다. 허묘(墟墓)로 가는 길이다. 가파른 능선으로 200여 개의 놀계단을 올라야 한다. 초분으로 시신을 거두었다가 선산으로 모셨다고 전해진다. 허묘를 따라 좁은 산길을 오르면 섬 남쪽 능선으로 이어진다. 주민들이 나무를 하러 다녔던 길이다. 능선 정상에 파고라가 있고 그 아래로 10여 개의 크고 작은 조형물이 세워져 있다. 산자락을 파헤치

서포 김만중이 노도로 유배되어 생활했던 곳이라고 만들어 놓은 적거지에 있던 초옥이다. 마을과 떨어진 외진 곳, 서포의 가묘 아래에 마련해 유배지의 분위기를 느끼는 데 부족함이 없었다. 하지만 유배지공원을 조성하면서 말끔하게 철거하고 산중턱에 사씨남정기의 등장인물을 조형물로 만들었다.

고 그곳에 10여 개의 조형물을 세웠다. 아무리 생각해도 이해가 되지 않는다. 더구나 이곳은 국립공원이 아니던가.《사씨남정기》의 대목 대목을 조형물로 형상화하고 옆에 스토리를 적어 놓았다. '사씨남정기원'이라는 이름을 내걸고 노도를 '문학의 섬'으로 조성하겠다는 사업이다. 그 옆에 '구운몽원'도 계획되어 있다.

노도는 김만중의 초옥 하나면 충분하다. 요즘 우리나라 증강현실(AR) 기술이 얼마나 발달했는가. 사씨남정기나 구운몽을 증강현실로 구현해 노도분교에 방문객센터나 전시관에서 볼 수 있게 만들면 될 일이다. 국립공원 구역 계획을 변경해가며 파헤쳐 막대한 예산을 들여서 조형물을 세우고 관리도 어려운 연못을 만들어 공원을 조성한다는 것이 이해가 되지 않는다. 작가창작실과 체험관 안내센터를 만들겠다는 것은 이해할 만하다. 읍내에 있는 유배문학관만으로도 충분하다. 서포 외에 남구만, 김용, 김구 같은 문인들의 작품과 유배생활을 살펴볼 수 있다. 과하면 화가 된다.

여행객보다 먼저 섬 사람들이다

몇 해 전 섬에 들렀을 때 마을 뒤로 하얗게 핀 매화꽃에 취해 배를 놓친 적이 있다. 작은 섬이라 매화 몇 그루만으로도 매화섬이 되고 말았다. 옛날 고구마를 심었던 밭들이다. 그 자리에 매화나무를 심었다. 매화를 좋아했던 서포 김만중의 초옥에도 두 그루의 매화가 있었다고 한다. 분교 자리에 건물이 하나 덜렁 지어져 있다. 여행객뿐만이 아니라 주민들이 이용할 수 있는 쉼터를 만들면 안 될까.

명절에 자식들이 왔다가 하루쯤 머물다 갈 수 있고, 고향을 방문한 친지들이 머물다 갈 수 있는 쾌적한 공간 말이다. 여행객에게는 게스트하우스요, 자식들에게는 고향사랑방 같은 곳 말이다. 마을 주민들이 모이면 마을사랑방이 되는 그런 곳이어야 여행객과 주민이 어울릴 수 있다.

당산나무 옆에서 미역을 널고 있는 주민들을 만났다. "옛날에는 난리였어. 지금은 나이 많은 이들만 있으니 보고도 뜯질 못한다. 함 묵어봐라. 맛있다 아이가." 노인이 미역귀를 내밀었다. 미끄덩하니 짭짤한 맛이 입안에 가득하다. 옛날에는 집집마다 한두 사람씩 나와서 미역을 채취해 나누었다. 아이들이 뛰어놀기에도 비좁은 골목이 봄에는 미역으로 채워졌고, 가을에는 고구마로 채워졌다. 미역을 팔고, 고구마는 '삐데기죽'으로 만들어 섬살이를 했다.

개황 | 남해 노도

일반현황

위치 | 경상남도 남해군 상주면 양아리
면적 | 0.41km^2
가구수 | 9
인구(명) | 18
교통 | 상주면 백련마을 선착장에서 배편 이용
특산물 | 마늘, 멸치, 문어, 해삼

변화 자료

구분	1985	1995	2011
주소	경남 남해군 이동면 양아리	경남 남해군 상주면 양아리	경남 남해군 상주면 양아리
면적(km²)	0.411	0.410	0.410
인구(명)	103(50+53)	46(18+28)	24(10+14)
가구수	26	16	16
공공기관			
학교	초등분교 1	초등분교 1	
급수시설	우물 9개소	간이상수도 1개소, 우물 5개소	간이상수도 16가구
전력시설	자가발전 1대	한전계통 16가구	한전계통 16가구
의료시설			
어선(척, 동력선+무동력선)	12(9+3)	9(3+6)	6(6+0)

※ 섬의 개황 자료 또는 변화 자료를 통계 데이터베이스에서 확인할 수 없는 경우 부득이하게 비워두었음을 알려드립니다.

창원

창원시

진동면

구산면

43

38
39

40
41
42   46
45

37   44

창
원   37 저도   41 우도   45 연도
시   38 송도   42 초리도   46 수도
     39 양도   43 잠도
     40 음지도   44 실리도

37

저 강을 건너지 마라
창원 저도

작은 섬마을 사람들의 섬살이는 고달프다. 가장 큰 서러움은 뭍을 오가는 길이다. 큰 섬은 시간에 맞춰 오가는 여객선을 이용할 수 있지만 작은 섬은 도선이나 나룻배를 이용했다. 섬에서 나는 것을 맘대로 가지고 가서 팔 수도 없고, 뭍에서 생필품을 가져오는 것도 머리 무거운 일이었다. 그래서 힘 있는 사람을 만나면 숙원사업이라며 다리를 놓아달라고 부탁한다. 선거철이면 정치인들은 '당선되면 다리를 놓겠다'는 단골공약을 내놓는다. 그것도 섬에 투표할 사람이 많이 거주해야 가능하다. '쾌이강의 다리'로 소문난 '저도연륙교'는 인터넷이 만들어낸 다리라 해야 할 것 같다.

저도는 40여 가구에 100여 명이 거주했던 작은 섬이다. 주변에 쇠섬, 자라섬, 긴섬, 곰섬 등 작은 무인도가 있다. 웅천만에서 진동만으로 이어지는 길목에 있으며, 구복리에 딸린 마을로 구복어촌계에 속한다. 다리가 연결된 곳에 장사를 하는 집이 몇 집 있고, 안쪽으로 들어갔을 때 주차장이 마련된 곳이 마을의 중심이다. 지금은 가구와 인구가 많이 줄었지만 여행객과 등산객이 많이 찾으면서 카페와 숙박시설 등이 만들어지고 있다. 마을 앞 하포만과 산 너머 너른 홍합 양식장도 저도 사람들보다는 구복마을 사람들이 많이 한다. 섬 모양이 돼지를 닮아 저도라고 했다. 돼지의 등에 해당하는 쪽의 바다가 고성군 동해, 거제

1987년 만들어진 저도연륙교의 별칭이 '콰이강의 다리'이다. 금방이라도 휘파람과 함께 〈보기 대령 행진곡 (Colone Bogey March)〉이 들려올 것 같다. 저도와 마산합포구 구산면을 잇는 철교가 영화에 등장하는 다리를 닮아 붙여진 이름이다.

시와 접하고 있다. 저도는 진해만을 오롯이 살펴볼 수 있는 곳 중에 하나다. 그만큼 너른 바다를 가지고 있다. 내만 중에 내만인 마을 앞 하포만과 마을 뒤 진해만은 저도가 가진 최고의 자산이다.

마을은 윗마을과 아랫마을로 나누어져 있으며, 모두 10여 가구가 살고 있다. 다리가 놓이면서 섬마을의 모습은 급격하게 바뀌었다. 특히 '비치로드'와 '콰이강의 다리'를 찾는 사람이 많아지면서 길도 넓어지고 여행객을 위한 시설과 카페와 펜션 등이 만들어지고 있다. 비치로드로 바뀐 조밭길, 하포길, 해변길 주변은 모두 밭이었다.

하포마을은 밭도 많았지만 바다에 더 의지했다. 봄에는 도다리와 잡어를 잡고 홍합과 굴 양식을 했는데, 최근에 한 집에서 미더덕 양식을 시작했다. 봄철에 청어떼가 들어오기도 한다. 가을에는 문어를 잡는다.

'콰이강의 다리'의 선물

저도에 다리가 놓인 것은 1987년이다. 철제로 다리가 만들어지면서 배가 아닌 차를 타거나 걸어서 구복리에 있는 학교에 갈 수 있었고, 뭍에도 무시로 오갈 수 있게 되었다. 겨우 자동차 한 대가 오갈 수 있는 좁은 길이었지만 그 생김새가 영화 〈콰이강의 다리〉에 나오는 다리를 닮아 유명해졌다. 특히 2004년 새로운 다리인 저도대교가 완공되면서 기존의 다리는 교량 상판의 시멘트를 걷어내고 강화유리로 대체해서 보행 전용으로 바꾸었다. 또 트릭아트와 포토존을 만들고 야간조명 등을 설치했다. 당시 소셜미디어에 인증 사진이 유행하면서 핫플레이스로 입소문이 나기 시작했다.

'콰이강의 다리'는 태국과 미얀마를 잇는 철길이다. 제2차 세계대전 중 영국군 포로들이 건설한 다리이다. 이 다리를 소재로 한 영화가 제작되어 국내에도 소개되었다. 저도의 콰이강의 다리는 비가 오면 안전

저도 콰이강의 다리는 2017년 3월 개장한 이래 매년 백만여 명의 여행객이 다녀간다. 덕분에 오지나 다름없었던 저도는 물론이고 구산면에도 카페와 숙박 시설 등이 만들어졌다. 그리고 저도에는 비치로드가 만들어져 걷는 사람들이 늘고 있다.

때문에 개방하지 않는다. 이 다리가 유명해지면서 찾는 사람이 많아지고 저도를 찾는 사람도 늘었다. 앞서가던 중년 여성이 소리를 지르며 남편의 팔을 붙잡았다. 유리 밑에 출렁거리는 시퍼런 바다를 본 것이다. 젊은 친구들은 마냥 즐겁다. 여기저기 연인들은 꼬옥 안겨서 다리를 건너고 사진을 찍느라 분주하다. 흑심이 있는 연인들은 일부러 걸어보자고 할 것 같다. 하지만 누구라도 무섭지 않겠는가. 밑을 보니 현기증이 났다. 여기에서 사랑고백을 하는 사람도 있다. 그 징표로 자물통을 걸어놓기도 했단다. 찾는 사람들이 많아졌으니 목적은 달성한 셈이다. 저도 주민들도 배를 타고 뭍을 오가는 불편함을 덜었다. 게다가 저도를 찾는 사람들이 늘었다. 섬길을 걷기 위해서 오는 사람들이다.

대여섯 시간 산책길이 인기다. 진해 바다를 바라볼 수 있는 길인 데다가 가파르지 않아서 인기다. 덕분에 저도에는 공용주차장이 만들어졌고, 주민들이 산에서 채취한 산나물, 밭에서 수확한 농산물, 바다에서 건져온 해초, 마른 홍합 등을 판매하고 있다. 물때가 맞는 날이면 싱싱한 바닷물고기도 구입할 수 있다.

선창에서 나오는 목선을 발견했다. 포구에 정박해 있던 몇 척의 목선을 보긴 했지만 실제로 바다로 나가는 것을 보지는 못했다. 하물며 노를 젓는 분은 나이가 많은 어머니다. 바다가 잔잔하기는 했지만 노를 젓는 모습이 한두 번 해본 솜씨가 아니다. 미끄러지듯 자연스럽다. 저도에 40여 가구가 살 때는 대부분 목선을 타고 나가 문어를 잡고 도다리를 잡았다. 또 구복과 하포를 오가는 나룻배도 목선이었다.

비치로드를 걷다

저도가 유명해진 것은 저도 하포마을과 구복마을을 잇는 다리와 비치로드 때문이다. 비치로드는 모두 세 개의 코스로 만들어져 있다. 1코스는 마을 주차장에서 시작해 서쪽 해안길을 따라 진해만을 살피며 걷다가 하포로 내려오는 길이다. 가장 짧고 경사가 없어 편안하게 걸을 수 있다. 곳곳에 데크가 만들어져 있다. 2코스는 해안데크로드를 약 1킬로미터 더 걸은 후 하포로 내려오는 길이다. 3코스는 해안을 따라 걷다가 정상으로 오르는 길을 거쳐 하포로 내려오는 길이다. 해안에서 정상으로 오르는 길은 가파르지만 산이 높지 않아 정상까지 오래 걸리지 않는다. 반대로 하포마을에서 곧바로 능선을 따라 정상에 오른 후 해안을 따로 돌아오는 길도 좋다. 무엇보다 편리한 것은 마산역에서 시내버스를 이용해 갈 수 있다는 점이다.

남쪽에 있는 데다가 해양성 기후 때문에 기온도 높아 다른 곳보다

저도 너머 서북쪽으로는 진동만이 펼쳐져 있다. 이곳은《우해이어보》라는 우리나라 최초의 어보를 쓴 김
려가 유배생활을 했던 곳이다. 우해는 진동만 일대의 바다를 일컫는다. 우리나라에서 처음으로 미더덕과
오만둥이 양식을 시작한 곳이 진동만이다.

봄에 진달래가 일찍 핀다. 특히 바다색과 어우러진 진달래꽃은 정말
아름답다. 길도 해안도로와 데크로드 일부를 제외하면 주민들이 이용
하는 길이라 인위적이지 않다. 다만 마을이 새로운 건물과 개발을 위
해 파헤쳐지고 많은 사람들이 찾으면서 길이 훼손되고 나무 데크도 늘
어나고 있어 아쉽다.

호미 들고 섬에 가는 사람들

비치로드 중에 인기 있는 길이 '바다구경길'이다. 진해만 해안을 따라
걷는 길이다. 산능선을 타는 길, 해안을 따라 걷는 길, 바다를 보며 걷는
길이 있다. 인기가 높은 이 길은 저도 어민들이 허락해서 만들어진 길

이다. 그 길로 가는 길목에 이런 표지판이 있다.

"여기는 구산면 저도 어촌계에서 운영하는 어장으로 어장구역 내에서 조개 등을 어촌계 허락 없이 채취해 가면 이용객들에게 좋은 볼거리를 제공해준 지역 주민들에게 피해를 주게 됩니다. 우리 모두 선진국민으로서 비도덕적인 행위를 하지 맙시다."

창원시장의 명의로 세워진 알림판이다. 그런데 바다구경길로 내려서자마자 호미로 갯벌을 긁는 소리가 사각사각 들렸다. 한두 명이 아니다. 혹시나 해서 이곳에 사는 주민이냐고 물었더니, 마산에서 오신 분, 진동에서 오신 분, 부산에서 오신 분, 다양하다. '낫대'를 준비해서 물속으로 들어가 미역을 채취하는 분도 있었다. 모자반이나 톳을 뜯는 것은 다반사였다. 제주에서 올레길이 만들어지고 나서 해녀들이 불침번을 서면서 어장을 살피는 것을 본 적이 있다. 이곳도 사정이 다르지 않았다. 마을 앞 바지락 종패를 뿌리는 곳 정도만 들어가지 못하게 막을 뿐 이제 주민들도 행정도 어찌할 수 없는 지경에 이르렀다. 바다를 찾는 사람들이 늘어나고 있다. 오롯이 주민들에게 맡겨놓을 일이 아니다.

저도연륙교가 만들어지기 전에는 나룻배를 이용해 뭍을 오갔다. 학생들도 나룻배를 이용해 학교를 오갔다. 다행스럽게 진해만 안쪽에 위치하고 주변의 작은 섬들이 방파제 역할을 해줘 파도가 높지 않았다. 다리가 놓이면서 마을 앞 어장에서 잡은 활어를 도시로 내보내기도 하고, 섬 안에서 횟집을 운영하기도 했다. 홍합 양식과 굴 양식도 활발하다.

등산로로 가는 마을 초입에서 주민 몇 명이 이곳 바다의 특산물인

2004년 저도와 구복리를 잇는 새로운 다리 저도대교가 만들어지면서 기존의 저도연륙교는 쓸모가 없었다. 그 다리를 보행자 전용다리로 만들고 상판의 일부를 강화유리로 만들어 스카이워크로 운영했다. 길이 170미터, 폭 3미터의 철제 교량은 그 생김새가 '콰이강의 다리'를 닮아 세인들에게 알려졌다. 여기에 트릭아트와 야간LED 조명을 설치해 큰 인기를 끌고 있다.

마른 홍합을 팔고 있다. 그 옆에는 반건조 청어도 있다. 최근 국립수산과학원이 조사한 자료를 보면 진해만이 청어 주요 산란장으로 확인되었다. 청어는 붉은까막살, 꼬시래기류, 우뭇가사리, 팽생이모자반, 잔금분홍잎 등 해조류에 산란을 한다. 진해만에는 이러한 해조류들이 많이 서식한다.

　오가는 사람들이 제법 많이 산다. 멋진 특산물 판매장이 아니어도 이 정도면 노인들 섬살이에 큰 도움이 될 듯싶다. 젊은 사람들은 바다에서 홍합 양식을 하고 노인들은 섬을 찾는 여행객에게 그들이 만들 수 있는 것을 제공하며 공존하는 방식이다. 다리 입구에는 식당이나 횟집 등이 생겨났다. 커피숍도 들어왔다.

'저도'라는 이름이 붙은 섬이 이곳 외에도 일대에 여럿 있다. 진해만에는 대통령 별장으로 유명한 저도가 있고, 마산에는 돝섬으로 알려진 저도가 있다. 그리고 사천에는 죽방멸치로 유명한 저도도 있다.

개황 | 창원 저도

일반현황

위치 | 경상남도 창원시 마산합포구 구산면 구복리
면적 | 2.2km²
가구수 | 42
인구(명) | 96
교통 | 창원종합터미널–106번 버스–타워맨션–61번 버스–조밭골 정류장
특산물 |

변화 자료

구분	1985	1995	2011
주소	경남 의창군 구산면 구복리		경남 창원시 마산합포구 구산면 구복리
면적(km²)	2.230		2.674
인구(명)	111(57+54)		102(54+48)
가구수	21		46
공공기관			
학교			
급수시설	우물 7개소		우물 1개소
전력시설	한전계통 21가구		한전계통 46가구
의료시설			
어선(척, 동력선+무동력선)	23(19+4)		34(30+4)

※ 섬의 개황 자료 또는 변화 자료를 통계 데이터베이스에서 확인할 수 없는 경우 부득이하게 비워두었음을 알려드립니다.

진해만을 기록하다
창원 송도

송도와 양도로 가는 도선을 기다리는 고현항, 겨울인데 춥지 않고 포구는 활기차다. 기다리는 배가 왔지만 타지를 못했다. 주민 몇 명이 타고, 일행 몇 명이 타니 탑승 정원이 찬 것이다. 여객선과 달리 마을에서 운영하는 도선은 승선 정원이 겨우 10여 명 정도다. 섬이 좀 알려지고 찾는 사람들 발걸음이 잦아지면 도선으로 부족하다. 안전이 가장 우선되어야 하지만 현실성이 부족한 도선 운항과 관련 법의 개정이 절실하다. 배가 섬에 갔다 오는 시간이라 해야 반 시간도 되지 않으니 기다릴 만하다. 그사이 바다 밑에 눈길을 주었다. 모자반을 비롯한 다양한 해초와 삿갓조개 등 다양한 고둥류가 갯바위에 붙어 자란다. 선창에 서 있는 낯선 안내판이 눈길을 끌었다. 이곳이 《우해이어보(牛海異魚譜)》의 고향이란다. 고현항은 진동만의 중심이다. 옛 진해의 중심인 것이다. 우리나라 최초의 어보인 《우해이어보》를 쓴 김려가 유배생활을 한 곳이다. 그도 여기 어디쯤에서 진해만을 살폈을 것이다.

할머니가 몰을 뜯은 이유는?
송도와 양도는 김려가 유배생활한 율티리와 고현항이 있는 신기리 앞에 있는 섬이다. 잠시 상념에 잠겨 있는 사이에 배가 도착했다. 사늘한 날씨지만 미세먼지도 없는 맑은 날이다. 먼저 도착한 송도에 내렸다.

진동만은 경상남도 창원시 마산합포구 진동면에 위치한 내만으로 교동리, 진동리, 사동리, 신기리로 둘러싸여 있다. 진해현 동쪽에 위치한다 해서 붙여진 이름이다. 일제가 군항지를 웅천현(현 진해구)로 옮기면서 붙여졌다. 남쪽으로 송도, 양도 같은 유인도와 궁도, 소궁도, 수우도, 송내도 등 무인도가 있다.

생각보다 아늑하고 아담하다. 송도라 부른 이유를 알겠다. 소나무가 많아서 송도가 아니라 작고 아담한 섬이라 송도로 했음 직하다. 섬 주변은 온통 오만둥이와 미더덕 양식장이다. 그런데 선창에도 마을 어디에도 고현항에서 보았던 바지선이나 작업장이 보이지 않았다. 선창에서 만난 주민에게 물었더니 송도 주민들은 미더덕 양식을 하지 않는다고 한다. 양식장이 없다. 주민들이 고령이기도 하지만 양식장을 운영할 만한 자본도 없단다. 그럼 어떻게 살았을까.

섬에서 가장 넓은 학교는 오래전에 문을 닫아 건조장으로 쓰기 위해 흔적도 없이 정리를 했다. 골목길을 기웃거리다 할머니를 만났다. 나이가 적지 않다. 배에서 내릴 때 긴 대나무 장대에 낫을 묶어 해초를 뜯고 있는 모습을 보았다. '바람도 불고 미끄럽기도 한데'라고 생각하며 배에서 내려서 가려 하니 일을 끝낸 할머니가 보행기에 도구와 해초를 얹어 마을로 들어가셨다. 할머니는 방 두 칸에 부엌 하나 딸린 집에 살았다. 집은 바다가 내려다보이는 언덕에 있었다. 할머니가 뜯었던 해초는 몰, 모자반이었다. 모자반이 든 그릇을 들어다 마당 우물가에 놓아드렸다.

설 명절이 다가오면 진해만에 기대어 사는 섬과 어촌에 사는 어머니들은 몰을 준비한다. 미기탕(물메기를 '미기'라고 한다)을 끓일 때도, 콩나물을 무칠 때도 몰을 넣는다. 한낱 해초 한 줄기일 뿐인데 맛이 다르다. 이번 명절에도 그 맛을 그리워하는 자식들이 온다. 바닷물이 빠지기 시작하자 어머니가 긴 장대에 낫을 묶고 보행기를 밀며 바닷가로 나섰다. 불편한 몸을 이끌고 위험한 바닷가에 왜 나가느냐는 걱정 어린 말에 평생 보고 사는데 뭐가 무섭냐며, 진짜 무서운 것은 자동차라고 웃음 지으신다. 도시로 나간 자식이 더 걱정이다. 어머니는 몰을 건지면서 자식을 만나고 있었다. 소울푸드는 이런 음식을 말한다. 할머니의 아들이 몰 무침을 참 좋아한다고 했다. 넉넉하게 무쳐서 먹고 남은 것은 바지락과 함께 싸주려는 것이다. 일 년에 두 번, 설과 추석 때 찾아오는 자식에게 더 줄 것이 없어서 아쉬울 뿐이다.

청어는 조상에게, 바지락은 자식에게

할머니 혼자 사시는지 다른 인기척은 없다. 장독 위에 손질한 청어 몇 마리가 꾸덕꾸덕 마르고 있었다. 이번 설 명절 때 상에 올릴 제물이다. 다른 것은 몰라도 꼭 청어는 올렸단다. 《우해이어보》에 '청어'가 소개되어 있다. '진청(眞鯖)'이라 했다. 그만큼 유사 청어가 많았다는 것이다.

구워 먹으면 아주 맛이 있으니 정말 진귀한 어종이다. 우리나라 사

송도나 양도는 진동항을 통해 뭍으로 나가고 섬으로 들어온다. 두 섬의 발이 되는 배는 마을에서 운영하는 도선이다. 그 배가 오가는 바다는 우리나라에 공급되는 대부분의 미더덕과 오만둥이를 생산하는 산지이다. 봄철이면 미더덕축제를 개최하기도 하며 미더덕회, 비빔밥 등 다양한 음식을 맛볼 수 있다.

람들은 해주의 청어를 제일이라 한다. 중국 한나라 때 5명의 제후들이 매우 사치스러웠는데 청어를 좋아했다. 그래서 후세 사람들이 귀한 물건을 '오후청(五侯鯖)'이라 했다. 옛 선비들은 청어를 '적어(炙魚)'라고 했다.

적어는 제사상에 올리는 생선을 이르는 말이다. 진해만에서는 대구가 잡히는 겨울에 청어가 곧잘 잡힌다. 예나 지금이나 진해만에 드는 청어는 산 사람의 상만이 아니라 망자의 상에도 오른다. 청어는 명태와 마찬가지로 세금을 매겼다. 그래서 청어를 잡고도 청어가 아니라고 숨기기도 했다. 역시《우해이어보》에 소개된 내용이다.

청어를 처음 소개한 문헌은 고려 말 이색이 지은 시이다. 그 시 첫 구절은 '쌀 한 말에 청어가 스무 여(餘)인데'라고 시작한다. 참 비싼 생선

많은 섬 주민에게는 큰 양식장이 필요한 것이 아니다. 오히려 작은 바지락밭이 더 요긴하다. 마을 어업이라는 이름으로 운영되는 갯밭이나 미역이나 톳을 채취할 갯바위가 더 필요할 수도 있다. 나이가 들어 텃밭 농사에 의지하듯 갯밭이 섬살이를 하는 노인들에게 중요하다.

이다. 허균의 《도문대작》에는 "예전에 흔했으나 고려 말에는 쌀 한 되에 마흔 마리밖에 주지 않아서… 명종 이전에는 또한 쌀 한 말에 쉰 마리였는데 지금은 완전히 없어졌으니 괴이하다."라고 했다.

　할머니는 산중 마을에서 시집을 왔다. 바닷가 마을인 줄 알았는데 다시 배를 타고 도착한 곳이 송도였다. 시집와서 시어머니하고 같이 아이를 낳았다. 시어머니가 낳은 자식이 열, 할머니가 낳은 자식이 여섯, 시부모까지 스물이 작은 집에서 살았다. 어떻게 사셨느냐고 묻자 "뭘 어떻게 살아. 사니까 사는 거지."라며 정답을 알려주셨다. 할머니가 청어를 갈무리하고, 몰도 챙겨두더니, 주섬주섬 바구니 들고 호미 들고 대문 밖으로 나가신다. 나이가 많아서 이젠 그만 살아야 한다면서 무슨 일을 또 챙겨 하시려는지. 설 쇠면 팔십하고도 둘이다. 자식이 좋아하는 '개발'을 채취하러 가는 것이다. 여기선 바지락을 '개발'이라 한다.

　마을 앞 선창과 해안에 기대어 있는 바지락밭은 가구별로 나누어져 있다. 한 집에 두 줄씩 바지락 농사를 짓고 있다. 할머니는 마을 앞 작은 '작은똥섬'들 사이에 있는 바지락밭 중에서 일부분을 가지고 있다. 송도는 선창을 가운데 두고 고현항 쪽에 '위똥섬'이 있고, 양도 방향으로 '아랫똥섬'이 있다. 위똥섬이든 아랫똥섬이든 썰물에는 걸어갈 수 있다. 이 작은똥섬이 파도를 막아주는 방파제 역할을 해주어 주변 갯벌이 바지락이 서식하기 좋은 갯밭이 되었다. 바지락으로 먹고산다는 말이 허투루 하는 말이 아닌 듯하다. 최근에는 바지락이 잘 자라지 않아 걱정이 크다. 좀 자라다 입을 벌리고 죽는다. 그래서 할머니는 섬에서 황토를 퍼다 갯밭에 뿌렸다. 방송에서 바다에 적조가 생기면 황토를 뿌리는 것을 보고 해본 것이라고 했다. 호미질을 할 때마다 황토가 얼굴을 붉게 내밀었다. 할머니 속도 모르고 바지락밭은 흉년이다.

개황 | 창원 송도

일반현황

위치 | 경상남도 창원시 마산합포구 진동면
면적 | 0.1km^2
가구수 | 17
인구(명) | 19
교통 | 진동항 선착장에서 배편 이용
특산물 | 김, 파래, 피조개

변화 자료

구분	1985	1995	2011
주소	경남 의창군 진동면 고현리	경남 마산시 진동면 진동리	경남 창원시 마산합포구 진동면 진동리
면적(km^2)	0.100	0.100	0.177
인구(명)	139(72+67)	84(45+39)	42(19+23)
가구수	29	26	17
공공기관	어촌계 1		
학교	초등분교 1		
급수시설	간이상수도 2개소	간이상수도 1개소	지방상수도 17가구
전력시설	자가발전 2대	한전계통 26가구	한전계통 17가구
의료시설			
어선(척, 동력선+무동력선)	12(9+3)	13(10+3)	11(6+5)

※ 섬의 개황 자료 또는 변화 자료를 통계 데이터베이스에서 확인할 수 없는 경우 부득이하게 비워두었음을 알려드립니다.

39

양도는 춥다
창원 양도

양도로 가는 뱃길은 송도를 거쳐야 한다. 옛날에는 어장의 좋고 나쁨으로, 크고 작음으로 섬의 가치를 가늠했다. 지금은 어떨까. 여러 가지 기준이 있겠지만 육지와의 거리가 섬의 가치를 결정하는 것 같다. 마치 지방의 땅값이 서울과의 거리에 따라 순위가 정해지듯이 말이다.

양도는 경상남도 창원시 마산합포구 진동면 고현리에 있는 섬이다. 섬의 모양이 양을 닮았다는 설과 고려시대 진상할 양을 길렀다는 설이 있지만 수긍하기 어렵다. 《세종실록》에는 '범의도'로, 《경상도속찬지리지》에는 '대범의도'로 표기되었다. 이웃한 송도보다 크지만 섬의 둘레가 1.9킬로미터에 불과한 작은 섬이다.

양도로 가는 배는 고현리 진동항에서 출발한다. 중간에 송도를 거쳐도 20여 분이면 도착한다. 고현리는 옛 현이 있던 곳으로 고현, 선두, 염섬(양도), 장기(장터), 황무실 등이 있다. 고현리는 미더덕으로 유명하다. 특히 진동항 앞바다는 미더덕과 사촌뻘인 오만둥이 양식으로 유명하다. 고현이라는 지명에 어울리게 이곳에는 지석묘가 있고, 공룡 발자국 화석지도 유명하다.

양도는 이웃한 송도에 비해 면적이 넓지만 선창이나 집터를 볼 때 송도의 쓰임새가 더 낫다. 또 송도는 따뜻하고 아늑한 데 비해 양도는 이름과 달리 차가운 느낌이다. 양도는 두 개의 마을로 나누어져 있다.

양도는 세 곳에 배를 접안할 수 있고 송도와 마주하고 진동리항과 가까운 곳에 배를 정박할 수 있는 선착
장이 마련되어 있다. 주변에는 오만둥이와 미더덕 양식장이 있지만 섬 주민들보다는 뭍에 있는 사람들이
양식장을 운영한다. 주민들은 물이 빠지면 바지락을 캐거나 텃밭을 일구는 정도로 섬살이를 하고 있다.

두 마을을 합해도 20여 가구 남짓 될까 싶다. 작은 마을 앞 선창에 내렸
다. 덩그러니 우물 앞에 자리 잡은, 빨래판으로 사용했을 돌 두 개가 쓸
쓸하다. 때로는 먹을 물을 퍼내고, 때로는 갯가에서 건져온 해초며, 바
지락을 씻었으리라. 그리고 빨래도 주물러 널었을 것이다. 작은 마을에
서는 인기척도 개 소리도 나지 않는다. 옛날 학교가 있던 자리는 공유
재산을 알리는 흔적만 있을 뿐이다. 미더덕이나 오만둥이를 양식하는
활발한 바다 살림에 비하면 섬 살림이 궁벽하다. 섬 사람들은 나이가
들어 텃밭을 건사하는 일도 버겁지만 뭍사람들은 점점 더 넓은 바다를
탐하며 섬을 죄는 느낌이다. 한때 왕실의 바다였고, 제국의 바다였다.
섬 주민들이 오롯이 주인 노릇을 한 것이 얼마나 되던가.

그림의 떡, 미더덕

섬 주변 바다는 온통 미더덕 양식장이다. 하지만 정작 섬 주민들은 미더덕에 관심이 없다. 아니 양식을 할 수 없다. 모두 고령인데다 채취, 유통, 판매가 뭍에서 이루어진다. 고현 주민들이 이용하는 양식장이다. 섬 주민들은 물이 빠지면 바지락이나 캐고, 집 주변 텃밭을 일궈 밥상에 올리는 정도다.

미더덕이나 오만둥이는 양식하는 데 돈과 인력이 많이 필요하지만 채취한 것을 가지고 와서 갈무리하는 데 더 많은 손이 필요하다. 미더덕은 작은 칼로 하나하나 감자처럼 껍질을 벗겨내야 한다. 진동항에서 볼 수 있는 모습이다. 가까운 용원어시장이나 통영 서호시장이나 중앙시장에서 볼 수 있는 미더덕은 껍질을 벗겨낸 것이다. 실제로 미더덕을 보지 못하면 본래 바다에서 그렇게 자라는 것으로 오해하기도 한다.

미더덕 외에 미더덕, 주름미더덕, 오만둥이 등이 미더덕과에 속한다. 양도와 송도 주변을 중심으로 진해만에서 양식을 많이 하지만 동해와 서해 연안 조하대 바닥이나 바위, 어망, 밧줄 등에 붙어 산다.

미더덕은 어민들로부터 미움을 많이 받은 해적생물이었다. 홍합·굴·멍게 양식 시설에 붙어 자라기 때문이다. 해적생물을 양식하겠다고 허가를 요청했을 때 쉬 허락되지 않은 이유다. 진동항에 가까운 마을에서 유배생활을 한 김려가 쓴《우해이어보》에 미더덕에 대한 소개는 없다. 미더덕을 주목하지 않았는지 당시 그 바다에 서식하지 않았는지는 알 수 없다. 하지만 정작 진해만을 알지 못하는 정약전(丁若銓)이 쓴《자산어보(玆山魚譜)》에는 음충, 속어로 오만둥이라 하고 꼬리가 긴 것과 호두를 닮은 것 두 종류가 있다고 했다. 진동만 고현마을 주민들은 미더덕을 참미더덕이라고 하며, 오만둥이를 배미더덕이라고 한다. 미더덕은 꼬리를 부착해서 자라고, 오만둥이는 몸(배)을 붙이고

선착장 근처에 있는 시멘트로 만든 구조물을 보고 창고인 줄 알았다. 나중에 한 주민이 식수를 보관하는 물탱크라고 일러줬다. 식수기 귀한 탓에 갈수기에는 식수를 가지고 온 배에서 물을 옮겨 두고 가뭄을 버텼던 것이다. 지금은 사용하지 않지만 섬살이의 시난고난한 흔적을 엿볼 수 있다.

자라기 때문이다. 오만둥이는 주름미더덕, 오만디, 오만득이, 만데기라고도 한다. 오만 곳에 붙어 자라서 '오만둥이'라고 했다는 설이 있다. 그만큼 잘 자란다. 성장 속도도 미더덕보다 빨라서 2~3개월이면 다 자란다. 늦겨울과 봄에 맛보는 미더덕과 달리 사계절 먹을 수 있다. 껍질을 벗겨야 하는 미더덕에 비해 번거롭지 않고, 미더덕보다 싸서 대체재로 인기다. 차이라면 오만둥이는 껍질을 먹지만 미더덕은 껍질을 벗기고 요리한다. 오만둥이에 비해 미더덕은 향도 좋고 식감도 있다.

식수 창고가 필요한 섬

큰 마을로 넘어오자 비로소 인기척을 느낄 수 있었다. 바닷가에서 건져온 굴을 까는 어머니도 있고, 돼지감자를 말리는 어머니도 있다. 어느 집 처마에는 메주가 매달려 있었다. 한쪽에서는 무청시래기도 말라

가고 있다. 해안을 따라 마을로 들어서다 발걸음을 멈췄다. 해안도로 옆으로 바위를 파내고 시멘트로 외벽을 만들어놓은 시설 때문이었다. 모양새로는 백령도나 연평도에서 볼 수 있는 대피소다. 그런데 문이 허술하다. 일반 건축물 출입구에서 흔히 볼 수 있는 미닫이이다. 문 옆에 줄이 달린 바가지도 있다. 마을에서 만난 주민에게 물어보니 마을 공동우물이다. 그렇다고 물이 솟는 것은 아니다. 식수가 부족하면 식수 공급 선박으로부터 물을 받아 저장할 수 있도록 만들어놓은 것이다. 여전히 물이 귀한 섬이 많다.

포구에 배 몇 척이 묶여 있을 뿐 고요하다. 마을어장을 알리는 알림판이 글씨를 알아볼 수 없을 만큼 바랬다. 섬을 찾는 사람도 바닷가를 기웃거리는 사람도 없는 탓이다. 여행객은 아니더라도 낚시객들이라

뭍에서 수돗물이 들어오면서 더 이상 쓸모 없는 우물이 되었지만 한때는 마을 주민들이 모두 저 샘을 바라보며 살았던 적이 있다. 물동이를 줄지어 세워두고 물을 길렀고, 비가 오면 빗물을 받아 빨래도 하고 때로는 식수로도 사용했다.

도 찾는 섬이 꽤 많지만 양도는 어느 쪽이라고도 보기 어렵다. 다행이라 해야 할까, 아쉽다고 해야 할까. 뭍에서 반 시간도 걸리지 않는 섬인데 바다는 뭍에 내주고, 섬은 활기를 잃는 듯한 느낌이다. 골목에서 만난 할머니가 자랑할 만한 것이 없어 찾는 사람도 없다고 말한다. 사실 대부분의 섬이 그렇다. 섬살이가 무슨 자랑이겠는가. 그 자체로 삶인 것을.

할머니가 골목에서 나와 무슨 볼 것이 있다고 이 겨울에 섬에 들어왔느냐며 한 마디 하고서는 노인당으로 들어가셨다. 마을이정표 앞에 지팡이 세 개가 놓여 있다. 마을로 오르면서 필요한 할머니들이 이용하는 것들이다. 마을은 모두 가파른 언덕 위에 붙어 있고 집들 사이로 좁은 길이 해안을 따라 이어진다. 그 길을 오르내려야 하는 노인들의 마음을 지팡이는 알 것이다. 해안도로가 만들어지기 전에는 그 길을 따라 작은 마을까지 갔을 것이다. 학교로 가는 길도 마찬가지다. 큰 마을은 동북쪽으로 자리를 잡고 있어 해가 뒷산을 넘어가면 곧바로 응달이 되고 만다. 겨울 볕이 짧기도 하지만 오후 4시도 되지 않았는데 그늘이 마을을 덮었다. 바다 건너 송도는 햇볕이 따사롭다.

개황 | 창원 양도

일반현황

위치 | 경상남도 창원시 마산합포구 진동면
면적 | 0.303km^2
가구수 | 24
인구(명) | 56
교통 | 진동항 선착장에서 배편 이용
특산물 | 김, 파래, 피조개

변화 자료

구분	1985	1995	2011
주소	경남 의창군 진동면 고현리	경남 마산시 진동면 고현리	경남 창원시 마산합포구 진동면 고현리
면적(km^2)	0.303	0.303	0.229
인구(명)	267(137+130)	149(81+68)	72(42+30)
가구수	47	38	37
공공기관	어촌계 1		
학교			
급수시설	간이상수도 2개소, 우물 7개소	간이상수도 1개소	지방상수도 37가구
전력시설	자가발전 2대	한전계통 38가구	한전계통 37가구
의료시설			
어선(척, 동력선+무동력선)	28(19+9)	32(32+0)	32(31+1)

※ 섬의 개황 자료 또는 변화 자료를 통계 데이터베이스에서 확인할 수 없는 경우 부득이하게 비워두었음을 알려드립니다.

40

우해이어보의
흔적을 찾아서

창원 음지도

"바람 부는 저 들길 끝에는 삼포로 가는 길 있겠지…."

경쾌하고 콧노래로 흥얼거리게 하는 리듬감이 좋다. 가사는 또 얼마나 서정적인가. 노래의 배경이 된 마을이 그곳에 있을 줄이야. 가끔 이런 장면을 만나면 즐겁다. 배시시 웃으며 선창으로 내려섰다. 선창 마을 이름은 명동이다. 삼포 이웃에 있는 마을이다. 삼포와 비교하면 정말 명동이다. 오가는 사람도, 여행객도 낚시객도 많다. 선창에는 도다리를 잡는 통발, 문어 잡는 통발이 쌓여 있다. 배 위에서는 한 주민이 홍합을 깨서 비닐봉지에 담고 있다. 통발에 넣을 미끼다. 처음 보는 통발이다. 도다리처럼 납작하고 높이는 한 뼘에 못 미치고 폭과 길이는 1인용 초등학생 책상보다 조금 작다. 진해만과 거제와 통영에서 종종 볼 수 있다는데 서해안이나 서남해안에서는 보기 힘든 통발이다.

진해만 초입에 있는 우도, 소쿠리섬, 초리도를 오가는 배는 명동에서 출발한다. 멀리 떨어진 잠도로 가는 도선 겸 낚싯배도 마찬가지다. 해양테마파크가 있는 음지도는 명동마을과 다리가 놓였다. 또 물이 빠지면 걸어 들어갈 수 있는 뚱섬도 있다. 또 음지도를 거쳐 우도까지 걸어갈 수도 있다. 그래서인지 낚시를 하는 사람, 무인도에 놀러 가는 사람, 식사를 하러 오는 사람으로 붐빈다. 명동은 명동이다.

이 명동과 다리로 연결된 섬이 음지도다. 음지도와 우도는 사람만

경상남도 창원시 명동에 있는 섬이다. 《경상도속찬지리지》에는 '오음지도'로 기록했다. 해안은 해식애와 파식대가 발달하고 해식동도 확인할 수 있다. 2003년 창원해양공원으로 개발해 해양생물테마파크, 해전사체험관, 창원솔라타워, 어류생태학습관 같은 시설이 마련되어 있다.

다닐 수 있는 다리가 놓였다. 그래서 음지도는 다리가 놓였지만 차를 타고 들어갈 수 없다. 걸어서 다리를 건너거나 배를 타야 한다.

물이 빠지자 해안가를 산책하던 사람들이 하나둘 똥섬으로 들어간다. 산책길을 따라 10분도 채 걸리지 않는 데크길을 만들어 놓은 작은 섬이다. 그런데 똥섬과 음지도 사이에서 물질을 하는 해녀를 만날 줄이야. 그 작은 섬에서 무려 반 시간을 보냈다. 해녀는 이곳에서 무엇을 채취하는지 궁금했다. 해삼도 잡아 올리고, 성게도 주워 올렸다.

19세기 초 이 바다는 어땠을까. 음지도에서는 당시의 생물을 만날 수 있다. 직접 살아 있는 생물을 볼 수 있다는 것이 아니다. 김려가 쓴 우리나라 최초의 어보 《우해이어보》를 모티브로 만든 어류생태학습관을 살펴볼 수 있다. 어류생태학습관에서는 진해만의 해양생물뿐만이 아니라 민물고기의 정보도 얻을 수 있다. 직접 만져볼 수 있는 터치풀

음지도 솔라타워는 진해만과 창원 랜드마크로 자리를 잡았다. 단일 건물로 국내 최대 규모, 최대 높이의 태양광 발전시설을 갖추고 있다. 돛을 형상화한 건축물로 모두 200여 개 태양광 모듈이 부착되어 있다.

도 있고 영상이 많아 아이들에게 인기다.

김려가 유배생활을 한 진동만에서는 그의 흔적을 찾을 수 없어 아쉬웠던 터라 반갑게 어류생태학습관을 찾았다. 하지만 아쉬움은 해소되지 않았다. 《우해이어보》에 등장하는 물고기를 소개하는 것에 멈췄기 때문이다. 전라남도 신안군 흑산도로 유배되었던 다산 정약전이 쓴 《자산어보》 전시관도 사정이 다르지 않다.

음지도에 우뚝 솟아 있는 솔라타워는 진해만 어디서나 볼 수 있다. 단일 건물로 국내 최대 규모(9,600킬로와트), 최대 높이(136미터)의 태양광발전시설을 갖추고 있다. 어류생태학습관 외에 해양생물테마파크, 해전사체험관 등이 있다. 해양생물테마파크에는 다양한 어류 외에 화석, 상어, 북극의 생물 박제, 심해물고기 입체영상, 바닷속 디오라마 등이 연출되어 있다. 해전사체험관은 거북선, 장보고대사 무역선, 동서양의 해전사, 잠수함, 항공모함, 해군 관련 자료 등이 전시되어 있다.

《우해이어보》, 김려를 찾아서

우해는 진해의 별명으로, 이 책(우해이어보)은 저자가 진해에 유배되어 있을 때 저술한 것이다. 자서에 의하면, 진해에 유배된 지 2년 후 1803년 늦가을에 탈고한 것이다. 진해에서 유배생활을 하는 동안 매일 아침 고기바구니와 낚싯대를 가지고 작은 배를 타고 바다로 나가 밤을 새우고 돌아오곤 하였다.
– 안내판 내용 중에서

흑산도에 정약전의 《자산어보》가 있다면 진해만에는 김려의 《우해이어보》가 있다. 《자산어보》보다 10여 년 앞서 저술한 우리나라 최초 어보이다. 여기에 서유구의 《난호어목지》까지 더해 조선시대 우리나라 3대 어보라고 칭한다. 현장성과 장소성을 갖춘 《자산어보》와 《우해이어보》는 당대 해양생태, 어촌, 바다 음식을 엿볼 수 있는 소중한 유산이다.

우해는 진해의 옛 이름이며, '진해 바다'를 일컫는다. 당시 진해현은 '진동만'을 중심으로 진북, 진전 등을 말한다. 그러니 우해이어보는 '진동만에 서식하는 특이한 종의 물고기'에 해당한다. 신유사옥으로 진해현에 유배된 김려(호는 담정, 1766~1821년)가 유배 중이었던 1803년에 저술한 우리나라 최초 어보다. 이 저서에 '우산잡곡'이라는 한시를 통해 진동지역의 어촌생활상을 기록해 의미가 더욱 크다. 《우해이어보》는 어류 53종, 갑각류 8종, 패류 11종 등 72종의 어패류를 설명하고 있다.

김려는 조선 후기 문신으로 연산현감, 함양군수 등을 지낸 노론계 집안이다. 1797년 강이천의 비어(소문) 사건에 연좌되어 부령으로 유배되었고, 유배지에서 농어민과 친밀하게 지내며 그들의 처지를 시로 지어 필화에 연류되기도 했다. 1801년에는 강이천사건을 재조사하는 과정에서 천주교도와 교분을 맺은 혐의로 진해로 유배되었다. 그곳에 《우해이어보》를 남겼다.

김려가 유배생활을 한 곳은 고현항에서 가까운 '안밤치' 마을로 알려져 있다. 오래전에 그 마을을 찾아 헤맨 적이 있다. 매립과 간척을 한 데다가 공장이 떡하니 앞길을 막았으니 정배지 마을을 확인하고도 찾기 힘들었다. 마을이 있을 것 같지 않은 외길을 들어서서 조심스럽게 찾아야 하는 곳에 몇 가구가 모여 사는 마을이

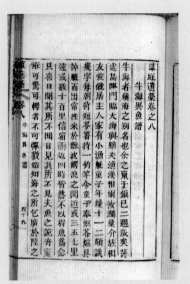

조선 후기 문인이자 학자인 김려가 1803년 어류, 갑각류, 패류 등 53종의 수산동물을 기록한 어보다. 우해는 진해 바다를 일컬으며, 김려의 시선으로 진해 바다에서 본 이상한 물고기를 기록한 실학서이다. 1권1책 필사본으로 우리나라 최초의 어보이며, 《담정유고》의 제8권에도 수록되어 있다.

있었다. 마을에 도착해서도 미심쩍었다. 안으로 들어가니 산자락을 따라 작은 텃밭과 몇 채 집들이 있었다. 차에서 내려 참깨를 말리고 있는 주민에게 물었다. "여기가 '율티리'라는 마을이 맞나요? '안밤치'는 어디예요?" "여기가 안밤치인데, 왜요?" "옛날 이곳에 '유명한 분'이 유배를 왔다는데 마을을 찾지 못해 헤매고 있었습니다."

그렇게 우리나라 최초의 어보《우해이어보》를 쓴 담정 김려의 유배지에 도착했다. 마을에는 유배지를 알리는 이정표는 물론 안내판도 없다. 담정은 이곳에서 오늘날 창포만과 진동만 바닷가를 오가며 유배생활을 했다. 지금은 간척과 매립으로 논밭과 공장과 마을이 있지만, 그 당시에는 뭍으로 나가는 외길을 제외하면 갯벌과 바다로 둘러싸인 섬이었을 것이다. 외길도 첩첩산중이다. 생각해보면 손암은 담정보다 더했지 덜하지는 않았을 같다. 창원시 진해구 명동마을 앞 음지도에《우해이어보》전시관이 있다.

41

섬 아닌 섬

창원 우도

한 무리의 여행객이 울긋불긋 차려입고 음지도를 돌아 우도로 향한다. 보행교를 따라 걷다 어김없이 솔라타워를 배경으로 사진을 찍는다. 음지도에서 본 우도의 모습도 아름답지만 다리에서 본 솔라타워도 충분히 매력적이다. 진해만을 대표하는 포토존이다. 우도는 다리가 놓였지만 여전히 도선이 다닌다. 섬 주민들에게 다리보다 도선이 더 가깝다. 도선은 버스 정류장 앞에서 내려주니 짐을 가지고 오가기도 편하다. 더구나 다리가 자동차가 다니는 길이 아니니 주민들에게는 특별한 혜택이 없다. 섬에 들어오는 여행객이나 낚시객들에게는 편리할지 모르겠다. 도선은 오전 3회, 오후 4회, 하루에 총 7회 운항한다. 배편은 자주 있다. 주말이면 여행객들이 몰려든다. 음지도를 통해 걸어오는 사람도 있지만 유람선을 타고 오는 사람이 많다. 우도를 한 바퀴 돌아보고 나간다.

우도는 창원시 진해구 명동에 있는 섬이다. 《경상도속찬지리지》에 '벌도'로 표기된 섬이다. 지명에 나오는 '벌'을 '서쪽'을 의미하는 것으로 풀어 관아 서쪽에 있는 섬으로 해석하기도 한다. 또 이칭으로 '벗섬'이라고도 부르며, 한자로 '友島(우도)'로 쓰기도 했다. 우도라는 섬 이름이 여러 지역에 있다. 쇠섬으로 풀기도 하고, 누운섬으로 해석하기도 한다. 창원의 우도도 지형이나 생김새로 풀어볼 필요가 있겠다. 그리고

'벗'에서 비롯된 한자 '우'를 가져온 것인지, 소금을 굽던 염전(갯벌)의 가마를 뜻하는 것인지 살펴보면 섬을 이해하는 데 도움이 될 것이다. 음지도, 우도, 수도, 연도 등은 모두 갯벌이 발달한 섬들이다. 바지락이나 피조개가 많이 생산되었던 것도 이러한 해양지질의 특성 때문이다.

우도에 도착하면 가장 먼저 반기는 것이 먹을거리다. 손쉽게 사 먹을 수 있는 음료부터 꼬치와 오뎅 같은 간식들이다. 그 다음이 생선회, 탕, 구이류다. 우도 상인들이 정말 기다리는 것은 유람선이다. 초리도를 들렀다 오는 유람선은 우도를 거쳐 간다. 섬을 한 바퀴 걷고 여기저기 기웃거리다 배에 오르면 명동 선착장에 도착한다.

미역을 채취하기 위해 날이 무뎌지고 자루가 썩은 낫대를 손질한다. 대나무에 벼른 낫을 감았다. 훈풍이 불기 시작하면 비릿한 미역을 채취해 볕에 말려야 한다. 양식 미역이 지천이지만 우도 어머니는 고집스레 돌미역을 찾는다. 돌미역을 몸이 원하는 탓이다.

우도는 섬과 육지를 오가는 중간지대다. 다리로 연결되었지만 차를 타고 갈 수 없고 걸어가는 것도 쉽지 않다. 여행객을 위해 만들어놓은 다리 탓에 나이 든 주민들이 이용하기에는 불편하다. 여전히 자가용처럼 이용하는 작은 배가 소중하다. 또 섬 주변에서 미역도 뜯고 작은 그물이나 통발을 놓아 반찬을 얻는 데 이만한 배가 없다.

우도는 1863년 인동 장씨, 창원 장씨 등 네 가구가 처음 정착했다고 한다. 지금은 60여 가구 140여 명이 살고 있다. 2011년 다리가 놓여 육지 같은 섬, 2020년 행안부 가고 싶은 섬 33개 중에 하나로 선정되기도 했다. 최근에는 '경남독립영화제'를 우도에서 개최해 좋은 반응을 얻기도 했다.

선착장에서 대나무에 낫을 단단하게 묶고 있는 주민을 만났다. 몰을 뜯기 위한 도구를 만드는 중이다. 몰은 진해만에서 많이 나는 해조류다. 청어, 물메기 등 산란을 위해 진해만을 찾는 어류들이 즐겨 찾는 바다 숲을 이룬다. 어민들은 몰을 뜯어 데쳐서 무쳐 먹고 국을 끓일 때도 넣어서 조리를 한다. 또 말려서 두고두고 식재료로 사용한다. 예전 같지는 않지만 아직 바다가 건강하다는 증거다. 명동과 마찬가지로 문어통발이 선창에 쌓여 있고, 잘 갈무리를 한 그물도 물때를 기다리는 중이다.

우도 선착장, 창원시 진해구에 명동에 딸린 섬이다. 나비섬이라고도 불렀고, '벗섬'이라고도 했다. 일제 강점기에 한자 지명으로 바뀌면서 '우도'라 했다. 명동에서 음지도를 지나 우도까지 다리가 이어져 산책하듯 걸을 수 있다. 이곳 해안에서 보는 거가대교가 아름답다.

초리도와 소쿠리도 방향의 해안 옹벽은 파도에 견디지를 못하고 해안도로가 유실되고 있다. 아무리 파도를 막으려 해도 자연의 힘 앞에서는 장사가 없다. 자연의 특성을 이해하고 공존하는 법을 찾아야 한다. 유럽에서는 파도가 밀려오면 그대로 자연스럽게 넘치도록 한다. 우리는 파도가 넘치지 않도록 막는다. 유럽의 연안처럼 하려면 배후에 습지 등 공간이 있어야 한다. 우리는 가급적이면 해안에 붙여서 집을 짓고 건물을 세운다. 동해안은 해안을 따라 펜션이나 상가들이 지어진 곳이 많다. 모래언덕에 축대를 쌓고 짓기도 했다. 파도가 부딪히면서 모래가 빠져나가, 축대는 무너지고 콘크리트 옹벽만 동굴처럼 남아 있는 곳이 있다. 우도도 그랬다. 해안선에 옹벽을 치는 것은 파도를 더 성나게 할 뿐이다.

지금은 다리가 놓이고 여행객들이 많이 찾지만 그 전까지는 전형적인 어촌 마을이었다. 특히 진해만을 대표하는 패류 공급지였다. 바닷속 조개류를 채취하기 위한 배만 해도 18척이 있었다. 당시에는 배 한 척에 다이버들이 두 명씩이었으니 못해도 30여 명 이상의 다이버가 활동했으리라. 진해 어시장은 물론이고 부산 어시장까지 우도 조개가 공급되었다. 1980년대 중반 고기잡이가 한창 성할 때면 남자들이 모두 고기잡이를 나가야 하므로 우도와 인근 수도에서는 여자들이 '부녀자 자율민방위대'를 조직할 정도였다. 그리고 1990년대까지 어린아이들도 그물손질 같은 일로 고기잡이를 돕는 것이 학교 가는 것보다 우선이었다.

거가대교를 가장 잘 볼 수 있는 곳은 우도다. 우도 교회가 있는 해안에서 보면 거제도 장목에서 저도로 이어지는 다리와 진해만이 한눈에 들어온다. 우도는 벽화 섬으로도 유명하다. 2015년 10월에 한화그룹 창립 63주년을 기념하여 한화테크윈 임직원봉사단과 경상남도 자원봉사센터가 공동으로 추진한 '우도의 휴'라는 벽화길이다. 등대, 물고기, 새벽을 낚는 어선, 불꽃놀이 등 벽화도 다양하고 곱다. 마을 정면으로 음지도 해양공원이 자리 잡고 있어 아름다움을 더한다.

개황 | 창원 우도

일반현황

위치 | 경상남도 창원시 진해구 웅천동
면적 | 0.1km²
가구수 | 60
인구(명) | 148
교통 | 진해해양공원에서 보도교 이용
특산물 | 피조개

변화 자료

구분	1985	1995	2011
주소	경남 진해시 웅천2동	경남 진해시 웅천2동	경남 창원시 진해구 웅천동
면적(km²)	0.100	0.060	0.100
인구(명)	272(144+128)	207(120+87)	176(108+68)
가구수	57	67	71
공공기관	어촌계 1		
학교	초등분교 1	초등분교 1	
급수시설	우물 21개소	우물 22개소	지방상수도 71가구
전력시설	한전계통 57가구	한전계통 67가구	한전계통 71가구
의료시설			
어선(척, 동력선+무동력선)	21(18+3)	59(47+12)	47(47+0)

※ 섬의 개황 자료 또는 변화 자료를 통계 데이터베이스에서 확인할 수 없는 경우 부득이하게 비워두었음을 알려드립니다.

42

이 섬은
어떻게 변할까

창원 초리도

초리도에 내리자 가장 먼저 반기는 것은 하얀 개다. 짖는 소리가 날씨만큼이나 매섭다. 여름철이면 사람들이 들어와 머물며 식사도 하고 술도 한잔 하며 즐기다 간다는데, 아직 바람 끝이 매서운 2월이라서인지 사람은 찾기 어렵다. 사납게 짖던 개가 갑자기 맞은편 해안으로 달려간다. 그곳에 주인이 있었던 것이다.

나이가 많은 노인이 호미를 들고 바닷가에서 바지락을 캐고 있었다. 사람들이 들어왔는데 돌아볼 생각도 없고, 관심도 없다. 묵묵히 수행승처럼 똑같은 동작으로 똑같은 속도로 갯벌을 긁는다. 잠깐 멈칫할 때는 바지락이 나올 때뿐이다. 고추밭이나 참깨밭에서 잡초를 매던 할머니의 뒷모습도 비슷했다. 느리지도 빠르지도 않은 속도로 쉼 없이 땅을 긁다가 때가 되면 산비탈 황토밭에서 내려오셨다. 노인이 캔 조개를 보니 바지락이 아니라 살조개다.

살조개는 백합과에 속하는 이매패류다. 쌀조개라고 불리기도 한다. 한때 우리나라 전역에 분포했지만 지금은 충남 태안·서산 지역에서 잡히고 있다. 조개 중에서 맛이 좋아 값도 비싸다. 오죽하면 쌀조개라는 별명을 얻었을까. 바지락과 달리 껍질에 방사형 부챗살마루(주름)의 골이 깊고 선명하다. 살조개를 맛있게 먹었던 곳은 충청남도 보령시 원산도였다. 바지락보다 껍질이 단단하고 조개도 크다. 모래나 모래

482

초리도로 들어가기 위해서는 명도 도선장에서 배를 타야 한다. 도선은 창원 솔라타워가 있는 음지도를 지나 소쿠리섬에 닿는다. 소쿠리섬은 캠핑을 하거나 낚시를 하는 사람들이 많이 찾는다. 진해에서 잠깐 이면 갈 수 있는 섬이며 식수와 화장실 등 간단한 편의 시설이 갖추어져 있다.

와 자갈이 섞인 갯벌의 조간대 하부에 서식한다. 2월 초순인데도 갯벌에서 조개를 팔 수 있는 것은 진해만에서 누릴 수 있는 기쁨이다.

선착장은 흔적만 남아 있고 바지선에 의지해야 한다. 섬 곳곳에 마치 고물상을 방불케 하는 고철들이 쌓여 있다. 또 조류를 따라 이동해 온 스티로폼과 양식시설들이 후미진 구석에 쌓여 있다. 해안 곳곳에 어촌계에서 영역 표시를 해놓은 표지석들이 세워져 있다. 낚시객과 방문객들이 갯바위의 해초나 고둥류를 많이 채취하기 때문이다. 소쿠리섬과 달리 식수나 화장실 등이 마련되지 않아 캠핑하기에는 적절하지 않다. 섬을 한 바퀴 돌아보는 데 5분도 걸리지 않는다. 다음 배가 오는 시간까지 양지바른 곳에 앉아서 하염없이 윤슬을 바라보았다. 바닷가에 밀려온 해초들이 수북하다. 종류가 다양하다. 우도에서도 보았지만 진해만이 어패류의 산란장이자 서식지가 된 것은 바로 이런 해초들이 풍성한 바다 숲을 이루고 있기 때문이다. 초리도는 명동어촌계에서 관리하는 양식장이다. 섬에는 한 가구가 거주하고 있다. 여름철이나 섬을 찾는 여행객들이 들어올 때쯤이면 장사를 하는 사람이 들어온다. 임시로 만든 건물에서 장사를 하기도 한다.

초리도는 10여 년 전까지 네 가구가 살았다. 식수를 비롯해 정주 여건이 마련되지 않아서 가까운 육지를 오가며 생활하고, 여름철에는 피서객을 대상으로 장사를 하며 생활했다. 가건물 몇 동과 조리시설이 갖춰져 있다. 바닷가에서 바지락을 채취하는 노인을 만났지만 이야기를 나눌 수 없었다. 초리도나 소쿠리섬 모두 명동어촌계의 마을어장이다. 주민들에 따르면 이곳에 다이버들이 몰려와 해삼, 성게 등을 주워가는 바람에 생계를 위협받고 있다고 한다. 명동어촌계원 150여 명의 생활 터전인 마을어장에서는 전복, 성게, 해삼 등을 양식하고 있다. 하

초리도와 소쿠리섬으로 가는 길에 해녀를 만났다. 진해만은 머구리라 부르는 잠수부들이 일찍부터 활동했던 곳이다. 해녀들이 없는 것은 아니지만 부산이나 이웃 통영과 거제에 비해 귀하다. 그나마 나이가 들면서 은퇴해 보기 어렵다.

지만 주말이면 수십 명이 들어와 스킨스쿠버를 즐기면서 마을어장이 황폐화되고 있다.

이미 20년 전인 2012년에 음지도, 우도, 소쿠리섬, 웅도, 초리도, 지리도 등 6개 섬에 걸쳐 조성되는 '남포유원지 조성사업'과 '명동·삼포 지역의 마리나 항만 조성사업'을 아우르는 '꿈꾸는 섬'이라는 계획이 2017년 완공을 목표로 수립되었다. 이 계획에는 음지도, 우도, 소쿠리섬, 웅도, 치리도를 연결하여 관광자원화하는 계획도 있었다. 그리고 음지도는 진해해양공원으로 조성되고, 음지도와 소쿠리섬을 잇는 집라인이 운영 중이다. 이보다 앞서 음지도와 우도를 잇는 보행교가 연결되었다. 이제 남은 섬은 초리도다. 초리도에 어떤 자본이 들어와 섬을 어떻게 변화시킬지 걱정이다.

초리도에 비해 소쿠리섬에는 캠핑이나 놀이를 할 수 있는 공간이 마련되어 있다. 그리고 공중화장실도 있다. 그만큼 찾는 사람이 많다. 소쿠리섬은 물이 빠지면 곰섬과 연결된다. 곰섬에는 등대가 있다. 물이 빠졌을 때 건너가 해초를 뜯고 조개를 캐던 사람들이 하나둘 노두를 건너 소쿠리섬으로 건너온다. 소쿠리섬 선착장 바닷가에서 대여섯 명이 바지락을 캐고 있었다. 그 옆에는 '경고문' 표지판이 세워져 있다. 내용은 이렇다.

경남 창원시 진해구 명동산 소쿠도 어촌계 소유의 마을 양식장으로서 현재 우도 어촌계에서 바지락을 포함한 해산물을 양식하는 곳입니다. 행락객들께서는 일절 바지락을 포함한 모든 해산물 채취를 금지하여 주시기 바랍니다.

소쿠도어촌계 이름으로 세워놓은 표지판에 적힌 경고문이다. 현재 이곳에 거주하는 주민은 없다. 우도어촌계에서 이용하고 있다는 안내다. 캠핑을 할 수 있도록 부지를 마련해두고 있다. 초리도나 소쿠리섬 모두 오가는 객선은 없다. 명동선착장에서 낚싯배를 이용해야 한다. 바람을 쐬러 오거나 바다와 섬을 보기 위해 오는 사람은 생각보다 많지 않다. 대부분 바지락이나 해산물을 채취하기 위해서 들어온 사람들이다. 경고문을 해석하면 이렇다. 소쿠도는 실제 거주하는 주민이 없지만 마을어장 이용권을 가진 주민은 있다. 그리고 실제로 그 어장을 이용하는 사람은 우도 주민들로 보인다. 우도어촌계에서 권리를 가진 소쿠도 주민들에게 이용료를 주는지는 알 수 없다.

소쿠리섬의 이름은 민간 어원설에 의하면 소쿠리를 닮은 지형이라는 의미에서 나온 것으로, 한자로는 '궤도(簣島)'로 표기하고 있다. '소쿠리와 삼태기가 꼴이 비슷하여' 삼태기 '궤(簣)'를 쓴 것으로 전해온다. 일명 '소고도'라고 부르며, 선착장 팻말에는 '소쿠도'라고도 쓰여져 있다. 디지털창원문화대전에 의하면, 소쿠리섬과 곰섬(熊島)에는 다음과 같은 전설도 전해 내려오고 있다.

옛날 '곰섬'에 막쇠라는 순박한 어부가 살고 있었다. 노총각으로 지내다가 뒤늦게 마을에서 홀로 살던 마음씨 착한 처자와 결혼하여 딸을 하나 두었는데 얼굴이 청초하고 눈썹이 긴 것이 백선꽃을 닮았다 하여 '백선'이라 불렸다. 세월이 흘러 백선의 나이가 어언 18세가 되자 그 아름다움이 근동에 자자하게 퍼져 마을 사람

웅도로 가는 길은 물때를 잘 살펴야 한다. 잠깐 물이 빠질 때 바닷길이 열리지만 이내 물이 차오르기도 한다. 소쿠리섬을 지키는 노인이 늘 노심초사하며 여행객을 살피지만 간혹 건너오지 못하고 발을 동동거리는 사람도 있다. 웅도에서 해초를 뜯고 고동을 줍기 위해 들어간 사람들이다.

들의 선망의 대상이 되었다. 막쇠에게 딸을 달라고 서로 청혼을 하였지만 백선은 남모르게 곰섬의 큰 부자이며 그의 아비가 타는 배의 선주 아들인 가우리와 사랑을 키워가고 있었다. 두 사람의 사랑이 하루하루 깊어가던 어느 날, 가우리의 아버지는 자신의 아들이 천한 막쇠의 딸과 만나는 것을 알고는 막쇠를 불러 자신의 아들과 만나지 못하게 하였다. 백선은 너무나 상심한 나머지 실어증을 앓게 되었다. 하지만 이미 백선의 배에는 사랑하는 가우리의 아이가 자라고 있었다. 이 사실을 알게 된 가우리 아버지는 소문이 퍼질 것을 우려해 곰섬 앞 무인도에 백선 부녀를 가두어버렸다. 나중에 태어난 아이마저도 품에서 빼앗아가 버리고 말았다. 상심한 백선의 아버지도 세상을 떠나고 섬에는 백선 혼자 남게 되었다. 자신의 아들을 그리워하던 백선은 단 하루만이라도 바닷길이 열려 자신의 아이를 보게 해달라고 매일 새벽 용왕님께 기도를 올렸다. 이에 감동한 용왕은 마침내 백선의 꿈에 매달 보름에 한 번 바닷길을 열어주겠다고 약속을 하였다. 기다리던 바닷길이 열리는 날 백선은 아이에게 줄 음식과 손수 지은 옷을 소쿠리에 가득 담아 바다가 열리기만을 기다리고 있었다. 아직 바닷길이 열리지 않은 시각, 곰섬 저편에서 가우리 부부와 자신의 아이가 육지로 떠나가는 모습이 보였다. 백선은 소리를 질러 불러보기도 했지만 말을 할 수 없는지라 눈물만 하염없이 흘릴 뿐 눈앞에서 사라져가는 아들의 모습을 바라볼 수밖에 없었다. 백선은 멀리서나마 자식을 볼 수 있는 날도 이제 마지막이라는 걸 알고는 바다로 뛰어들어 그만 죽고 말았다. 그 후 사람들은 자식을 사랑한 백선의 지순한 사랑을 기려 그 섬을 '소쿠리섬'이라 부르고, 바닷길이 열리는 날이 되면 모두들 소쿠리를 하나씩 들고 가서 조개와 굴 등을 따서 사랑하는 부모와 자식들에게 먹이는 풍습이 생기게 되었다.

음지도 해양공원에서는 소쿠리섬으로 이어지는 집라인이 운영 중이다. 집라인은 99미터에서 바다를 지나 소쿠리섬으로 하강한다. 그런데 여기서 끝이 아니다. 제트스키를 10여 분 정도 타면 음지도로 간다. 우도에 대규모 마리나항도 계획 중이다. '꿈꾸는 섬'이 그렸던 청사진이 하나씩 채워지는 것인가. 주민들은 떠났지만 바다는 놀이의 대상으로, 섬은 외부자본의 투자처로 바뀌고 있다. 섬과 바다의 정의도 바뀌어야 할까.

43

누구의 섬인가
창원 잠도

컹컹, 컹컹

배에서 내리자 가장 먼저 나그네를 반기는 것은 주인도 없는 집에 매어둔 개들이다. 두 마리가 앞서거니 뒤서거니 짖는다. 개 소리가 요란한 섬일수록 섬을 지키는 토박이 주민은 적다. 나그네를 더 스산하게 만드는 것은 개 소리만이 아니었다. 선창가에 빈 LPG통이 줄지어 갯바람을 맞고 있었다. 도시가스가 들어오지 않는 섬에서 몸과 마음을 따뜻하게 살피는 데 이보다 소중한 것이 없다. 가스가 떨어졌다고 바로 가스통을 배달해주지 않는다. 정기 여객선이 닿는 곳도 아니니 더욱 소중하다. 필요할 때 가스를 주문하는 것이 아니라 배가 닿을 때 미리 챙겨놓아야 안심이다. 섬 주민들이 정말 기다리는 것은 가스통일 수 있겠다. 그래서 더욱 스산하다.

잠도는 창원시 진해구 안곡동에 있는 작은 섬이다. '누에가 머리를 들고 뽕을 먹는 모양'이라 누에섬이라 했다가 잠도가 되었다는 지명 유래가 전한다.《경상도속찬지리지》에는 '서사의도'로, 다른 문헌에는 '사의도'로 기록되기도 했다. 해안이 갯바위로 이루어져 있고 해조류가 많이 서식하는 곳이라 낚시를 하는 사람들이 많이 찾아온다.

주민들은 섬 서쪽 좌우 두 개의 포구에 살고 있다. 한때 20여 가구 70여 명이 살았지만 교육 시설이나 행정 시설은 없었다. 모두 국방부 소유이며 군사 목적으로 사용하는 섬이기 때문이다. 주민들 대부분은 방파제와 접안시설이 잘 갖추어진 진해만을 향한 포구 주변에 모여 있고, 거가대교를 향한 포구는 배가 겨우 접안할 수 있는 정도이며 민가는 두어 가구에 불과하다. 개 짖는 소리를 뒤로하고 언덕을 넘어 큰 포구로 향했다. 텃밭은 채소를 키우는 대신에 울타리를 치고 암탉과 수탉을 가두어놓았다. 영락없이 시골에서 키웠던 씨암탉 모양새다. 명절에 큰 사위가 오면 할머니가 아버지에게 이야기해서 잡았던 그 닭이다. 수탉도 깃털과 벼슬이 시골에서 보았던 것과 꼭 같다. 언덕을 넘어서니 그곳에 10여 가구가 선창을 안고 자리를 잡았다. 기웃거리며 사람을 찾았지만 역시 인기척이 없다. 겨울이라 모두 섬 밖으로 나간 듯하다.

진해만 작은 섬은 주민들의 섬이 아니라 국가의 섬이다. 국방부가 소유한 섬이다. 주민들이 살던 섬에 일본인들이 들어와 군사시설을 만들면서 쫓겨났다. 그리고 광복이 된 후에도 적산은 미군정 법령에 의해 미군정에 귀속된 후 대한민국 국유재산으로 등록되었다. 잠도도 그중에 하나다.

어장철에만 주민들이 잠깐 들어와 조업을 하고 일상으로 머물지는 않는다. 오가는 배도 없고 낚싯배를 이용해야 하는데 그것도 아무 배나 접안해 들어갈 수 없다. 섬 자체가 군사 시설이기도 하지만 이와 함께 기존의 주민들이 섬을 개방하지 않으려는 것도 있다.

잠도는 섬 자체가 군사시설이었다. 일제 강점기에는 일본군이 주둔했다. 진해만으로 들어오는 요충지였다. 임진왜란과 정유재란 당시에도 이곳 바다는 안골포해전 등 조선 수군과 일본 수군의 격전지였다. 잠도 남쪽 거제지역에 장문포·송진포·영등포가 있으며, 진해지역에 영동성·웅천성·안골포성 등이 포진했다. 부산왜성에 거점을 둔 일본 수군의 주요 항로였다. 지금은 해군이 군사훈련장으로 사용하고 있다. 군사시설의 흔적들은 곳곳에 남아 있다. 또 마을 입구에는 해군 진해기지 사령관 이름으로 '토지지의 형질을 무단으로 변경하는 행위, 건물 증개축 및 시설물을 무단 설치하는 행위, 무단 경작 및 수목을 식재하는 행위'를 금한다는 내용의 안내문이 세워져 있다. 또 바닷가에는 잠도어촌계장 이름으로 "위 지역은 잠도어촌계 면허지역이므로 허가받은 자 외에는 어패류(바지락, 굴, 고동, 해삼, 홍합, 개조개, 지렁이) 채취를

잠도는 문어잡이를 많이 하는 것 같다. 선창 곳곳에 문어단지가 쌓여 있다. 봄철에는 도다리, 농어, 볼락 등을 잡기도 한다. 섬에서 주민들은 만날 수 없었고 선창에 놓인 어구를 보면서 섬살이를 가늠해볼 뿐이다.

일절 금하며 적발 시 고발 조치합니다"라는 경고문이 세워져 있다. 섬은 대부분 국방부 소유이고, 바다는 주민들의 생업공간인 셈이다. 잠도만이 아니라 진해만에 있는 많은 섬들이 같은 처지다.

두 개의 안내문과 경고문 사이에서 섬살이의 고충이 읽혀진다. 그 불편함이야 오죽했을까. 포탄 소리는 말할 것도 없고, 섬 땅이 국방부 시설로 되어 있어 매년 눈치를 보면서 생활해야 한다. 이런저런 민원이나 요구를 할 수도 없는 형편이다. 섬에 전깃불을 밝힐 수 있었던 것은 2001년 태양광시설이 들어오면서다. 그 전에는 발전기를 사용해 하루에 3~4시간만 불을 밝혔다. 섬 정면에서는 칠천도와 거가대교가 보이고, 왼쪽으로는 진해항이, 오른쪽으로는 창원 실리도가 자리를 잡았다.

네댓 척의 배가 포구에 정박해 있지만 인기척은 찾아볼 수 없다. 섬살이를 물어볼 주민도 없어서, 포구에 쌓여 있는 어구로 대충 살펴보왔다. 방파제로 향하는 길목에서 도다리를 잡는 데 쓰는 높이가 낮고 좌우 길이가 긴 프레임을 철골로 짠 단단한 통발이 눈에 띄었다. 밑지름이 크고 윗지름이 작은 원통형 통발도 도다리를 잡는 어구다. 저층에서 생활하는 도다리를 잡기 위해 고안한 어구들이다. 바닥에 안전하게 납작 엎드리듯 자리를 잡고 홍합(진주담치) 으깬 것이나 전갱이로 도다리를 유인한다. 오뉴월에 농어나 볼락을 잡는 대형 사각형 통발이나 그물도 있다. 겨울철 대구를 잡는 호망도 몇 틀이 보인다. 붕장어를 잡는 장어통발은 모양부터가 다르다. 또 붉은색 문어 단지도 차곡차곡 쌓여 있다. 춘삼월 도다리와 볼낙을 시작으로 오뉴월이면 농어와 붕장어를 잡는다.《한국어류학회지》(2016.12)를 보면, 잠도 주변에서 통발로 채집한 어류로 흰꼬리볼락, 가시망둑, 볼락, 그물코쥐치, 망상어, 세줄배도라치가 다수였다고 발표했다.

검붉은 문어통발에 눈을 맞추는 순간 선창 끝에서 부르는 소리가 들렸다. 고개를 들어보니 손짓을 하며 소리치고 있었다. 좋은 볼거리가 생겨 부르는 줄 알고 다가갔더니, '누구 허락을 맡고 함부로 사진을 찍느냐. 어떻게 들어왔느냐'며 다짜고짜 나가라는 것이다.

아니, 돈을 주고 배를 타고 들어왔고, 허락을 맡지는 않았지만 죄짓는 일은 하지 않았는데 무슨 말이냐고 물었다. 이곳은 군사지역이고, 허락을 받지 않으면 들어올 수 없는 곳이란다. 오직 들어올 수 있는 것은 이 도선(낚싯배)뿐이란다. 다른 배를 이용했다면 섬에 내릴 수 없다는 것이다. 우리 일행을 태우고 온 배와 선장 이름을 캐묻고 연락을 하겠다며 으름장을 놓았다. 나중에 알고 보니 큰 죄나 지은 것처럼 몰아붙이는 사람은 명동 선착장에서 잠도를 오가는 배 선장이었다. 하루에 두 번 오전 오후 오가는데, 주로 낚시를 하는 사람과 주민들을 실어 나른다. 선장이 따지는 것은 군사지역이라는 것과 낚싯배로 일반인을 실

마을은 선창을 향해 앉아 있다. 꼭 누군가를 기다리는 양 바다를 향해 두 팔을 벌리고 있는 듯하다.

어 나를 수 없는데 불법으로 내려주었다는 것이다. 달리 말하면 자신의 배를 이용하지 않고 섬에 들어온 것은 불법이라는 것이다. 앞으로는 조심하라는 경고를 날리고 있는 것이다. 상황이 끝나고 한 청년이 조심스럽게 다가와 말을 붙였다. 귀촌해서 살고 있으며 겨울철 주민들이 모두 뭍으로 나가고 자기가 섬을 지키고 있다고 했다. 겨울철에 사람이 그리웠던 것이다.

잠도는 농사지을 땅이라고 해야 작은 텃밭이 전부이고 바다에 의지해 살아온 섬이다. 다행인지 어장이 좋다. 하긴 어장이 좋지 않다면 교통도 불편하고 마음대로 집을 고쳐 지을 수도 없는 섬에 머무를 이유가 없을 것 같다. 낚시객들이 많이 들어오면서 마을어장에도 곧잘 손을 대는 모양이다. 잠도 주변 바다는 면허지역으로 일반인은 물론 낚시객들도 바지락, 굴, 고동, 해삼, 홍합, 개조개, 지렁이 등을 채취할 수 없다.

개황 | 창원 잠도

일반현황

위치 | 경상남도 창원시 진해구 안곡동
면적 | 0.202km²
가구수 | 21
인구(명) |
교통 | 창원-속천항에서 배편 이용
특산물 | 대구

변화 자료

구분	1985	1995	2011
주소	경남 진해시 충무3가동	경남 진해시 충무3가동	경남 진해시 진해구 태평동
면적(km²)	0.200	0.202	0.202
인구(명)	60(30+30)	71(36+35)	60(32+28)
가구수	16	27	28
공공기관			
학교			
급수시설	우물 2개소	우물 5개소	우물 2개소
전력시설	자가발전 2대	자가발전 1대	자가발전 1대
의료시설			
어선(척, 동력 선+무동력선)	14(10+4)	21(10+11)	29(29+0)

※ 섬의 개황 자료 또는 변화 자료를 통계 데이터베이스에서 확인할 수 없는 경우 부득이하게 비워두었음을 알려드립니다.

44

홍합의 섬
창원 실리도

도심에서 시내버스를 타고 포구로 이동해 배를 타고 섬으로 들어간다. 우리나라에 400여 개의 유인도가 있지만 이렇게 명쾌하게 접근할 수 있는 섬이 많지 않다. 창원시에 속한 실리도는 마산역에서 원전항으로 가는 62번 시내버스를 타고 종점까지 가서 실리도로 가는 도선을 이용하면 된다.

실리도는 창원시 마산합포구 구산면 심리에 있는 섬이다. 옛 진해시 지역이다. 창원시 심리마을 원전항에서 배가 오간다. 주변은 온통 굴 양식장인데 실리도는 홍합 양식으로 살아가고 있다. 홍합의 정확한 표현은 진주담치 혹은 지중해담치다. 홍합 양식은 실리도의 소득을 책임지는 주력 사업이다. 마을 어촌계에서 운영하는 해상콘도와 배낚시도 인기다. 마을 앞바다에 여러 개의 해상콘도가 배치되어 있다. 낚시객들도 많이 찾는 섬이다. 잠도처럼 실리도도 국방부 소유이다. 집만 주민들이 가지고 있는 것이다. 밭은 대부분 국방부로부터 빌려서 농사를 짓고 있다.

잠도와 달리 실리도는 수시로 도선이 오간다. 뭍에서 짧은 곳은 300미터 남짓 거리에 있어 잠시만 타면 닿는 섬이다. 초애도(송아도)를 돌아서자 해상콘도와 홍합 양식장이 펼쳐진다. 홍합 양식 외에 어민들은 인근 바다에서 통발을 이용해 도다리와 장어를 잡아 생활하고 있다.

실리도 섬 주변은 온통 홍합 양식장으로 둘러싸여 있다. 홍합은 지중해 담치를 이야기하는 것으로 굴 양식과 함께 진해만을 대표하는 양식 품종이다.

실리도에 딸린 초애도는 왜가리, 괭이갈매기가 많이 머무는 무인도다. 새들에게만이 아니라 어민들에게도 마을 앞 초애도는 효자 같은 섬이다. 덕분에 섬 주변에 갯벌이 쌓이면서 바지락 서식지가 마련되었고, 갯벌체험도 할 수 있다. 무인도에 기대어 주변으로는 해상펜션도 안전하게 자리를 잡았다. 무엇보다 곶의 끝자락에 원전항이 마련될 수 있었던 것도 실리도와 함께 초애도가 파도와 바람을 막아주기 때문이다. 도선을 기다리는 원전항 한쪽에 작은 쪽배 십여 척이 파도에 뒤척이며 정박해 있다. 모두 배낚시를 위한 것들이다. 가까운 곳은 노를 젓는 배를 타고 오갈 수 있지만 낚시 포인트까지 가려면 동력선을 이용한다. 한 배에 한 명이나 두 명의 낚시객이 타고 실리도 주변에서 낚시를 한다. 섬 안에도 같은 낚싯배들이 몇 척 있다. 초애도는 해식애, 절리 등이 발달했고, 해안은 혼합갯벌이 발달해 바지락 어장이 좋아 갯벌체험을 하는 곳이기도 하다. 전해오는 이야기로는 옛날 실리도에 사는 과부가 아들과 함께 조개를 캐러 들어갔다가 물이 들어오자 급히 나오면서 아들을 깜박하고 두고 나왔단다. 아낙네는 머리를 풀고 울면서 아이를 불렀다. 초애도가 꼭 그런 형상이라고 한다.

초애도를 돌아 실리도 선착장에 내렸다. 5분이나 걸렸을까. 선착장에는 양식 도구와 통발이 가득하다. 앞선 배로 도착한 등산객들은 벌써 마을 뒤 둘레길을 걷는다. 실리도는 낚시객도 많이 들어오지만 가볍게 섬을 한 바퀴 걷는 사람이 많다. 이 길이 알려지면서 '실리도 둘레길'이 브랜드가 되었다. 도선도 '실리도 둘레길 가는 배'라고 소개한다. 둘레길은 마을을 지나서 시작된다.

둘레길은 아이부터 노인까지 누구나 걸을 수 있게 잘 정비되어 있다. 바닥이 고르지 않은 구간은 야자 매트를 깔고, 경사가 심한 곳은 인조목으로 계단을 만들었다. 길을 따라 걸으면 봄철에는 야생화를 살필 수 있고 진해만의 바다를 맘껏 누릴 수 있다. 여름철에는 더위를 피할 숲이 많지 않아 아쉬울 것 같다. 하지만 봄부터 가을과 겨울까지 둘레길을 걷기에 좋을 것 같다.

둘레길을 걷다가 잠수기 어선을 발견했다. 진해만에서 곧잘 발견되는 광경이다. 하지만 이렇게 가까이서 작업을 하는 모습을 본 적이 없었다. 마을어업 구역 바다 밑에서 서식하는 조개류를 캐는 잠수부들이다. 제주도처럼 물질을 하는 해녀들이 없는 어촌에서는 잠수부가 그 일을 한다. 이런 배를 '머구리배'라 하고 잠수부를 '머구리'라 했다. 한 배에 두 명의 잠수부와 밥을 해주는 사람, 산소를 공급하고 줄을 관리하는 사람, 선장, 이렇게 다섯 명이 탔다. 지금은 한 배에 잠수부 한 명만 타도록 규정이 바뀌어 선장, 잠수부, 관리, 식사 담당 등 네 명이나

홍합 양식 시설을 만들고 있는 주민. 실미도는 홍합 양식이 주업이다. 선창과 섬 곳곳에 홍합 양식을 위한 부표와 시설물들이 가득하다. 섬을 찾는 여행객들이 없지 않지만 주민들은 큰 관심을 두지 않는다. 여행객을 대상으로 하는 소득활동보다는 바다에 의지하는 양식어업이 더 절실하다.

세 명이 타서 작업을 한다. 실리도에서만 이날 두 척의 머구리배를 보았다. 그만큼 마을어장 내에 조개류가 풍부하다는 반증이다. 뱃머리에 노란색을 칠해서 어디서나 쉽게 불법어업을 감시할 수 있다. 그만큼 마을어장의 개조개, 전복, 키조개 등 경제성이 높은 패류를 약탈해가는 해적선이 많다는 증거이기도 하다.

둘레길을 한 바퀴 다 돌아 선착장으로 돌아오다 홍합 양식을 준비하는 주민을 만났다. 20센티미터 남짓 밧줄을 잘라 10여 미터 정도 줄에 일정한 간격으로 끼우고 있었다. 이렇게 마련한 줄에 홍합 종패를 부착해 양식을 한다. 둘레길을 올라올 때 마을 어귀에 있던 안내판에서 홍합어장을 분배한 것을 고시하는 게시물을 확인할 수 있었다. 실리도는 어장을 모두 3개 조로 나누고, 한 조에 10명씩 배치했다. 그러니까 어촌계원이 30명 남짓 된다. 주 소득원이기에 홍합어장을 정기적으로

실리도 바다를 가득 채운 홍합 양식 시설이다. 마을 앞 초애섬을 방파제 삼아 바지선과 양식 시설이 줄지어 있다. 바지선을 헤아리면 양식 어가를 헤아릴 수 있다. 섬이 작기에 바다의 바지선에서 작업을 해서 유통한다. 작은 섬에서 바다는 양식장이나 작업장이 된다.

추첨을 통해 분배하고 있다. 과거에 서남해안의 김 양식장을 나누고 추첨을 해서 위치를 정하는 것과 같은 방식이다. 바다 농사는 조류와 수온 등에 따라 풍흉이 결정되기 때문에 양식이 잘되는 곳과 그렇지 않은 곳이 있을 수 있다. 따라서 형평성을 고려해 매년 어장을 재배치한다. 최근에는 어촌계원이 고령화되고 인구가 감소하면서 이러한 규칙들도 사라지고 있지만 마을어업이나 공동어장이 잘되는 곳에서는 지속되고 있다. 실리도는 다른 어촌이나 섬에 비해 역동적인 것 같다.

섬으로 들어오는 길에 하얀 부표 사이로 낚싯배가 여러 척 떠 있었다. 홍합 양식장 주변에 도다리, 볼락, 갈치, 호래기(꼴뚜기) 등이 많아 배낚시를 즐기는 사람들이다. 잠도에 비하면 섬이 매우 활기차며 새로 지은 집들도 제법 많다. 무엇보다 둘레길이 인기다. 나지막한 둘레길은 바다를 보면서 산책하듯 돌아볼 수 있다. 쉽게 섬에 들 수 있고 걷는 길도 힘들지 않아 좋다. 무엇보다 진해만을 한눈에 볼 수 있다는 것도 매력이다. 바닷가로 이어지는 비탈길을 계단 모양으로 일궈 밭농사를 지었던 흔적들이 남아 있다. 바람을 막기 위해 심은 소나무들이 군데군데 아름드리로 버티며 그 세월을 일러준다. 임진왜란 당항포 전투에 등장하는 증도가 시리섬(실리도)이라는 이야기도 있다. 또 러일전쟁에서 발틱함대에 맞서 싸운 일본 해군기지로 사용되었다는 이야기도 전한다. 진해만의 섬은 대부분 그렇다.

선착장 곳곳에 이런 양식 어구들이 쌓여 있다. 어쩔 수 없다지만 홍합 양식을 하고 난 후 걷어 올린 시설물들이 부패하면서 나는 냄새가 부담스럽다. 홍합 양식시설의 환경문제도 제기되었다. 냄새는 여름철에 더 심할 것 같다. 굴 양식이 활발한 통영 용남면에서도 비슷한 냄새를 맡았다. 그런데 똑같이 굴이나 홍합 양식을 많이 하는 일본 어촌이나 지중해 연안에서는 그렇게 역겹고 심하지 않았다. 차이가 뭘까.

길을 만들고 펜션을 만들어 섬으로 여행객이 올 수 있도록 하는 것만큼이나 양식이나 어업에서도 이런 문제점을 고민할 필요가 있다.

개황 | 창원 실리도

일반현황

위치 | 경남 창원시 마산합포구 구산면
면적 | 0.215km^2
가구수 | 55
인구(명) | 122
교통 | 구산면 원전항에서 배편 이용
특산물 | 매실, 딸기, 밤

변화 자료

구분	1985	1995	2011
주소	경남 의창군 구산면 양리	경남 마산시 구산면 양리	경남 창원시 마산합포구 구산면 심리
면적(km^2)	0.190	0.190	0.217
인구(명)	147(78+69)	176(95+81)	138(80+58)
가구수	36	50	53
공공기관			
학교			
급수시설		간이상수도 1개소	간이상수도 1개소, 우물 2개소
전력시설	한전계통 36가구	한전계통 50가구	한전계통 53가구
의료시설			
어선(척, 동력선+무동력선)	23(16+7)	26(15+11)	63(62+1)

※ 섬의 개황 자료 또는 변화 자료를 통계 데이터베이스에서 확인할 수 없는 경우 부득이하게 비워두었음을 알려드립니다.

45

육지가 된 섬,
앞으로 어떻게 될까

창원 연도

섬도 내주고 바다도 내주면 섬 사람들은 어느 언덕에 기대어 살아야 할까. 섬은 바다와 숲과 마을이 오롯이 있어야 제 역할을 할 수 있다. 연도는 바다를 신항만에 내주고 숲과 땅은 공장에 내주었다. 겨우 거처만 붙들고 있는 형국이다. 섬의 정체성을 잃었다. 그렇지만 평생 바다에 기대어 살아온 섬 주민들이 갑자기 농사를 짓고, 직장생활을 할 수는 없는 노릇이다. 농사지을 땅도 없지만 일터도 없다. 결국 새로운 어장을 찾아 거제 바다까지 나가 눈치 조업을 하고 있다. 마을어장이 아니지만 이미 그곳에서 조업을 하는 어부들이 있으니 틈새를 보며 그물을 놓고 통발을 넣을 곳을 찾아야 한다. 어장을 잃은 어민들의 실상이 그렇다.

조선시대 왜인 수천 명이 머물렀던 제포, 제덕항

연도와 수도로 가는 길목에서 만나는 포구가 제덕항이다. 통합 이전에는 진해시에 속했고, 지금은 창원시 진해구로 바뀌었다. 2000년대 초반 어촌계원만 130여 명에 이르는 제법 규모가 큰 어촌이었다. 한때 마을어장에서 채취한 피조개를 전량 일본으로 수출해 어업 소득이 높았다. 지금은 국가산업단지, 부산신항만 등에 어장을 내주고 포구는 어장배보다는 낚싯배와 레저 보트가 더 많다. 조선시대 수군진이 있었던

가덕도에서 본 대죽도, 저도 그리고 거제도. 우측 바다는 진해만이며, 좌측은 대마도가 있는 큰 바다로 나가는 길목이다. 중요한 뱃길이라 조선시대에는 이 지역에 많은 성을 쌓았고, 임진왜란 시기에 일본군 이 왜성을 쌓기도 했다. 가덕도에 등대가 세워진 이유이기도 하다.

제진리와 망덕리가 합해져 제덕이라는 지명이 생겨난 것으로 보인다. 조선시대 제포진이 설치되어 경상우도 수군첨절제사가 주둔한 곳이다. 제포는 1407년(태종 7년)부터 1541년(중종 36년)까지 왜인들에게 개항했던 곳이다. 건국 이후 섬과 연안에 대한 왜구의 약탈이 계속되자 조선은 불법에 엄격하게 대처하면서 조선 상인의 합법적인 거래를 허용하는 제포·부산포·염포의 삼포를 열었다. 이 중 제포(내이포)가 가장 빨리 개항한 곳이다. 일본 자료《중세왜인전》에 따르면, 1494년 제포왜관에 347가구 2,500여 명의 왜인이 머물렀고, 부산포에는 453명, 염포에는 152명이 있었다. 우리나라 기록에도 세종 때에는 왜인

600여 명이 상주했으며, 1430년(성종 12년)에는 308호 1,722명이 거주한 것으로 기록되어 있다. 제포를 비롯해 개항한 곳에 상주하는 왜인과 약탈을 자행하는 왜구를 구분해야 하지만 쉽지 않았다. 대마도 도주의 지원을 받아 일으킨 삼포왜란(1510년)이 이를 잘 보여준다. 이후 삼포를 폐쇄했다가 제포를 개항하고 이어 부산포가 문을 열었다. 하지만 다시 관병과 왜인 사이에 갈등이 생기자 제포를 폐쇄하고 왜인은 부산포로 옮겼다.

제포왜관의 위치는 2019년 웅동경제자유구역과 국도 2호선을 잇는 간선도로를 개설하면서 시행한 유적지 발굴 과정에서 제덕동 일대에서 발견되었다. 그 위치는 제덕만과 냉이고개(진해구 제덕동) 사이다. 발굴 결과 계단식 지형, 축대와 담장, 기단 건물지 등 주거지와 유적, 도자기, 기와파편 등이 발굴되었다. 지금의 제덕항과 당집 위쪽에 위치한다. 왜관터 동쪽으로 웅천항이 있어 바다로 나가면 제덕항과 만나 수도, 연도를 지나 가덕도로 이어진다.

돈섬, 최초 담수화시설을 했던 섬

연도는 《고려사》 1263년(원종 4년)에 웅신현 관내 섬의 하나로 기록되어 있다. 《경상도속찬지리지》에 처음 등장하며, 《호구총서》에는 '일연도(一椽島)'라 기록했는데, 이는 동쪽에 있는 큰 섬으로 풀이한다. 1908년 창원군 웅천면 연도리였다가, 1973년에는 진해시 연도동이, 2010년에는 창원시 진해구 연도동이 되었다. 큰 섬 연도 외에 을미도, 개머리섬, 솔섬 등으로 이루어져 있다. 남쪽으로 대통령의 섬으로 알려진 저도를 사이에 두고 가덕도와 거제도가 동서로 자리한다. 연도를 지나 진해만 안으로 들어갈 수 있다. 송도와 수도를 매립해 조성한 공업단지와 부산 신항만 사이로 들어서면 임진왜란 당시 안골포해전의 격전지와 왜성을 확인할 수 있다. 겨울철이면 해안에 굴을 주재료 삼아 요리한 메뉴를 내놓는 식당들이 번호표를 달고 성업 중이다. 인근 진해만에서 어획한 수산물이 집결하는 용원어시장이 유명하다.

연도는 피조개, 바지락, 새조개, 홍합, 굴 같은 패류 양식과 숭어, 전어 등 어선 어업도 활발했던 어촌이다. 어촌계원만 50여 명에 이르는 전형적인 어촌이었다. 한때는 100여 가구에 200여 명이 넘는 사람이 살았고, 학교도 있었다. 어업 소득이 높아 돈섬 또는 쇠섬이라 불렸다. 서해에 조기가 올라오는 철에는 먼바다까지 출어를 나가기도 했다. 신항만을 조성하면서 수도, 을미도, 송도 등을 연결하여 개머리섬으로 이어지는 방파제를 쌓았다. 서방파제와 동방파제 끝에는 차전놀이를 형상화한 항로표지가 서 있다.

육지와 이어지기 전에는 진해 괴정마을에서 연도로 오가는 '연도호'가 하루에 6회 운항을 했다. 20분 남짓 걸리는 짧은 뱃길이라 주민들뿐만이 아니라 낚시꾼이나 섬을 찾는 사람들도 제법 오갔다. 멀리 화려한 거가대교의 야간조명이 요란하지만 주민들은 옛 영화만 떠올린다. 연도는 웅동만에서 돈섬으로 부러움을 샀던 섬이다. 웅동만은 창원시 진해구 웅천과 웅동으로 둘러싸인 만이다. 조선시대 웅천현에 속했다. 육지 쪽으로 만입되어 형성된 내만 안에 내만으로 어류의 산란장으로 좋은 어장을 갖추었다. 공업단지가 조성되기 전에는 굴, 홍합, 피조개, 새조개, 바지락 같은 패류 양식이 발달했다. 임진왜란 당시 안골포해전으로 알려진 곳도 웅동만 안쪽 안골포에서 벌어진 전투였다. 이곳에 왜성을 쌓았다.

연도는 우리나라에서 처음으로 '해수담수화'가 시도된 섬이다. 1996년이다. 섬이 작고 산이 높지 않아 식수가 늘 부족했다. 또 '연도여자상여놀이'가 유명하다. 남자들이 대부분 서해 바다로 조기잡이를 나갔는

진해만 일출

데 사람이 죽는 일이 생기면 여자들이 장례를 치루었다. 망자와 나누는 하직인사, 발인제, 상여 운구, 상여 안장 및 평토제, 뒤풀이 등 장례과정을 모두 여자들이 해냈다. 장지는 사람이 살지 않는 솔섬이다. 산사람도 머물기 좁은 섬이라 망자를 묻을 무덤으로 채울 수 없었다. 그래서 선택한 방법이다. 연도만 아니라 고흥의 쑥섬이나, 태안의 육도도 섬에 무덤을 만들지 않고 다른 곳에 장지를 마련했다. 죽어서도 배를 타고 장지로 가야 하는 것이 연도 사람들의 운명이었다.

　연도에는 '장사샘과 개물독메'라는 이야기가 전해온다. 섬에 신씨 성을 가진 힘이 센 장사가 살고 있었다. 어느 해 전라도로 고기잡이를 나갔다가 싸우고 있는 황소의 뿔을 하나씩 잡아 주저앉혔다. 이를 본 전라도에 사는 박씨가 신씨를 따라다니면서 괴력의 비밀을 알아내려 했다. 그러다 신씨가 매일 연도 동쪽 느티나무 아래 서 있는 장승에 대고 기도를 드리고 바위틈에 고인 물을 마시는 것을 보았다. 박씨도 신씨처럼 샘물을 마셨다. 얼마 후 두 사람은 큰 바위를 주워 섬 동쪽 바다에 던지는 시합을 했다. 두 사람은 돌을 던지다 지쳐서 쓰러져 죽었다. 그 돌이 개머리섬인 개물독메가 되었다. 신씨와 박씨가 마신 물은 소문이 나 장사샘이라 불렀다. 그런데 이 물을 마시고 난 뒤에 악인이 되거나 불구가 되는 사람이 많아 흙으로 덮었다고 한다. 개머리섬은 물이 들면 섬이지만, 물이 나면 걸어서 갈 수 있다.

이순신 장군이 웅포해전 당시 이곳에서 식수를 공급받았다는 물섬 이야기도 전한다. 암석 해안으로 이루어져 있으며 해식애가 발달했다. 부산 신항만 공사로 많이 훼손되었다. 날이 어두워지면 연도에서 바라본 거가대교와 부산 신항만의 불빛은 화려하다 못해 현란하다. 그 모습을 보기 위해 연도를 찾는 사람도 있다. 연도 사람들의 삶과 바꾼 불빛이다. 그래서 더 화려하고 서글프다.

일반현황

위치 | 경상남도 창원시 진해구 웅천동
면적 | 0.76km²
가구수 |
인구(명) |
교통 |
특산물 |

변화 자료

구분	1985	1995	2011
주소	경남 진해서 웅천1동	경남 진해시 웅천1동	경남 창원시 진해구 웅천동
면적(km²)	0.260	0.530	0.260
인구(명)	365(169+196)	245(117+128)	200(104+96)
가구수	83	77	84
공공기관			
학교	초등분교 1	초등분교 1	
급수시설	간이상수도 2개소, 우물 6개소	간이상수도 1개소, 우물 2개소	해수담수화 1개소
전력시설	자가발전 1대	한전계통 77가구	한전계통 84가구
의료시설		보건진료소 1	
어선(척, 동력선+무동력선)	29(7+22)	80(73+7)	27(27+0)

※ 섬의 개황 자료 또는 변화 자료를 통계 데이터베이스에서 확인할 수 없는 경우 부득이하게 비워두었음을 알려드립니다.

46

캠핑객과 낚시객에게
내준 바다

창원 수도

수도는 창원시 웅천동에 딸린, 해안선 길이 3킬로미터 남짓하는 작은 섬이다. 섬은 작지만 위꼬지섬 아래꼬지섬 일대에 갯벌이 좋아 낙지, 굴, 피조개 등이 좋은 갯밭이 있다. 논농사는 없지만 마을 뒤 언덕과 산자락을 일궈 양파, 마늘, 고구마, 콩 등을 심어 밭농사를 지었다. 작은 어선을 이용해 숭어를 잡고 굴과 홍합을 채취하기도 했다. 한때 피조개로 많은 돈을 벌기도 했다.

임진왜란 때 이순신 장군 등 조선 수군의 식수를 담당했을 정도로 물이 좋아 붙여진 이름이다. 고려시대에도 물섬, 물도로 불렸다고 한다. 진해 괴정마을에서 배를 타고 들어왔지만 지금은 신항 건설로 바다와 갯벌을 매립하여 차를 타고 들어올 수 있다. 괴정마을에서 위꼬지섬, 아래꼬지섬과 수도, 을미도, 연도를 잇는 방조제를 쌓아 간척과 매립을 해서 부산 신항을 건설했다.

과거 수도와 연도로 가는 도선이 출발했을 제덕항은 어항보다 레저항이라 해야 할 것 같다. 낚싯배 출항 시간에 맞춰 차들이 들어오더니 주차장은 말할 것도 없고 도로 양편이 주차된 차들로 빼곡하다. 삼삼오오 차에서 내린 사람들은 선착장에 대기 중인 낚싯배에 올랐다. 오후에 출발해 다음 날 돌아오는 일정이다. 맞은편 수도로 가는 길가 제방에는 캠핑을 하는 여행객이 가득하다. 아래꼬지섬까지 이어진 제방

부산 신항이 만들어지면서 수도는 섬에서 뭍으로 바뀌었다. 제덕 선착장에서 수도와 송도를 지나 연도까지 매립과 간척공사가 이어졌다. 수도마을 앞에 겨우 배를 댈 수 있는 선착장이 마련되어 어촌의 자존심은 지키고 있지만 주민들보다 낚시인들이 더 좋아한다. 배들도 일반 어촌과 달리 레저보트가 많다.

의 풍경이다. 갯벌은 매립하고 갯골만 남겨놓은 양측은 캠핑과 낚시를 즐기는 사람들이 차지했다. 수도와 다를 바 없는 풍경이다.

어민들이 고기잡이에 사용하는 어장배보다 낚싯배가 더 많다. 물론 낚싯배가 모두 주민들이 운영하는 것이 아니다. 마을 선착장 너머에 낚싯배가 정박하는 포구가 있지만 곧잘 어장배가 있는 곳으로 들어와 낚시객들을 태운다. 그때마다 화려한 낚싯배와 초라한 어장배가 비교된다.

육지가 되어버린 섬에 들어오는 것은 캠핑과 낚시를 즐기는 레저인만이 아니다. 도시 자본도 거침없이 들어온다. 전망이 좋은 곳에는 어김없이 호텔이나 카페가 들어섰다. 이를 둘러싸고 어장은 피해를 입고 주민들과 갈등한다. 수도로 들어가는 제덕로에서 만난 '진해소멸어업

수도분교장은 2012년 웅천초등학교에 병합되었다. 수도에는 1918년 4월 10일 웅청면 수도리 40번지에 '사립문성학원'이라는 이름으로 개원하였다. 웅천공립보통학교가 6년제로 개편(1922년)된 후에는 5학년에 편입할 수 있었다. 그리고 1924년 3월 연도강습소를 부설하기도 했다. 1963년 3월 수도국민학교로 승격하여 개교, 1982년 3월 웅천국민학교의 수도분교장으로 편입, 2012년 수도분교장을 폐교했다.

인조합' 임시사무소도 이를 잘 보여준다. 어장을 잃고 어업인의 지위도 잃게 되면서 생계대책을 마련해달라는 '소멸어업인생태계대책위원회' 사무실이다. 캠핑을 하고 있는 제방에 올라서니 우도, 소쿠리섬, 웅도, 잠도가 진해만에 떠 있고, 음지도 해양솔라파크 타워가 지척이다. 멀리 거제도와 저도와 죽도를 잇는 거가대교가 한눈에 들어왔다. 수도로 이어지는 매립지에 조성된 골프장에서 골프를 즐기는 사람들의 목소리가 새어 나온다. 도로를 따라 남아 있는 손바닥만 한 습지에서는 왜가리가 낯선 이방인의 인기척에 놀라 날아올랐다. 한때 이 갯벌의 주인이었다. 수도 뒤편으로 부산 신항을 점령한 크레인이 웅장하다.

마을을 가로질러 뒤쪽 언덕으로 오르는 길에 두 개의 우물을 만났다. 이것이 이순신 함대에 식수를 제공한 우물일까. 식수로 쓰는 것은 아니겠지만 우물을 묵히지 않고 여전히 사용하는 것 같다. 누군가 장난을 쳤는지 '본 우물은 식수전용임 식수 외 타목적 사용을 일절 금함'이라는 문구에서 '타목적'을 '다목적'으로 바꾸고 '금함'을 지웠다. 마을에서 가장 너른 곳은 역시 학교터다. 그곳을 '기억의 화원 가는 길'이라고 안내했다. 진해치매안심센터로 바꾸어 운영 중이다. 학교는 1918년 개교하여 2012년 2월 29일 폐교되었지만 웅천초등학교 수도분교라는 교표가 정문에 그대로 있었다. 폐교 같지 않게 잘 정돈되어 있고 건물 앞에 있던 큰 나무들은 모두 베어냈다. 정문 옆에 '웃고 뛰놀자 그리고 하늘을 보며 생각하고 푸른 내일을 키우자'라고 새긴 표지석이 있다. 이 글씨 아래에는 '1974. 9. 5. 육영수'라는 글씨가 새겨져 있다. 교실 앞 화단에는 충무공 동상, 독서하는 여학생 동상, 효자 이재수 동상 등

외진 섬마을이었던 수도는 부산 신항만이 만들어지면서 육지로 바뀌었다. 주변은 산전벽해로 바뀌었지만 마을 골목길은 좁고 집은 1970년대 모습을 그대로 간직하고 있다. 이 모습도 조만간 바뀔 것이다.

이 있다. 수도 갯벌은 매립해 골프장과 리조트를 조성해 운영중이며
아래꼬지섬 사이에 어장배와 낚싯배들이 정박하는 부두가 마련되어
있다.

● — 진해만과 무인도

진해만은 창원시·고성군의 남쪽과 거제시의 북서쪽 사이에 있는 내해로, 서쪽에 구산반도와 가덕도와 거제도로 둘러싸인 마산만·율구만·웅천만·옥포만·명주만·하청만·진동만·행암만·원문만 등 작은 만으로 이루어져 있다. 동쪽으로 가덕수도, 서쪽으로 부도수도, 그리고 남서쪽으로 견내량을 통해 통영만으로 연결된다.

창원시·부산·고성·거제를 품은 내만을 진해만이라 하지만, 연도에서는 진해항 일대를 웅동만, 마산 쪽을 마산만이라 하며, 진동면과 구산면·회화면으로 둘러싸인 내만을 진동만이라고 한다. 통영 광도면, 용남면, 거제 사등면으로 둘러싸인 내만을 광이만이라 하고, 옥포 일대는 옥포만이라 부르기도 한다. 진해만 가장 깊은 곳에 위치한 마산만은 천혜의 양항으로 일찍부터 배후에 큰 도시가 형성되었고 오래된 수산시장이 있다.

옥포만은 옥포조선소가 들어서면서 우리나라 조선산업을 이끌고 있으며, 진해만은 배후에 현대 계획도시이자 기계공업이 발달한 창원시가 있다. 또 부산, 진해, 마산, 거제, 통영, 남해로 이어지는 물길은 중요한 뱃길이지만 조선시대부터 근현대에 이르기까지 중요한 군사요충지이기도 하다.

역사적으로 보면 조선시대 왕실에 수산물을 진상하는 어장이 있었으며, 임진왜란과 정유재란 때는 나라의 운명을 걸었던 격전지이기도 하다. 일제 강점기 이후 이곳은 해군기지의 거점이 되어 오늘까지 이어지고 있다.

홍합과 새고막과 굴 양식이 많이 이루어지고 있으며, 멸치와 대구를 잡는 정치망과 물메기, 문어, 도다리 등을 잡는 통발어업 등 다양한 형태의 어업이 이루어지는 수산자원의 보고다. 이렇게 진해만 배후에 대도시와 산업단지가 집중되고 인구가 증가하면서 산업폐수와 생활폐수가 진해만으로 유입되었다. 그 때문에 청정해역 진해만이 수산업의 위기를 맞고 있다.

진해만에 일본인들이 들어와 산 것은 1899년 개항이 되면서다. 진해만이 식민 군사도시로 변한 시기는 1910년이다. 《마산과 진해만》(1911년)에는 진해만을 '동양 제일의 대군항'이라 했다.

1960년대 이후 마산창원공업단지, 거제 조선소 등 각종 산업단지가 조성하면서 인구가 집중되었고, 산업폐수와 생활하수의 영향으로 어족자원이 크게 감소했다. 또 굴과 홍합과 멍게 등 양식장의 대형화와 밀식의 영향도 컸다.

진해만에 있는 섬은 20여 개에 이른다. 진해구 중앙동에 남도·송도·저도·부도가 있고, 태평동에 소율도·대율도·도투마리섬·화도·잠도가 있다. 덕산동에는 대죽도·소죽도가 있고, 웅천동에는 아래꼬지도·초리도·위꼬지도·송도·수도·연도·우도·웅도·음지도·소쿠리섬·개머리섬·동매도·지리도 등이 있다. 그리고 웅동에 쪽박도·말모도·을미도가 있다. 그런데 하나같이 작고 비탈진 지형에 바위섬이라 농사를 짓기 어렵다. 이 중 군사통제구역으로 민간인 출입이 어려운 섬도 있다.

창원시는 진해만을 해양관광지로 개발하기 위한 정책을 추진하고 있다. 창원시 음지도는 해양생물테마파크, 솔라타워, 집트랙, 포토존 등으로 이루어진 해양공원을 조성했다. 또 유람선을 이용해 인근 작은 섬을 돌아볼 수 있다. 또 마산합포구 구산면에 위치한 저도는 '콰이강의 다리'라는 연륙교로 알려지면서 많은 여행객이 찾는다.

젊은 층은 이곳을 찾아 스카이워크를 걷고 기념사진을 찍는다. 그리고 저도 둘레길도 중장년층이 많이 찾고 있다. 소쿠리도는 무인도지만 캠핑하는 사람들이 많이 찾고 있다. 진해만의 많은 섬들이 국방부 소유로 되어 있어 관광자원으로 활용하는 데 어려움이 있지만 부산·창원·고성·거제 등 해당 지자체는 끊임없이 민간자본을 유치해 개발하려고 한다.

위치 |
면적 |
가구수 |
인구(명) |
교통 |
특산물 |

변화 자료

구분	1985	1995	2011
주소	경남 진해시 웅천1동	경남 진해시 웅천1동	경남 창원시 진해구 웅천동
면적(km²)	0.430	0.466	0.399
인구(명)	350(155+195)	344(158+176)	372(231+141)
가구수	90	112	121
공공기관	어촌계 1		
학교	초등분교 1		
급수시설	간이상수도 1개소, 우물 6	간이상수도 2개소, 우물 4	지방상수도 121가구
전력시설	한전계통 90가구	한전계통 112가구	한전계통 121가구
의료시설			
어선(척, 동력선+무동력선)	69(12+57)	152(98+54)	19(`9+0)

※ 섬의 개황 자료 또는 변화 자료를 통계 데이터베이스에서 확인할 수 없는 경우 부득이하게 비워두었음을 알려드립니다.

하
동

하동군

금남면

48

47

이순신이 지킨 바다,
이제 누가 지키나
하동 대도

수족관에는 숭어가 가득하다. '녹차 먹인 참숭어'다. 노란 안경테를 쓴 참숭어가 제철이다. 요즘 사람들은 녹차보다 커피를 더 좋아하는데, 숭어는 '녹차'를 좋아할까. 어떤 맛일까. 시원한 물메기탕으로 점심을 해결하고 '대도아일랜드'에 올랐다. 대도와의 인연은 겨울에 이어지는가 보다. 몇 년 전 대도를 방문할 때도 눈이 내리고 찬바람이 쌩쌩 부는 겨울이었다.

대도는 경상남도 하동군에 있는 유일한 유인도다. 1690년 남해군 이동면에 거주하던 장수 이씨 부부가 정착하면서 집성촌을 이룬 섬으로 알려져 있다. 60여 가구에 150여 명이 살고 있다. 대도는 노량을 지키는 섬이다. 노량은 이슬 혹은 안개가 낀 좁은 해로라고 해석하곤 한다. 사실은 다르다. '노'는 고어에 보면 강을 건너다닐 수 있는 곳에 붙여진 이름으로 보통명사다. 건너다닐 정도로 좁은 강을 '노량', '노루목'이라 했다. 육지에서 노루가 다녔던 길을 지칭하는 것으로 알려진 '노루목'도 사실은 지름길을 의미한다. 지리산의 노루목을 보니 그렇다. 진도의 명량을 노루목이라 부르기도 했다. 한강 노량진도 마찬가지다. 노량을 잇는 새로운 다리가 만들어졌다. 노량을 이웃으로 둔 남해군과 하동군이 다리 명칭을 둘러싸고 이견을 보였지만 노량대교로 결정되었다.

하동군과 남해군을 잇는 남해대교와 노량대교다. 우리나라 최초의 현수교로 수학여행, 단체여행, 꽃놀이로 붐볐던 1970년대 대표 관광지였다. 노량해협은 수심이 깊고 조류가 빨라 당시 기술로 교량 가설이 어렵다고 꺼렸던 난공사였다. 특히 일본조사단이 지형, 지질, 수심, 조석 등을 조사한 후 경제성이 없는 것으로 분석하기도 했다. 시간이 흐르면서 남해대교가 노후되었고 두 번째 다리 노량대교를 2018년 완공했다.

대도는 노량에서 광양만으로 들어오는 입구에 있는 섬이다. 광양만은 순천, 여수, 하동, 남해가 만나는 너른 내만이다. 섬진강의 영향을 받아 갯벌에 어패류가 풍성한 내만이다. 또 역사적으로는 임진과 정유 7년 전쟁의 종지부를 찍는 노량해전이 펼쳤던 곳이다. 순천시 해룡면 신성리에는 순천왜성이 있고, 충무공을 모신 충무사도 있다. 그 바다에 광양제철, 여수공항, 광양항, 여수국가산업단지 등이 조성되어 옛 흔적을 찾기는 어렵다.

은어의 고향, 노량바다
대도 동쪽 노량 사이에 넓은섬, 동글섬, 주지섬, 장도 등 무인도가 많다. 서쪽과 남쪽에도 농섬, 밴월도 등 무인도가 더 있다. 사람 사는 섬 주변에 무인도가 많이 있는 것은 좋은 어장을 위한 조건이다. 섬 그늘과 주변에 형성된 갯벌 그리고 갯바위에 기대어 사는 작은 생물과 바다풀은 큰 고기를 부르고 어장을 만든다. 광양만으로 가는 길목이다.

전라북도 진안 데미샘에서 발원한 섬진강 긴 물줄기가 머무는 곳이다. 그곳 갈사만과 광양만은 어패류가 풍성해 황금갯벌이라 했다. 김 양식도 일찍 시작했다. '은어들의 고향'이라는 말이 그냥 생긴 것이 아니다. 은어는 바다에서 생활하다 봄이면 산란하기 위해 섬진강으로 든다. 지금도 섬진강은 다른 강에 비해서 깨끗해 은어를 볼 수 있고 잡기도 한다. 이제 은어의 고향에서 은어가 머물 수 없다. 대신에 녹차 사료를 먹은 숭어가 가두리에서 자란다.

1990년대 갯벌에 쇠말뚝이 박히고 광양만에 광양제철소가 들어섰다. 갈사만에는 화력발전소가 만들어졌다. 멀리 마주 보이는 여수 율촌 연안에도 율촌산단, 여수국가산단이 만들어졌다. 대도 배후는 공장으로 둘러싸인 만 중심에 놓인 셈이다. 김 양식을 비롯한 마을어장이 소멸되었다. 과거 어류 산란지이자 서식지였던 곳이 훼손되었음은 더 말할 필요가 없다.

어장 소멸 이후 하동화력발전소는 반경 5킬로미터 지역인 하동면·금성명·금남면·고전면 그리고 남해군 설천면·고현면에 지역발전 지원사업을 하고 있다. 대기질 환경농도 측정 외에 마을 공동창고 건립, 농로 포장, 마을회관·상하수도시설 건립 등을 지원하고, 교육환경 개선, 장학사업, 교사지원사업, 교육 기자재 지원사업 등 육영사업과 사회복지시설도 지원하고 있다. 그런데 중요한 수질이나 해양환경을 모니터링했다는 이야기는 듣지 못했다.

대도는 오래된 섬마을과 새로 해양레저를 지향하는 섬마을이 공존하는 곳이다. 화력발전소가 만들어지면서 김 양식에 의존하던 섬살이는 유지할 수 없게 되었다. 대신에 해양관광섬을 선택했다. 어촌체험과 낚시 등 레저를 겸한 관광섬을 만들겠다는 의도였다. 지금도 해양관광섬을 만들기 위한 노력은 계속되고 있다.

바다를 내주고 '해양관광섬'으로?

어장이 소멸되기 전에 대도 주민들은 김 양식을 비롯해 어업으로 섬살이를 유지해왔다. 화력발전소가 건설되기 전 생계수단이었던 150헥타르의 마을어장이 소멸되었다. 굴, 바지락, 낙지, 새조개로 육지 어느 마을도 부럽지 않았던 대도 주민들의 허탈감은 아주 컸다. 생계를 책임졌던 바다와 갯벌을 내주고 대가로 보상금 150억 원을 받았다.

보통 어장 소멸로 보상금이 지급되면 분배되기 전까지 마을은 갈등에 휩싸이고 공동체가 붕괴되는 경우가 많다. 살날보다 살아온 날이 더 많은 노인들은 개별 분배를 원했고, 젊은 사람들은 섬에 공동투자를 원했다. 가구당 2억 5천여만 원에 이르는 보상금이 결코 작은 금액이 아니었기에 젊은이의 말이 귀에 들어올 리 없었을 게다. 마을에 얼마나 의견이 분분했을까. 또 가정마다 자식과 부모들 사이에, 자식들 사이에 이견이 얼마나 많았겠는가. 화목한 가정에 금이 가기도 했을 테고, 이웃과 등을 지기도 했을 것이다. 집성촌이지만 마을공동체가 위기에 몰리기도 했을 것이다.

어쨌든 생계수단을 담보로 받은 보상금을 전액 투자해 어촌마을을 '해양관광마을'로 전환하는 개발을 시도했다. 수많은 선진지 견학과 회의를 통해 섬 발전에 전액 투자하기로 결정한 것이다. 이러한 결정 자체로도 박수를 보낼 만하다. 정부에서도 이에 감동해 도서특화시범단지로 지정해 큰 금액을 지원하는 것으로 답했다. 그 결과 농섬과 연결교량을 만들고 일주도로 포장도 했다. 노량리와 대도를 오가는 차도선도 새로 짓고, 섬에 오수처리시설과 가로등과 조경시설도 갖추었다. 대도 서남쪽 농섬과 연결하는 나무다리가 놓였다. 물이 빠지면 안쪽 바다는 갯벌체험장으로 바뀐다. 근처에 캠핑장과 스포츠 시설 등이 있다. 민간자본을 유치해 상가와 숙박시설을 마련했다. 이렇게 섬을 물놀이, 휴양, 낚시, 갯벌체험이 이루어지는 복합 관광휴양섬으로 바꿔냈다. 작은 섬이지만 민간이 운영하는 큰 펜션도 있고, 섬과 바다에서 즐길 수 있는 시설이 모두 갖추어져 있다.

어촌체험하기 좋은 섬

대도는 어촌체험마을로 널리 알려져 있다. 특히 여름철에는 물놀이와 함께 어촌체험도 겸할 수 있는 명소 중 한 곳이다. 배를 타는 시간도 10분이라 부담도 없다. 물놀이장이 있어 물이 빠지기를 기다릴 필요 없이 놀이가 가능하다. 그리고 물이 빠지면 갯벌체험을 한다. 언제라도 어떤 놀이든 선택할 수 있다. 갯벌체험장에서는 조개, 고둥, 민꽃게를 볼 수 있다. 샤워 시설과 화장실, 체험에 필요한 모든 장비(장화, 소쿠리, 호미, 장갑 따위)가 잘 준비되어 있다. 캠핑장을 비롯해 다양한 해상과 육상 레저 시설을 경험할 수 있다. 숙박이 가능한 좌대 10동이 운영되고 있는데 마을 운영진에서 체험객들이 직접 낚은 물고기로 싱싱하게 회도 떠주고 있으며, 바닷가에서 잡히는 여러 가지 해산물도 맛볼 수 있다. 여름철이면 한 번쯤 가볼 만한 곳이다. 낚시체험을 위해 겨울에

대도를 둘러싼 바다는 임진왜란의 종식을 알리는 노량해전의 격전지이다. 서쪽으로는 왜장 고시니가 머무는 순천왜성이, 동쪽으로는 일본의 지원군이 그리고 광양만에는 조·명 연합군이 최고의 격전을 준비하고 있었다. 여수의 묘도, 광양의 금호도와 태인도, 하동의 대도 그리고 남해도 일대가 이순신이 마지막으로 전투를 지휘한 그 바다다.

도 대도를 찾는 사람들이 제법 많다. 마을 너머 밴월도가 보이는 곳에 아담한 서너 칸 교실이 있는 노량초등학교 대도분교장이 있었다. 1946년에 문을 열어 2008년 문을 닫았다. 지금은 숙박시설로 리모델링을 해서 운영 중이다. 운동장과 바다가 접해 있고 모래해변이 이어져 여름철에는 인기가 많다.

사계절 낚시를 즐기는 사람들이 찾고, 여름에는 갯벌체험과 물놀이를 즐기는 사람들이 많이 찾고 있다. 어촌체험 마을로 유명하다.

공동어장이 그립다

겨울 섬을 걷는 것은 이런 맛이다. 아무도 없는 나무다리를 걷는다. 여름철이면 얼마나 많은 갯벌체험객들이 이곳을 찾겠는가. 맞은편 농섬과 대도를 잇는 나무다리로 햇빛이 쏟아졌다. 어느 틈에 나타났는지 연인이 다리에 서서 사랑을 속삭인다. 섬은 여행객에게 이렇게 특별한 시간과 공간을 제공해준다. 뭍에서 배로 10분 거리에 있을 뿐인데도.

연인들을 방해하지 않으려 농섬 서쪽 끝자락에서 갯바위로 돌았다. 그곳에 누군가 일부러 세워놓은 돌기둥이 있었다. 그 옆에 하얀 바탕에 검은색 글씨로 '공동어장 4호'라는 글씨가 쓰인 바위가 있었다. 마을어업 공간을 표시한 것이다. 대도에는 일찍부터 김 양식이 발달했다. 섬진강 하구에 위치한 태인도, 금호도, 대도 주변은 일찍부터 김 양식이 발달한 곳이다. 광양 태인도에는 최초로 김 양식을 시도했다는 김 시식지비가 있으며, 김 양식을 시도했던 김여익을 모신 사당도 있다. 일제 강점기에 섬진강 하구는 '섶 양식'이라 부르는 초기 김 양식이 시도되었던 곳이다. 김 양식 기술을 전수하는 학교도 있었다.

또 두 세대 전까지만 해도 대도 주민들은 풍선배를 타고 칠산바다와 충청도 죽도어장까지 나가 조기를 잡기도 했다. 어업이 활발할 때는 마을 뒤 팽나무를 신체로 모시고 당산제를 지내고 샘굿과 집돌랑(지신밟기)을 하면서 액을 쫓고 복을 빌기도 했다. 김 양식이 활발할 때는 10월에 풍어제를 지내기도 했다. 지금은 매년 음력 섣달 초 사흗날 선창굿을 하고 있다.

이순신이 지킨 바다, 이제 낚시꾼이다

戰方急 愼勿言我死

부산과 울산 등 남해 동부에 거점을 잡고 있던 왜군은 퇴로가 차단되어 고립된 고니시 유키나가(소서행장)를 구하기 위한 지원군을 노량으로 보냈다. 이순신 장군도 예교의 봉쇄를 풀고 노량으로 들어와 자

대도는 우리 어촌체험마을을 대표하는 곳 중에 하나다. 섬진강 하구에 위치하고 갯벌이 발달한 곳으로 낚시체험과 갯벌체험을 프로그램으로 운영하고 있다. 특히 마을 어장에 인공어초, 콘도식 좌대, 뗏목식 좌대 등을 설치하여 낚시를 테마로 여행객을 유인하고 있다. 또 해안산책로와 인생샷 명소를 조성하여 감동을 주고 있다.

리를 잡았다. 도요토미 히데요시가 죽고 전세도 불리해지자 왜군은 퇴각을 준비하고 있었다.

조선 수군의 최후 격전지를 보려면 관음포가 제격이다. 밤새 왜군과의 격전을 독려하고 승리를 눈앞에 둔 여명기에 유탄에 맞아 죽어가던 장군이 아들 회에게 남긴 말이다. 싸움이 급하니 내가 죽었다 말하지 마라.

전망대에 올라서면 대도가 한눈에 들어온다. 섬보다는 섬 뒤로 하얗게 내뿜는 화력발전소 연기가 더 웅장(?)하다. 이곳 사람들은 관음포를 '이락사'라 부른다. 이순신 장군이 목숨을 잃은 곳이라는 설명이다. 대도를 둘러싼 바다는 조선 수군과 일본 수군이 목숨을 건 전쟁을 치렀던 전장이었다. 대도에 장수 이씨들이 살기 시작한 때를 대략 1690년으로 추정한다. 그러니까 1598년 12월 일본군이 완전히 퇴각한 뒤 100여 년 만에 사람이 들어와 마을을 이루고 살았던 셈이다. 전쟁이 끝난 뒤 장군의 주검은 뭍으로 옮겨졌다. 남해대교 건너 서쪽 설천면 노량리 충렬사가 그곳이다. 이후 시신은 수군진이 있던 완도군 고금면을 거쳐 아산에 안장되었다. 그곳에 충렬사가 있고 장군을 모셨던 가묘도 있다. 이제 노량 바다는 낚시꾼들이 지키고 있다. 해가 지는 늦은 시간까지 바다에 띄운 좌대에서 밤을 밝히면서 낚시를 하고 있다.

개황 | 하동 대도

위치 | 경상남도 하동군 금남면 대도리
면적 | 0.32km²
가구수 | 57
인구(명) | 119
교통 | 하동군 신노량항 선착장에서 배편 이용
특산물 | 참숭어, 감성돔, 농어

변화 자료

구분	1985	1995	2011
주소	경남 하동군 금남면 대도리	경남 하동군 금남면 대도리	경남 하동군 금남면 대도리
면적(km²)	0.320	0.323	0.468
인구(명)	261(135+126)	152(85+67)	150(79+71)
가구수	56	58	62
공공기관	어촌계 1		
학교	초등분교 1	초등분교 1	
급수시설		상수도 1개소	광역상수도 62가구
전력시설	자가발전 1대	한전계통 58가구	
의료시설			
어선(척, 동력선+무동력선)	78(68+10)	61(53+8)	

※ 섬의 개황 자료 또는 변화 자료를 통계 데이터베이스에서 확인할 수 없는 경우 부득이하게 비워두었음을 알려드립니다.

48

암을 치료한
밥상을 만나다
하동 방아섬

사람들은 하동 하면 지리산만 생각한다. 바다를 접하고 있고 섬이 있다는 생각에는 이르지 못한다. 큰 섬 대도도 알지 못하니 방아섬은 더 존재감이 없다. 뭍에서 몇 분이면 배를 타고 갈 수 있는 섬이지만 한 가구만 있다. 최근 방아섬의 섬 밥상이 인기다. 섬 주인의 암을 물리친 밥상으로 알려지면서 많은 사람들이 기꺼이 한 끼를 맛보기 위해 배를 탄다. 그곳에서 하룻밤 머무는 사람도 있다.

　방아섬으로 가는 길은 술상리항에서 시작된다. 경남 하동군 진교면 술상리에 있다. 최근 술상리항은 해양관광·레저의 다기능항으로 개발해 바닷길, 마을길, 어항둘레길을 조성했다. 앞으로 방아섬과 연결하는 계획도 추진 중이다. 술상리는 전어잡이로 유명한 어촌이다. 7월부터 10여 척의 배가 전어잡이에 나선다. 1.5톤의 전어를 어획한다. 삼천포 수로, 견내량, 노량으로 조류가 거세게 드나들고, 섬진강과 남강의 민물이 합류하면서 방아섬 주변에 전어들이 많이 모여든다. 삼천포, 남해, 하동, 광양으로 이어지는 여름 바다는 전어 잔치다. 전어가 북상하기 전으로 뼈가 억세지 않고 막 썰어 먹기 좋은 상태로 잡히는 시기다. 남해도와 창선도가 제방 역할을 해주면서 내만은 훌륭한 천연 양식장 역할을 하고 있다. 여름부터 시작해 가을까지 햇전어를 즐기려는 사람들이 많이 찾는다. 특히 술상마을 소나무 숲길, 갯벌길, 데크길로 이어지는 '며느리 전어길'도 걷기 좋다. 방아섬으로 가는 배를 기다리는 동안 술상리항에서 주꾸미를 만났다. 바람이 차가운 1월인데 주꾸미라니. 남해안은 가을에 주꾸미를 잡으려는 낚시객들로 붐비는데, 그 행렬이 겨울까지 이어진다.

　방아섬은 내만에서 노량으로 바닷물이 들고 나는 길목에 있는 섬이다. 사람이 사는 큰 방아섬과 사람이 살지 않는 작은 방아섬으로 나누어져 있다. 경상남도 하동군 진교면 술상리에 속하는 섬이다. 술상리 선착장에서 전화를 하면 방아섬 주인이자 섬에서 식당을 운영하는 류정승씨가 배를 가지고 마중을 나온다. 딱 5분 정도 걸리는 곳이다. 이곳 밥상이 소문이 나면서 많은 사람들이 찾고 있다. 주인이 직접 키운 채소와 섬과 바다에서 채취한 식재료로 차리는 밥상이다. 숙박을 할수 있다. 방아섬은 류씨가 1976년 6억 원에 매수한 것으로 알려져 있다. 그가 사는 집과 펜션과 식당은 통나무로 지은 이국적인 모습이다.

방아섬 해변

위암 선고를 받고 백방으로 자연치유법을 찾아 헤매다 섬에 들어와 자연식으로 완치한 섬 주인 부부가 만들어내는 방아섬 건강밥상이다. 이 밥상을 받기 위해 찾는 사람들이 많다.

모래해변이 없어 아쉽지만 물이 빠지면 바위와 돌로 이루어진 해안을 돌아볼 수 있다. 또 숙소 뒤로 황토길을 만들어 놓아서 산책을 할 수도 있다.

　방아섬은 독특한 음식을 먹기 위해서 찾는 사람들이 대부분이다. 외부와 단절된 상태로 하룻밤을 지내며 바다, 산, 들에서 나는 것을 재료로 주인이 직접 만든 건강한 음식을 제공한다. 1박 3식을 즐기기 위해서 찾는 사람들이다.

　섬을 찾는 사람들에게 건강밥상을 제공하는 사람은 섬 주인인 류정승·정영애 부부다. 부산에서 수산회사를 운영하던 류씨는 위암 선고를 받고 백방으로 자연치유법을 찾아 헤매다가 섬에 들어와 아내가 섬과 바다에서 나는 것으로 만들어준 음식으로 치유되었다. 이후 찾아온 간암마저 극복하고 섬에 정착했다. 건강한 음식으로 병마를 이겨낸 후 숙박하는 사람들에게도 건강한 밥상을 제공하고 있다. 선착장과 연결

암을 치유한 비밀이 저 항아리 안에 있을까. 건강밥상을 차리는 발효식품 저장 항아리가 햇볕이 잘 드는 마당에서 해풍을 맞고 있다.

된 집 앞 마당에는 열댓 개 장독들이 가지런히 놓여 있다. 류씨가 건강을 되찾을 수 있었던 원인 중에 하나가 저 장독이었을 것이다.

밥상에 올라온 식재료만 얼른 꼽아도 '굴, 고사리와 숙주 된장국, 미역, 버섯, 달래와 봄동 따위 채소, 콩, 된장, 김무침, 미역국, 찰밥' 등이다. 게다가 편의점은 말할 것도 없고 가게도 없는 섬이다. 인터넷도 연결되지 않고, 차를 가지고 갈 수도 없다. 온갖 정보의 홍수 속에 시달리는 현대인의 몸과 마음을 치유하고 회복할 수 있는 섬이다. 요즘 섬정책으로 '치유의 섬'을 만들겠다고 요란하지만 그 내용은 치유, 힐링과 거리가 멀다. 방아섬이 정말 그런 섬의 모델이 될 만하다.

산책을 하고 쉬는 사이 땡, 땡, 땡, 종이 울렸다. 기다리던 식사 시간이다. 최고의 반찬은 기다림인데, 산책까지 했으니, 반찬이 맛있다. 말이 필요없다.

지금은 작은 섬으로 떨어져 있지만 공룡이 살았던 시기에는 지금과 달랐을 것이다. 한반도가 중국 대륙과 접해 있었고 서해는 습지였다. 그 무렵 방아섬이 있는 곳에는 큰 날개를 가진 익룡들이 서식했다. 2001년 방아섬의 중생대 백악기 초기 지층에서 익룡의 날개뼈 화석이 발견되었다. 한반도에서 익룡 뼈가 발견된 것은 처음이다. 이 뼈의 주인공은 백악기 초기 중국에 살았던 '중가립테루스'와 가장 가까운 종으로 양 날개를 펴면 3미터 이상 되며 어패류를 잡아먹었을 것으로 추정한다. 방아섬처럼 익룡 발자국이 발견된 곳은 하동, 해남, 사천, 거제, 군위 등이다. 방아섬 주변 해안으로 굴이나 바지락 밭이 있지만 방문객은 물론이고 류씨 부부도 함부로 채취할 수 없다. 해안은 술상리어촌계가 관리하는 마을어업의 어장이기 때문이다.

개황 | 하동 방아섬

위치 | 경상남도 하동군 진교면
면적 | 0.19km^2
가구수 | 1
인구(명) | 2
교통 | 하동군 진교면 전어 마을 선착장에서 배편 이용
특산물 |

변화 자료

구분	1985	1995	2011
주소			
면적(km^2)			
인구(명)			
가구수			
공공기관			
학교			
급수시설			
전력시설			
의료시설			
어선(척, 동력선+무동력선)			

※ 섬의 개황 자료 또는 변화 자료를 통계 데이터베이스에서 확인할 수 없는 경우 부득이하게 비워두었음을 알려드립니다.

'영도해녀'는 제주에서 물질을 하려고 뭍으로 건너와 동해, 남해, 서해의 크고 작은 섬을 헤매다 부산 영도에 정착했다.

'울진·울릉 돌미역 채취어업'은 2021년 전통적인 자연 돌미역 채취어업이 '어업인이 지역의 환경·사회·풍습 등에 적응하며 오랫동안 형성시켜온 유·무형 어업자원으로 보전할 가치가 있는 어업유산으로 인정받아 제9호 국가중요어업유산으로 지정되었다.

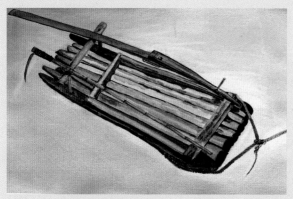

떼배와 낫대. 돌미역을 채취할 때 사용한다.

갯닦기 씰개.
돌미역이 자라는 갯바위를
청소할 때 사용한다.

낫대.
배나 떼배 위에서 미역을
벨 때 사용한다.

갯닦기 호미.
돌미역이 자라는 갯바위를
청소할 때 사용한다.

김쑤세미(돌늣솔).
바위에 붙은 김 등을
채취할 때 사용한다.

창경.
배나 떼배 위에서 미역, 해삼, 성게 등을
잡을 때 사용한다. 물안경, 수경이라고도 하며,
이러한 조업을 '창경바리'라 부른다.

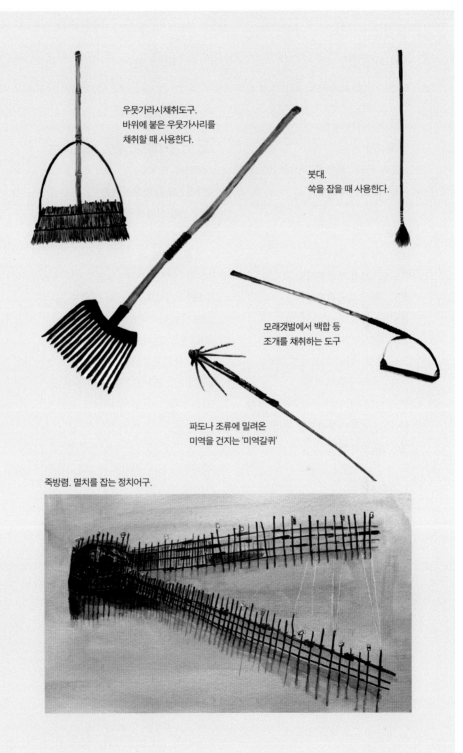

우뭇가라시채취도구.
바위에 붙은 우뭇가사리를
채취할 때 사용한다.

붓대.
쏙을 잡을 때 사용한다.

모래갯벌에서 백합 등
조개를 채취하는 도구

파도나 조류에 밀려온
미역을 건지는 '미역갈퀴'

죽방렴. 멸치를 잡는 정치어구.

| 섬 가는 길 |

1. 여객선
울릉도 독도 : 포항여객선터미널, 후포항, 강릉항, 묵호항

2. 도선
내도 : 거제 구조라항
이수도 : 거제 시방선착장
화도 : 거제 호곡선착장
신수도 : 사천 신수도도선장
신도, 마도, 저도 : 사천 도선장
조도, 호도 : 남해 미조리 도선장
노도 : 남해 상주 백련항
송도, 양도 : 창원 마산합포구 진동항
실리도 : 창원 마산합포구 원전선착장
대도 : 하동 노량항

3. 유람선
죽도 : 울릉 저도항
외도 : 장승포, 와현, 구조라, 해금강, 도장포
저도 : 거제 궁농항
지심도 : 장승포항

3. 사선
고개도 : 거제 청포항
자란도 : 고성 삼태선착장
와도 : 고성 두포항

초리도, 소쿠리도 : 창원 진해시 명동 도선장
방아섬 ; 하동 술상선착장
잠도 : 창원 진해시 명동도선장

4. 연륙 · 연도 섬
부산권 : 영도, 가덕도, 눌차도
거제권 : 거제도, 가조도, 칠천도, 황덕도, 산달도
사천 : 초양도, 늑도, 비토리섬
남해 : 남해도, 창선도
창원 : 저도, 음지도, 우도, 연도, 수도

| 참고문헌 |

〈대동지지〉

〈동아일보〉

〈비변사인방안지도〉

〈신찬조선국전도〉

〈일본여지노정전도〉

〈해동지도〉

《거제군읍지》

《거제군지》

《경상도속찬지리지》

《경상도지리지》

《고려사》

《구운몽》

《난중일기》

《난호어목지》

《담정유고》

《대구》

《대동지지》

《동사강목》

《동사일기》

《동의보감》

《만기요람》

《사씨남정기》

《산림경제》

《삼국사기》

《삼국통람도설》

《성종실록》

《세종실록지리지》

《신증동국여지승람》

《우해이어보》

《임원십육지》

《임진장초》

《임하필기》

《자산어보》

《절영진지》

《조선전도》

《헌종실록》

〈남해 흥선목장의 공간구조와 기능에 대한 연구〉, 《야외고고학(제17호)》, 홍성우 외, 2013

〈조선 초기 마목장 설치 연구〉, 《동북아역사논총(55)》, 이홍두, 동북아역사재단, 2017

《가노가노 언제가노 열두고개 언제가노》, 울진문화원, 2010

《거제도》, 김철수, 대원사, 2006

《거제이야기 100선》, 전갑생, 거제문화원, 2000

《경북 동해 해안선 인문여행》, 지역인문자원연구소 편, 경상북도, 2020

《경북 동해의 민속과 생활》, 지역인문자원연구소 편, 경상북도, 2020

《경북 동해의 역사와 문화》, 지역인문자원연구소 편, 경상북도, 2020

《경상남도》, 뿌리깊은나무, 1983

《경상남도의 민속예술》, 경상남도, 1998

《근대 일본어민의 한국진출과 어업경영》, 김수희, 경인문화사, 2010

《금강소나무숲길》, 산림청, (사)울진숲길, 2011

《깡깡이 마을 100년의 울림(역사, 산업, 생활 3권)》, 깡깡예술마을사업단, 2017

《남해 진동리유적(발굴조사보고서 제 22책)》, 경상문화재연구원, 2013

《남해 흥선목장의 공간구조와 기능에 대한 연구》, 홍성우 외, 야외고고학(제17호),
    2013

《남해군지》, 남해군지편찬위원회, 2010

《남해기행》, 정인자, 눈빛, 2007

《남해문화의 작은 둥지》, 정의연, 남해리뷰사, 2003

《독도·울릉도 사람들의 생활공간과 사회조직 연구》, 박성용, 경인문화사, 2008

《동삼동풍어제》, 국립해양박물관, 2013

《동해안어촌민속지》, 김택규, 영남대학교출판부, 1999

《동해의 전통어업기술과 어민》, 오창현, 국립민속박물관, 2012

《동해인문학》, 지역인문자원연구소 편, 경상북도, 2020

《미역인문학》, 김남일, Human&Books, 2022

《바다맛기행 3》, 김준, 자연과생태, 2018

《바다인문학》, 김준, 인물과사상사, 2022

《바닷마을 인문학》, 김준, 따비, 2020

《부산을 알다》, 플랜비문화예술협동조합 외, 부산학연구센터, 2015

《부산의 마을》, 부산문화재단, 2021

《부산의 음식》, 호밀밭, 부산문화재단, 2022

《부산항 사람들》, 부산문화재단, 2021

《섬 그리고 삶》, 이준희 외, 경남신문사, 2011

《섬: 살이》, 김준, 가지, 2016

《섬마을, 공동체와 공유재산》, 박정석, 민속원, 2022

《섬문화2 - 사등면 가조도》, 거제향토문화연구소, 거제문화원, 2006

《섬문화2 - 하청면 칠천도》, 거제향토문화연구소, 거제문화원, 2002

《섬문화답사기(진도,제주편)》, 김준, 보누스, 2019

《섬문화답사기(통영편)》, 김준, 보누스, 2020

《섬을 읽는 15가지 열쇠말》, 도서문화연구원 편, 전라남도, 2020

《식민 이주어촌의 흔적과 기억》, 박정석, 서강대출판부, 2017

《식민지배의 일상, 지배와 균열》, 정근식 공제욱편, 문화과학사, 2006

《어촌사회학: 지속가능한 섬과 어촌의 다원적 가치를 논하다》, 김준, 민속원, 2020

《역사의 블랙박스, 왜성의 재발견》, 신동명 외, 산지니, 2016

《영도에 살다》, 김현아 황동이, 국립민속박물관, 2020

《영도에서 본 부산의 해양문화》, 김창일, 국립민속박물관, 2020

《울릉도 독도 백과사전》, 울릉군, 2020

《울릉도 독도·동해안 어민의 생존전략과 적응》, 영남대민족문화연구소, 영남대
    학교출판부, 2003

《울릉도 동해안 어촌지역의 생활과 문화연구》, 영남대민족문화연구소편, 경인문
    화사, 2005

《울진 사람들의 삶과 문화》, 안동대 교 민속학연구소 편, 민속원, 1998

《이순신을 찾아 떠난 여행》, 이진이, 책과 함께, 2008

《일제강점기 한 어촌의 문화변용》, 최성길 편저, 아세아문화사, 1992

《전근대 동해안 지역사회의 운용과 양상》, 영남대민족문화연구소편, 경인문화사,
    2005

《조선 초기 마목장 설치 연구》(동북아역사논총 55), 이홍두, 동북아역사재단, 2017

《조선수산개발사》, 요시다케이이치 지음, 박호원 김수희 옮김, 민속원, 2019

《조선시대말 일본의 어업침탈사》, 장수호, 수산경제연구원BOOKS&블루앤노트,
    2011

《진해시사》, 진해시사편찬위원회, 2006

《진해의 땅 이름 이야기》, 황정덕, 진해 웅천 향토문화연구회, 2000

《진해의 벚꽃》, 다케구니 도모야스 지음, 이애옥 옮김, 논형, 2019

《창선면사》, 창선면사편찬위원회, 2007

《포항시사》, 포항시사편찬위원회, 2010

《한국수산지1(민속원 2001)》, 농상공부수산국, 1908

《한국수산지2(민속원 2001)》, 농상공부수산국, 1910
《한국수산지3(민속원 2001)》, 농상공부수산국, 1910
《한국어업사》, 박구병, 정음사, 1978
《현산어보를 찾아서》, 이태원, 청어람미디어, 2003
《환상의 섬 거제도》, 이승철, 거제문화원, 1995

섬문화 답사기 <small>울릉·부산·거제·사천·남해 편</small>
치열한 생존과 일상을 기록한 섬들의 연대기

1판 1쇄 펴낸 날 2024년 4월 25일

지은이 김준
주간 안채원
편집 윤대호, 채선희, 윤성하, 장서진
디자인 김수인, 이예은
마케팅 함정윤, 김희진

펴낸이 박윤태
펴낸곳 보누스
등록 2001년 8월 17일 제313-2002-179호
주소 서울시 마포구 동교로12안길 31 보누스 4층
전화 02-333-3114
팩스 02-3143-3254
이메일 bonus@bonusbook.co.kr

ISBN 978-89-6494-684-8 04900

• 책값은 뒤표지에 있습니다.

자료: 《(이찬 기증)우리 옛지도》(2006), 131쪽